Jörg Echternkamp
Das Dritte Reich

Oldenbourg
Grundriss der Geschichte

―――

Herausgegeben von Karl-Joachim Hölkeskamp,
Achim Landwehr, Steffen Patzold und Benedikt Stuchtey

Band 45

Jörg Echternkamp
Das Dritte Reich

Diktatur, Volksgemeinschaft, Krieg

DE GRUYTER
OLDENBOURG

ISBN 978-3-486-75569-5
e-ISBN (PDF) 978-3-486-85852-5
e-ISBN (EPUB) 978-3-11-039774-1

Library of Congress Cataloging-in-Publication Data
Names: Echternkamp, Jörg, author
Title: Das Dritte Reich : Diktatur, Volksgemeinschaft, Krieg / Jörg Echternkamp.
Description: Berlin ; Boston : Walter de Gruyter GmbH, [2018] | Series:
    Oldenbourg Grundriss der Geschichte ; Band 45 | Includes bibliographical
    references. | Includes bibliographical references.
Identifiers: LCCN 2018007275| ISBN 9783486755695 (softcover) |
    ISBN 9783486858525 (PDF) | ISBN 9783110397741 (EPUB)
Subjects: LCSH: Germany–History–1933–1945. | World War, 1939–1945.
Classification: LCC DD256.5 .E33 2018 | DDC 943.086–dc23 LC record available at
    https://lccn.loc.gov/2018007275

Bibliografische Information der Deutschen Nationalbibliothek
Die Deutsche Nationalbibliothek verzeichnet diese Publikation in der Deutschen
Nationalbibliografie; detaillierte bibliografische Daten sind im Internet über
http://dnb.dnb.de abrufbar.

© 2018 Walter de Gruyter GmbH, Berlin/Boston
Satz: jürgen ullrich typosatz, Nördlingen
Druck und Bindung: CPI books GmbH, Leck

www.degruyter.com

Vorwort der Herausgeber

Die Reihe *Oldenbourg Grundriss der Geschichte* dient seit 1978 als wichtiges Mittel der Orientierung, sowohl für Studierende wie für Lehrende. Sie löst seither ein, was ihr Titel verspricht: ein Grundriss zu sein, also einen Plan zur Verfügung zu stellen, der aus der Vogelschau Einsichten gewährt, die aus anderen Perspektiven schwerlich zu gewinnen wären.

Seit ihren Anfängen ist die Reihe bei ihren wesentlichen Anliegen geblieben. In einer bewährten Dreiteilung wollen ihre Bände in einem ersten Teil einen Überblick über den jeweiligen historischen Gegenstand geben. Ein zweiter Teil wird bestimmt durch einen ausgiebigen Forschungsüberblick, der nicht nur den Studierenden in einem historischen Forschungsgebiet eine Übersicht über gegenwärtige wie vergangene thematische Schwerpunkte und vor allem Debatten gibt. Denn angesichts der Komplexität, Internationalität sowie der zeitlichen Tiefe, die für solche Diskussionen kennzeichnend sind, stellt es auch für Wissenschaftler eine zunehmende Herausforderung dar, über die wesentlichen Bereiche einer Forschungsdebatte informiert zu bleiben. Hier leistet die Reihe eine wesentliche Hilfestellung – und hier lässt sich auch das Merkmal identifizieren, das sie von anderen Publikationsvorhaben dieser Art deutlich abhebt. Eine umfangreiche Bibliografie rundet als dritter Teil die jeweiligen Bände ab.

Im Laufe ihrer eigenen Historie hat der *Oldenbourg Grundriss der Geschichte* auf die Veränderungen in geschichtswissenschaftlichen Diskussionen und im Geschichtsstudium reagiert. Sie hat sich nach und nach neue Themenfelder erschlossen. Es geht der Reihe in ihrer Gesamtheit nicht mehr ausschließlich darum, in der griechisch-römischen Antike zu beginnen, um das europäische Mittelalter zu durchschreiten und schließlich in der Neuzeit als unserer erweiterten Gegenwart anzukommen. Dieser Gang durch die Chronologie der deutschen und europäischen Geschichte ist für die Orientierung im historischen Geschehen weiterhin grundlegend; er wird aber zunehmend erweitert durch Bände zu nicht europäischen Themen und zu thematischen Schwerpunkten. Die Reihe dokumentiert damit die inhaltlichen Veränderungen, die sich in den Geschichtswissenschaften international beständig vollziehen.

Mit diesen Inhalten wendet sich die Reihe einerseits an Studierende, die sich die Komplexität eines Themenfeldes nicht nur inhaltlich, sondern auch forschungsgeschichtlich erschließen wollen. Andererseits sollen Lehrende in ihrem Anliegen unterstützt werden, Themengebiete in Vorlesungen und Seminaren vermitteln zu können. Im Mittelpunkt steht aber immer der Versuch zu zeigen, wie Geschichte in ihren Ereignissen und Strukturen durch Wissenschaft gemacht wird und damit selbst historisch gewachsen ist.

Karl-Joachim Hölkeskamp Achim Landwehr
Steffen Patzold Benedikt Stuchtey

Vorwort

Zwar fällt die Zeitspanne von 1933 bis 1945 vergleichsweise kurz aus. Doch die nationale und internationale Forschung hat sich mit dem „Dritten Reich" so dauerhaft und intensiv befasst wie mit keiner anderen Epoche der deutschen Geschichte. Historikerinnen und Historiker haben die Forschung zudem in einem rasanten Tempo vorangetrieben, das nicht zuletzt mit methodischen Entwicklungen der Fachdisziplin, aber auch mit den Impulsen zusammenhing, die im besten Fall von öffentlichen Debatten ausgingen. Während die moralische Beurteilung der knapp zwölf Jahre außer Frage steht, haben sich die Schwerpunkte der Forschung, das Erkenntnisinteresse wie der zeitliche und räumliche Fokus, immer wieder verschoben. Ob Spezialstudie oder Synthese, Biografie oder Strukturanalyse, Aktendokumentation oder Quellenedition: Die Forschungslandschaft ist selbst für Experten kaum noch zu überblicken. Dieser Befund resultiert nicht zuletzt aus der inhaltlichen, methodischen und auch institutionellen Differenzierung der Fachdisziplinen, die sich einzelner Forschungskomplexe annehmen. Nationalsozialismus, Holocaust und Zweiter Weltkrieg stehen im Mittelpunkt von Teildisziplinen, die mal mehr, mal weniger große Schnittmengen aufweisen.

Die Geschichte der NS-Zeit auf dem neuesten Forschungsstand zu erzählen und dann die jüngste Entwicklung der Forschung, ihre Tendenzen und Probleme in dem vorgegebenen engen Rahmen dieser Reihe zu erörtern, setzt eine Auswahl voraus, über die man ihrerseits diskutieren kann. Der zweite Teil lässt sich zugleich als eine vertiefende Analyse einzelner Dimensionen der Geschichte des Dritten Reiches lesen, die im ersten Teil hinter der Darstellung zurückstehen mussten. Das Interesse gilt hier zum einen vieldiskutierten Problemen, zum anderen analytischen Instrumenten wie zuletzt der „Volksgemeinschaft", von denen anzunehmen ist, dass sie auch künftig wissenschaftliche Arbeiten heuristisch befruchten. Zu den konzeptionellen Vorentscheidungen gehört es, eine umfängliche Geschichte der Geschichtsschreibung zum Thema zugunsten der „Realgeschichte" ebenso hintanzustellen wie die Erinnerungsgeschichte des „Dritten Reiches", die schließlich mehr über die erinnernde als die erinnerte Zeit informiert.

Der Band richtet sich in erster Linie an Studierende und Lehrende im Fach Geschichte, denen der Forschungsüberblick und die daran orientierte Auswahlbibliografie einen systematischen Zugang zum Thema bietet. Im Sinne des interdisziplinären Ansatzes soll er auch Wissenschaftler anderer Disziplinen an das Thema auf dem Stand der historischen Forschung heranführen.

Mein herzlicher Dank gilt all jenen Kolleginnen und Kollegen, die das Entstehen des Bandes mit Rat und Kritik unterstützt haben, sowie den Studierenden des Instituts für Geschichte der Martin-Luther-Universität Halle-Wittenberg, die geholfen haben, den Band für die Zielgruppe zu justieren. Zu danken habe ich den Herausgebern der Reihe OGG, namentlich Prof. Dr. Benedikt Stuchtey (Marburg), der den Text einer sorgfältigen Durchsicht unterzogen und wertvolle Anregungen gegeben hat. Am Ende gilt mein Dank dem Lektor des Verlages De Gruyter Oldenbourg, Florian Hoppe, der das Manuskript mit geduldigem Nachdruck zur Satzreife gebracht hat.

Potsdam, im Juni 2018 J.E.

Für Moritz

Inhaltsverzeichnis

Vorwort der Herausgeber —— V

Vorwort —— VII

Abkürzungsverzeichnis —— XV

I	**Darstellung** —— 1	
1	NS – Vergangenheit? —— 1	
2	Der Aufstieg des Nationalsozialismus —— 3	
	2.1	Konkurrierende Weltbilder —— 3
	2.2	Hitler und seine Bewegung im Aufwind —— 7
3	„Volksgemeinschaft" und Gewaltherrschaft 1933–1939 —— 12	
	3.1	Machteroberung und Aufbau der Führerdiktatur —— 12
	3.2	Legitimation durch außenpolitische Erfolge —— 26
	3.3	Militär und Nationalsozialismus: Teilidentität der Ziele —— 32
	3.4	Rüstungskonjunktur und Arbeitsbeschaffung —— 40
	3.5	Selbstmobilisierung und Sozialutopie: Organisation, Inszenierung und Erlebnis der „Volksgemeinschaft" —— 46
	3.6	Die Anfänge der Gewalt: Verfolgung und Massenmord —— 65
4	Das NS-Regime im totalen Krieg —— 77	
	4.1	Kriegsverlauf —— 78
	4.2	Massenverbrechen im Krieg —— 88
	4.3	Der Völkermord an den europäischen Juden —— 99
	4.4	Kriegswirtschaft und Zwangsarbeit —— 110
	4.5	Widerstand —— 123
II	**Grundprobleme und Tendenzen der Forschung** —— 135	
1	Gesamtdarstellungen und Grundsätzliches —— 135	
2	Hitler und die NSDAP —— 138	

https://doi.org/10.1515/9783486858525-205

	2.1	Hitler —— **138**
	2.2	Die NSDAP: Aufstieg, Machtübernahme, Parteiherrschaft —— **143**
3	"Volksgemeinschaft" als Analysemodell —— **151**	
	3.1	Weltbild und Forschung —— **151**
	3.2	Mobilisierung und Selbstermächtigung —— **153**
	3.3	"Volksgemeinschaft" in der Kontroverse —— **169**
4	Integrierte Geschichte der NS-Gewalt —— **175**	
	4.1	Täterforschung: Biografik und Strukturanalyse —— **179**
	4.2	Der situative Faktor: Orte des Terrors, Räume der Gewalt —— **185**
	4.3	Schreibtischtäter? Wissenschaft im Nationalsozialismus —— **187**
	4.4	Soziologische Blickverschiebung —— **191**
	4.5	Lebenswelten und Wahrnehmung der Verfolgten —— **195**
5	Das Dritte Reich im Krieg —— **200**	
	5.1	Die Wehrmacht im Weltanschauungskrieg —— **201**
	5.2	Soldatische Kriegserfahrungen —— **207**
	5.3	Im Heimatkriegsgebiet: Alltag, Mobilisierung, Zwangsarbeit —— **212**
	5.4	Gesellschaft und Gewalt 1944/45 —— **220**
6	NS-Geschichte als Vergleichs- und Verflechtungsgeschichte —— **228**	
	6.1	Transnationale Faschismusforschung —— **228**
	6.2	Eine neue Geschichte des nationalsozialistisch besetzten Europas —— **234**
	6.3	Historische Situierungen —— **248**
7	Das Dritte Reich in der Forschung – Fazit und Ausblick —— **253**	
III	**Quellen und Literatur —— 255**	
A	Allgemeine Hilfsmittel —— **255**	
B	Quellen —— **255**	
	1	Aktenwerke —— **255**
	2	Editionen und Dokumentationen —— **256**
	3	Selbstzeugnisse, Reden, Memoiren —— **257**
C	Literatur —— **261**	

1	Gesamtdarstellungen und Grundsätzliches —— **261**	
2	Hitler und die NSDAP —— **263**	
	2.1	Hitler —— **263**
	2.2	NSDAP: Aufstieg, Machtübernahme und Parteiherrschaft —— **264**
3	„Volksgemeinschaft" als Forschungskonzept —— **267**	
	3.1	Ideologie —— **267**
	3.2	Mobilisierung und Selbstermächtigung —— **268**
	3.3	„Volksgemeinschaft" in der Kontroverse —— **274**
4	Integrierte Geschichte der NS-Gewalt —— **275**	
	4.1	Täterforschung: Biografik und Strukturanalyse —— **275**
	4.2	Der situative Faktor: Orte des Terrors, Räume der Gewalt —— **279**
	4.3	Schreibtischtäter? Wissenschaft im Nationalsozialismus —— **281**
	4.4	Soziologische Blickverschiebung —— **283**
	4.5	Verfolgung und Verfolgte: Praxis, Lebenswelten, Wahrnehmung —— **284**
5	Kriegserfahrung, Kriegführung und die Rolle der Wehrmacht —— **287**	
	5.1	Die Wehrmacht im Weltanschauungskrieg —— **287**
	5.2	Soldatische Kriegserfahrungen —— **291**
	5.3	Im Heimatkriegsgebiet: Alltag, Mobilisierung, Zwangsarbeit —— **292**
	5.4	Gesellschaft und Gewalt 1944/45 —— **295**
	5.5	Widerstandsforschung —— **296**
6	Vergleichs- und Verflechtungsgeschichte des NS-Regimes —— **299**	
	6.1	Transnationale Faschismusforschung —— **299**
	6.2	Geschichte des nationalsozialistisch besetzten Europas —— **300**
	6.3	Historische Situierungen —— **304**

Karten —— 305

Personenregister —— 307

Ortsregister —— 310

Sachregister —— 314

Autorenregister —— 326

Abkürzungsverzeichnis

ADAC	Allgemeiner Deutscher Automobilclub
ADGB	Allgemeiner Deutscher Gewerkschaftsbund
ADV	Alldeutscher Verband
AEL	Arbeitserziehungslager
AG	Aktiengesellschaft
Art.	Artikel
AVUS	Automobil-Verkehrs- und Übungsstraße (Berlin)
AWO	Arbeiterwohlfahrt
BBG	Berufsbeamtengesetz
BDM	Bund Deutscher Mädel
BMW	Bayerische Motorenwerke
BVP	Bayerische Volkspartei
CdZ	Chef der Zivilverwaltung
ČSR	Tschechoslowakische Republik
DAF	Deutsche Arbeitsfront
DDR	Deutsche Demokratische Republik
DKE	Deutscher Kleinempfänger
DNVP	Deutschnationale Volkspartei
DRK	Deutsches Rotes Kreuz
DRZW	Das Deutsche Reich und der Zweite Weltkrieg (Reihe)
DSt	Deutsche Studentenschaft
DVP	Deutsche Volkspartei
GBA	Gebietsbeauftragter
GmbH	Gesellschaft mit beschränkter Haftung
HJ	Hitler-Jugend
HLKO	Haager Landkriegsordnung
HSSPF	Höherer SS- und Polizeiführer
IfZ	Institut für Zeitgeschichte
IG	Interessengemeinschaft
IMI	Italienische Militärinternierte
IOC	Internationales Olympisches Komitee (engl. International Olympic Committee)
IPN	Institut für Nationales Gedenken (poln. Instytut Pamięci Narodowej)
ITS	International Tracing Service (Bad Arolsen)
Jh.	Jahrhundert
KdF	Kraft durch Freude
KLV	Kinderlandverschickung
KPD	Kommunistische Partei Deutschlands
KWG	Kaiser-Wilhelm-Gesellschaft
KWVO	Kriegswirtschaftsverordnung
KZ	Konzentrationslager
MdR	Mitglied(er) des Reichstags
MGFA	Militärgeschichtliches Forschungsamt
NS	Nationalsozialismus

NSDAP	Nationalsozialistische Deutsche Arbeiterpartei
NSF	Nationalsozialistische Frauenschaft
NSFK	Nationalsozialistisches Fliegerkorps
NSFO	Nationalsozialistischer Führungsoffizier
NSKK	Nationalsozialistisches Kraftfahr-Korps
NSKOV	Nationalsozialistische Kriegsopferversorgung
NSV	Nationalsozialistische Volkswohlfahrt
OHL	Oberste Heeresleitung
OKW	Oberkommando der Wehrmacht
OT	Organisation Todt
Pg.	Parteigenosse
RAD	Reichsarbeitsdienst
RDI	Reichsverband der Deutschen Industrie
RKK	Reichskulturkammer
RM	Reichsmark
RN	Reichsnährstand
ROL	Reichsorganisationsleitung (der NSDAP)
RSHA	Reichssicherheitshauptamt
RStDI	Reichsstand der Deutschen Industrie
RuSHA	Rasse- und Siedlungshauptamt
SA	Sturmabteilung
SD	Sicherheitsdienst
SdP	Sudetendeutsche Partei
SOPADE	Vorstand der Sozialdemokratischen Partei Deutschlands (im Exil 1933–1940)
SPD	Sozialdemokratische Partei Deutschlands
SS	Schutzstaffel
SSTV	SS-Totenkopfverbände
STO	Service du travail obligatoire
TU	Technische Universität
UdSSR	Union der Sozialistischen Sowjetrepubliken (Sowjetunion)
USA	Vereinigte Staaten von Amerika
V 1	Vergeltungswaffe 1
VDA	Verein für das Deutschtum im Ausland
VE	Volksempfänger
VEJ	Die Verfolgung und Ermordung der europäischen Juden durch das nationalsozialistische Deutschland 1933–1945 (Edition)
VfZ	Vierteljahrshefte für Zeitgeschichte
VW	Volkswagen
WeWiFü	Wehrwirtschaftsführer
WHV	Winterhilfswerk

I Darstellung

1 NS – Vergangenheit?

Das „Dritte Reich" als ein gemeinsames Projekt: So sahen die meisten Deutschen zwischen 1933 und 1945 den Nationalsozialismus – vorausgesetzt freilich, sie zählten zur rasseideologisch definierten „Volksgemeinschaft". Die Hoffnung auf nationale Stärke, die Sehnsucht nach sozialer Harmonie, die Aussicht auf privaten Aufstieg motivierten viele Volksgenoss/innen, am Aufbau einer neuen Gesellschaft mitzuwirken, die im Zeichen des Hakenkreuzes stand. Mit der Triebkraft einer brutalen Rasseideologie bauten die Nationalsozialisten ihre Herrschaft wie ihren Machtapparat ab dem 30. Januar 1933 gezielt aus und sicherten sich die Zustimmung weiter Teile der Gesellschaft. Die vermeintliche rassische Ungleichheit sollte die arischen Deutschen zu einer Wehrgemeinschaft zusammenschweißen und gleichzeitig die Verfolgung und Ermordung der „Gemeinschaftsfremden" rechtfertigen. Die Entgrenzung staatlicher Gewalt, aber auch die Entfesselung mörderischer Brutalität von „ganz normalen Deutschen" gehörte zu den Strukturmerkmalen dieses „Dritten Reiches". Dessen gesellschaftliche Dynamik führte zum Völkermord an den europäischen Juden, der das Bild der Jahre zwischen 1933 und 1945 spätestens seit den 1980er Jahren maßgeblich geprägt hat.

Projekt „Volksgemeinschaft"

Die zwölf Jahre des „Tausendjährigen Reiches" sind nicht aus der Zeit gefallen, sondern müssen und können „historisiert" werden. Der Aufstieg der Hitler-Bewegung, die Errichtung und Stabilisierung der NS-Diktatur, Verfolgung, Völkermord und Krieg sind in die historische Entwicklung in Deutschland und Europa einzuordnen. Nur so lässst sich verstehen, warum die nationalsozialistische „Volksgemeinschaft" Konturen annehmen konnte, warum das Terrorregime des „Führers" in der vergleichsweise kurzen Zeit möglich wurde. Hier stellt sich das Darstellungsproblem. Die Annahme, man könnte auf vermeintliche Verzerrungen verzichten und der Deutung durch Experten entgehen, lässt man nur die historischen Protagonisten selbst zu Wort kommen, mag Betroffenheit erzeugen – einen Erkenntnisgewinn bedeutet sie nicht. Dokumente, auch Filmdokumente, sprechen nicht für sich selbst, wie beispielsweise die über siebenstündige Collage „Wer war Hitler?" zeigt. Dem Diktat der Bilder steht der Ansatz gegenüber, den Quellenfluss zu

Deutende Darstellung

kontrollieren. Mit über 3500 Anmerkungen sucht die Edition von „Mein Kampf" den Ungeist zu bändigen, der dem Publikum aus dem Buch entgegenspringt. Zwischen der Beschränkung auf das zeitgenössische Erzählen im Dokumentarfilm und dem Überborden von Anmerkungen in der wissenschaftlichen Edition liegen die Darstellungen der Historiker und Historikerinnen, die dem Publikum bestimmte Deutungen des „Dritten Reiches" anbieten. An diese historiografische Banalität ist zu erinnern, wo die allgemeine Lust am „Authentischen" und die Faszination des Fetischs Hitler im Grenzbereich zur Populärwissenschaft zusammenwirken. Deshalb stecken auch Forschungskonzeptionen wie die der „Volksgemeinschaft" den interpretativen Rahmen der folgenden Darstellung ab. Sie werden im zweiten Teil diskutiert, wie es dem Format der Reihe entspricht.

Zeitlicher Rahmen Anfang 1933 konnte Hitler aufgrund des fatalen Verhaltens nationalkonservativer Politiker die Macht übernehmen. Binnen kurzem zerstörte er den Rechtsstaat der Weimarer Republik. Die Diktatur fand erst ein Ende, als ihr militärisches Instrument, die Deutsche Wehrmacht, von den Truppen der Anti-Hitler-Koalition besiegt wurde und Vertreter der militärischen Führung am 7./9. Mai 1945 die Kapitulationsurkunden unterzeichneten. Damit sind die chronologischen Eckpunkte des Themas benannt, ohne es jedoch zu begrenzen. So führt auf der einen Seite die Frage nach den Voraussetzungen zwangsläufig in die Zeit vor 1933 zurück. Auf der anderen Seite ist der Zäsurcharakter von „1945" fraglich, wo es etwa um die Kontinuität von Eliten und Mentalitäten geht. Zudem hat sich das Bild des „Dritten Reiches" in den vergangenen Jahrzehnten mehrfach gewandelt. Diese „zweite Geschichte des Nationalsozialismus" hat sich zu einem eigenen Forschungsfeld entwickelt, das indes aus formalen und inhaltlichen Gründen im Kontext der Nachkriegsgeschichte zu behandeln ist.

Die kritisch-verstehende Deutung und die historische Einordnung werden auch künftig gesellschaftliche Aufgaben bleiben. Man kann das in dem Sinn verstehen, dass die Verbindung von Völkermord und Krieg einen Zivilisationsbruch bedeutete, unter den sich kein Schlussstrich ziehen lässt. Die fortwährende Auseinandersetzung mit dem „Dritten Reich" lässt sich aber auch mit einem weniger moralischen als vielmehr politisch-pädagogischem Hinweis begründen. Wer sich Klarheit über die Funktionsmechanismen der nationalsozialistischen Diktatur verschafft – „Wie war das möglich?" –, erfährt am historischen Beispiel, welche fatalen Folgen völkische Deutungsmuster, Gewaltbereitschaft gegenüber „Gemeinschaftsfremden" und Ignoranz gegenüber politischen Grundregeln für eine Demokratie haben. Nicht obwohl, sondern weil die NS-Zeit das am besten erforschte Kapitel der deutschen Geschichte ist, hat die NS-Forschung ihren Schwung nicht verloren; neue Forschungstendenzen rücken immer wieder andere Aspekte des „Dritten Reiches" in den Fokus. So gesehen ist der Nationalsozialismus nicht Vergangenheit.

2 Der Aufstieg des Nationalsozialismus

2.1 Konkurrierende Weltbilder

Der Nationalsozialismus wäre, darauf deutet die Selbstbezeichnung hin, ohne die nationalen Ideen des 19. Jahrhunderts ebenso wenig denkbar gewesen wie ohne die sozialistischen Vorstellungen. Zum einen hatte der Nationalismus nach dem Ende des Ersten Weltkriegs einen spürbaren Aufschwung und eine deutliche Radikalisierung erlebt. Als eine nationale Erniedrigung empfanden die meisten Deutschen das Kriegsende 1918, den „Schandfrieden" des Versailler Vertrages, die Einbuße der militärischen Macht, die aufgezwungenen Reparationszahlungen und schließlich die territorialen Verluste. Das Gefühl, den ehemaligen Kriegsgegnern, nicht zuletzt dem vermeintlichen Erbfeind Frankreich, als Verlierer-Nation wehrlos ausgesetzt zu sein, wurde in den 1920er Jahren durch die Besetzung des Rheinlandes, die Reparationen und die wirtschaftliche Not weiter verstärkt. Auf der einen Seite befeuerte diese Wahrnehmung der Weimarer Jahre die Verklärung des Kaiserreichs. Die glorreichen Jahrzehnte unter Wilhelm II. eigneten sich als Projektionsfläche für jene Konservativen, die mit der neuen Demokratie ohnehin nichts anzufangen wussten und die in einer Verquickung von politischer Sehnsucht und Kompensation das Heil der Deutschen, zumindest einer bildungsbürgerlichen und aristokratischen Elite, in ihrer Vorkriegsvergangenheit wähnten. Nationalismus bedeutete hier die Rückkehr in eine vergangene Epoche.

Dagegen zielte eine zweite, radikalere Form des Nationalismus in eine andere Zukunft. Seine Anhänger schwadronierten von einer „Volksgemeinschaft", in der alle sozialen Schranken offenstanden,

Nationalismus

in der es keine gegensätzlichen Klassen mehr gab und in der weniger die Herkunft als die Leistung den Platz eines Jeden bestimmte. In dieser Variante der nationalen Utopie ging es nicht um den Rückfall in die wilhelminische Epoche, sondern um den Aufbruch in eine neue Ära, an dem möglichst viele mitwirken sollten. Massenmobilisierung, nicht elitäre Selbstzufriedenheit war das Mittel zum Zweck. Kein Wunder, dass sich die Vertreter dieses integralen Nationalismus als Vertreter einer revolutionären Bewegung verstanden, die sich die „nationale Revolution" auf ihre Fahnen geschrieben hatte. Das deutsche „Volk", nicht die Monarchie und schon gar nicht die Republik stand im Zentrum dieser politischen und sozialen Zielvorstellungen. Der Zusammenbruch der einst mächtigen Monarchie hatte die Entzauberung des Staates als oberster Instanz beschleunigt. Der radikale Nationalismus griff hier eine geradezu axiomatische Grundüberzeugung auf, die bereits den Nationalismus ein Jahrhundert zuvor geprägt hatte: Das (deutsche) Volk bildete jene gleichsam natürliche Einheit, die allein geschichtlichen Bestand und kollektive Identität garantierte.

Rassismus — Im Unterschied zu dem (frühliberalen wie konservativen) Nationalismus des Vormärzes war dieser Glaubenssatz durch das Aufkommen des Sozialdarwinismus noch pseudowissenschaftlich überhöht. Die Geschichte des Rassismus, dessen Ursprünge je nach Definition auf die Antike oder das 18. Jahrhundert zurückgehen, darf nicht als lineares, kumulatives Fortschreiten missverstanden werden, zu dessen Höhepunkten das „Dritte Reich" zählte. Vielmehr handelte es sich um eine kontingente, unter anderem von politischen Motiven angetriebene Entwicklung. Rassische Ordnung und Rassenkampf gehörten fortan zu den Koordinaten des radikalen, „völkischen" Nationalismus. Wenig überraschend, waren seine Anhänger davon überzeugt, selbst einem rassisch höherstehenden Volk anzugehören, das eine besondere welthistorische Mission hatte. Der ältere Mythos vom auserwählten Volk ging hier mit der fixen Idee der rassischen Sonderstellung eine unheilvolle Allianz ein.

Erklärungskraft nach 1918 — Zu den sozialen Trägern dieser ideologischen Mixtur gehörten die Nationalsozialisten. Sie waren aber weder die ersten noch die einzigen, sondern folgten den völkischen Parteien und Agitationsverbänden wie dem bis 1939 bestehenden Alldeutschen Verband. Und sie boten das an, was der Nationalismus seit seinem Aufstieg im 19. Jahrhundert in petto hatte: ein Deutungs- und Argumentationsmuster, mit dem sich komplexe Situationen vereinfachen, die

Kriegserfahrungen von 1914/18 und die als ungerecht empfundenen Kriegsfolgen rasch erklären ließen; kollektive Identität in Zeiten eines gesteigerten Orientierungsbedarfs; und nicht zuletzt die verlockende Aussicht darauf, die eigene Unsicherheit und Bedeutungslosigkeit durch das Gefühl der Zugehörigkeit zu einem großen Ganzen, dem für die Zukunft eine besondere Aufgabe zugedacht war, zu kompensieren. Territoriale Ausdehnung, europäische Vormachtstellung, Herrschaft über andere Völker: Das waren die Bestandteile des Sendungsbewusstseins. Der Traum von einer „nationalen Wiedergeburt" – eine zentrale Metapher des Nationalismus von Beginn an – mochte über die nationale Schmach hinwegtrösten. Auf jeden Fall spornte er zum Mittun an.

Dieses Deutungspotenzial entsprach einer Nachkriegsordnung, in der das vertraute politische System, die Monarchie, zugrunde gegangen war. Die Personalstärke der Reichswehr war auf 100.000 Berufssoldaten im Heer und 15.000 in der Marine begrenzt, die Luftwaffe verboten, die Wehrpflicht abgeschafft. Die Wirtschaft litt unter Reparationen. Auch die überkommenen Werte – man denke an die königstreue Gesinnung, die Abhängigkeit der Frau oder die politische Macht des Adels – wurden mehr denn je in Frage gestellt. Aus nationalistischer Sicht hatte der Krieg dagegen alte Überzeugungen bestätigt. Frankreich: der „Erbfeind"; England: das „perfide Albion"; Russland: ein gefährlicher Bär. Diese nationalen Feindbilder kultivierten die Nationalisten weiterhin. Das *psychic income* (ein Gefühl der Belohnung und Befriedigung), das der integrale Nationalismus in den 1920er und 1930 Jahren versprach, machte ihn über Parteigrenzen hinweg so ungeheuer attraktiv. *Feindbilder*

Nahrung erhielt dieser Nationalismus nach 1918 auch dadurch, dass deutsche Minderheiten in Polen, Ungarn oder im Baltikum unter der neuen Herrschaft litten – vom „Deutschtum im Ausland" war allenthalben die Rede, das es zu unterstützen, ja zu befreien gelte. Die Bindungen der Auslandsdeutschen zu pflegen hatte sich der 1881 gegründete Verein für das Deutschtum im Ausland (VDA) zur Aufgabe gemacht. Umgekehrt witterten die radikalen Nationalisten Feinde im eigenen Land. Hier griff die „Dolchstoßlegende", derzufolge die deutsche Armee erfolgreich gekämpft habe, bis ihr Teile des eigenen Volkes in den Rücken gefallen seien. Während die einen vor allem den Linken die Schuld in die Schuhe schoben, hatten die anderen die Juden als kollektiven Sündenbock ausgemacht. Diese vereinfachende Sicht des Kriegsendes 1918 schützte *Deutsche Minderheiten, Volksfeinde* vor Selbstkritik und wahrte den Glanz der vertrauten Heldenbilder. Insbesondere der Feldmarschall Paul von Hindenburg, bei Kriegsende 71 Jahre alt, blieb bis zu seinem Tod 1934 eine Lichtfigur der jüngsten Geschichte.

Gab es andere, konkurrenzfähige Weltbilder? Im 19. Jahrhundert lieferten Liberalismus und Konservativismus politische Leitbilder und Deutungsmuster; im frühen 20. Jahrhundert verblasste ihre Strahlkraft. Der politische Erfolg der Parteien blieb aus. Auch der Pazifismus bildete die Antwort nur einer Minderheit auf die extremen Gewalterfahrungen des Ersten Weltkriegs.

Marxismus

Einflussreich blieb dagegen der Marxismus. Nicht als völkischen Existenzkampf, sondern als militärischen Großkonflikt kapitalistischer und imperialistischer Staaten interpretierte der Kommunismus den Ersten Weltkrieg. Die Russische Revolution 1917 galt als historischer Beleg und als Fanal für eine bessere Zukunft der Proletarier aller Länder. Im Gegensatz zum integralen Nationalismus setzte der Marxismus auf die internationale Solidarität und die grenzübergreifende Mobilisierung der Massen. Das sprach auch in Deutschland Millionen Menschen an. Gleichwohl stellte sich bald heraus, dass dieser Internationalismus nicht dieselbe Durchschlagskraft entfalten konnte wie der Nationalismus. Dass die Anhänger beider Seiten sich spinnefeind waren, liegt angesichts der entgegengesetzten Leitkategorien und -ziele nahe.

Kontinuität oder Bruch?

Erfolg und Misserfolg der politischen Richtungen lässt sich in erster Linien mit der unterschiedlichen Erklärungskraft der Weltbilder erklären. Viel mehr als Liberalismus und Konservativismus boten Nationalismus und Sozialismus komplexe Deutungssysteme, die eine Erklärung für die traumatischen Erfahrungen der Vergangenheit bereithielten, in der Gegenwart Orientierungshilfe anboten und eine glorreiche Zukunft versprachen. Weit mehr als der Marxismus war der radikale Nationalismus zudem anschlussfähig gegenüber der egalitären republikanischen Tendenz der Demokratie wie auch dem aristokratischen Auserwähltheitsglauben. Im Vergleich bot der dynamische Nationalismus „ein umfassendes, weithin konsensfähiges Weltbild" und einen „glaubwürdigen Zukunftsentwurf" (Hans-Ulrich Wehler). Nimmt man den Radikalnationalismus als die eigentliche Antriebskraft des Nationalsozialismus, erscheint dieser nicht mehr als etwas Originäres, sondern als Weiterentwicklung eines Traditionsbestandes. So lassen sich der Aufstieg der Nationalsozialistischen Deutschen Arbeiterpartei (NSDAP), die ideologischen Wurzeln des „Dritten Reiches" und der Erfolg der Hitler-Bewegung vor allem in den 1930er Jahren in die Geschichte einordnen und historisieren. Kontinuität spielt hier eine größere Rolle für die historische Einordnung als die Vorstellung eines radikalen Bruchs.

2.2 Hitler und seine Bewegung im Aufwind

Auf einer Großveranstaltung der „Deutschen Arbeiterpartei" im Münchener Hofbräuhaus am 24. Februar 1920 stach ein Redner heraus: Adolf Hitler. Der dreißigjährige Gefreite aus dem österreichischen Braunau, der gerade eine Gasverletzung überstanden hatte, gehörte zu diesem Zeitpunkt noch dem bayerischen Infanterieregiment Nr. 2 an. Einen Monat später endete seine Militärzeit. Fortan sah Hitler seine Zukunft in der Politik. Die Deutsche Arbeiterpartei bot ihm jene Plattform, auf der er sein rhetorisches Können unter Beweis stellte – mit Erfolg. Seine lautstarken Tiraden sicherten ihm die Aufmerksamkeit eines Massenpublikums, das hören wollte, was Hitler zum Ausdruck brachte: Wut auf den Versailler „Schandfrieden", Hass auf „die Juden", Hoffnung auf die nationale Wiedergeburt. Bilder seines Fotografen Heinrich Hoffmann zeigen, wie Hitler sich in Posen übte, die seinen Auftritten als Redner dank der richtigen Körpersprache noch mehr Ausdruck verleihen sollten. Was er sagte, war nicht so bemerkenswert. Wie er es sagte, fiel auf. Seine Begabung, Gesinnungsgenossen zu begeistern, aber auch Skeptiker in seinen Bann zu ziehen, ließen ihn binnen weniger Jahre zu einem Berufspolitiker werden, dessen Auftreten dem der führenden politischen Köpfe seiner Zeit in nichts nachstand, es an Überzeugungskraft gar überragte. In den 1930er Jahren gab es kaum jemanden, der mit jenem „Führer-Mythos" mithalten konnte, der sich durch die Verbindung von Begabung und Propaganda entwickelte.

Hitler als Agitator

Zudem hatte Hitler das Glück, sehr früh protegiert zu werden. Dazu gehörte der Kontakt zu dem Kampfbundführer Ernst Röhm, dem Historiker Karl Alexander von Müller, dem Verleger Dietrich Eckardt und nicht zuletzt dem Kunsthistoriker Enrst Hanfstaengel. Trotz seiner kleinbürgerlichen Herkunft öffneten sich Hitler so die Türen des Münchener Großbürgertums. Gleichzeitig baute er sich eine paramilitärische Hausmacht auf: die „Sturmabteilung" (SA) der NSDAP. Ihre Mitglieder rekrutierten sich vor allem aus jenen

Innerparteilicher Aufstieg

"Einwohnerwehren", die sich 1921 nach dem Scheitern des Kapp-Putsches auflösen mussten. Als „Führer" inszenierte sich Hitler nicht nur in der Öffentlichkeit, wo er über die Parteigrenzen hinaus auf Zuspruch stieß. Auch innerhalb der NSDAP verstärkte er seine eigene Machtposition. Dabei kam ihm zugute, dass sich eine rechtskonservative Persönlichkeit, Erich Ludendorff, für ihn verwandte.; so war seine Position auch innerhalb der Bewegung bald unumstritten.

Putschversuch und Haft Mit einem Misserfolg endete jedoch der Versuch, am 9. November 1923 von München aus einen Marsch nach Berlin zu initiieren. Vor der Feldherrnhalle gab es bereits die ersten Toten. Die von der bayerischen Schutzpolizei erschossenen Putschisten wurden später zu Märtyrern der nationalsozialistischen Bewegung verklärt. Hitler selbst kam mit einem milden Urteil davon. Weil die bayerische Justiz mit dem nationalen Motiv seiner Tat sympathisierte, wurde er nur für knapp ein Jahr auf der Festung in Landsberg inhaftiert. Hitler nutzte diese Zeit und verfasste hier mit Hilfe von Rudolf Hess, einem gescheiterten Studenten, seine programmatische Schrift „Mein Kampf".

NSDAP Kaum war er entlassen, widmete sich Hitler wieder seiner Partei. Die war zwar 1923 zwischenzeitlich verboten gewesen, doch ihre Anhänger hatten in der „Deutsch-Völkischen Freiheitspartei", einer Abspaltung der Deutschnationalen Volkspartei (DNVP), einen passenden Ersatz auf Zeit gefunden. Bei der Reichstagswahl von 1924 konnten NSDAP und Freiheitspartei rund zwei Millionen Stimmen auf sich vereinen. In seinem Bemühen, die NSDAP wieder auf Vordermann zu bringen und zu erweitern, führte Hitler die bis dahin über Kreuz liegenden nord- und süddeutschen Teile 1926 zu einer nationalen Sammlungsbewegung zusammen. Dabei spielte erstmals Joseph Goebbels eine Rolle, ein Nationalsozialist aus dem Rheinland, den Hitler für sich einnehmen konnte. Die erfolgreiche Zusammenführung stärkte Hitlers innerparteiliche Führungsrolle weiter. Konkurrenten wie die norddeutschen Nationalsozialisten Otto Strasser und Walter Stennes (1930) sowie Gregor Strasser (1932), schließlich auch Ernst Röhm (1934) konnte Hitler „ausschalten", so dass er bis zu seinem Freitod 1945 keine Gefahr mehr aus den eigenen Reihen zu fürchten brauchte.

Erste Wahlerfolge Doch der durchschlagende Wahlerfolg der NSDAP, in der die Deutsch-Völkische Freiheitspartei 1925 aufgegangen war, ließ auf sich warten. Nur 2,6 % der abgegebenen Stimmen erreichte sie in der Reichstagswahl 1928 – ein deutlicher Rückschritt gegenüber dem Wahlergebnis vier Jahre zuvor. Ein Strategiewechsel war die Folge. Bis dahin hatte die NSDAP vor allem die Arbeiter zu mobilisieren versucht, die auch das Wählerpotenzial der Linksparteien waren, das heißt der Sozialdemokratischen Partei Deutschlands (SPD) und der Kommunistischen Partei Deutschlands (KPD). Fortan stand die Partei im Prinzip jedem offen, der sich von dem relativ unspezifischen Protest angesprochen fühlte und sich ihr anschließen wollte. Nicht nur die Arbeiter, sondern auch die Mittelschicht in der Stadt und auf dem Land wollte die Sammlungsbewegung im Namen der nationalen Sache für sich gewinnen und parteipolitisch organisieren. Für die Protestbewegung spielte die soziale Herkunft keine Rolle mehr. Um die politische Macht auszubauen und seine Bedeutung als „Führer" zu untermauern, setzte Hitler auf den Wahlerfolg. Tatsächlich ging es bergauf, wie die Ergebnisse bei Landtagswahlen der späten 1920er Jahre zeigten.

Von Vorteil war die Aufwertung durch die Rechtskonservativen, namentlich die „Alldeutschen". Hitler wurde als Unterstützer des Referendums gegen den Young-Plan (der unter der Leitung von Owen Young erarbeitete neue Zahlungsplan für Reparationen sah neben der Senkung der Schuldenlast eine Verlängerung der Laufzeit bis 1988 vor, die für Empörung sorgte) akzeptiert und 1931 in die „Harzburger Front" aufgenommen, in der sich die republikfeindliche Rechte zusammengeschlossen hatte. Zehn Jahre nach seinem Auftritt als Agitator im Hofbräuhaus war Hitler in den höheren Kreisen der Politik und Gesellschaft angekommen. Die Reichstagswahl vom 14. September 1930 brachte dann den angestrebten Erfolg. Mit 18,3 % der Stimmen war es den Nationalsozialisten gelungen, rund sechs Millionen Menschen für sich zu gewinnen – mehr als doppelt so viel wie die rechtskonservative DNVP. Im Reichstag stellten sie nun 107 von 577 Abgeordneten und besaßen damit ein politisches Gewicht, das nicht länger zu ignorieren war.

Hitler hatte es geschafft, zur Leitfigur des rechtsradikalen Lagers aufzusteigen, das bereit war, in ihm den Heilsbringer für die nationale Sache zu sehen. Nicht als Sektierer in Bayern, sondern als landesweiter „Führer" wurde Hitler nunmehr wahrgenommen. Auf ihn ließen sich – das war für seinen Erfolg entscheidend – die Begeisterung, die Hoffnung, die Ängste von Millionen Menschen projizieren. Sein eigenes Talent verband sich fortan mit der Zuschreibung ganz besonderer Qualitäten zu jenem Charisma, das

Hitler als Leitfigur

Hitlers Schlüsselfunktion im späteren NS-Regime am überzeugendsten erklärt. Was Hitler in seinen Reden (selbst) formulierte, sprach eine Vielzahl von Wählern an, welche die materiellen, territorialen und persönlichen Kriegsverluste als nationale Demütigung interpretierten und die soziale, politische, wirtschaftliche Zerrissenheit der verhassten Republik in einer nationalsozialistischen „Volksgemeinschaft" überwinden wollten.

Nationale Einheit vs. Internationale Revolution

Dabei gehörte es weiterhin zu den Paradoxien des Nationalismus, dass Hitler diese nationale Einheit in seinen Reden gleichzeitig voraussetzte und einforderte und dass er sie durch die Verteufelung der Linksparteien wie der Juden unterlief. Die Volksgemeinschaft, die von den Widersprüchen der Klassengesellschaft und der Demokratie frei war, galt als Träger des ersehnten Wiederaufstiegs in einem „Dritten Reich" (dem der Propaganda zufolge das wilhelminische Kaiserreich und das Heilige Römische Reich vorausgegangen waren). Dagegen erschienen die internationale Orientierung der marxistischen Linksparteien, in zweiter Linie auch das revolutionäre Programm als Gegenbewegungen, die aus der Sicht eines Nationalisten die zwingend erforderliche, rasseideologisch noch überhöhte Einheit der Volksgemeinschaft unterminierten. Sie machten Hitler Angst, erst Recht seit der Revolution in Russland 1917. Der Antimarxismus war deshalb ein integraler Bestandteil des Nationalsozialismus und seiner Mobilisierungsstrategie. Dagegen wurden die früheren antisemitischen Ausfälle aus wahlpolitischem Kalkül häufiger zurückgeschraubt, weil ein allzu drastischer, offener Judenhass Teile der Wählerschaft eher abschreckte.

Stimmenzuwachs der NSDAP

Ein rasanter Anstieg der Mitgliederzahlen (um 400.000 bis Ende 1930) spiegelte die Attraktivität des Weltbildes wider. Der NSDAP gelang es in beispielloser Weise, Wähler aus den unterschiedlichsten sozialkulturellen Milieus auf ihre Seite zu ziehen. Allein das marxistisch imprägnierte Arbeitermilieu der Großstädte und das katholische Milieu in den Kleinstädten und auf dem Land boten, wenn überhaupt, noch einen ideologischen Schutz gegen den Ansturm des Nationalsozialismus. Bei der Wahl zum Reichspräsidenten im April 1932 erreichte Hitler im zweiten Wahlgang immerhin 36,8% der abgegebenen Stimmen. Diese Niederlage gegenüber dem amtierenden Reichspräsidenten Hindenburg war ein Achtungserfolg. Er machte Hitler endgültig „salonfähig" und ließ ihn zu einer zentralen, viel umworbenen Figur der Weimarer Republik aufsteigen.

Die Reichstagswahl im Juli 1932 bestätigte den sensationellen Aufstieg. Rund 13,8 Millionen Menschen, mehr als ein Drittel aller Wähler, stimmten für die NSDAP. Mit 37,4 % der Stimmen stellte diese nun 230 Abgeordnete, 100 mehr als die SPD, und bildete von einem Tag auf den anderen, aber nicht überraschend, die stärkste Fraktion im Reichstag. Vor allem Menschen, die bislang nicht gewählt hatten oder die 1932 zum ersten Mal wählen durften, sorgten für diesen gewaltigen Stimmenzuwachs.

Reichskanzler Hitler

Richtig ist aber auch, dass trotz dieses offenkundigen Mobilisierungsschubs zwei Drittel der Deutschen der NSDAP ihre Stimme verweigerten. Noch mehr waren es wenig später bei den Reichstagswahlen, die im November desselben Jahres abgehalten wurden, nachdem der Reichspräsident den Reichstag nach einer parlamentarischen Niederlage des Reichskanzlers Franz von Papen aufgelöst hatte. Rund zwei Millionen Wähler weniger bedeuteten einen Anteil von 33,1 % und eine Verringerung der Zahl der Abgeordneten um 34 auf 196. Von Hindenburg mit der Regierungsbildung beauftragt, überzeugte General Kurt von Schleicher den Reichspräsidenten mit Hilfe der ihn umgebenden Kamarilla, einer Regierung Hitler-Papen zuzustimmen. Am 30. Januar 1933 ernannte Hindenburg Hitler zum Reichskanzler.

Trotz einer Propagandakampagne ohne Gleichen, trotz der Behinderung, ja Unterdrückung der Linksparteien und obwohl sie den Bonus einer Regierungspartei besaß, schaffte es die NSDAP auch in der Reichstagswahl am 5. März 1933 – der letzten in der deutschen Geschichte – keineswegs, eine absolute Mehrheit zu erzielen. Dazu fehlten ihr fünf Abgeordnete. 43,9 % der Stimmen entsprachen 17,3 Millionen Wählern. Gemeinsam mit den 52 MdR der DNVP ließ sich die absolute Mehrheit für ein völkisch-nationalistisches Programm leicht beschaffen. Zu übersehen ist auch nicht die Affinität weiterer Parteien oder Parteiflügel im Reichstag. Dazu gehörten neben der DNVP die Deutsche Volkspartei (DVP, 11 MdR), der rechte Flügel des Zentrums, die Bayerische Volkspartei (BVP) und auch Teile der Sozialdemokraten. Sie alle hatten offene Ohren für Hitlers völkische Rhetorik.

NSDAP ohne absolute Mehrheit

3 „Volksgemeinschaft" und Gewaltherrschaft 1933–1939

3.1 Machteroberung und Aufbau der Führerdiktatur

Hitler Reichskanzler ohne absolute Mehrheit

Als Reichskanzler hatte Hitler schlagartig neue Handlungsmöglichkeiten. Der Einzug ins Berliner „Palais Radziwill", wie das Reichskanzleramt an der Wilhelmstraße 77 auch genannt wurde, verlagerte den Schwerpunkt seiner Macht. Am Vortag „nur" Führer einer Massenbewegung, hatte er als Reichskanzler in der Nachfolge Franz von Papens nun Zugriff auf die staatlichen Einrichtungen des Deutschen Reiches. Deshalb markiert der 30. Januar 1933 bis heute einen so scharfen historischen Einschnitt. Nun ging es Hitler darum, die neugewonnene Macht zu stabilisieren und auszubauen. Staatspolitisch arbeitete er auf eine Führerdiktatur hin, gesellschaftlich darauf, zum charismatischen Führer nicht nur der eigenen Bewegung, sondern tendenziell der gesamten Gesellschaft aufzusteigen.

Von einer unbestrittenen Machtstellung konnte freilich zunächst keine Rede sein. Schließlich hatte die NSDAP die absolute Mehrheit verfehlt, so dass Hitler – auch nach den Neuwahlen am 5. März 1933 – weder im Reichstag noch in seinem Kabinett mehrheitlich auf die eigenen Parteigenossen zählen konnte. Aus den Reihen der NSDAP gehörten seiner Regierung an: Innenminister Wilhelm Frick, Propagandaminister Joseph Goebbels (seit März) sowie als Minister ohne Geschäftsbereich Hermann Göring. Der leitete zwar kein eigenes Ressort, spielte aber als preußischer Innenminister eine wichtige Rolle; im April 1933 wurde er zudem zum Luftfahrtminister ernannt. Die meisten Minister der Koalitionsregierung, die angesichts der fehlenden Mehrheit im Reichstag anfangs wie die Präsidialkabinette zuvor von Reichspräsident Hindenburg abhängig war, gehörten der DNVP und weiteren rechtskonservativen Parteien an. Dazu zählte nicht zuletzt Hitlers Stellvertreter, Vizekanzler von Papen. So nah man sich politisch war, so bereitwillig man Hitler im wohlverstandenen Eigeninteresse unterstützte, so sehr gaben sich die Nationalkonservativen überzeugt, den selbstbewussten Führer der NSDAP unter Kontrolle zu haben. Nichts belegt diese Überzeugung besser als von Papens vielzitierte Äußerung: „In zwei Monaten haben wir Hitler in die Ecke gedrängt, dass er quietscht." Die Nationalkonservativen spekulierten darauf, den lautstarken „Trommler" einzufangen. Doch die Rechnung ging nicht auf; die Zähmungsstrategie scheiterte binnen Kurzem. Wie gelang es Hitler, seine Macht auszubauen? Eine erste kurze, geradezu revolutionäre Spanne bis zum August 1934 lässt sich von der zweiten, bis 1938 reichenden Phase unterscheiden.

3.1.1 Machtsicherung

Zunächst ging es im ersten Jahr nach der Machtübernahme mit fieberhafter Geschwindigkeit darum, über die Signalwirkung der Kanzlerschaft hinaus die politische Macht im Reich tatsächlich zu erobern und dauerhaft abzusichern. Bereits im März 1933 gab es Neuwahlen. Per Notverordnung hatte Hindenburg den Reichstag noch am 1. Februar aufgelöst – darauf hatte Hitler zuvor erfolgreich gedrungen. Er spekulierte auf eine parlamentarische Mehrheit, die seine Machtstellung vorübergehend durch die formale Legitimation stärken sollte. Im Februar und März regierte das Kabinett Hitler daher mit Hilfe von „Notverordnungen", mit denen der Reichspräsident schon zuvor die Demokratie auf der Grundlage von Artikel 48 der Weimarer Verfassung unterlaufen hatte. Der eher unbestimmte Artikel ermöglichte dem Reichspräsidenten das Regieren im Ausnahmezustand „zur Wiederherstellung der öffentlichen Sicherheit und Ordnung", was in der Verfassungspraxis auf Verordnungen hinauslief, die Gesetzeskraft erhielten. Als am 4. Februar 1933 die Notverordnung „Zum Schutz des Deutschen Volkes" verkündet wurde, war die Marschrichtung klar. Den offenen Protest der KPD, die zum Generalstreik blies, beantwortete die Regierung mit drastischen Beschränkungen der Presse- und Versammlungsfreiheit.

Notverordnungen

Als hätte der Wahlkampf, der zuweilen an einen Bürgerkrieg erinnerte, noch angeheizt werden müssen, spitzte sich die Lage am Abend des 27. Februars 1933 dramatisch zu, als plötzlich das Reichstagsgebäude in Flammen stand. Wer das Feuer gelegt hat, ist bis heute nicht ganz geklärt. Die einen waren seinerzeit überzeugt, dass die verfolgten Kommunisten ein Zeichen setzen und zum Aufstand anstacheln wollten – eine Vermutung, die den Nationalsozialisten ins Konzept passte. Die anderen argwöhnten, dass die Hitler-Regierung hinter dem Brandanschlag steckte, um aus diesem vermeintlichen Terrorakt der KPD ihrerseits weitere Gewaltmaßnahmen gegen Oppositionelle herleiten zu können. Diese Variante gewann in den Folgejahren, als die totalitäre Herrschaft Gestalt

Reichstagsbrand

annahm, an Überzeugungskraft. Heute, im Ergebnis einer erst in den 1960er Jahren einsetzenden Forschungskontroverse, gilt es als wahrscheinlich, dass ein Einzeltäter am Werk war: der holländische Arbeiter Marinus von der Lubbe. Der linksorientierte 34-Jährige war noch in dem brennenden Gebäude festgenommen worden. Das Reichsgericht verurteilte den Hauptangeklagten im spektakulären Reichsbrandprozess in Leipzig im Dezember 1933 zum Tode; 1934 wurde das Urteil vollstreckt.

Reichstagsbrandverordnung

Für die Dynamik der Machteroberung spielte die Klärung der Schuldfrage keine große Rolle. Die Hitler-Regierung nutzte den Anlass noch in derselben Nacht zu einer weiteren Notverordnung, der Verordnung „Zum Schutz von Volk und Staat". Der Reichstagsbrand lieferte den Scheingrund für die Verkündung des Ausnahmezustands – der die Regel wurde. Die Notverordnung, die Hindenburg noch am Nachmittag des 28. Februars unterzeichnete, setzte sämtliche Grundrechte bis auf weiteres außer Kraft. Die „Reichstagsbrandverordnung", wie sie auch hieß, ließe sich als das Grundgesetz des Dritten Reiches bezeichnen, wenn der Begriff nicht positiv besetzt wäre. Fortan blieb die Presse von KPD und SPD verboten. Die Polizei erhielt mit der „Schutzhaft" ein Instrument, politische Gegner hinter Gitter zu bringen, ohne Beweise für eine Tat besitzen und einen Richter hinzuziehen zu müssen. Nicht allein um die „Abwehr kommunistischer staatsgefährdender Gewaltakte" ging es, sondern um die Unterdrückung jedweder Opposition. In den folgenden zwei Wochen wurden rund 7500 Kommunisten verhaftet, darunter Reichstagsabgeordnete und, am 3. März 1933, der KPD-Führer Ernst Thälmann. Der Parteivorsitzende, der noch 1932 für das Amt des Reichspräsidenten kandidiert hatte, wurde nach elf Jahren Haft 1944 im KZ Buchenwald erschossen. Darüber hinaus erlaubte es § 2 der Notverordnung der Reichsregierung, die Rechte der Länder zu beschneiden und so die bundesstaatlichen Strukturen der Weimarer Republik auszuhebeln. Die Reichstagsbrandverordnung hüllte diesen politischen Akt der Machtmonopolisierung in den Deckmantel der Scheinlegalität. Sieht man von dem linken Lager ab, stieß das Regierungshandeln auf große Zustimmung. Musste nicht die kommunistische Revolution in Deutschland mit allen Mitteln verhindert werden?

Neuwahl 5. März 1933

Kein Wunder, dass die Reichstagswahl am 5. März 1933 den neuen Machthabern die Stimmenmehrheit sicherte, mit der sie gerechnet hatten. Die NSDAP verpasste gleichwohl die absolute Mehrheit knapp; fünf Sitze fehlten ihr am Ende. Dank der „Kampffront Schwarz-Weiß-Rot" hatten Nationalsozialisten und Deutschnationale mit 340 (von 584) Abgeordneten dann doch eine Mehrheit, zumal kommunistische und sozialdemokratische Abgeordnete, die immer noch 41,8% der abgegebenen Stimmen auf sich vereint hatten, de facto gar nicht präsent sein konnten. Hitler zeigte sich mit dem Wahlergebnis sehr zufrieden und deutete es als Bestätigung seines autoritären, antiparlamentarischen Kurses. Tatsächlich verdeutlichte das Wahlergebnis, welches Wählerpotenzial die Nationalsozialisten im Reich noch erschließen konnten.

Mit dem März 1933 verbindet sich der Begriff der „März-Gefallenen": In Anspielung auf die Opfer der März-Revolution von 1848 bezeichneten die Nationalsozialisten so ironisch jene Hunderttausenden von neuen Parteimitgliedern, die nach dem Wahlerfolg aus purem Opportunismus in die NSDAP eintraten. Auf der Seite der neuen Führung zu stehen kann der Karriere nicht schaden, mochten sich vor allem viele Beamte und staatliche Angestellte gedacht haben. Die Zahl der Parteimitglieder erhöhte sich von 1,5 Millionen 1932 auf 4,5 Millionen Ende 1934. Um den Einfluss der „Alten Kämpfer" nicht zu schmälern, stoppte die Parteiführung diesen Zustrom schließlich, indem sie bis zum Mai 1939 eine Aufnahmesperre verhängte. Als sie 1937 erstmals gelockert wurde, traten bis Juni 1938 noch einmal 2,1 Millionen Deutsche in die Partei ein.

Parteieintritte

Dem Ausschalten des politischen Gegners entsprach die „Gleichschaltung" der Länder. Mit den beiden Gleichschaltungsgesetzen vom 31. März 1933 und 7. April 1933 verloren sie ihre relative Souveränität zugunsten der Berliner Zentralgewalt, die später ihre Reichsstatthalter in die Provinzen schickte. Sie waren an die Weisungen von oben gebunden und hatten darauf zu achten, dass die Führer-Richtlinien im Lande beachtet wurden.

„Gleichschaltung" der Länder

Ein Jahr nach der „Machtergreifung", am 30. Januar 1934, setzte das Gesetz über den Neuaufbau des Reiches den Schlusspunkt unter die Aberkennung der territorialen Hoheitsrechte. Erstmals gab es „deutsche" Staatsbürger; bis dahin hatten Preußen, Bayern, Sachsen usw. ihre eigene Staatsangehörigkeit verliehen. Der Reichsrat wurde am 14. Februar 1934 aufgelöst. Vor Ort hatte die SA nach den Wahlerfolgen Druck auf die Landesregierungen ausgeübt und öffentliche Ämter verlangt. In kürzester Zeit war so der deutsche Föderalismus beseitigt, der noch die Gründung des kleindeutschen Nationalstaats 1871 überdauert hatte.

Vorreiter dieser „Gleichschaltung" der Länder war das größte Land des Reiches, der Freistaat Preußen. Hier hatte der Reichskanzler von Papen bereits am 20. Juli 1932 putschartig einen Reichskommissar eingesetzt, der die sozialdemokratische Regierung, die ohne parlamentarische Mehrheit die Geschäfte führte, ablöste. Diese könne die „die öffentliche Sicherheit und Ordnung" in Preußen nicht mehr gewährleisten – ein Vorwurf, gegen den sich der preußische Innenminister Carl Severing vergeblich verwahrt hatte. Severin musste sein Büro räumen. Von Papen ließ das preußische Innenministerium, das Berliner Polizeipräsidium und die Zentrale der Schutzpolizei besetzen, nachdem er den militärischen Ausnahmezustand verhängt hatte. Auf diesen „Preußenschlag" reagierte die preußische Regierung nicht mit Gegengewalt oder zivilem Ungehorsam, sondern mit einer Verfassungsklage. Der Staatsgerichtshof beim Reichsgericht erklärte die Maßnahme für gerechtfertigt, wenngleich er die nun machtlose Regierung de jure im Amt ließ.

„Tag von Potsdam" In der preußischen Garnisonstadt Potsdam fand dann am 21. März 1933 jener Staatsakt statt, den man als zeremoniellen Auftakt für die Reichstagseröffnung verstehen kann. Weil das Reichstagsgebäude durch den Brand kurz zuvor stark beschädigt worden war, wichen die Politiker in die Garnisonkirche der ehemaligen Residenzstadt aus. Die Kirche, Grablege der Preußenkönige Friedrich Wilhelm I. (des „Soldatenkönigs") und Friedrich II. (des „Großen"), war der zentrale Ort für die Verehrung der preußischen Monarchie seit deren unrühmlichem Ende 1918. Weil der frischgebackene Propagandaminister Goebbels die symbolträchtige Zeremonie nachträglich propagandistisch ausschlachtete, ist der „Tag von Potsdam" bis heute ein Begriff. Die evangelischen und katholischen Eröffnungsgottesdienste fanden noch ohne Hitler und Goebbels statt, die lieber auf dem Luisenstädtischen Friedhof in Berlin verstorbenen SA-Angehörigen, den „Märtyrern" der Bewegung, huldigten. Später ging es durch ein Fahnenmeer, in dem die schwarz-weiß-roten kaiserlichen Flaggen neben den Hakenkreuzfahnen der Nationalsozialisten wehten, in die Garnisonkirche. Reichswehr und Polizei führten gemeinsam mit SA und SS eine Parade durch. In der Kirche hielten der 86-jährige Reichspräsident Hindenburg und der neue Reichskanzler ihre Festreden.

Als sich der zivil gekleidete Hitler mit Handschlag und leichter Verbeugung von dem in Uniform glänzenden „Helden von Tannenberg" verabschiedete, schoss ein amerikanischer Fotograf jenes ikonenhafte Bild, das nach 1945 wie kein anderes den Brückenschlag zwischen Alt und Neu illustrierte, die jubelnden Massen indes ausblendete. Der gemeinsame Auftritt Hitlers mit dem greisen Reichspräsidenten, der es noch am 20. Januar 1933 strikt abgelehnt hatte, den „böhmischen Gefreiten" (wie er ihn genannt haben soll) zum Kanzler zu machen, versöhnte demnach die charismatischen Zügen der neuen Führerdiktatur mit den traditionalen Elementen des Kaiserreichs. Der Deutschlandsender, einer der ersten Hörfunksender im Reich, übertrug den Festakt in der Garnisonkirche. Die Melodie ihres Glockenspiels „Üb' immer Treu und Redlichkeit" diente seitdem als Pausenzeichen des Senders. Wie Fotopostkarten und Münzen erinnerte es im „Dritten Reich" an diese Demonstration des Erfolges der NS-Herrschaft in Potsdam. Nur einen Tag später richtete der Chef der SS, Heinrich Himmler, in Dachau bei München das erste Konzentrationslager ein.

Am 22. März 1933 auch stimmten die neuen Reichstagsabgeordneten über das „Ermächtigungsgesetz" ab, das zwei Tage später in Kraft trat: Danach übertrug das Parlament seine Rechte der Regierung; die legislative Gewalt ging in der Exekutive auf. Die Gewaltenteilung – jenes Kernprinzip demokratischer Herrschaft, das die Macht durch die Verteilung auf verschiedene Staatsorgane begrenzen soll – wurde aufgehoben. Künftig konnte die Hitler-Regierung auch ohne den Reichstag selbst verfassungsändernde Gesetze verabschieden (Art. 1 und 2). Kaum ein Abgeordneter in der Kroll-Oper, wo der Reichstag ersatzweise tagte, widersetzte sich dieser Selbstentmachtung, auch das (katholische) Zentrum und die Bayerische Volkspartei (BVP) nicht. So reichten die Gegenstimmen der SPD, die allein das „Gesetz zur Behebung der Not von Volk und Reich" ablehnte, nicht aus, um die erforderliche Zweidrittelmehrheit zu verhindern. 444 Abgeordnete (bei 538 gültigen Stimmen) befürworteten das Gesetz, darunter der spätere Bundespräsident Theodor Heuss und der spätere Ministerpräsident von Baden-Württemberg Reinhold Maier. Die Vormacht des Nationalsozialismus signalisierten die SS, die das Gebäude abgeriegelt hatte, die SA, deren Kolonnen im Gebäude eine Drohkulisse bildeten, sowie die enorme Hakenkreuzfahne hinter dem Rednerpult. Als das Abstimmungsergebnis feststand, stimmten NSDAP-Abgeordnete das Kampflied der SA, das „Horst-Wessel-Lied" an, das seit Hitlers Machtübernahme als zweite Nationalhymne diente.

„Ermächtigungsgesetz"

Damit war der rechtliche Rahmen für Gesetze gegeben, die nicht verfassungskonform sein und die Grundrechte nicht wahren mussten. Selbst auf den Reichspräsidenten war Hitler nicht länger angewiesen; auch das Notverordnungsrecht spielte keine Rolle mehr. Schließlich verlor noch das Kabinett weitgehend seine Funktion zugunsten der absolutistischen Führerdiktatur. Im Februar 1938 sollte es ein letztes Mal zusammenkommen. Der Reichstag seinerseits verabschiedete in der Friedensphase des Regimes nur sieben Gesetze. Es nimmt nicht Wunder, dass Hitler das „Ermächtigungsgesetz", das zunächst auf vier Jahre befristet war, pünktlich erneuerte, zuletzt 1943 für unbegrenzte Zeit. Zusammen mit der Gleichschaltung der Länder höhlte es die Verfassung der Weimarer Republik, die formal bis 1945 fortbestand, aus und stellte einen entscheidenden Schritt bei der Errichtung der NS-Diktatur dar.

Berufsverbote

Das Regime ließ nie Zweifel an seiner antisemitischen Stoßrichtung. Nach einem ersten Boykott jüdischer Geschäfte, Kanzleien und Arztpraxen Anfang April 1933 erhielten jüdische Staats- und Rechtsanwälte wie jüdische Richter Berufsverbot; die Krankenkassen schlossen jüdische Ärzte aus. Die Berufsfreiheit jüdischer Deutscher wurde immer weiter eingeschränkt, ohne dass sich nennenswerter Widerspruch gegen diese Diskriminierung regte. Vielmehr zeigte sich in diesen ersten Monaten nach der Machtübernahme, wie sehr Hitler auf die antisemitisch gestimmte Resonanz weiter Bevölkerungsteile zählen konnte. Umgekehrt war die Entschlossenheit nicht zu verkennen, mit der das Regime von der Propaganda zur Tat überging. Hass wurde nicht nur verbal gesät, sondern in konkretes Diskriminierungs- und Verfolgungshandeln umgesetzt.

Bücherverbrennung

Eine bizarre, aber bezeichnende Aktion war die öffentliche Bücherverbrennung in zahlreichen Universitätsstädten am Abend des 10. Mai 1933. Die Deutsche Studentenschaft (DSt) – der Zusammenschluss der Allgemeinen Studentenausschüsse, der seit 1931 vom Nationalsozialistischen Deutschen Studentenbund (NSDStB) beherrscht wurde – führte nach Hitlers Machtübernahme eine Kampagne „wider den undeutschen Geist" durch. Anhand „Schwarzer Listen" sollten öffentliche und private Bibliotheken von dem „zersetzenden Schrifttum" gesäubert werden. In der Zeitung wurden jüdische, sozialistische, pazifistische Autoren denunziert und mögliche Plätze genannt, auf denen die Werke bekannter Romanautoren, Philosophen, Wissenschaftler und politischer Schriftsteller verbrannt werden sollten. Dazu zählten Bertolt Brecht, Sigmund Freud, Heinrich Heine, Heinrich Mann, Thomas Mann, Erich Kästner, Alfred Kerr, Karl Marx, Carl von Ossietzky, Erich Maria Remarque und Kurt Tucholsky. In Gegenwart von Professoren und unter sogenannten Feuersprüchen wanderten ihre Bücher auf den Scheiterhaufen, der zum Beispiel in Berlin mitten auf dem Opernplatz errichtet worden war.

Das „Gesetz zur Wiederherstellung des Berufsbeamtentums" (kurz: Berufsbeamtengesetz, BBG) vom 7. April 1933 zielte im selben Zusammenhang auf die Gleichschaltung des öffentlichen Dienstes. Beamte, die „nicht die Gewähr dafür bieten, dass sie jederzeit rückhaltlos für den nationalen Staat eintreten" (§ 4), konnten ebenso entlassen werden wie „Beamte, die nicht arischer Abstammung sind" (§ 3). Nach diesem „Arierparagraphen" wurde bereits aus dem Beamtenverhältnis entlassen oder vorzeitig in den Ruhestand versetzt, wer mindestens *einen* nicht-arischen Großelternteil hatte. Der „Ariernachweis" gehörte fortan zu den Personalunterlagen des Beamten. Nur bis Ende 1935 galt das sogenannte Frontkämpferprivileg, das Hindenburg durchgesetzt hatte: Wer im Weltkrieg für Deutschland oder seine Verbündeten an der Front gekämpft hatte oder den Sohn oder Vater verloren hatte, durfte auch als „Nicht-Arier" weiter Dienst tun. Das Gesetz traf insgesamt rund 2% der 1,5 Millionen Beamten, welche die existenzgefährdende Diskriminierung ihrer jüdischen und republikanischen Kollegen hinnahmen, ohne zu remonstrieren. Damit hatte Hitler auch den Beamtenapparat unter Kontrolle.

„Gleichschaltung" des öffentlichen Dienstes

Nicht weniger entgegenkommend als das Beamtentum zeigte sich ein ganz anderer Verband: der Allgemeine Deutsche Gewerkschaftsbund (ADGB). Sein Vorsitzender Theodor Leipart schien zur SPD, die den Gewerkschaften traditionell verbunden war, auf Distanz zu gehen und bot sich der Hitler-Regierung an. Zur allgemeinen Überraschung erklärte die den 1. Mai zu einem gesetzlichen „Feiertag der nationalen Arbeit" – seit vielen Jahren ein Ziel der Arbeiterbewegung. Doch schon einen Tag später zeigte das Regime sein wahres Gesicht und zerschlug die Gewerkschaften. SA-Chargen drangen in die Gewerkschaftshäuser ein, Vermögen wurde beschlagnahmt, der ADGB löste sich selbst auf. Auch Leipart wurde festgenommen und misshandelt. Dass sich die Gewerkschaftsführung der neuen Regierung angedient hatte, verringerte die Chance auf Widerstand aus dem Kreis der Gewerkschafter.

Zerschlagung der Gewerkschaften

SPD-Verbot

Auf parteipolitischer Ebene wurde in wenigen Monaten endgültig ein Schlussstrich unter das Parteiensystem der Weimarer Republik gezogen. Am 22. Mai 1933 erklärte der Reichsinnenminister Wilhelm Frick die SPD zur „volks- und staatsfeindlichen Organisation", die vor hoch- und landesverräterischen Unternehmungen gegen Deutschland nicht zurückschrecke. Das Vermögen der Partei und der ihr angeschlossenen Organisationen wurde beschlagnahmt. SPD-Mitgliedern blieb eine Tätigkeit im Öffentlichen Dienst verwehrt. „Wohlverdientes Ende der marxistischen Landesverratspartei" – so lautet die Schlagzeile des Völkischen Beobachters vom 24. Juni 1933. Ende Juni, Anfang Juli lösten sich die verbliebenen Parteien selbst auf. Von der bunten Parteienlandschaft der Weimarer Republik blieb ebenso wenig übrig wie von der Vielfalt der Verbände.

Erfolg und Anerkennung der Machtpolitik

Der machtpolitische Gewinn im Sinne des Ausbaus der Führerdiktatur lag auf der Hand. Wo es keine vermittelnden Institutionen zwischen dem Einzelnen und der Regierung mehr gab, war es nahezu unmöglich, Meinungsaustausch zu organisieren, Interessen zum Ausdruck zu bringen oder sich gar für deren Durchsetzung zusammenzuschließen. Durch das Auflösen, Umwandeln und Entpolitisieren bestehender Organisationen erhöhte das NS-Regime seinen Machtanteil in der deutschen Gesellschaft der 1930er Jahre. Rasch hatte sich gezeigt, wie abwegig das Kalkül war, den Volkstribunen Hitler zu „zähmen". Die meisten Zeitgenossen freilich, zumal die bürgerlichen, weinten dem Ende des Pluralismus keine Träne hinterher. In ihren Augen zählte vielmehr, dass eine durchsetzungsfähige Ordnungsmacht mit dem vermeintlichen politischen und gesellschaftlichen Chaos aufräumte und gegen Kommunisten und Anarchisten mit erkennbarem Erfolg tief durchgriff. Schließlich hatte sich die NSDAP vor 1933 nicht zuletzt als die einzige Partei inszeniert, die den drohenden Bürgerkrieg verhindern könnte. Lieferte nicht die Kraftlosigkeit, mit der die Institutionen der „Systemzeit" auf die Neuordnung des Nationalsozialismus reagierten, den besten Beleg dafür, dass sie historisch überholt waren? Und war das nicht die stärkste Legitimation für diese atemberaubende Neuordnung? Diese Einstellung spiegelte ein Bild von Hitler als einem starken „Führer" in nationalrevolutionären Zeiten wider.

3.1.2 Aufbau der Führerdiktatur

Eine weitere Welle von grundstürzenden Gesetzen türmte sich Mitte Juli 1933 auf. Um ihrem Ziel eines totalen Staates auf rasseideologischer Grundlage noch näher zu kommen, setzte die nationalsozialistische Führung den Abriss des Normenstaats mit folgenden Änderungen fort, die der Reichstag am 14. Juli abnickte: Durch das Verbot, neue Parteien zu gründen, erhielt die NSDAP faktisch ein Monopol. Endgültig zur Staatspartei wurde sie de jure ein knappes halbes Jahr später, als das „Gesetz zur Sicherung der Einheit von Partei und Staat" die NSDAP zur „Trägerin des deutschen Staatsgedankens" erklärte und in eine Körperschaft des öffentlichen Rechts (§ 1) mit eigener Gerichtsbarkeit und Anspruch auf Amtshilfe (§ 6) umwandelte. Hitlers Stellvertreter in der Partei, Rudolf Heß, wurde ebenso wie der Chef des Stabes der SA, Ernst Röhm, qua Amt Mitglied der Reichsregierung (§ 2). Damit war der Einparteienstaat auch rechtlich festgeschrieben.

NSDAP als Staatspartei

Noch am 14. Juli 1933 legalisierte das „Gesetz zur Verhütung erbkranken Nachwuchses" die Zwangssterilisierung der Kinder von Eltern, die an bestimmten Erbkrankheiten wie Blindheit, Taubheit, Epilepsie oder Schizophrenie oder auch an „angeborenem Schwachsinn" litten. Ärzte und Eugeniker betätigten sich nun im Namen des Konzepts der Rassenhygiene für die „Volksgesundheit". Um den „Volkskörper" von fremden Elementen zu schützen, bot das „Gesetz über den Widerruf von Einbürgerungen und die Aberkennung der deutschen Staatsbürgerschaft" vom 14. Juli 1933 eine weitere Handhabe, weil es als Grundlage für die Ausbürgerung von jüdischen und politischen Flüchtlingen diente. Nicht erst seit dem Gesetz zum „Schutz des deutschen Blutes und der deutschen Ehre" vom 5. September 1935 galt das rasseideologische Leitprinzip, dass die deutsche Nation, die „Volksgemeinschaft", eine rassische Größe darstellte, deren Homogenität alle Ungleichheit überlagerte. Aus diesem völkischen Blickwinkel hatte der „Führer" den historischen Auftrag, mit allen Mitteln für die Reinheit dieses Volkskörpers zu sorgen.

Zwangssterilisierung

Für die Durchsetzung einer solchen Politik konnte die Hitler-Regierung offizielle Anerkennung von dritter Seite gut gebrauchen. Insofern verbuchte sie den Staatsvertrag mit dem Vatikan innen- und außenpolitisch als machtstrategischen Erfolg. In der Weimarer Republik waren die Verhandlungen über ein Konkordat lange im Sande verlaufen. Auf Hitlers Initiative hin hatte seit April 1933 der

Konkordat

Vizekanzler von Papen mit dem päpstlichen Nuntius in Berlin, Eugenio Pacelli, dem späteren Papst Pius XII., und dem ehemaligen Vorsitzenden der Zentrumspartei, Ludwig Kaas, Gespräche geführt. Das Konkordat wurde am 20. Juli 1933 in Rom unterzeichnet und am 10. September ratifiziert. Die Kurie zeigte sich begeistert. Im Ergebnis wurden der Katholischen Kirche im Deutschen Reich Autonomie in inneren Angelegenheiten, die öffentliche Ausübung des Bekenntnisses und die Verbreitung ihrer Schriften zugesagt. Dagegen stand das Verbot für Geistliche, sich in oder für Parteien politisch zu betätigen. Hitler ging es hier weniger um ein Arrangement mit dem Katholizismus als darum, der katholischen Bevölkerung, die sich dem NS-Regime gegenüber noch skeptisch zeigte, den Wind aus den Segeln zu nehmen und die Position der zunächst kritischen Kurie zu schwächen. Die BVP und das Zentrum hatten sich zu diesem Zeitpunkt bereits vorsorglich selbst aufgelöst. Ob die Zustimmung der Kurie zum Ermächtigungsgesetz mit dem Konkordat gleichsam erkauft worden waren, ist unklar. Ohnehin hielt sich das Regime nicht lange an die Schutzgarantie, wie die Einschränkungen der katholischen Presse und Verbände wenige Monate später zeigten. Als Pius XI. in seiner Enzyklika „Mit brennender Sorge" 1937 gegen den Bruch des Staatsvertrages protestierte, war es längst zu spät. Tatsächlich verschlechterte auch das Konkordat die Aussicht auf Widerstand in der formativen Phase der nationalsozialistischen Diktatur.

Reichstagswahl 12. November 1933

Hitler setzte erneut auf die öffentliche Zustimmung zu seiner Politik, als er die Deutschen am 12. November 1933 zu den Wahlurnen rief. Sie sollten einen neuen Reichstag wählen und nebenbei in einer Volksabstimmung den Austritt des Deutschen Reiches aus dem Völkerbund absegnen. Zwar gab es im Einparteienstaat keine echte Wahlmöglichkeit; zur Abstimmung stand einzig die „Liste des Führers", die wohlkalkuliert auch nationalkonservative Nicht-NSDAP-Mitglieder wie Franz von Papen und Alfred Hugenberg enthielt. Wer Hitlers Wahlvorschlag ablehnte, weil er ihn wie der jüdische Sprachwissenschaftler Victor Klemperer für „unausdenkbar ekelhaft" hielt, dem blieb nur, „Nein" anzukreuzen oder einen leeren Stimmzettel abzugeben. Mit einer gewaltigen Propagandakampagne und der Gegenwart von SA-Männern in den Wahllokalen hatten die Nationalsozialisten den Druck erhöht, wählen zu gehen, weil sie einen Prestigeerfolg wollten. Und so war die Parteispitze erleichtert, als ihre Liste bei einer Wahlbeteiligung von 95,2% eine äußerst große Mehrheit von 92,3% erhielt. Der Volksentscheid fiel ähnlich eindeutig aus. Immerhin: Mehr als zwei Millionen Menschen waren der Wahl ferngeblieben, und dreieinhalb Millionen hatten eine ungültige Stimme abgegeben.

1934 folgen weitere Strukturveränderungen in rascher Folge. Zum einen trieb die NS-Führung, mit offenkundiger Beihilfe der Ministerialbürokratie, durch weitere Gesetze die Gleichschaltung voran. Das betraf das Wirtschaftsleben (s. u. 3.5), aber auch das Verhältnis von Reich und Ländern. Dazu passte das bereits erwähnte Gesetz über den „Neuaufbau des Reiches". In einem weiteren Akt, der die Souveränität der Länder aufhob und sie direkt der Reichsregierung unterstellte, legte der nationalsozialistische Zentralstaat endgültig die föderalistische Tradition des Alten Reiches ad acta. Der Reichsrat wurde überflüssig. Ein neues Ministerium für „Wissenschaft, Erziehung und Volksbildung" unter Bernhard Rust war für das ganze Reich zuständig. Aber auch die Geheime Staatspolizei, die Gestapo, unter Himmler definierte ihren Zuständigkeitsbereich national, noch bevor das Reichssicherheitshauptamt (RSHA) zum Sitz der Berliner Zentralbehörde wurde. Auf der Grundlage des „Gesetzes zur Aburteilung von Hoch- und Landesverrat" (24. April 1934) wurde am 1. August 1934 der Volksgerichtshof als ein politisches Sondergericht der NSDAP in Berlin eingesetzt; 1936 wandelte ein Gesetz ihn in ein ordentliches Gericht um. Hitler hatte die Urteile, die das Reichsgericht im Reichstagsbrandprozess gefällt hatte – vier Freisprüche, ein Todesurteil – für Fehlurteile gehalten.

Zum anderen erlebte das Land den Höhepunkt und die blutige Auflösung eines innerparteilichen Machtkonflikts. Dabei ging es um den großen, in Hitlers Augen zu großen Einfluss der SA und der Obersten SA-Führung, des Stabschefs Erich Röhm. Die mittlerweile rund vier Millionen Männer der Sturmabteilung, einst als Saalschutz gegründet, waren mit ihren braunen Uniformen aus dem öffentlichen Leben nicht wegzudenken. Der selbstbewusste Röhm setzte angesichts des Erfolges auf eine „zweite Revolution", welche die Gesellschaft noch radikaler umgestalten sollte. Mehr noch: In seiner SA sah er eine Volksmiliz, in die sich die regulären Soldaten einzureihen hätten. Röhm wollte die SA zu einer modernen Armee ausbauen, nicht die Reichswehr. Dieser Anspruch gründete nicht zuletzt darauf, dass sich die überwiegend jungen SA-Männer den Erfolg beim Aufbau der Führerdiktatur auf die Fahnen schrieben.

Ende des Föderalismus

Röhm-Morde

SA-Angehörige beherrschten die Straße, saßen dank einer staatlichen Personalpolitik aber auch in der Verwaltung.

Weil er seine eigene Machtposition zunehmend bedroht sah und eine Einigung immer unwahrscheinlicher wurde, entschloss sich Hitler, von innerparteilichen Gegnern Röhms wie Göring und Himmler bekräftigt, zu einer Mordaktion, für die er auch auf die Reichswehr zählen konnte. Im Juni 1934 schien Hitler der richtige Zeitpunkt gekommen. Zuvor hatte die SS das Gerücht gestreut, dass ein Putsch der SA drohe, und Röhms Homosexualität herausgestellt (die kein Geheimnis war). Eine Führertagung der SA im bayerischen Bad Wiessee bot Hitler die Gelegenheit, am 30. Juni 1934 die SA-Führung durch SS-Einheiten vollständig liquidieren zu lassen. Mit Röhm starben 50 höhere SA-Führer. Aber auch in Ungnade gefallene „Alte Kämpfer" der NSDAP und politische Gegner wurden bei dieser Gelegenheit ermordet. Zu den insgesamt rund 200 Toten zählten außerdem der letzte Reichskanzler der Weimarer Republik, General Kurt von Schleicher, und sein Vertrauter, General Ferdinand von Bredow. Auch das nahm die Reichswehr ohne Murren hin, war sie doch an dem Terrorakt zur Ausschaltung ihrer Konkurrenz direkt beteiligt. Die Reichsregierung rechtfertigte nachträglich am 2. Juli 1934 diese Bluttat, die das Regime als Niederschlagung des „Röhm-Putsches" verschleierte, per Gesetz mit dem „Staatsnotstand". Mord wurde so zu einem Mittel der Politik. „Aus dem Führertum fließt das Richtertum", sekundierte der deutsche Staatsrechtler Carl Schmitt.

„Führer und Reichskanzler"

Der Rechtsstaat war wieder einmal der Verlierer; der Gewinner hieß Adolf Hitler. Seine Tatkraft fand mehrheitlich Anklang. Hatte der Führer nicht den Umsturz durch eine Bande homosexueller Krawallbrüder verhindert und für Zucht und Ordnung gesorgt? Auf jeden Fall hatte sich Hitler seines ärgsten innerparteilichen Gegners entledigt und damit seine herausgehobene Position untermauert. Kaum war Reichspräsident von Hindenburg am 2. August 1934 auf seinem Gut Neudeck in Ostpreußen gestorben, erhielt Hitler per Gesetz die Doppelfunktion „Führer und Reichskanzler". Die Bezeichnung umfasste das Amt des Staatsoberhaupts, des Regierungschefs, des Oberbefehlshabers der Streitkräfte und des Parteiführers. Diese Personalunion zerstörte das System von Checks und Balances der Weimarer Demokratie zugunsten eines Führerabsolutismus. Damit brachen auch institutionelle Hürden weg, welche die Republik auf dem Weg in einen neuen Krieg errichtet hatte. Am

19. August 1934 ließ Hitler sich diesen Erfolg in einem weiteren Plebiszit bestätigen – mit 89,9% der Stmmen bei einer Beteiligung von 95,7%.

Auch Himmler ging gestärkt aus dem Massaker hervor, weil fortan die SS zu einer selbständigen modernen Kampftruppe aufgewertet wurde – zum Nachteil der SA, die in politischer Bedeutungslosigkeit versank. Schließlich profitierte die Reichswehr, weil auch sie die lästige Konkurrenz losgeworden war. Die militärische Führung setzte auf Hitlers Wohlwollen. Noch am 2. August 1934 erließ Reichskriegsminister Werner von Blomberg die Order, die Reichswehr auf die Person des „Führers und Reichskanzlers" zu vereidigen. Der sogenannte Führereid brachte Hitlers Machtstellung auf den Punkt. Hatten die Soldaten nach 1919 noch der Reichsverfassung die Treue geschworen, galt ihr Gelöbnis nach 1933 „Volk und Vaterland". Fortan stand die Person Hitler, nicht der Amtsträger, im Mittelpunkt: „Ich schwöre bei Gott diesen heiligen Eid, dass ich dem Führer des Deutschen Reiches und Volkes, Adolf Hitler, dem Oberbefehlshaber der Wehrmacht, unbedingten Gehorsam leisten und als tapferer Soldat bereit sein will, jederzeit für diesen Eid mein Leben einzusetzen." Blomberg hatte bereits im Februar 1934 für das Offizierskorps den Arierparagraphen eingeführt. Seit der Zeit auch prangte das Hakenkreuz auf den Waffen. Hitler hatte die Wehrmacht als heimlichen Verbündeten seines Aufstiegs geschätzt. Deren Führung wiederum sah in ihm einen willkommenen Kooperationspartner für die Wiederaufrüstung. Auch das Militär fiel deshalb als möglicher mächtiger Widerpart des Diktators von vornherein aus.

Soldateneid auf den Führer

Das Ende dieser ersten Phase des Herrschaftsausbaus, die bis in den August 1934 dauerte, hätte sich im Januar 1933 niemand vorstellen können. Binnen Kurzem hatten die Nationalsozialisten das institutionelle Gerüst der Weimarer Republik vollständig eingerissen und durch einen zentralistischen Einparteienstaat, eine Führerdiktatur mit rasseideologischem Unterbau ersetzt. Die Scheinlegalität, auf die Hitler stets bedacht war, kann über die Illegalität der Zerstörung des Rechtsstaats, über die zahllosen Verfassungsbrüche und die beispiellose Brutalität der Vorgehensweise nicht hinwegtäuschen. Das war nicht der übliche Wechsel zu einer autoritären Regierungsform, sondern eine „neuartige rechtstotalitäre Revolution" (Hans-Ulrich Wehler). Hitler war keineswegs in die Ecke gedrückt worden, wie die willfährigen Wegbereiter ein Jahr zuvor

Scheinlegalität von Machtsicherung und -ausbau

noch spekuliert hatten. Er stand vielmehr als charismatischer Führer im Zentrum des Geschehens, bejubelt von Millionen Deutschen, für die sich nach den Jahren der nationalen Kränkungen seit 1919 der Traum von einem wiedererstarkten Reich und wiederhergestellter Nationalehre zu erfüllen schien.

3.2 Legitimation durch außenpolitische Erfolge

Politischer Erfolg und charismatische Herrschaft

Hitlers neue Machtstellung und der radikale Umbruch der Staats- und Gesellschaftsordnung wären kaum möglich und von Dauer gewesen, ohne die innen- und außenpolitischen Entwicklungen bis 1939, die das NS-Regime als Erfolge verbuchen konnte und die, weit wichtiger, eine breite Bevölkerungsmehrheit der Bilanz des „Führers" zuschrieb. Dessen charismatische Herrschaft war auf massenhafte Zustimmung angewiesen. Hitler profitierte von der Hoffnung, die in Krisensituationen auf ihn gerichtet war und die er nicht enttäuschte. Die Gefahren einer Krise, die er durch seine riskante Politik auch selbst herbeiführte, nahm er in Kauf, weil er den zu erwartenden Legitimationsgewinn einfahren wollte. Da die innenpolitische Entwicklung an anderer Stelle erläutert wird (s. u. 3.4) – insbesondere die Überwindung der Massenarbeitslosigkeit –, geht es im Folgenden um Hitlers Außenpolitik.

Anschluss des Saarlandes

Zwei Jahre nach der Machtübernahme, am 13. Januar 1935, wurde das Saargebiet dem nationalsozialistischen Deutschland angeschlossen. Der Völkerbund hatte es 1920 als Mandatsgebiet für 15 Jahre unter französische Verwaltung gestellt. In der vereinbarten Volksabstimmung votierten 91% für den Anschluss. Die Präsenz französischer Kolonialtruppen hatte die Heim-ins-Reich-Politik der wichtigsten saarländischen Parteien befeuert. Der Aufstieg der NSDAP störte die wenigsten; die politischen Gegner Hitlers flohen ins Ausland, vor allem nach Frankreich. Im Reich dagegen feierten die Deutschen, angeheizt von der Propaganda, den Anschluss als einen nationalen Triumph.

Außenpolitisch sorgte bis 1939 eine geradezu abenteuerliche Erfolgsserie für Aufsehen – und Legitimität. Wohl mehr noch als die Ereignisse im Reich selbst erhöhte die Außenpolitik des NS-Regimes die innenpolitische Zustimmung der Deutschen. Das galt besonders für das Ziel, den „Schandfrieden" von Versailles grundlegend zu revidieren. Der NS-Spitze ging es weit darüber hinaus darum, über das noch geringe Rüstungsniveau und die militärische Sicherheitslücke hinwegzutäuschen und die nur mit militärischer Gewalt mögliche Expansionspolitik vorzubereiten.

Hitler nutzte das außenpolitische Handlungsfeld. Früh hatte er mit der Verlängerung des Freundschafts- und Nichtangriffsvertrages mit der UdSSR am 4. April 1933 seine ideologische Flexibilität bewiesen. Der deutsch-polnische Nichtangriffspakt, den Reichsaußenminister Konstantin von Neurath und der polnische Botschafter Jozef Lipski am 26. Januar 1935 in Berlin unterzeichneten, nahm einem langjährigen Konflikt die Spitze. Schließlich war das Verhältnis zu Polen seit den Gebietsabtretungen 1919 stark belastet. Vor allem der polnische „Korridor" zur Ostsee, der Ostpreußen vom Reich abtrennte, das Völkerbundmandat für die ehemals deutsche Stadt Danzig und die polnische Minderheitenpolitik hatten eine Annäherung verhindert. Hitler interessierte sich weniger für kurzfristige Grenzänderungen. In der Zeit der Aufrüstung wollte er vielmehr die Friedfertigkeit des Regimes unterstreichen; so verstummte auch die antipolnische Propaganda in den NS-Medien für einige Jahre.

Deutsch-polnischer Nichtangriffspakt

Dieser strategischen Täuschung diente aus Hitlers Sicht auch das deutsch-britische Flottenabkommen, das am 18. Juni 1935 in London unterzeichnet wurde. Wenngleich der Vertrag, der das Stärkeverhältnis der Seestreitkräfte auf 35 zu 100 fixierte, gegen die Versailler Bestimmungen verstieß, zog Großbritannien es vor, ein Wettrüsten zu vermeiden und Deutschland in ein Rüstungsabkommen einzubinden. Hitler konnte positiv verbuchen, dass der ehemalige Gegner gegen den Versailler Vertrag verstieß und Deutschlands Aufrüstung hinnahm. Zudem war er Mitte der dreißiger Jahre noch der Auffassung, Großbritannien würde seinen aggressiven Expansionskurs unterstützen und gemeinsam mit dem Reich Krieg gegen die Sowjetunion führen. Das Flottenabkommen sollte die Weichen dafür stellen.

Deutsch-britisches Flottenabkommen

Ein spektakuläres Ereignis machte am 7. März 1936 Schlagzeilen: 30.000 Soldaten der Wehrmacht marschierten in das entmilitarisierte Rheinland ein und errichteten deutsche Garnisonen in Aachen, Trier und Saarbrücken. Das Gebiet, das auch Teile des wirtschaftlich wichtigen Ruhrgebiets umfasste, war nach dem Ersten Weltkrieg von deutschen Truppen geräumt worden, was dem Sicherheitsbedürfnis Frankreichs dienen sollte. Der Einmarsch war ein Bruch des Versailler Vertrages, ebenso des Locarno-Pakts von 1925. Vor allem aber war es ein höchst riskantes Unternehmen:

Einmarsch ins Rheinland

Hätten die Westmächte militärisch reagiert, hätten die deutschen Truppen sofort zum Rückzug blasen müssen. Da die Franzosen nicht auf die britische Unterstützung rechnen konnten, schlossen sie sich lediglich dem Protest des Auslands an. Dieser Erfolg bestärkte Hitler in der Auffassung, seinen außenpolitischen Kurs ungestraft weiterfahren zu können. Die „Volksgenossen" bekräftigte die „Rheinlandbefreiung", wie die Propaganda formulierte, in ihrer Bereitschaft, dem „Führer" Entschlusskraft und Handlungsfähigkeit zu bescheinigen – was wiederum sein Charisma nährte. Gegen die Bedenken seiner Generäle hatte Hitler aus innenpolitischen Gründen außenpolitisch Vabanque gespielt. Das Ergebnis war erneut ein ungeheurer Prestigeerfolg.

Militärhilfe im Spanischen Bürgerkrieg

Verblüfft nahm wenig später nicht nur das Ausland zur Kenntnis, dass Hitler sich offenbar entschlossen hatte, in den Spanischen Bürgerkrieg militärisch einzugreifen, der seit Juli 1936 Spanien in zwei Lager zerriss. Zur Unterstützung der rechtsgerichteten Putschisten unter General Francesco Franco, die gegen die Volksfrontregierung der Zweiten Spanischen Republik kämpften, wurde ein deutsches Expeditionskorps aufgebaut. Die insgeheim aufgestellte „Legion Condor" operierte verdeckt und führte erstmals einen Luftkrieg gegen die Zivilbevölkerung. Bekannt wurde die Legion Condor durch die völkerrechtswidrige Bombardierung der Stadt Guernica 1937. Der Luftwaffe bot die Intervention Gelegenheit, neue Waffensysteme und Einsatztaktiken zu erproben. Hitlers außenpolitisches Kalkül war vor allem ein ideologisches: Der Spanische Bürgerkrieg, ein allein aus ungelösten innerspanischen Problemen erwachsener Konflikt, war zu einem Schauplatz des internationalen Kampfes zwischen Kommunismus und Faschismus umgedeutet worden, weshalb er Freiwillige aus vielen Ländern anzog. Hitler wollte gegen den Kommunismus vorgehen und eine weitere Volksfront-Regierung verhindern, wie sie die Franzosen soeben gebildet hatten. Tatsächlich trug die deutsche Militärhilfe wesentlich zu Francos Sieg und damit zur Errichtung einer Diktatur in Spanien bei, die bis 1975 Bestand hatte. Dieser Auslandseinsatz – die erste militärische Intervention seit dem Ende des Ersten Weltkriegs – brachte Hitler weitere innenpolitische Pluspunkte bei all jenen Millionen, die auf ein wiedererstarktes Reich hofften.

Erläuterung der Expansionspläne

Seine Expansionspläne trug Hitler am 5. November 1937 in Berlin dem Außenminister Neurath sowie den wichtigsten Repräsentanten der Wehrmacht vor, darunter Kriegsminister Werner von Blomberg, die Oberbefehlshaber von Heer, Marine und Luftwaffe Werner von Fritsch, Erich Raeder bzw. Hermann Göring. Die Besprechung, über die sein Wehrmacht-Adjutant Oberst Friedrich Hoßbach aus eigenem Antrieb Notizen gemacht hat, ließ keinen Zweifel daran, dass Hitler klare zeitliche Vorstellungen davon besaß, wie er mit Waffengewalt den „Lebensraum" der Deutschen erweitern würde.

Als nächste Ziele hatte er die Annexion Österreichs und großer Teile der Tschechoslowakei im Blick. In Wien waren die österreichischen Nationalsozialisten 1934 mit ihrem Versuch, die Macht zu übernehmen, kläglich gescheitert. Während des Juliputsches wurde Bundeskanzler Engelbert Dollfuß, der seit März 1933 wie ein Diktator regiert hatte, im Bundeskanzleramt ermordet. Weil jedoch die übrigen Regierungsmitglieder geflohen waren und das Bundesheer nicht, wie erhofft, zu den Putschisten überlief, scheiterte die Machtübernahme, die den Anschluss an das Dritte Reich hätte herbeiführen sollen.

„Anschluss" Österreichs

Am 12. Februar 1938 traf Hitler Dollfuß' Nachfolger Kurt von Schuschnigg auf dem „Berghof", seinem Landhaus am Obersalzberg. In einer demütigenden Besprechung erzwang er dessen Zusage, das Verbot der österreichischen Nationalsozialisten aufzuheben, sie an der Regierung zu beteiligen und ihnen über die Leitung des Innenministeriums die Polizeigewalt zu überlassen. So sollten die Weichen für die nationalsozialistische Machtübernahme in Österreich gestellt werden. Dagegen setzte Schuschnigg am 9. März 1938 eine Volksabstimmung über die Unabhängigkeit Österreichs an. Doch als Hitler ultimativ mit dem Einmarsch drohte und Dollfuß aufforderte, die Regierungsmacht an den Nationalsozialisten Arthur Seyß-Inquart zu übergeben, trat Schuschnigg am 11. März 1938 zurück. Weil noch am selben Tag der österreichische Bundespräsident Wilhelm Miklas es ablehnte, Seyß-Inquart zum Bundeskanzler zu ernennen, befahl Hitler den Einmarsch.

Als die Wehrmacht am 12. März 1938 die Grenze überschritt, blieb der Widerstand weitestgehend aus. Das Bundesheer folgte Schuschniggs Befehl, kein „deutsches Blut" zu vergießen. Stattdessen jubelten die Österreicher den deutschen Truppen zu, so wie sie zwei Tage später Hitler, den geborenen Österreicher, in Wien feierten. Der Anblick der „eleganten" Soldaten habe die Menschen „vom Hocker gerissen", erinnerte sich noch 2014 Georg Stefan Troller, der als sechzehnjähriger jüdischer Junge den Einmarsch in Wien erlebt hatte und noch im selben Jahr nach Frankreich emigriert war. Hitler hatte ursprünglich nicht daran gedacht, Österreich vollständig einzugliedern, doch als er die Begeisterung sah, änderte er seine Meinung. Durch entsprechende Gesetze wurde der „Anschluss" Österreichs am 13. März 1938 festgeschrieben. Eine vermeintliche Volksabstimmung, in der sich offiziell über 99% der Österreicher und der Deutschen für den Anschluss der „Ostmark" aussprachen, sollte wenig später das Verfahren legitimieren. Österreichische Länder wurden zu „Reichsgauen": Gauleiter und Reichsstatthalter hatten in Personalunion die höchsten Ämter von Staat und Partei inne.

Eingliederung des Bundesheeres

Analog wurde auch das Bundesheer in die Wehrmacht eingegliedert. Die Ostmark wurde militärisch zum Heeresgruppenkommando 5 unter General Wilhelm List. Die Eingliederung und die Umschulung, die aufgrund unterschiedlicher militärischer Kulturen nicht immer reibungsfrei verliefen, galten im Sommer 1939 als abgeschlossen. Insgesamt dienten von 1939 bis 1945 etwa 1,3 Millionen Österreicher in der Wehrmacht, das sind rund 40% der männlichen Bevölkerung, an allen Fronten und in allen Waffengattungen, nicht nur in den „ostmärkischen Großverbänden". Die Zahl österreichischer Gefallener liegt bei 260.000. Die Vorstellung einer (bewaffneten) „Volksgemeinschaft" mit verschiedenen „Stämmen" sowie die Tatsache, dass ein Gefühl der Zugehörigkeit zu verschiedenen Heimatregionen die großdeutsche Identität nicht ausschloss, begünstigte den Integrationsprozess ebenso wie das überwiegend positive Bild, das die Reichsdeutschen von ihren österreichischen Kameraden hatten. Auf beiden Seiten herrschten Revisionismus und Stolz darauf, in der modernen Armee einer Großmacht zu dienen, die bessere Karrierechancen bot als das Bundesheer. Die erfolgreiche, im Laufe des Krieges noch verstärkte Integration widerspricht der nach 1945 in Österreich lange verfochtenen offiziellen Auffassung, österreichische Soldaten seien lediglich unwillige, diskriminierte Handlanger der Wehrmacht gewesen.

„Großdeutsches Reich"

1938 war Bismarcks kleindeutsche Lösung der deutschen Frage von 1871 Vergangenheit; die Zukunft gehörte offenbar Hitlers „Großdeutschem Reich", wie es nun inoffiziell hieß. Damit schien das Ziel von 1848, die Einbindung der Deutschen aus der Habsburger-Monarchie in einen Nationalstaat, 90 Jahre später erreicht. Seyß-Inquart wurde als „Reichsstatthalter" eingesetzt und die Ostmark auf den innenpolitischen Stand gebracht, den Hitler bis dahin im „Altreich" (auch das eine neue Bezeichnung) durchgesetzt hatte. Dessen Popularitätswerte schossen in ungeahnte Höhen.

Überzeugt von seiner historischen Mission und seiner Allmacht, provozierte Hitler schon kurz darauf den nächsten außenpolitischen Konflikt: die „Sudetenkrise". In dem Streit mit der Tschechoslowakei ging es um die deutschsprachige Minderheit im Grenzgebiet, das nach dem gleichnamigen Gebirgszug Sudetenland hieß: jene dreieinhalb Millionen Sudetendeutschen, die sich 1918 in dem neu gegründeten tschechoslowakischen Staat wiederfanden. „Heim ins Reich!" hieß es dort nach dem Anschluss Österreichs. Seit 1933 hatte die nationalsozialistisch orientierte Sudetendeutsche Partei (SdP) unter Konrad Henlein, die im Mai 1935 stärkste Partei im Lande geworden war, das Streben nach Autonomie angeheizt. Hitler ging es jedoch in Wirklichkeit weniger um nationale Selbstbestimmung als, darum, die Tschechoslowakische Republik als Staat zu beseitigen, wie man aus der Hoßbach-Niederschrift – jenem Schlüsseldokument dieser Zeit – weiß. Weil der britische Premierminister Neville Chamberlain in Gesprächen mit Hitler die Wogen glätten wollte, um einen Krieg abzuwenden, verzögerte sich der Angriff.

Sudetenkrise

In München traf sich Hitler am 29./30. September 1938 mit den Regierungschefs von Frankreich (Daladier), Großbritannien (Chamberlain) und Italien (Mussolini). Im „Münchner Abkommen" vom 30. September 1938 stimmten die drei Mächte in Abwesenheit der Tschechoslowakei dem Anschluss des gesamten Sudetenlandes an das Deutsche Reich zu. Der Regierung der ČSR blieb keine andere Wahl, als diese Beschlüsse zu akzeptieren. Am 1. Oktober 1938 besetzten deutsche Truppen das Sudetenland. So konnte ein europäischer Krieg in letzter Minute verhindert werden. Dass Hitler einen solchen Gebietsgewinn erreicht hatte, ohne einen Krieg auszulösen, ließ ihn in den Augen der meisten Deutschen erneut über jede Kritik erhaben erscheinen.

Münchener Abkommen

Der tschechoslowakische Reststaat löste sich im März 1939 auf; Staatspräsident Edvard Beneš war längst im Londoner Exil. Die Slowakei erklärte sich zur unabhängigen Republik unter deutschem Schutz; weitere Teile des Staatsgebiets waren an Polen und Ungarn verloren gegangen. Einen Tag später, am 15. Mai 1939, wurde die „Rest-Tschechei", wie es im nationalsozialistischen Sprachgebrauch hämisch hieß, „zerschlagen". Deutsche Truppen besetzten das verbliebene Staatsgebiet, das als „Reichsprotektorat Böhmen und Mähren" annektiert, das heißt ins Reich eingegliedert wurde. Hier galt fortan die deutsche Gerichtsbarkeit. Der Wehrmacht folgte die Gestapo, die sich sofort auf die Jagd nach deutschen Emigranten und

Annexion der „Rest-Tschechei"

tschechischen Kommunisten machte. Noch am Tag des Einmarsches der Wehrmacht war der „Führer" nach Prag gereist, wo er demonstrativ im Hradschin übernachtete.

Hitlers Glaubwürdigkeitsverlust

Mit der Annexion hatte Hitler jedoch auch im übertragenen Sinn eine Grenze überschritten. Er galt im Westen als Lügner, weil er die eben erst geschlossene Münchner Vereinbarung skrupellos gebrochen und eine weitere Zuspitzung der internationalen Lage riskiert hatte. Selbst Mussolini war verärgert, weil Hitler ihn vorab nicht informiert hatte. Mit dem Angriff auf die ČSR hatte Hitler die Maske fallen lassen. Erstmals ließ sich eine militärische Aggression nicht mehr mit dem nationalen Selbstbestimmungsrecht legitimieren und als notwendige Revision des Versailler Vertrages kaschieren. Hitler konnte nicht länger vorgeben, von Dritten zur Hilfe gerufen worden zu sein. Die Annexion des übriggebliebenen tschechischen Gebiets, das mit dem Nationalitätenprinzip rein gar nichts zu tun hatte, ließ seine wahren Expansionspläne durchschimmern, wie er sie am 8. März 1938 führenden Militärs und Spitzenbeamten hinter verschlossenen Türen erörtert hatte. Im Falle Hitler – so viel war den westlichen Regierungen nunmehr klar – konnten sie künftig nicht mehr auf eine diplomatische Lösung hoffen. Insofern stellte Hitlers jüngster Erfolg die Weichen für die Deutschlandpolitik der Westmächte auf Konfrontationsbereitschaft. In Moskau dagegen, das man 1938 außen vor gelassen hatte, wuchs die Bereitschaft zur Annäherung an Berlin.

Annexion des Memellandes

Dass Hitler am 22. März 1939 schließlich noch die Regierung Litauens zur Rückgabe des Memelgebiets zwingen konnte, das Litauen 1923 annektiert hatte, ließ man ihm dann noch einmal durchgehen. Für die Annexion des Memellandes, in dem die deutschsprachige Bevölkerung mehr als die Hälfte der 145.000 Memelländer stellte, als Teil der preußischen Provinz Ostpreußen konnte Hitler wiederum das Selbstbestimmungsrecht der Völker anführen und auf den Wunsch der erfolgreichen memeldeutschen Parteien verweisen, die sich unter dem Slogan „Heim ins Reich!" zusammengefunden hatten.

3.3 Militär und Nationalsozialismus: Teilidentität der Ziele

Einführung der Wehrpflicht

Die Serie außenpolitischer Erfolge, die Hitlers Position im Innern zementierte, setzte die prompte Beteiligung der Streitkräfte voraus.

3 „Volksgemeinschaft" und Gewaltherrschaft 1933–1939 — 33

Seit der Machtübernahme 1933, spätestens seit dem Austritt aus dem Völkerbund hatte die NSDAP die Wiederaufrüstung forciert, die noch zu Weimarer Zeiten im Geheimen angelaufen war. Am 9. März 1935 kündigte Göring den Ausbau einer deutschen Luftwaffe an. Am 16. März führte er die allgemeine Wehrpflicht ein. Mit dem „Gesetz über den Aufbau der Wehrmacht" wurde die Reichswehr umbenannt. Der Wehrdienst dauerte zunächst zwölf Monate, bevor er im August 1936 auf zwei Jahre verlängert wurde. Die ersten Wehrpflichtigen rekrutierten sich aus dem Jahrgang 1914.

Der Aufrüstung lag der Wandel von einer defensiven zu einer offensiven Strategie zugrunde. Die Namensänderungen von Reichswehrminister zu Reichskriegsminister und von Reichsmarine zu Kriegsmarine sind bezeichnend. Der Aufbau einer Angriffsarmee sollte durch die „Breitenrüstung" beschleunigt werden: eine schnelle, gleichzeitige Produktion unterschiedlicher Waffen und Rüstungsgüter durch verschiedene Hersteller. Im Zuge der Aufrüstung wurde die Vierjahresplan-Behörde eingerichtet, die selbst Rüstung organisieren und für die „Kriegsfähigkeit" der Wirtschaft sorgen sollte. Im August 1936 erklärte Hitler in einer geheimen Denkschrift zum Vierjahresplan, dass die Wehrmacht in „vier Jahren einsatzfähig, die deutsche Wirtschaft in vier Jahren kriegsfähig sein" müsse. Ein Masterplan existierte jedoch nicht. Erst mit dem Augustprogramm 1936 lag der endgültige Rüstungsplan vor. Das Kriegsheer sollte 102 Divisionen stark sein und insgesamt 3,6 Millionen Soldaten umfassen. Der Protest der Westmächte blieb folgenlos. Die „Volksgemeinschaft" war begeistert. Durch die Verstöße gegen die Abrüstungsbestimmungen des Versailler Vertrags hatte Hitler den Nationalismus weiter befeuert.

Breitenrüstung

Einige Entwicklungen in den drei Waffengattungen konkretisieren den Umbau zur Angriffsarmee. Was das Heer betrifft, stieg dessen Personalstärke von 1933 bis Ende 1936 um das Fünffache auf 550.000 Mann an. Im Herbst 1936 standen wie geplant 36 Infanteriedivisionen bereit, doppelt so viele wie im Vorjahr. Bei Kriegsbeginn gehörten fast 2,75 Millionen Soldaten dem Heer an. Um dessen Offensivkraft zu steigern und sich auf eine bewegliche, weiträumige Kriegführung einzustellen, wurden insbesondere schnelle Verbände und die Panzertruppe aufgebaut. Die Kriegsmarine startete ihre Aufrüstung 1936 mit dem Stapellauf des Schlachtschiffs „Scharnhorst"; es folgten 1938 die „Gneisenau", 1939 die „Bismarck" und die „Tir-

Aufbau von Heer, Kriegsmarine und Luftwaffe

pitz". Schließlich besaß die Kriegsmarine, die 50.000 Mann in ihren Reihen zählte, noch drei Panzerschiffe, zwei Schwere sowie sechs Leichte Kreuzer, 22 Zerstörer, 16 Torpedoboote und 57 U-Boote. Rasant entwickelte sich auch die Luftwaffe, die erst ab März 1935 als dritte Teilstreitkraft der Wehrmacht galt. Sie verfügte 1939 etwa über 4000 hochmoderne Kampfflugzeuge und 400.000 Mann. Als das Heer zu Kriegsbeginn 2,1 Mio. Mann zählte, hatte die forcierte Aufrüstung zwischen 1933 und 1939 den Rüstungsstand, wie er im Kaiserreich erreicht worden war, weit in den Schatten gestellt. Von der Präsenz des Militärs zeugten nicht zuletzt die rund 500 Kasernen, die in dieser Zeit neu gebaut wurden. Die Eingliederung des österreichischen Bundesheeres 1938 und die Erbeutung tschechischer Rüstungsgüter beschleunigten die Aufrüstung der Wehrmacht.

"Blomberg-Fritsch-Krise"

Damit er sich auf die Wehrmacht verlassen konnte und der Führerwille umgehend in die militärische Tat umgesetzt würde, hatte Hitler 1938 mit einem personalpolitischen Streich die Machtverhältnisse weiter zu seinen Gunsten verändert. Ihm war längst die Skepsis ein Dorn im Auge, mit der Reichskriegsminister Werner von Blomberg und der Oberbefehlshaber des Heeres, Werner Freiherr von Fritsch, seinen ambitionierten Aufrüstungsplänen begegneten und auf die Risiken eines Krieges hinwiesen. Als Blomberg im Januar 1938 nach einer Liebesaffäre die schwangere 23-jährige Luise Margarethe Gruhn heiratete, deren Vergangenheit als Aktmodell nicht lange verborgen blieb, sah Hitler die Gelegenheit gekommen, die Bedenkenträger loszuwerden. Da Blomberg gegen die Heiratsvorschriften des preußischen Militärs verstoßen hatte, musste er seine politischen Ämter niederlegen. Fritsch wurde in einer Intrige, die Himmler und Göring zu verantworten hatten, wider besseren Wissens der Homosexualität bezichtigt. Beide Generäle mussten am 4. Februar 1938 zurücktreten.

Hitler als Oberbefehlshaber

Die "Blomberg-Fritsch-Krise" nutzte Hitler zudem dazu, das Kriegsministerium gleich ganz abzuschaffen und durch das Oberkommando der Wehrmacht (OKW) zu ersetzen. Das OKW wurde von dem willfährigen Wilhelm Keitel geleitet und war dem "Führer" direkt unterstellt. Hitler übernahm persönlich den Oberbefehl über die Streitkräfte. Zudem wurden 16 ältere Generäle pensioniert und 44 versetzt. Damit hatte er die noch relativ autonome Wehrmacht weitgehend zu einem willenlosen Werkzeug seiner Führerdiktatur umfunktioniert.

Als sich das Kabinett am 5. März 1938 ein letztes Mal traf, tauschte Hitler auch noch den konservativen Außenminister von Neurath gegen den ihm ergebenen Joachim von Ribbentrop aus. So konnte er in den folgenden Monaten einzig auf seinen einsamen Entschluss hin das Militär Richtung Österreich, Tschechoslowakei und Litauen in Marsch setzen. Die forcierte Aufrüstung erhöhte den Bedarf der Wehrmacht an geeigneten Offizieren. Zwischen 1936 und 1940 vergrößerte sich das Offizierskorps von 3750 auf 89.087 Dienstposten. Das entsprach einer Steigerung um das 28-fache. Kurz darauf, im Sommer 1941, sprang die Zahl auf 145.609 Stellen. Bei den Offizieren handelte es sich vor allem um Neuzuwachs. Zugleich wurden Reservisten reaktiviert und Offiziere aus dem Urlaub zurück in die Truppe beordert. Weil das Beförderungstempo zunahm und immer mehr Männer aus den unteren Offizierdienstgraden Leutnant, Oberleutnant und Hauptmann aufrückten, stieg die Attraktivität des Offiziersberufs.

Erweiterung des Offizierskorps

Die Wehrmacht warb vor allem an höheren Schulen für den Dienst im Offizierskorps, etwa für die Laufbahn der Ingenieure in Luftwaffe und Marine. Broschüren informierten über das Aufgabenfeld und die Karrierechancen; Erlebnisberichte in Buchform führten anschaulich vor Augen, wie aufregend das Leben als Offizieranwärter und junger Offizier sein würde. Neben den Printmedien setzte die Nachwuchswerbung auf Plakate. Werbeposter der Wehrmacht hingen in den Schulfluren und in den Räumen der Hitler-Jugend. Bekannt ist das um 1940 verbreitete Plakat „Offiziere von morgen": Es zeigt im Bildvordergrund rechts einen strahlenden Hitlerjungen in Uniform; hinter ihm, im Bildhintergrund nach links versetzt, marschiert ein Leutnant der Wehrmacht, das Ritterkreuz auf der Brust. Die analoge Körperhaltung und Mimik unterstreichen den Gleichklang des jungen Mannes und des Kindes, das offenbar reibungslos in die Rolle des Älteren hineinwachsen kann – so suggeriert es das Werbeplakat. Mit einer ganz ähnlichen Bildsprache warb eine Werbepostkarte der SS („Auch Du") später unter Jugendlichen für den direkten Übergang von der HJ in die Waffen-SS. Werbekampagnen in der Öffentlichkeit unterstützten die Nachwuchsarbeit. Das Sozialprestige des Offiziersberufs hatte sich Mitte der dreißiger Jahre verbessert. Offizier in der Wehrmacht zu werden, das konnten sich immer mehr junge Männer gut vorstellen. Die Stabsoffiziere galten vielen als Vorbilder.

Nachwuchswerbung

Affinität zum Nationalsozialismus

Weil die Wehrmacht wie jede Streitkraft ein hierarchisch gegliederter Kampfverband war, der auf dem Prinzip von Befehl und Gehorsam aufbaute, betrifft die Frage nach dem Verhältnis von Nationalsozialismus und Militär in erster Linie das höhere Offizierskorps. Die Masse der einfachen Soldaten, der „Landser", gehorchten mehr oder weniger bereitwillig den Befehlen ihrer Vorgesetzten. Warum auch verbrecherische Befehle im Krieg daran in der Regel nichts änderten, ist ein anderes Problem. Für die „Militarisierung" des NS-Regimes spielt die Affinität der militärischen Führung zum Nationalsozialismus die größere Rolle. Woher kam die Bereitschaft der Führungsspitze der Reichswehr, sich auf die innen- und außenpolitische Vorstellungen der Hitler-Bewegung einzulassen und damit letztlich das größte Machtinstrument dem „Führer" für einen Vernichtungskrieg zur Verfügung zu stellen? Schließlich hätte der Militärapparat, kontrafaktisch gesprochen, auch von Anfang an einen Konfrontationskurs einschlagen können.

Ernüchterung nach 1918

Auch hier lohnt der Blick zurück auf das Ende des Ersten Weltkriegs. Nach vier Kriegsjahren musste das kaiserliche Heer kapitulieren, nachdem die 3. Oberste Heeresleitung (OHL) unter Ludendorff und Hindenburg mit der Rückendeckung der meisten Parteien und Verbände sowie der breiten Öffentlichkeit zuletzt einen Eroberungsfeldzug im Osten führen wollte, statt sich nach dem revolutionsbedingten Ausscheiden der Sowjetunion auf die Westfront zu konzentrieren. Diese letzte Offensive scheiterte. Was jedoch blieb, war die Erfahrung, dass deutsche Truppen offenbar in der Lage waren, bis zur Krim und in den Kaukasus vorzustoßen. Die Niederlage, die Auflösung des Heeres und die Kapitulation ließen den Traum von einem kontinentalen Imperium in Osteuropa wie eine Seifenblase zerplatzen. Als dann auch noch die „Heimatfront" zusammenbrach und im Zuge der Novemberrevolution 1918/19 Arbeiter- und Soldatenräte die Macht übernahmen, war die Ernüchterung groß. Die „Dolchstoßlegende", der zufolge die Heimat der Front in den Rücken gefallen ist und einen zum Greifen nahen Sieg verhindert hat, konnte über diese traumatische Erfahrung der Generation Hitlers nicht hinwegretten. Dass 2,5 Millionen Männer vergeblich gestorben waren, fast fünf Millionen sinnlos verstümmelt wurden, war ebenso schwer zu verkraften wie der als eine einzige Demütigung empfundene Versailler Vertrag. Der gewaltige Militärapparat des Kaiserreiches war von 13 Millionen Soldaten auf ein Hunderttausend-Mann-Heer geschrumpft; von 84.000 Offizieren verloren 80.000 ihren Beruf. Dieser Schock prägte vor allem das Militär selbst, aber auch die zivile deutsche Öffentlichkeit parteiübergreifend bis weit in die dreißiger Jahre.

Die historische Lehre, die die militärische Führung aus diesem Desaster zog, lautete nun nicht, eine Neuauflage des Gemetzels unter allen Umständen zu vermeiden. Ganz im Gegenteil hoffte man auf einen neuen Krieg, um die Schmach zu rächen und den Status quo zu revidieren. Konkret hieß das, territoriale Verluste wettzumachen: Elsass und Lothringen, die Kolonien, die preußischen Ostprovinzen zurückzugewinnen. Dass dazu höchstwahrscheinlich militärische Gewalt gegen Frankreich, Großbritannien und das neu erstandene Polen eingesetzt werden musste, war klar, aber kein Hinderungsgrund. Mit dieser Auffassung stand das Militär nicht alleine da. Die Generäle und Offiziere konnten sich der Zustimmung des größten Teils der Bevölkerung, einschließlich der meisten Demokraten und Liberalen, gewiss sein. Einigkeit herrschte auch in der Frage, unter welchen Voraussetzungen ein künftiger Krieg allein gewonnen werden könne: Auf der einen Seite müsste der Militärapparat selbst wieder aufgebaut, erweitert und modernisiert werden. Auf der anderen Seite müsste die Gesellschaft vollständig auf die Kriegführung umschwenken und alle verfügbaren Ressourcen zur Verfügung stellen; ein zweites Mal dürfe die deutsche „Heimatfront" nicht einbrechen.

Kriegshoffnung

Dem Offizierskorps kam in diesen Überlegungen eine wichtige Rolle zu. Wenngleich es zu rund 25 % aus Adeligen bestand (1914 lag der Anteil bei 30 %), verfügte es doch über eine relativ moderne Elite von Stabsoffizieren. Diese gut ausgebildeten Majore, Oberstleutnante und Obersten waren kriegstechnisch versiert und hatten im Ersten Weltkrieg eigene Erfahrungen gesammelt. Der Chef der Heeresleitung von 1920 bis 1926, Hans von Seeckt, legte großen Wert auf diesen Typus von Stabsoffizier, der lieber plante als prügelte. Diese Stabsoffiziere hatten ein anderes Bild von sich selbst und von der Armee, als es der preußisch-deutsche Militarismus im letzten Drittel des 19. Jahrhunderts kultiviert hatte. Das Militär stand in ihren Augen nicht neben oder über der Gesellschaft, sondern in einer Wechselbeziehung zur zivilen Bevölkerung, auf deren bedingungslose Unterstützung für den Kriegsfall es setzte. Längst waren Hunderttausende Zivilisten paramilitärisch organisiert: Zwischen 350.000 und 400.000 Männer hatten sich nach 1918 in Freikorps zusammengefunden; bis zu einer Million Männer bildeten

Militär als Teil der Gesellschaft

bewaffnete „Einwohnerwehren". Dazu kamen die Schatten-Armee der „schwarzen Reichswehr" und Massenorganisationen wie der DNVP-nahe Wehrverband „Stahlhelm. Bund der Frontsoldaten" und die von der NSDAP 1921 aufgestellte „Sturmabteilung" (SA), die bis 1934 auf vier Millionen Mitglieder anwuchs. Während die Republik also offiziell nur über ein Hunderttausend-Mann-Herr verfügte, gab es in Deutschland de facto bis zu zehnmal so viele bewaffnete Männer, die im Wortsinn für den künftigen Krieg gerüstet waren.

Idealvorstellung „totaler Krieg"

In diesem mentalen und militärischen Klima stieß das Konzept des „totalen Krieges", das kein geringerer als der ehemalige Chef der gescheiterten 3. OHL, Ludendorff, propagiert hatte, auf große Resonanz. In seinem Büchlein von 1935 erläuterte er seine Vorstellungen von einem Krieg der Zukunft, in dem sämtliche nicht nur militärischen, sondern auch gesellschaftlichen, wirtschaftlichen und psychologischen Mittel eingesetzt würden. Nur durch diese totale Mobilisierung – die man 1914/18 versäumt habe – könne der nächste Krieg gewonnen werden. „Totaler Krieg": die Formulierung entwickelte sich zu einem Schlüsselbegriff, mit dem noch Goebbels am 18. Februar 1943 in Berliner Sportpalast die Deutschen zu weiteren Kriegsleistungen aufstachelte.

In den 1920er und 1930er Jahren hatten sich auch Professoren wie der Jurist Carl Schmitt für die Vorstellung eines nachzuholenden Endsiegs begeistert. Einflussreich war nicht zuletzt der Schriftsteller und Veteran Ernst Jünger, der mit dem Orden Pour le Mérite ausgezeichnet worden war. In Schriften wie seinem „Tagebuch eines Stoßtruppführers", das 1920 unter dem Titel „In Stahlgewittern" erschien, ästhetisierte er das Fronterlebnis, präsentierte den Krieg als naturgegeben und forderte eine umfassende Mobilisierung bereits im Frieden.

Affinität zum „Führer"

Adolf Hitler, der die Erfahrungen des Weltkriegs ebenso teilte wie er der Lehre zustimmte, die das Militär aus ihnen zog, schien als charismatischer „Führer" einer Massenbewegungen der ideale Mann, diese Vorstellungen und Pläne in die Tat umzusetzen. Hitler nahm kein Blatt vor den Mund, wenn es um die Revision des Versailler Vertrages, die Wiederaufrüstung und die Mobilmachung der ganzen Gesellschaft ging, die er als „Volksgemeinschaft" zu einigen suchte – durchweg Forderungen, die die meisten Reichswehrangehörigen sofort unterschrieben hätten. Vor allem der Eindruck, dass ein führender Politiker bestrebt war, die gesamte Gesellschaft für die Kriegsanstrengung einzuspannen und dem Militär den Rücken zu stärken, nahm sie für Hitler ein. Zu diesen drei Überschneidungen der Interessen kam viertens das Programm einer autoritären Staatsordnung, in der für Linke und Demokraten kein Raum war. Diese politische Auffassung deckte sich hundertprozentig mit dem Weltbild von Generälen und Offizieren, die eine Führerpersönlichkeit erwarteten und gewohnt waren: erst den Kaiser, dann den „Ersatzkaiser" Hindenburg. Außerdem teilten sie, fünftens, zentrale Feindbilder. Wie die Nationalsozialisten waren auch sie fest davon überzeugt, dass im „jüdischen Bolschewismus" die größte Gefahr für Deutschland lauerte. Der traditionelle Antisemitismus des Offizierskorps und der Hass auf die Sowjetunion gingen hier Hand in Hand. Bereits im Dezember 1933, deutlich vor der antijüdischen Gesetzgebung vom Februar 1934, hatte die Reichswehrführung in vorauseilendem Gehorsam gefordert, dass der Arierparagraph (7. März 1933) bei der Ernennung von Offiziersanwärtern zu berücksichtigen sei, und die jüdischen Kameraden, die plötzlich keine mehr waren, entlassen. Dass der „Erbfeind" Frankreich und der neue Hass-Gegner Polen auf beiden Seiten zu den potentiellen Angriffszielen zählten, überrascht ebenfalls nicht.

Insofern konnte das Spitzenmilitär Hitler problemlos in sein Weltbild einordnen. Mit den Wahlerfolgen der NSDAP, mit Hitlers innen- und außenpolitischen Leistungen wuchs die Faszination, die er auf das Militär ausübte. Kein Wunder, dass junge Offiziere wie der spätere Hitler-Attentäter Claus Schenk Graf von Stauffenberg zunächst begeistert waren. Die Verquickung von Militär und Nationalsozialismus wurde nicht zuletzt dadurch vorangetrieben, dass Hitler sich mit willfährigen Generälen wie Blomberg, Keitel und Walter von Reichenau umgab, der die Eingliederung der Reichswehr in den autoritären Führerstaat betrieb. Nicht zufällig vertraute Hitler der militärischen Führung im November 1937 seine weitreichenden Kriegspläne und tiefer liegenden Motive an. Diese Verbindung von Reichswehr/Wehrmacht und Nationalsozialismus erleichterte die (Selbst-)Unterwerfung des Militärapparats unter die Führergewalt. Sie war eine starke Antriebskraft für die soziale Militarisierung und die Kriegsvorbereitung in Deutschland. *Wehrmacht und Nationalsozialismus*

Beim 50. „Führergeburtstag" spielte die Wehrmacht die Hauptrolle. Die Parade, die Hitler am 20. April 1939 am Rande der neuen Ost-West-Achse der Reichshauptstadt abnahm, dauerte fünf Stunden. 40.000 Soldaten und 1500 Offiziere huldigten Hitler, rund 600 Panzer und 40 schwere Geschütze zogen an ihm vorbei. Hun- *Parade zu Hitlers 50. Geburtstag* dertausende säumten jubelnd die Chaussee, begeistert von dieser bislang größten Zurschaustellung der neuen deutschen Militärmacht. Das Spektakel lässt sich auch als ein Symbol der Unterwerfung des Militärs unter den Diktator verstehen. Im Organ der NS-Kriegsopferversorgung (NSKOV) jubelten die Veteranen im Juni 1939 Hitler zu, weil „es einer unserer Kameraden des Schützengrabens ist, den die Vorsehung dazu berief, Retter seines Volkes aus Knechtschaft und Not und Mehrer seiner Ehre und Weltgeltung zu werden".

Frühe Widerstandspläne

Das Bild bliebe jedoch unvollständig, wenn nicht auch von den frühen Ansätzen des militärischen Widerstandes die Rede wäre. Mit der Bekanntgabe der Kriegsziele, der vom Zaun gebrochenen Sudetenkrise und der Neugliederung der Wehrmachtspitze verschärfte sich die seit 1933 bestehende Spannung zwischen Teilen der Wehrmachtführung und den Nationalsozialisten. Unter der Führung des Generalstabschefs des Heeres Ludwig Beck (der im August 1938 durch Franz Halder abgelöst wurde) verschworen sich einige Offizier, die einen Krieg gegen die Westmächte für einen fatalen Fehler hielten. Sollte er den Angriffsbefehl erteilen, wollten sie Hitler umbringen. Eine bittere Ironie der Geschichte ist es, dass die Popularität, die Hitler nach der Münchener Konferenz 1938 als vermeintlicher Friedensbewahrer genoss, der Opposition auf lange Zeit den Wind aus den Segeln nahm.

3.4 Rüstungskonjunktur und Arbeitsbeschaffung

Abbau der Arbeitslosigkeit

Die materielle Aufrüstung im Zuge der nationalsozialistischen Wirtschaftspolitik untermauerte Hitlers Stellung nicht nur gegenüber dem Ausland. Er profitierte auch innenpolitisch von der Rüstungskonjunktur. Zu den Entwicklungen, die dem NS-Regime als einer seiner größten innenpolitischen Erfolge zugerechnet wurde, zählt zweifellos der Abbau der Arbeitslosigkeit. Die Depression nach der Weltwirtschaftskrise von 1929/30 in Europa hatte 1932 ihren Tiefpunkt überschritten; der Aufschwung zeichnete sich auch ohne Staatsprogramme ab. 5,6 Millionen Arbeitslose: So hoch war die Zahl der registrierten Beschäftigungssuchenden im Durchschnitt des Jahres 1932 (29,9%). Rechnet man die schätzungsweise 1,5 Millionen „unsichtbaren" Arbeitslosen dazu, wird das ganze Ausmaß des Problems deutlich. Nur ein Jahr danach sank die Zahl auf 2,7 Millionen, dann 1936 weiter auf 1,6 Millionen, 1937 auf unter eine Million. Das heißt, 1936 herrschte Vollbeschäftigung, 1937 gar Arbeitskräftemangel.

Hitler war sich bewusst, dass die Zustimmung zu seiner Regierung nicht zuletzt davon abhängen würde, ob und inwieweit es ihm gelang, die erschütternde Arbeitslosigkeit zu verringern und wenn möglich die Arbeitslosenquote auf 2% zu drücken, das heißt Vollbeschäftigung zu erreichen. Dieses wichtigste wirtschaftspolitische Ziel hatte die „Präsidialdiktatur" – die letzten drei per Notverordnung eingesetzten Reichsregierungen – nicht erreicht. Wo Brüning, von Papen und von Schleicher in den Augen der krisengeschüttelten Bevölkerung versagt hatten, konnte Hitler umso mehr punkten und in der Phase der Herrschaftsstabilisierung und -erweiterung die Vertrauensgrundlage für sich und seine Regierung verbreitern.

Mit staatlichen Arbeitsprogrammen wollte er deshalb den Prozess beschleunigen. Die Idee war nicht unumstritten. Kritische Stimmen aus dem Kreis der Industriellen, nicht zuletzt von Alfred Hugenberg, dem Medienunternehmer und kurzzeitigem Wirtschafts- und Landwirtschaftsminister, wandten sich gegen eine Interventionspolitik und warnten vor dem „Schreckgespenst" einer Inflation. Arbeitsminister Franz Seldte dagegen, später auch Finanzminister Johann Ludwig Graf Schwerin von Krosigk und Reichsbankpräsident Hjalmar Schacht befürworteten ein staatliches Investitionsprogramm. Die Idee war auch nicht neu. Bereits die Vorgänger-Regierung von Reichskanzler (und Reichswehrminister) Kurt von Schleicher hatte Pläne für solche Arbeitsbeschaffungsmaßnahmen aufgestellt und mit der Umsetzung bereits begonnen.

Arbeitsprogramme

Das bekannteste Beispiel ist der Bau einer Reichsautobahn (RAB), eines Schnellstraßennetzes im Besitz des Reiches. Schnellstraßen – von „Autobahnen" war erstmals 1927 die Rede – hatte es bereits zuvor gegeben. Die 1921 freigegebene Berliner „Automobil-Verkehrs- und Übungs-Straße", kurz AVUS, gilt als Vorreiter; die von 1929 bis 1933 mit kommunalen Mitteln finanzierte Strecke zwischen Köln und Bonn als erste reine Schnellstraße. Am 27. Juni 1933 leitete das „Gesetz über die Errichtung eines Unternehmens Reichsautobahnen" jedoch eine neue Phase ein. Die Leitung der Reichsautobahnen, die als Zweigunternehmen der Deutschen Reichsbahn-Gesellschaft operierte, wurde dem Ingenieur Fritz Todt übertragen. Todt konnte für Planung und Durchführung auf halbstaatliche Unternehmen zurückgreifen, deren Know-How aus den 1920er Jahren

Autobahnbau

stammte. Im Frühjahr 1934 ging es mit etwa 15.000 Arbeitern los; 1936 waren 125.000 Menschen im Autobahnbau tätig. Das Schnellstraßennetz wuchs rasch von 185 km Ende 1935 auf 3046 km Ende 1938. Bis Kriegsbeginn 1939 waren etwa 3300 Autobahnkilometer fertiggestellt. Der volkswirtschaftliche Nutzen indes war eher gering, weil das Arbeitsprogramm schon wegen der relativ geringen Zahlen – in der Summe eine Viertelmillion – keine nachhaltigen Auswirkungen auf die Beschäftigung besaß. Als 1939 der Spitzenwert erreicht wurde, gingen die Arbeitslosenzahlen im Rahmen der allgemeinen wirtschaftlichen Entwicklung längst wieder zurück.

Entscheidend für Hitler war weniger der beschäftigungspolitische Impuls als die symbolische Strahlkraft, die von „seinem" Autobahnbau ausging. Nicht zufällig setzte er sich selbst beim ersten Spatenstich am 23. September 1933 in Frankfurt am Main für die RAB Frankfurt–Darmstadt–Mannheim in Szene. Wie ein Festakt wirkte es, als Hitler am 21. März 1934 den Autobahnabschnitt München–Salzburg besichtigte. Tausend Arbeiter, darunter viele ehemalige Arbeitslose, standen Spalier. Hitlers Rede wurde im Radio landesweit übertragen. Da passte es ins Bild, dass Hitler im Februar 1933, bei der Internationalen Automobilausstellung in Berlin (Motto: „Vollgas voraus"), von einem künftigen „Volkswagen" geschwärmt hatte. Ob Hitler die Reichsautobahnen primär aus strategischen Gründen im Zuge der Kriegsvorbereitung bauen ließ, ist umstritten. Sicher ist, dass die Wehrmacht an der Planung der Streckenführung beteiligt war. Schließlich eigneten sich die Trassen grundsätzlich für das schnelle Verlegen von Truppen – so bereits beim Einmarsch ins Rheinland 1936 – und verbesserten die Kapazität des Reichsbahnnetzes, dem das Militär als Transportmittel weiterhin den Vorrang gab.

Reinhardt-Programme

Den Rückgang der Arbeitslosenzahlen im Reich sollten weitere beschäftigungspolitische Programme und Maßnahmen beschleunigen: Dazu gehörten die noch unter Schleicher initiierten Investitionsprogramme. Eine Milliarde Reichsmark standen für das sogenannte Reinhardt-Programm zur Verfügung, das nach dem nationalsozialistischen Staatssekretär im Finanzministerium Fritz Reinhardt benannt worden war. Um die Konjunktur im Winter nicht einbrechen zu lassen, wurde ein zweites Reinhardt-Programm aufgelegt, das noch einmal über 800 Millionen Reichsmark fließen ließ. Die Förderung des Wohnungsbaus führte bis Februar 1934 zu einem Anstieg um 270%. Für die Einrichtung der Haushalte gab es günstige Finanzierungsmöglichkeiten. Spezielle Ehestandsdarlehen für Frischvermählte gewährten zinsfrei 1000 Mark; pro Kind sank der zu tilgende Betrag um ein Viertel. Der „Führer" schien sich auch um das Glück der kleinen Leute zu kümmern. Die 370.000 Darlehen, die bis 1935 abgerufen wurden, heizten die Nachfrage an.

Auch die Einführung des sechsmonatigen Reichsarbeitsdienstes (RAD), den alle wehrtauglichen Männer zwischen dem 18. und 25. Lebensjahr seit 1935 ableisten mussten, bevor sie ihren Wehrdienst antraten, ließ die Arbeitslosenzahlen sinken, weil die Männer aus der Arbeitslosenstatistik herausfielen. Für Frauen wurde der RAD erst 1939 zur Pflicht. Die „Arbeitsdienstmänner" mit dem Slogan „Arbeit für Dein Volk adelt Dich selbst" wurden wiederum unter anderem beim Autobahnbau eingesetzt. Der Auf- und Ausbau von Verwaltungsapparaten in der NSDAP, dem RAD und vor allem in der Wehrmachtverwaltung drückten schließlich ebenfalls auf die Arbeitslosenzahlen.

Neue Arbeitsplätze

Folgen für den Arbeitsmarkt hatte nicht zuletzt die soziale Militarisierung und Kriegsvorbereitung: die Wiedereinführung der Wehrpflicht und ab 1935 die größtenteils kreditfinanzierte Aufrüstung der Wehrmacht. Neue Arbeitsplätze bot nicht zuletzt die Rüstungsindustrie. Das NS-Regime förderte mit milliardenschweren Rüstungsprogramme die Produktion von Waffensystemen, Munition und Großgeräten für die Teilstreitkräfte Heer, Kriegsmarine und Luftwaffe. Allein im Bereich der Flugzeugproduktion stieg die Zahl der Beschäftigten von nahezu 4000 im Januar 1933 auf 54.000 1935 bis fast 240.000 im Frühjahr 1938.

Aufrüstung

Arbeitslosigkeit und Aufrüstung standen noch in einem weiteren Zusammenhang: Trotz Vollbeschäftigung blieb der Beitragssatz für die Arbeitslosenversicherung bei 6,5 % des Lohns eines Arbeiters; die Mehreinnahmen flossen in die Rüstung. Insgesamt lag das Vermögen der Sozialversicherungen mit 4,6 Mrd. Reichsmark 1939 doppelt so hoch wie 1932, ohne dass sich die Sozialleistungen für die Beitragszahler verbesserten. Die Regierung nutzte das Geld vielmehr als Darlehen für die Rüstungsausgaben.

Schacht, Göring und Reichswehrminister Werner von Blomberg legten den Finanzrahmen für die streng geheime Rüstung fest: 35 Milliarden Reichsmark sollten über acht Jahre verteilt fließen. Die ersten vier Jahre sollten für den Aufbau der Verteidigungsfähigkeit genutzt werden und weitere vier Jahre für den Aufbau einer Angriffsarmee. Die Größenordnung und Langfristig-

Rüstungsfinanzierung

keit der Aufrüstung übertraf die übrigen Arbeitsbeschaffungsmaßnahmen bei weitem. 62 Mrd. RM gab das Regime bis Kriegsbeginn für Rüstung aus, etwa 23% des Bruttosozialprodukts (1931: 1,5%). Das gewaltige Rüstungsprogramm, das die Regierung von Anfang an vorantrieb, wurde zum größten Teil nicht durch Einnahmen und Steuern finanziert, sondern durch Schulden des Staates. Laufende Schuldenzahlungen an das Ausland hatte das Reich per Gesetz im Juni 1933 dagegen völkerrechtswidrig ausgesetzt. Auch wenn die Reichsbank unter Schacht mit allerlei Tricks versuchte, an Devisen zu kommen, ist das Kalkül im Rückblick klar: Hitler setzte darauf, den eigenen Staatshaushalt auf Kosten der eroberten Länder auszugleichen, wenn er erst einmal die Vorherrschaft in Europa erlangt hatte.

„Arbeitsschlacht" In der Aufrüstung, die dazu unabdingbar war, lag jedenfalls der wichtigste Grund für den rapiden Rückgang der Arbeitslosigkeit. Die Vollbeschäftigung war ein Nebeneffekt der Kriegsvorbereitung. Die Propaganda, die Hitlers Arbeitsbeschaffungsmaßnahmen als wirkungsvolles Instrument gegen die Massenarbeitslosigkeit herausstrich und so die Handlungsfähigkeit der neuen Regierung demonstrierte, gab der Entwicklung ihre psychologische Dynamik. Die „Volksgemeinschaft" sollte sich in einer gemeinsamen kontinuierlichen „Arbeitsschlacht" wähnen, wie es im militärischen Jargon hieß.

Arbeiterschaft Die Masse der Arbeiter profitierte jedoch von dem Aufschwung weniger als erhofft, weil die für die Aufrüstung erforderliche Produktionssteigerung im Wesentlichen ohne Lohnerhöhung erreicht werden sollte. Trotz des Wirtschaftsaufschwungs verhinderte der Lohnstopp den Anstieg. Allerdings waren einige Unternehmen bereit, mit Zulagen den Lohn aufzustocken und höhere Löhne für Akkord zu zahlen, schon um die bald dringend gesuchten Facharbeiter anzuwerben. An die Stelle eines Systems gleicher Tariflöhne, auf die sich die Gewerkschaften bis dahin in Flächentarifverträgen mit den Arbeitgebern geeinigt hatten, trat nun eine Ordnung, in der Einzelleistungen viel stärker über den Lohn entschieden. 1937 erreichten die Nettolöhne wieder den Stand von 1929, allerdings bei gestiegenen Preisen und nur dort, wo Unternehmen von der Rüstungskonjunktur profitierten. Zudem minderte sich der Bruttolohn nicht nur durch Steuern und Sozialversicherungsabgaben, sondern auch um den obligatorischen Beitrag zur Deutschen Arbeitsfront. Deren Angebote – dazu unten mehr (3.5) –

hatten deshalb auch den Zweck, die Arbeitsleistung durch ein kulturelles und touristisches Freizeitangebot zu „belohnen".

Ungleich fiel der Aufschwung auch in regionaler Hinsicht aus. Wo eine Stadt von der forcierten Ausrüstung besonders profitierte wie Rostock mit seiner Werft und den 1922 gegründeten Ernst Heinkel Flugzeugwerken, schoss die Einwohnerzahl in die Höhe: in der Hansestadt von 90.000 (1933) auf 120.000 (1939). Das Unternehmen expandierte, neue Wohnungen entstanden. In Mitteldeutschland, im Umfeld von Halle/Saale, Dessau und Bitterfeld entstand ein neues Industriegebiet, das Arbeitskräfte anlockte und die Einwohnerzahlen rasant ansteigen ließen. Von dem erhöhten Einkommen profitierten nicht zuletzt die großen Kaufhäuser, was das mittelständische Gewerbe weiter unter Druck setzte. Kleine Geschäfte konnten mit den größeren Unternehmen häufig nicht mithalten.

Regionale Unterschiede

Der Konsum trat hinter die Rüstung zurück. Der zivile Wirtschaftsaufschwung litt zum Beispiel unter dem geringen Pro-Kopf-Einkommen, das in den 1930er Jahren gegenüber den USA um die Hälfte zurücklag. Die Deutschen verdienten durchschnittlich auch weit weniger als die Briten und weniger als ihre Nachbarn in den Niederlanden, Dänemark und Frankreich. Weil sich die Wirtschaft im Reich auf die Rüstungsproduktion versteift hatte, nahm die Konsumgüterproduktion nicht zu. Dagegen hatten die USA nicht zuletzt im Bereich der Autoherstellung gezeigt, wie man den Binnenmarkt ankurbeln konnte: durch standardisierte Serienproduktion und Montage am Fließband in Kombination mit hohen Löhnen.

Konsum

Von den im „Dritten Reich" hergestellten Massenprodukten erzielte einzig der „Volksempfänger" einen Erfolg. Mit 76 RM war das Radio deutlich preiswerter als die 200 bis 400 RM teueren Geräte besserer Qualität. Ratenzahlung war möglich. Das relativ einfache Rundfunkgerät, das alle deutschen Rundfunkfirmen seit 1933 kostengünstig in Serie produzieren mussten, stand 1938 in jedem zweiten Haushalt. 2,5 Millionen „Volksempfänger" waren bis dahin produziert worden. Das war ein deutlicher Anstieg gegenüber 1933, als nur 25% der deutschen Haushalte über ein Radio verfügten. Vergleicht man die Quote jedoch mit England (68%) und den USA (84%), relativiert sich der Erfolg rasch. Mit dem „Volksempfänger" hatte das NS-Regime zudem ein höchst effizientes Propagandainstrument geschaffen. „Ganz Deutschland hört den Führer mit dem Volksempfänger", hieß es treffend auf einem Werbeplakat für das

„Volksempfänger"

Gerät, das auf der 10. Großen Deutschen Funkausstellung in Berlin am 18. August 1933 präsentiert wurde und, wie das Kammergericht 1934 entschied, nicht pfändbar war. Nicht zufällig verwies die Typenbezeichnung „VE 301" auf den 30.1. (1933). Den ab 1938 produzierten „Deutschen Kleinempfänger" (DKE) taufte der Volksmund „Goebbels-Schnauze".

Anerkennung durch „Wirtschaftswunder"

Sinkende Arbeitslosigkeit, steigender Konsum: Für diesen wirtschaftspolitischen Erfolg ernteten die Nationalsozialisten im In- und Ausland viel Lob. Die „Volksgenossen" waren froh, wieder in Lohn und Brot zu stehen und den Jüngeren eine Chance auf eine Ausbildung zu geben. Hitlers vermeintliches „Wirtschaftswunder" stärkte in hohem Maße seine politische Legitimation im Dritten Reich. Internationale Anerkennung erfuhr die nationalsozialistische Wirtschaftspolitik etwa auf der Weltausstellung 1937 in Paris. Im Vergleich zum herzlosen Liberalismus in England einerseits, zum kommunistischen Terrorregime der UdSSR unter Stalin andererseits schien der nationale Sozialismus des „Dritten Reiches" vielen ein überzeugender dritter Weg. Doch Hitlers Wirtschaftspolitik gründete von der ersten Stunde an auf radikalem Antisemitismus, massiver Aufrüstung und rigider Zwangswirtschaft. Nicht Arbeit, Produktion und Export waren seine Ziele – das hielt er für die Irrlehre des „jüdischen Liberalismus" –, sondern Kampf um die nationale Existenz und um Lebensraum.

3.5 Selbstmobilisierung und Sozialutopie: Organisation, Inszenierung und Erlebnis der „Volksgemeinschaft"

Faszination des NS-Regimes

Zwar lässt das NS-Regime heute in erste Linie an diktatorische Gewalt, Terror und Vernichtung denken; dagegen war im Deutschland der Nachkriegszeit häufig von den positiven Seiten des Alltags im „Dritten Reich" die Rede: von der Sicherheit auf der Straße, dem Abbau der Arbeitslosigkeit (Hitlers Autobahnen!) und dem Gefühl, nach Jahren der Demütigung „wieder wer zu sein". In Meinungsumfragen der 1950er und 1960er Jahre attestierten die Befragten dem Nationalsozialismus und Adolf Hitler innenpolitische Erfolge. Die Diskrepanz zwischen diesen beiden Wahrnehmungen weist auf einen häufig übersehenen Umstand hin: dass die Gewalt des Regimes „nur" eine Minderheit betraf. Die Mehrheit der Bevölkerung dagegen war dem wachsenden Verfolgungsdruck nicht ausgesetzt,

3 „Volksgemeinschaft" und Gewaltherrschaft 1933–1939

riskierte weder ihre bürgerliche Existenz noch gar ihr Leben (jedenfalls in der Vorkriegszeit). In der Erinnerung vieler Deutscher war der Alltag im Nationalsozialismus vor allem in den Friedensjahren von dem weitverbreiteten Gefühl geprägt, dass man sich wieder sicher fühlen und stolz sein konnte, Teil eines zukunftsträchtigen Gemeinwesens, einer deutschen „Volksgemeinschaft" zu sein.

Die Kehrseite des Regimes – von der noch ausführlicher die Rede sein wird – kümmerte die meisten Deutschen schon deshalb kaum oder gar nicht, weil es um Menschen ging, die ihrerseits der „Volksgemeinschaft" gar nicht angehörten und insofern auch nicht ausgegrenzt werden konnten. Das NS-Regime bemühte sich im Sinne der Herrschaftssicherung, möglichst viele Gesellschaftsgruppen einzubeziehen und die Bevölkerung auf unterschiedliche Weise, durch Drohungen, Versprechungen und tatsächliche Erfolge, für die „Volksgemeinschaft" und damit für das Regime und seinen „Führer" einzunehmen. Dazu gehörten die Propaganda, die Einigkeit und Führerglaube forderte und zugleich unterstellte; die Innen- und Wirtschaftspolitik, die diese Einigkeit durch Integration und Verbesserungen untermauerte; die Organisationen und Inszenierungen, die die Volksgemeinschaft erfahrbar machten. Um es sozialwissenschaftlich zu formulieren: Exklusion und Inklusion gehörten unauflösbar zusammen.

<small>Inklusion und Exklusion</small>

Vor dem Blick auf die Ausgrenzung soll daher zunächst in einer weiteren Annäherung an das „Dritte Reich" Einsicht in die Funktionsweise des Herrschaftssystems und die Rolle der „Volksgemeinschaft", die Wechselbeziehung von Staat und Gesellschaft gegeben werden.

<small>Polykratie</small>

Der „Führerstaat" war straff organisiert, so dass Hitlers Befehle effektiv umgesetzt wurden – diese Vorstellung, die auf den ersten Blick naheliegt, verkennt die Funktionsmechanismen des NS-Regimes. Tatsächlich ist es Hitler und der NSDAP zu keiner Zeit gelungen, eine klare, überschaubare und einfach zu handhabende Ordnung der Regierung und Verwaltung herbeizuführen. Typisch für die NS-Herrschaft war stattdessen ein Neben-, Mit- und Gegeneinander der verschiedensten Instanzen und Personen. Das begann mit der Verquickung von Partei und Staat auf allen Ebenen: So war der Chef einer Gliederung der Partei, der SS, Chef der Polizei im Reich, und der Berliner Gauleiter der NSDAP, Joseph Goebbels, hatte das Amt eines Reichsministers für Volksaufklärung und Propaganda inne. Kompetenzüberlagerungen gab es auch auf der staatspolitischen Ebene. Hermann Göring etwa war preußischer Ministerpräsident und Oberbefehlshaber der Luftwaffe, Reichsluftfahrtminister, Rohstoff- und Devisenkommissar (1936), später Beauftragter für den Vierjahresplan. Er steuerte de facto das Wirtschaftsleben und war für den Übergang zur Kriegswirtschaft verantwortlich – neben dem Reichswirtschaftsminister Walther Funk (1938–1945). Parteigenossen in hohen Ämtern gerieten immer wieder mit Amtsinhabern der überkommenen politischen und administrativen Strukturen aneinander.

„Führerwille"

Gleichwohl wäre es falsch, dieses Nebeneinander als Durcheinander zu verstehen und damit zu unterschätzen. Die vielen parallelen Herrschaftsstrukturen, die unscharfen, sich überlappenden Zuständigkeitsbereiche: In dieser Besonderheit des Herrschaftsgefüges lag keine Schwäche, sondern eine Stärke des NS-Staates. Indem Hitler, erstens, „Sonderstäbe" schuf und „Kommissare" beauftragte, konnte er die überkommenen Hierarchien unterlaufen, endlose Verwaltungswege abkürzen und fallweise Zusammenarbeit möglich machen, wo Ämter üblicherweise auf ihre jeweilige Zuständigkeit gepocht hätten. Zweitens erwies sich das NS-Regime als ausgesprochen effizient darin, die unterschiedlichsten Instanzen und Personen zur Kooperation zu bewegen. Dazu war es nicht auf straffe Befehlsketten angewiesen, sondern nutzte die Bereitschaft möglicher Akteure, „dem Führer entgegen zu arbeiten" (Ian Kershaw). Möglich wurde dieses Engagement im Sinne des Systems nicht trotz, sondern wegen des Kompetenzgerangels. Wo Machtbereiche nicht klar definiert waren, taten sich jene Handlungsräume auf, in denen Menschen von sich aus Entscheidungen fällten, die – davon waren sie überzeugt – ganz im Sinne ihres „Führers" lagen. Wer im Rahmen seiner Handlungsmöglichkeiten selbst aktiv wurde, trug seiner Meinung nach zum Wohl des Ganzen bei – was der eigenen Karriere nicht schaden konnte.

Führer-Mythos

Hitler stand im Mittelpunkt dieses polykratischen Herrschaftssystems. Der „Führer" hielt die Fäden der Entwicklung von Staat und Gesellschaft in der Hand; er war die unumstößliche Letztinstanz. Seine Entscheidungen unterlagen keiner Kontrolle mehr. Die Propaganda inszenierte ihn als den von der „Vorsehung" geschickten Heilsbringer, der die Nation von ihrem schweren Schicksal „erlöste". Was ihn nur auf den ersten Blick als schwach erscheinen lässt – das vermeintliche Chaos –, machte in Wirklichkeit Hitlers Stärke aus. Er hatte bis zum Schluss das letzte Wort bei

3 „Volksgemeinschaft" und Gewaltherrschaft 1933–1939 — 49

Machtkämpfen im Staat, in der Partei oder im Militär. Wie kein anderer Politiker seiner Zeit, wenn nicht des ganzen 20. Jahrhunderts, hatte Hitler es vermocht, in den Augen einer konsensbereiten Bevölkerung zum Fixpunkt von Autorität und Hoffnung zu werden. Erst sehr spät, in den letzten Kriegsmonaten, verlor dieser „Führer-Mythos" seine Strahlkraft. Bis dahin sorgten der Mythos und die realen Erfolge für die Selbstmobilisierung der „Volksgemeinschaft".

Die „Volksgemeinschaft" lässt sich ihrerseits als ein „Mythos" beschreiben, der Staat und Gesellschaft im Innern zusammengehalten hat. Aus der Sicht des Regimes ging es um eine zentrale Integrationstechnik, die der Propagandaapparat auf allen Ebenen nutzte. Die Idee war jedoch nicht aus der Luft gegriffen, sonst hätte sie schwerlich einen solchen durchschlagenden Erfolg gehabt. Sie griff vielmehr auf überkommene nationalistische Gefühle und Grundüberzeugungen zurück, die im Erlebnis der „Frontgemeinschaft" des Ersten Weltkriegs und seiner Überhöhung in der Weimarer Republik wurzelten. Davon war bereits die Rede. Der Nationalsozialismus versprach, ein Gesellschaftsideal wahr werden zu lassen, das vielen als ein attraktiver Gegenentwurf zur Weimarer Republik erschien. An die Stelle eines pluralistischen, von Dissens und Konflikt geprägten „Systems", dem das aufklärerische Prinzip des friedlichen Interessenausgleichs zugrunde lag, sollte eine klassen- und parteiübergreifende Gemeinschaft treten, die im Zusammenspiel mit ihrem „Führer" an einem Strang zog. In der politischen Kommunikation gelang es den Nationalsozialisten besser als anderen, durch ihre Rhetorik, ihren Auftritt und ihre Organisation die Zeitgenossen davon zu überzeugen, dass nur sie „die Vision der ,Volksgemeinschaft' zur unmissverständlichen Leitlinie ihrer Politik erhoben hatten" (Michael Wildt).

Volksgemeinschafts-Ideologie

Hitler selbst hat sein rasseideologisches Verständnis einer solchen Volksgemeinschaft „über Klassen und Stände, Berufe und Konfessionen und alle übrige Wirrnis des Lebens hinweg", immer wieder verdeutlicht. Ihm ging es um eine „soziale Einheit der deutschen Menschen ohne Ansehen des Standes und der Herkunft, im Blute fundiert, durch ein tausendjähriges Leben zusammengefügt, durch das Schicksal auf Gedeih und Verderb verbunden." [Rede am Heldengedenktag 1940, Domarus B.3, Bd. 3, S.] Seinem Geschichtsbild zufolge gibt es, kurz gesagt, ein germanisch-deutsches Volk, das nach seiner vorübergehenden Einigung durch Arminius („Hermann der Cherusker") durch Dynastien, Konfessionen, später Parteien und Verbände jahrhundertelang unter seiner existenzbedrohenden inneren Spaltung gelitten habe. Erst das Kaiserreich von 1871 habe eine – wenn auch kleindeutsche – Einheit hergestellt, die mit der Weimarer Republik erneut verloren gegangen sei. Dem entsprach der erwähnte essentialistische, rasseideologisch überhöhte Volksbegriff, wie er sich im Sprachbild des „Volkskörpers" wiederfand. Die deutsche Volksgemeinschaft war insoweit mehr als die Summe ihrer Teile: nicht eine Ansammlung von sterblichen Individuen, sondern ein überzeitliches, naturgegebenes Ganzes mit einer schicksalhaften Entwicklungslogik.

Reichsbegriff   Dem entsprach die Propagandaformel vom „Dritten Reich". Der eigentlich theologische Begriff war in den 1920er Jahren populär geworden. In seiner 1923 veröffentlichten Schrift *„Das dritte Reich"* hatte der nationalistische Kulturhistoriker und Publizist Arthur Moeller van den Bruck dem ersten, dem Heiligen Römischen Reich Deutscher Nation, und dem Kaiserreich von 1871 bis 1918 ein künftiges drittes Reich gegenübergestellt, in dem Nationalismus und Sozialismus eine Symbiose eingehen würden. Die Nationalsozialisten verspotteten dann nach 1933 die Weimarer Jahre als „Zwischenreich" oder „Systemzeit", um die demokratische Phase aus dem nationalen Geschichtsbuch zu streichen. Indem sie selbst von einem „Tausendjährigen Reich" sprachen, spekulierten sie auf die ungebrochene Kontinuität des neuen Regimes als der einzig angemessenen Staats- und Gesellschaftsordnung der deutschen Volksgemeinschaft.

Rassebegriff   Die Volksgemeinschaft wurde von der Rasse geprägt. Volk und Rasse waren jedoch nicht deckungsgleich. Glaubt man der pseudowissenschaftlichen „Rassenkunde" der Zeit, bestand das deutsche Volk aus „europiden" Rassen, vor allem aus den wertvollen „fälischen" und „nordischen" Anteilen. Dieses Rassenverständnis bezeichnete dann auch der Begriff „Arier". Der ursprünglich völkerkundliche und sprachwissenschaftliche Begriff war bereits im 19. Jahrhundert auf eine biologische Abstammungsgemeinschaft übertragen worden. Danach galten Europäer (und Inder) als genetische Nachfahren des vorgeschichtlichen Volkes der Arier. Nur so wird das zentrale pseudowissenschaftliche Argument des Antisemitismus – ein Totschlag-Argument im doppelten Wortsinn – verständlich: Weil die Juden als Abkömmlinge des biblischen Volkes der Israeliten genetische Semiten waren, mit semitischem „Blut", konnten sie unter keinen Umständen in das deutsche Volk integriert werden, auch nicht durch den Übertritt zum Christentum.

Diese „rassenkundliche" Unterscheidung war nun keineswegs wertneutral. Ariern und Semiten wurden gegenüberliegende Plätze in einer Rassenhierarchie zugewiesen. Der französische Schriftsteller Arthur de Gobineau hatte bereits Mitte des 19. Jahrhunderts behauptet, dass die nordische / arische Rasse allen anderen Rassen überlegen sei. Gobineau hatte freilich an den französischen Adel als den Träger dieser Rasse gedacht. Dagegen verbreitete der aus England stammende Schriftsteller Houston Stewart Chamberlain um die Jahrhundertwende in seinem antisemitischen Hauptwerk „Die Grundlagen des Neunzehnten Jahrhunderts" die Vorstellung, dass am ehesten das deutsche Volk die arische Rasse verkörperte.

Weil der biologistische, rasseideologisch aufgeladene Volksbegriff zugleich mit unterschiedlichen Wertigkeiten zwingend verknüpft war, galt die Reinhaltung der überlegenen Rasse als deren Existenzbedingung. Diese Idee verbanden die Nationalsozialisten mit der sozialdarwinistischen Grundüberzeugung, dass sich auch Völker und Rassen in einem ununterbrochenen „Kampf ums Dasein" befinden, in dem nur der Stärkere überlebt, sprich: der reinrassige Gesunde. Die Arier, von den Nationalsozialisten als indogermanische „Herrenrasse" umgedeutet, sollten nicht-arische Rassen unterjochen oder gleich ganz vernichten. Die Herrschaft gehörte danach in die Hände der vermeintlich aus Norddeutschland und Skandinavien stammenden Arier, vor allem der Männer und Frauen mit blauen Augen und blonden Haaren. Dieser völkische Nationalismus war eine ebenso krude wie hoch explosive Mischung. Sie erklärt die Aggression nach außen, wie sie wenig später im Vernichtungskrieg ihren Höhepunkt erreichte. Und sie macht die Militarisierung und Homogenisierung im Innern verständlich, mit der Hitler die Sozialutopie der „Volksgemeinschaft" verwirklichen wollte.

_{Sozialdarwinismus}

Seine Partei, die NSDAP, hatte daher zum einen die Aufgabe, das deutsche Volk zu schützen und die „Volksfeinde" zu bekämpfen. Zum anderen sollte sie die wahren Deutschen durch Propaganda und Indoktrination, das Erfassen in Organisationen, aber auch durch Überwachung im völkischen Sinne lenken und fördern. Jeder Einzelne musste grundsätzlich seine Qualität als „Volksgenosse" unter Beweis stellen. Wer sich in den Augen der Ortsgruppe nicht als politisch zuverlässig erwies, etwa weil die Nachbarn ihn denunzierten, sollte keine öffentlichen Ämter innehaben und nicht von

NSDAP und Volksgemeinschaft

staatlichen Leistungen profitieren. Die Mitgliedschaft in der NSDAP setzte denn auch neben der richtigen „Einstellung" die arische Abstammung voraus. Die totalitäre Herrschaft resultierte im Selbstverständnis der Partei, die sie ausübte, in einer „Menschenführung" nach den geltenden Maßstäben des völkischen Nationalismus.

Die NSDAP, zu der sinnvollerweise auch ihre Gliederungen und angeschlossenen Verbände gerechnet werden, zielte auf den Zusammenschluss tendenziell der gesamten Bevölkerung zu einer „Volksgemeinschaft". Durch materielle, soziale und kulturelle Vergünstigungen bis hin zum sozialen Aufstieg band die Parteiorganisation ihre Mitglieder an sich – vorausgesetzt, der einzelne Parteigenosse („Pg.") entsprach den Erwartungen, welche die Partei im Hinblick auf seine „Einstellung" und sein Verhalten hegte. Nicht so sehr ihr unverhohlener Anspruch, über die Volksgenossen zu verfügen, erklärt den enormen Mitgliederzuwachs, sondern die Tatsache, dass sie den Parteigenossen „einen Raum an Möglichkeiten" (Armin Nolzen) öffnete, zu dem Nichtmitglieder keinen Zutritt besaßen. „Gemeinschaftsfremden" blieb die Mitgliedschaft grundsätzlich verwehrt; ihr Ausschluss kam der sozialen Isolation gleich. Insofern verknüpfte die Partei soziale Integration mit sozialer Disziplinierung.

Dazu nutzte die NSDAP zum einen ihre eigene Parteiorganisation, die verschiedenen „Reichsleitungsämter" und die Hitler direkt unterstellten Gauleitungen, die nach Kreisen, Ortsgruppen, Zellen und Blöcken weiter gegliedert waren. Auf der untersten Stufe der Hierarchie der Parteifunktionäre standen die rund 200.000 (1935) „Blockleiter der NSDAP", die für 40 bis 60 Haushalte zuständig waren – auch sie Uniformträger, die ihre arische Abstammung bis ins Jahr 1800 nachweisen mussten. Zum anderen konnte die NSDAP auf eine Vielzahl sogenannter angeschlossener Verbände und auf fünf „Gliederungen" (SA, SS, HJ, NSKK, NSFK) zurückgreifen. Diese Organisationen spielten bei der sozialen und politischen „Gleichschaltung" eine große Rolle. Die wesentlichen Verbände, Gliederungen und neuen Körperschaften des öffentlichen Rechts werden im Folgenden erläutert. Dabei geht es zugleich um die Integration bestimmter gesellschaftlicher Gruppen und die Vereinheitlichung unterschiedlicher Lebensbereiche.

Deutsche Arbeitsfront Seit der Machtübernahme setzte die NSDAP alles daran, auch die Arbeiterschaft für den Nationalsozialismus zu gewinnen und in die „Volksgemeinschaft" zu integrieren. Die Arbeiter hatten noch im

Frühjahr 1933 bei Betriebsratswahlen ihre Zurückhaltung gegenüber der neuen Regierung demonstriert. Nach der Zerschlagung der Gewerkschaften trat am 10. Mai 1933 die „Deutsche Arbeitsfront" (DAF) auf den Plan. An ihrer Spitze stand bis 1945 Robert Ley, den Hitler im Dezember des Vorjahres nach dem Rücktritt von Gregor Strasser 1932 zum „Reichsorganisationsleiter" (ROL) der NSDAP gekürt hatte, der Ley seit 1923 angehörte. Die DAF übernahm die Mitglieder der Gewerkschaften und strich deren Vermögen ein. Mochte sie zunächst als gewerkschaftliche Ersatzorganisation erscheinen, passte sie ihre Organisationsstruktur 1934 der NSDAP an, mit der sie durch Ämter und Personal vermengt war. Der Volksgemeinschaftsideologie entsprechend, umfasste die DAF Arbeitnehmer *und* Arbeitgeber. De facto galt eine Zwangsmitgliedschaft. Hoher sozialer Druck sorgte dafür, dass kaum jemand der DAF entging. Formal besaß die DAF ab dem 29. März 1935 den Status eines „angeschlossenen Verbandes", war allerdings im Unterschied zu anderen Berufsorganisationen der NSDAP wie dem NS-Lehrerbund oder dem NS-Rechtwahrerbund die größte und einzige branchenübergreifende Organisation. Bis 1941 zählte die Massenorganisation 25 Millionen Mitglieder – und bot 40.000 Funktionären einen Arbeitsplatz.

Das Gesetz über die „Treuhänder der Arbeit" vom 19. Mai 1933 setzte Reichstreuhänder als staatliche Lenkungsorgane ein, die dem Reichsarbeitsministerium unmittelbar unterstellt waren. Sie legten die Löhne fest, überwachten die Betriebsordnungen, wirkten bei der Bildung der innerbetrieblichen Vertrauensräte mit und kontrollierten die Kündigungen. Bei Streitfällen zwischen Arbeitnehmern und Arbeitgebern traten sie als Schlichter auf. Ein Treuhänder der Arbeit „betreute" eines der zunächst 14 (bis 1941: 22) Wirtschaftsgebiete des Reichs. Mit dieser betrieblichen Gleichschaltung lösten sich die Sozialpartnerschaft und die Tarifautonomie der Weimarer Republik in Luft auf. Die NS-Propaganda feierte die Treuhänder als entscheidendes Instrument zur Überwindung des Klassenkampfes.

„Treuhänder der Arbeit"

Das Gesetz über die „Ordnung der nationalen Arbeit" vom 20. Januar 1934 setzte das Führerprinzip im Wirtschaftsleben durch: Unternehmer erhielten als „Betriebsführer" die Befehlsgewalt über ihre „Gefolgschaft" (nicht: Belegschaft). Die Eingriffsmöglichkeiten der „Treuhänder", die den Betriebsführern gegenüber weisungsbefugt waren, nahmen weiter zu. Das Gesetz über den „organischen Aufbau der deutschen Wirtschaft" (27. Februar 1934) wandelte die noch bestehenden Verbände und Interessenvertretungen in staatli-

„Betriebsführer"

che Zwangsorganisationen um. Ohne das Störfeuer des Betriebsrats hatte der Unternehmer mehr denn je das Sagen. Dass er ebenfalls der DAF zugehörte, war Makulatur. Die formale Einbindung des Arbeitgebers sollte nationale Gemeinschaft vortäuschen und die politische und soziale Disziplinierung der Arbeiter durch die NSDAP kaschieren.

Reichsstand der Deutschen Industrie

Die Vereinheitlichung auf wirtschaftlichem Gebiet wirkte sich auch auf den Handel und das Handwerk aus: Sie wurden zu „Reichsständen". Der Reichsverband der Deutschen Industrie (RDI) und die Vereinigung Deutscher Arbeitgeberverbände wurden zum Reichsstand der Deutschen Industrie (RStDI) unter Führung von Gustav Krupp von Bohlen und Halbach, dem bisherigen RDI-Präsidenten, zusammengefasst. Der RStDI wurde am 12. Januar 1935 in die Reichsgruppe Industrie überführt. So passten sich die Industriellen den neuen politischen Umständen an und wahrten zugleich Kontinuität. Dem Führerprinzip, der Zentralisierung und Hierarchisierung zum Trotz sicherten sie sich großen Einfluss auch in den gleichgeschalteten Organisationen. Der Reichsstand verhinderte das unmittelbare Durchgreifen der Nationalsozialisten, fungierte aber gleichzeitig als Scharnier zwischen Wirtschaft und Regierung. In den Gewerkschaften hatte man schließlich einen gemeinsamen Gegner, in der Aufrüstung ein gemeinsames Ziel. Die „Adolf-Hitler-Spende der deutschen Wirtschaft", eine Zuwendung der Betriebe an die NSDAP, die ab dem 1. Juni 1933 zunächst freiwillig geleistet wurde, zeugt von dieser Affinität ebenso wie der Hitlergruß, den der Reichsstand am 22. August 1933 in den Betrieben vorschrieb.

Gleichschaltung der Wirtschaft

Vor diesem Hintergrund entfaltete die DAF eine rege Aktivität, die viele Menschen unmittelbar ansprach: Sie förderte die berufliche Aus- und Weiterbildung, organisierte einen „Reichsberufswettkampf", gewährte Sozialleistungen wie Kranken- und Sterbegeld, verfügte über ein „Amt Volksgesundheit" und trat als Bauherr moderner Arbeitersiedlungen auf. Die DAF war das Integrationsinstrument, mit dem Hitler die Arbeiterschaft ideologisch kontrollieren, die Leistungsbereitschaft des einzelnen Arbeiters maximieren und ohne Rücksicht auf Gruppeninteressen die Produktivität der Unternehmen erhöhen wollte. „Aus der Volksgemeinschaft bildet sich die Leistungsgemeinschaft", hieß es 1934 auf einem Plakat der DAF. „Sie zu gestalten ist aller Schaffenden nationalsoz[ialistisches] Hochziel". Die reichsweite Kontrolle des Wirtschaftslebens durch die Berliner Regierung hatte einen Höhepunkt erreicht.

"Kraft durch Freude": Der Name war Programm für das bis heute bekannteste DAF-Amt. Die Freizeitorganisation entwickelte ein breites, modern anmutendes Unterhaltungs-, Bildungs- und Urlaubsangebot, um die Arbeitskraft des Einzelnen zu erhalten und die Arbeiter bei Laune zu halten. Die KdF-Ämter kümmerten sich um Wanderfahrten und Schiffsreisen im In- und Ausland, um die Verschönerung des Arbeitsplatzes, um Vorträge, Kurse und Besichtigungen im Rahmen der (wie man heute sagen würde) Erwachsenenbildung. Das Amt „Feierabend" ebnete dem Arbeiter preisgünstige Wege in die Welt der Hochkultur – bis dahin ein Privileg des Bürgertums. Diese körperliche und geistige Erholung zum Zwecke der Leistungsfähigkeit diente ihrerseits dazu – das ist bei aller Modernität nicht zu vergessen –, die arbeitenden Volksgenossen auf den Eroberungs- und Vernichtungskrieg vorzubereiten.

„Kraft durch Freude"

Das Auto für alle blieb dagegen eine Utopie. Die Begeisterung war groß, als Reichsleiter Robert Ley 1938 ankündigte, dass sich jeder deutsche Arbeiter in zehn Jahren einen Volkswagen leisten könne. Dessen Preis sollte knapp unter 1000 RM liegen, was hinter den Produktionskosten deutlich zurückblieb. Das DAF-Amt KdF startete das Volkswagen-Projekt. Der Automobilkonstrukteur Ferdinand Porsche, der Ende 1930 sein eigenes Büro in Stuttgart eröffnet hatte, erhielt den Auftrag, einen KdF-Wagen zu entwickeln. Ab 1938 war Porsche Hauptgeschäftsführer der „Volkswagen G.m.b.H." mit Sitz in Berlin; sein Schwiegersohn Anton Piëch wurde Werksleiter. Für die Herstellung des KdF-Wagens startete im Mai 1938 nahe dem niedersächsischen Fallersleben der Bau des Volkswagen-Werks. Am 1. Juli 1938 wurde eine neue Stadt mit dem Namen „Stadt des KdF-Wagens bei Fallersleben" gegründet, die am 15. Juli 1945 den Namen Wolfsburg erhielt. Die künftigen Autobesitzer mussten jede Woche rote Sparmarken im Wert von 5 RM in eine gelbe Sparkarte kleben – eine Vorauszahlung, die der DAF etwa 275 Millionen RM einbrachte. Dagegen gingen die hoffnungsfrohen Einzahler am Ende leer aus. Der Wagen für das Volk wurde nicht gebaut. Das lag vor allem daran, dass die Konstruktion des zivilen KdF-Wagens bei Kriegsbeginn zugunsten der Produktion von Militärfahrzeugen wie dem „Kübelwagen" zurückgestellt wurde, die auf Volkswagen-Basis gebaut wurden. Der „KdF-Sparer" verlor seine Vorauszahlung, weil die Anrechtsscheine nach Kriegsende nichts mehr wert waren. Immerhin erhielt er später aus Kulanz einen Rabatt auf den Kauf eines „VW Käfers". Wer sich im „Dritten Reich" ein anderes Fahr-

KdF-Wagen

zeug leisten konnte, musste an der Tankstelle im Übrigen tief in die Tasche greifen. Das militärisch wichtige und deshalb hoch besteuerte Benzin war für Privatwagen mit konstant 39 Pfennig pro Liter doppelt so teuer wie etwa in den USA.

Reichskulturkammer

Neben der DAF, die vor allem die Arbeiterschaft erfasste, verfügte das Regime über zwei weitere Großorganisationen zur Vereinheitlichung der Berufswelt: die Reichskulturkammer und den Reichsnährstand.

Goebbels als neuer Reichsminister für Volksaufklärung und Propaganda hatte 1933 durchgesetzt, die kulturpolitisch wichtigen Berufsgruppen, die ebenfalls in seine ministerielle Zuständigkeit fielen, in einem eigenen Verband, der Reichskulturkammer (RKK), zu organisieren. So wollte er sie dem drohenden Zugriff der konkurrierenden DAF entziehen. Die RKK erfasste per Zwangsmitgliedschaft in den branchenspezifischen Fachkammern alle jene, die beim Film, Rundfunk, Theater, im Musikleben oder im Bereich der Printmedien tätig waren: Künstlerinnen und Künstler ebenso wie beispielsweise Verleger und Buchhändler. Umgekehrt galt: Wer der RKK nicht angehörte, etwa weil ihr Präsident ihn als „unzuverlässiges Element" ausgeschlossen hatte, durfte seinen Beruf im „Dritten Reich" nicht ausüben. Die Kulturkammern boten ihren Mitgliedern soziale Leistungen und fachliche Unterstützung an; für die Instrumentalisierung zu Propagandazwecken waren jedoch spätestens ab 1938 die Fachabteilungen des Propagandaministeriums zuständig. Juden wurden zwischen 1935 und 1938 nach und nach ausgeschlossen und häufig in lebensbedrohliche Not gebracht.

Reichsnährstand

Dem am 19. März 1933 gegründeten „Reichsnährstand" (RN) gehörten schließlich all jene an, die landwirtschaftliche Güter erzeugten, verarbeiteten oder mit ihnen handelten. Auch in der Fischerei und im Gartenbau tätige Personen und Betriebe wurden gleichgeschaltet. Diese staatliche Landwirtschaftsorganisation wurde von „Reichsbauernführer" Walther Darré – bis 1942 in Personalunion Reichsernährungsminister – geleitet, dem in der regionalen Gliederung Landes-, Kreis- und Ortsbauernführer unterstanden. Wie die RKK hatte der RN weitgehende Befugnisse gegenüber seinen Mitgliedern im Sinne der berufsständischen Selbstverwaltung. Eine eigene allgemeine Gerichtsbarkeit besaßen sie im Gegensatz zur NSDAP, SS, Polizei und Wehrmacht aber nicht. Der Reichsnährstand, der sogleich sämtliche konkurrierenden Interessenverbände übernahm, setzte fortan auch die Preise fest. Den politischen Hintergrund bildete das Autarkiestreben des NS-Regimes und eine Blut-und-Boden-Ideologie, wie sie etwa Darré 1936 in seiner Schrift „Blut und Boden, ein Grundgedanke des Nationalsozialismus" formuliert hatte. Durch die Kontrolle des Agrarmarktes wollte man erreichen, dass sich die „Volksgemeinschaft" selbst versorgen konnte und nicht auf den Import von Lebens- und Futtermitteln aus dem Ausland angewiesen war. Die eigenen Bauern galten vielmehr als die „Blutquelle des Volkes", schließlich sorgten sie für seine Ernährungsgrundlage. Das Regime meinte daher, das Bauerntum gegen Gruppeninteressen und Marktmechanismen schützen zu müssen.

Die Landwirte hätten daher theoretisch von dem wirtschaftlichen Aufschwung am meisten profitieren müssen. Doch die Wirklichkeit sah aufgrund der Landwirtschaftspolitik des Regimes anders aus. Das Reichserbhofgesetz (29. September 1939) schloss nicht nur Juden und Ausländer vom Beruf des Bauern aus. Es regelte auch, dass etwa eine Million Bauernhöfe einzig an den erstgeborenen Sohn vererbt werden durften. Die Höfe waren fortan unteilbar und unverkäuflich. Dadurch verschärfte sich der Gegensatz zwischen der Vielzahl kleiner Höfe, die nicht einmal ein Fünftel der Ackerfläche bewirtschafteten, und der überschaubaren Zahl großer Gutshöfe. Mit dem Verbot des Verkaufs großer Höfe ging das Ende des freien Agrarmarktes einher. Das Ziel der Autarkie blieb unerreicht, trotz der Steigerung der landwirtschaftlichen Produktion („Erzeugerschlacht"). Arbeitsplätze auf dem Lande erschienen immer weniger jungen Leuten attraktiv, zumal sie in der Industrie gesucht wurden. Landflucht wurde zu einem Problem, dem Darré mit einer weiteren Zwangsmaßnahme begegnete: Kinder und Jugendliche wurden zum „Ernteeinsatz" verpflichtet. Und während die jungen Männer Wehrdienst leisteten, mussten die Mädchen ein Pflichtjahr auf dem Lande absolvieren.

<small>Reichserbhofgesetz</small>

Die nationalsozialistische Jugendbewegung, die 1926 gegründete „Hitler-Jugend" (HJ), war in der Weimarer Zeit nur eine neben anderen, bedeutenderen Jugendorganisationen von Kirchen und Parteien. Das änderte sich 1933, als konkurrierende Jugendverbände verboten und die HJ zur Staatsjugend aufgewertet wurde. Hatte sie bis 1932 der SA unterstanden, wurde sie unter Baldur von Schirach als dem „Reichsjugendführer" der NSDAP angeschlossen. Die zunächst freiwillige Mitgliedschaft wandelte das „Gesetz über die Hitler-Jugend" vom 1. Dezember 1936 und die Einführung der

<small>Hitler-Jugend und BDM</small>

„Jugenddienstpflicht" am 25. März 1939 zur Zwangsmitgliedschaft um. Jüdische Kinder waren ausgeschlossen. Die Zahl der HJ-Mitglieder kletterte von rund 100.000 im Jahr 1932 auf 8,7 Millionen vor Kriegsbeginn 1939. Nach Einführung der Zwangsmitgliedschaft waren nahezu alle Jugendlichen in der HJ. Die Staatsjugend war militärisch organisiert; das Deutsche Jungvolk (die 10- bis 14-jährigen „Pimpfe") und die HJ im engeren Sinn (die 14- bis 18-Jährigen) trugen Uniform. Propagandamärsche und Paraden, Zeltlager und Fahrten, Kartenkunde und „Geländespiele", Luft- und Kleinkalibergewehrschießen oder der wöchentliche „Heimabend" – zweifellos attraktive Formen jugendlicher Freizeitgestaltung – dienten der Partei nicht zuletzt dazu, mit zielgruppengerechten Mitteln der Jugend militärische Werte zu vermitteln. Die Mädchen wurden analog im parteiamtlichen Bund Deutscher Mädel (BDM) zusammengefasst, seit Ende 1936 ebenfalls zwangsweise: die 10- bis 14-Jährigen im Jungmädelbund, die 14- bis 18-Jährigen im BDM.

Funktionen der HJ

Die Aufgabe der HJ sollte es sein, wie es in einer Verordnung 1934 hieß, „den neuen nationalsozialistischen Menschen [...] von Grund auf zu formen". Das zeige sich „in der Haltung des Hitlerjungen, in seiner freiwilligen Unterordnung, seinem Gehorsam gegenüber seinen Führern, in seinem Pflichtbewusstsein, seiner Kameradschaftlichkeit, seiner Liebe zu seinem Führer, seinen Volksgenossen und seinem Vaterland, in dem jederzeit freiwilligen Einsatz des eigenen Lebens für die Idee des Nationalsozialismus."

Kameradschaft, Disziplin, körperliche Leistungsfähigkeit, schließlich die paramilitärische Ausbildung machten die HJ zum Rekrutierungspool für den militärischen Nachwuchs. Als Jugendorganisation rührte sie gezielt die Werbetrommel für den Offiziersberuf und bereitete durch eine vormilitärische Ausbildung auch fachlich auf den Soldatenberuf vor. Ihre speziell auf die Jugendlichen zugeschnittene Propaganda vermittelte Kriegsgeschichten von 1914/18 und bot militärische Helden zur Identifikation an. Auch wenn manch einer vom militärischen Drill der HJ abgeschreckt gewesen sein mag: In ihrem Programm und ihrer Praxis kam die soziale Militarisierung in besonderem Maße zum Ausdruck.

Sozialfürsorge?

Nationalsozialistische Wohlfahrt scheint auf den ersten Blick ein Widerspruch in sich zu sein. Stand Sozialfürsorge nicht im Gegensatz zu dem sozialdarwinistischen Grundprinzip, das Leben sei ein ständiger Kampf, der die Schwachen „ausmerze" und nur die Starken, „Gesunden" überleben lasse? Doch auch hier werden

Sinn und Zweck erst verständlich, wenn sie auf die Leitkategorie der „Volksgemeinschaft" bezogen werden. Der NSDAP ging es im Unterschied etwa zu den Wohlfahrtseinrichtungen der Kirchen oder Gewerkschaften nicht um die Hilfe für das hilfsbedürftige Individuum, das aus welchen Gründen auch immer in Not geraten war. Das Ziel der nationalsozialistischen Wohlfahrt lag vielmehr darin, die Leistungsfähigkeit der nationalen Gemeinschaft (wieder) herzustellen und zu steigern. Dazu sollte jenen Deutschen vorübergehend geholfen werden, die ohne eigenes Verschulden in eine Notsituation geraten waren. Auf „Gemeinschaftsfremde" – mithin jene Minderheit, die eigentlich die Hilfe am nötigsten gehabt hätte – traf das nicht zu. Der Funktion der Partei als Hüterin der Volksgemeinschaft unter rasseideologischen Gesichtspunkten entsprach es vielmehr, den „Volkskörper" auch auf dem Wege einer selektiven Wohlfahrt von schädlichen Elementen frei und damit „gesund" zu halten. Dabei lautete die Maxime: „Hilfe zur Selbsthilfe". Die Gleichzeitigkeit von Rasseideologie und dem auch heute gültigen Subsidiaritätsprinzip zeigt einmal mehr die Ambivalenz der nationalsozialistischen Gesellschaftspolitik.

Mit diesem Verständnis baute die NSDAP die im April 1932 gegründete „Nationalsozialistische Volkswohlfahrt" (NSV), die Hitler am 3. Mai 1933 zur offiziellen Wohlfahrtsorganisation der Partei ernannt hatte, zu der weltweit größten Einrichtung ihrer Art aus. Knapp 11 Millionen Mitglieder und eine Million ehrenamtliche Helfer waren in diesem angeschlossenen Verband der NSDAP tätig, den Erich Hilgenfeldt als Reichsleiter steuerte und der wie die Partei gegliedert war.

Nationalsozialistische Volkswohlfahrt

Der rasante Aufstieg der NSV war zunächst einmal darauf zurückzuführen, dass sie bestehende Wohlfahrtsorganisationen – 1933 den Paritätischen Wohlfahrtsverband und die Arbeiterwohlfahrt (AWO) – absorbierte. Dagegen bestanden die Deutsche Sektion des Internationalen Roten Kreuzes, die Innere Mission und der Deutsche Caritasverband als Organisationen fort. Sie wurden jedoch gelenkt durch die „Reichsarbeitsgemeinschaft der Verbände der freien Wohlfahrtspflege", die wiederum dem Hauptamt für Volkswohlfahrt in der Reichsleitung der NSDAP unterstand. Zudem wurden ihre Aufgabengebiete teilweise beschnitten (obwohl das Reichskonkordat die Caritas absicherte). Auch die Wohlfahrtsämter der Gemeinden existierten weiterhin, waren jedoch mit der NSV häufig personell verquickt.

Winterhilfswerk

Zu den Wohlfahrtsleistungen der NSV gehörte das „Hilfswerk Mutter und Kind" (kurz: Hilfswerk MuK), das schwangeren Frauen und jungen Müttern half: etwa durch Urlaub („Mütterverschickung") oder die Einrichtung von Kindertagesstätten. Ein weiteres Beispiel der Wohlfahrtsorganisation stellt das Jugenderholungswerk dar. Die NSV griff den aus der Nachkriegszeit stammenden Ansatz auf, Stadtkinder zur Erholung eine Zeit auf dem Land verbringen zu lassen. Daraus entwickelte sich dann ab 1940 die „Kinderlandverschickung", die organisierte Flucht aus den bombardierten Städten. Das Winterhilfswerk (WHV) sollte die Risiken der Winterarbeitslosigkeit begrenzen. Hier war die Solidarität der „Volksgemeinschaft" gefragt. Das WHV führte jährliche Haus- und Straßensammlungen durch, warb Spenden ein, veranstaltete die Winterhilfswerk-Lotterie und organisierte ab dem 1. Oktober 1933 den sogenannten Eintopfsonntag: Das monatliche Eintopfessen von Oktober bis März diente als kollektive Sparmaßnahme – den im Vergleich zum Sonntagsbraten gesparten Betrag kassierten die Blockwarte für das WHV ein. Der „Eintopfsonntag" war jedoch nicht bloß eine Maßnahme der Wohlfahrt, sondern ein Instrument der NS-Propaganda und Volkserziehung. Denn wichtiger als der materielle Nutzen war die sozialpsychologische Wirkung. Das gemeinsame, gelegentlich auch öffentliche Essen signalisierte gemeinsame Opferbereitschaft und bekräftigte das nationale Gemeinschaftsgefühl.

Volksgemeinschaft als Erlebnis

Die nationalsozialistische „Volksgemeinschaft" war der Entwurf einer Ordnung, die an die Stelle des verhassten „Systems" von Weimar treten sollte. Insofern nahm die Volksgemeinschaft in dem Maße Gestalt an, wie die überkommenen Institutionen der Republik – Parteien, Gewerkschaften, Verbände – durch Verbote und „Gleichschaltungen" aus der Lebenswelt verschwanden. Die nationalsozialistischen Neugründungen, nicht zuletzt die Massenorganisationen, verkörperten daher die neue „Volksgemeinschaft" auf institutioneller Ebene. Die NSDAP, ihre Gliederungen und angeschlossenen Verbände, die neuen Körperschaften des öffentlichen Rechts (Reichsnährstand, Reichskulturkammer) zogen der Gemeinschaft ein erkennbares institutionelles Gerüst ein. Der charismatische „Führer" schließlich verkörperte das nationalsozialistische Gemeinschaftsideal, das den republikanischen Parlamentarismus durch eine absolutistische Führerdiktatur ersetzte. Was aus heutiger Sicht negativ ist, erschien den meisten Deutschen damals als ein Durchbruch, gab es doch endlich (wieder) einen starken Mann, der mit eiserner Willenskraft klare, schnelle Antworten auf die Probleme der Menschen lieferte, die sich zudem als Teil einer solidarischen Gemeinschaft fühlen durften. Im Verhältnis zum „Führer", als Mitglied der Organisationen, als Objekt der „Betreuung" nahm die Gemeinschaft für den Einzelnen Gestalt an. In den Augen vieler Zeitgenossen schien so das Chaos überwunden und durch eine soziale und politische Gliederung ersetzt, die überschaubar war.

Zu einem Erlebnis wurde die „Volksgemeinschaft" darüber hinaus durch zahlreiche Inszenierungen. Dazu zählten einzelne Aktionen wie der erwähnte Eintopfsonntag ebenso wie die Massenaufmärsche und Paraden, die aufwändigen Kundgebungen und auch die nationalsozialistischen Feiertage. Der Jahreskalender zelebrierte mit wiederkehrenden Daten den Nationalsozialismus: vom „Tag der Machtergreifung" (30. Januar) über den „Heldengedenktag" (März), den Führergeburtstag (20. April), den „Nationalen Feiertag des Deutschen Volkes" (1. Mai) und das Erntedankfest (Oktober) bis zum Gedenktag für die „Märtyrer der Bewegung" (9. November, Hitler-Putsch). Als germanische Tradition galt die jährliche Feier der Sommersonnenwende am 24. Juni. An symbolträchtigen Aktionen, die den Massenveranstaltungen den Charakter staatspolitischer Kundgebungen gaben, mangelte es nicht. Als 1933 im Reich erstmals der 1. Mai gefeiert wurde, pflanzte Hitler in Berlin auf dem Tempelhofer Feld eine, wie es hieß, „Hindenburg-Eiche", während die Volksgenossen andernorts zum 1. Mai ihrerseits urdeutsche Bäume pflanzten, die im Volksmund „Hitler-Eichen" hießen.

Zu den großen Festen zählte das „Reichserntedankfest", das von 1933 bis 1937 auf dem Bückeberg bei Hameln stattfand. Nicht etwa der Landwirtschaftsminister und Reichsbauernführer Darré war mit der Organisation befasst, sondern Propagandaminister Goebbels. Indem der Erntedanktag zu einem nationalen Feiertag erhoben und mit einem zentralen Festakt gekrönt wurde, wertete das Regime die Bauern auf und integrierte sie in die Volksgemeinschaft. Von Fahnenreihen umgeben, blickten bis zu einer Million Menschen von dem Berghang wie in einem Freilufttheater auf einen gigantischen „Erntealtar" und eine gewaltige „Führerkanzel". Das Spektakel sprach nicht nur die Bauern an, von denen viele in Tracht teilnahmen. Die ganze Volksgemeinschaft ließ sich bereitwillig von der Selbstinszenierung des NS-Regimes beeindrucken und für die Huldigung ihres Führers gewinnen. Dass auch dieses fröhliche

Festkultur

Reichserntedankfest

Erntedankfest der sozialen Militarisierung diente, wurde nach 1945 weitgehend vergessen. Tatsächlich machten eine militärische Leistungsschau, ab 1935 auch größere Gefechtsübungen, bei denen Panzer und Bomber zum Einsatz kamen, das Massenfest zu einem Mittel der Kriegspropaganda.

Das Gemeinschaftserlebnis blieb nicht auf den Tag begrenzt. Wochen vorher wurden je nach Anlass Straßen geschmückt, Festplätze hergerichtet, Lieder eingeübt, Festzüge und Feuerwerke arrangiert, Paraden geprobt, Volkstänze und musikalische Darbietungen einstudiert, Kinderspiele vorbereitet. Durch Rundfunkübertragungen nahmen weit mehr Menschen Anteil als vor Ort sein konnten. So wurde die Rede, die Hitler beim zentralen Staatsakt zum 1. Mai in Berlin hielt, regelmäßig in alle Winkel des Reiches gesendet. Diese Übertragungen gehörten ihrerseits zu den Elementen der landesweiten Feierlichkeiten.

Reichsparteitage in Nürnberg

Doch nirgendwo inszenierte sich die NSDAP in so gigantischer Form wie auf ihren Reichsparteitagen. Von langer Hand minutiös vorbereitet, bildete die jährliche Massenveranstaltung Anfang September in Nürnberg den Höhepunkt im Festtagskalender des Regimes. Jeder Parteitag stand unter einem bestimmten Motto: „Sieg des Glaubens" (1933), „Triumph des Willens" (1934), „Reichsparteitag der Freiheit" (1935), „Reichsparteitag der Ehre" (1936), „Reichsparteitag der Arbeit" (1937), „Reichsparteitag Großdeutschlands" (1938). Der Kriegsbeginn verhinderte dann 1939 den geplanten „Reichsparteitag des Friedens". Auf den Jahrestreffen ging es weniger um parteiinterne Sitzungen als um öffentliche Selbstdarstellung. Dazu wurde das Reichsparteitagsgelände hergerichtet und etwa mit Lichtinstallationen, den Lichtdomen, in Szene gesetzt. Das Bild, das Presse, Rundfunk und die „Wochenschau" landesweit verbreiteten, prägten die nicht enden wollenden Aufmärsche und Paraden, Appelle und Ansprachen. Eine militärische Leistungsschau gehörte ebenso zum Programm wie das Totengedenken und, von 1935 bis 1938, eine Aufführung von Richard Wagners Oper „Die Meistersinger".

Propagandafilm

Die junge Regisseurin Leni Riefenstahl erhielt von Hitler 1933 den Auftrag, die Reichsparteitage im Film festzuhalten. Ihre Filme gingen über die Dokumentation weit hinaus. Durch besondere Kameraeinstellungen und ungewöhnliche Schnitte, durch ästhetisierende Musik- und Lichteffekte überhöhte sie die NS-Granden, die nationalsozialistischen Symbole und vor allem die Ordnung und Unterordnung der Teilnehmer auf eine geradezu mythisierende

Weise. Ihr Film „Triumph des Willens" (1934), auf der Pariser Weltausstellung 1937 preisgekrönt, gilt bis heute als das eindrücklichste Beispiel eines Propagandafilms.

Zur Selbstmobilisierung der Volksgemeinschaft im doppelten Sinne gehörte auch der Rennsport. Rennfahrer wie Hans Stuck, Manfred von Brauchitsch, Rudolf Caracciola und vor allem Bernd Rosemeyer ließen sich vor den Karren des Regimes spannen und galten als Volkshelden. Ihre Namen kannte in den 1930er Jahren jeder Pimpf. Vor allem Rosemeyer feierten die Deutschen als „Helden der Rennbahn". Das langjährige SS-Mitglied, groß und blond, jagte die Rennfahrzeuge erfolgreich über den Nürburgring, etwa beim „Großen Preis von Deutschland 1936". Mit seiner Frau, der Fliegerin Elly Beinhorn, bildete er ein Traumpaar, bis er 1938 bei einem Rekordversuch ums Leben kam. Rennsport

Die Rennen auf der Berliner AVUS oder dem 1927 eingeweihten Nürburgring in der Eifel warben nicht nur für die Rennwagen-Hersteller Auto-Union und Mercedes-Benz, sondern auch für das Regime. Hitler, selbst ein großer Fan des Rennsports, subventionierte mit hohen Fördergeldern die Autokonzerne, die bis 1933 mit veralteter Technik produzierten und von der Weltwirtschaftskrise angeschlagen waren. Das verschaffte den deutschen „Silberpfeilen" (wie die Presse die Wagen aufgrund der silbern glänzenden Verkleidung aus Aluminiumblech taufte) einen Vorsprung vor der ausländischen Konkurrenz, was wiederum das NS-Regime nach außen strahlen ließ. Die deutschen Zuschauer identifizierten sich nicht nur mit dem erfolgreichen Sportler, dem Sieger, sondern auch dem Land, für das er an den Start ging. Die NS-Propaganda setzte auf die Faszination der Technik und verglich die Piloten mit militärischen Helden: Setzten sie sich nicht auch im Kampf um den Sieg der Lebensgefahr aus? Wenige Tage nach Kriegsbeginn endete der Rennzirkus; die Firmen produzierten fortan Rüstungsgüter statt Rennwagen.

Die NSDAP trieb die nationale Mobilisierung durch das Nationalsozialistische Kraftfahrkorps (NSKK) unter Adolf Hühnlein (bis 1942) voran. Hühnlein war Kommandeur der Motor-SA, mit der das NSKK 1934 zusammengelegt wurde. Die Mitglieder lernten, wie man ein Motorrad und einen Personenkraftwagen bedienen musste. Ein Führerschein war nicht erforderlich, wohl aber der „Ariernachweis". Das Kraftfahrkorps, das 1933 den ADAC eingegliedert hatte, übernahm zudem Aufgaben der Verkehrserziehung sowie des Pan- NS-Kraftfahrkorps nenhilfsdienstes und unterstützte die 14- bis 18-Jährigen der „Motor-HJ". Das NSKK pflegte sein unpolitisches Image als harmloser Automobilsportclub gutsituierter Bürger und Transportunternehmen der NSDAP. Dieser Mythos blendete die paramilitärischen und polizeiähnlichen Methoden und nationalsozialistischen Ziele aus. Tatsächlich lässt sich die Organisation, der 1940 rund 500.000 Mitglieder angehörten, als motorisierte Wehrsportgruppe bezeichnen, die als Multiplikator der nationalsozialistischen Ideologie fungierte und sich dazu die Begeisterung für Technik und Geschwindigkeit zunutzen machte.

Olympische Spiele 1936

Ganz anders gelagert war der Prestigeerfolg, den die Olympischen Sommerspiele vom 1. bis 16. August 1936 in Berlin einbrachten. Sechs Jahre zuvor hatte Berlin seine Kandidatur eingereicht und 1931 in einer Stichwahl mit Barcelona den Zuschlag des Internationalen Olympischen Komitees (IOC) erhalten. Nach der Machtübernahme der Nationalsozialisten wurden insbesondere in den USA Stimmen laut, die wegen der Diskriminierung der Juden einen Boykott oder eine Verlegung der Spiele forderten. Das Regime verpflichtete sich jedoch, die Grundsätze der olympischen Idee zu respektieren. War Deutschland 1920 und 1924 gar nicht erst eingeladen worden, nutzte Hitler die Spiele in der Reichshauptstadt, um der Welt ein friedliebendes, weltoffenes Land zu präsentieren, das unter seiner Führung einen gesellschaftlichen und wirtschaftlichen Aufschwung erlebte. Die Spiele der XI. Olympiade boten zudem den Anlass für umfangreiche staatliche Bauvorhaben wie das Reichssportfeld, das Olympiagelände in Berlin. Und sie dienten als „Aufhänger", um für den Massensport zu werben, der den Nationalsozialisten als Wehrertüchtigung des Volkes galt. „Olympia – eine nationale Aufgabe", lautete der Slogan.

Die Spiele, die erstmals im Rundfunk übertragen wurden, boten dem Regime die ideale Kulisse für die Selbstinszenierung mit allerlei kulturellen Rahmenveranstaltungen, aufwändigem Häuser- und Straßenschmuck und veritablen Showeinlagen. So zog das gewaltige Luftschiff „Hindenburg", Hakenkreuze am Heck, die olympische Fahne über das Stadion. Schilder mit der Aufschrift „Juden unerwünscht" ließ der Organisator entfernen; Sinti und Roma wurden außer Sichtweite in ein Lager in Berlin-Marzahn verbracht, und nördlich von Berlin ließ Himmler gerade das Konzentrationslager Sachsenhausen errichten. Währenddessen feierte die Welt im trügerischen Glanz des vermeintlich liberalen Regimes ein unpolitisches

Fest des Friedens. Verblüfft registrierten viele ausländische Beobachter, wie beliebt Hitler im eigenen Lande war. Auch dieses Ereignis verarbeitete Leni Riefenstahl in einem zweiteiligen Olympia-Film, „Fest der Völker (Teil I) und „Fest der Schönheit (Teil II)", der bei den Filmfestspielen in Venedig 1938 mit dem Ersten Preis ausgezeichnet wurde; Riefenstahl selbst erhielt ein Jahr später vom IOC gar eine Goldmedaille.

Das organisierte Freizeitangebot, die Unterstützung durch die NSV und das „Winterhilfswerk", die Festkultur und die Massenveranstaltungen mit ihren Paraden: All das bot Millionen Menschen immer wieder die Gelegenheit, sich als Teil einer „Volksgemeinschaft" zu erleben und sich mit dem Regime zu identifizieren. Auf einer Kundgebung im Berliner Lustgarten am 1. Mai 1939 hielt Hitler es denn auch für das Entscheidende, dass „die deutsche Volksgemeinschaft" den Tag überhaupt feiern dürfe. Bei seiner Machtübernahme 1933 sei Deutschland noch „in Einzelstaaten aufgelöst" und ein „nur halb zusammengehaltene(r) Stammesstaat" gewesen. Jetzt jedoch sei „ein Volksreich" an die Stelle getreten, „einheitlich organisiert, einheitlich ausgerichtet, und das Wort ‚Ein Volk und ein Reich und eine Führung' ist schon wirklich eine Revolution in deutschen Landen". Dass viele Menschen diese Auffassung teilten und das Gefühl hatten, in einer neuen, von sozialer Gleichheit geprägten Gemeinschaft zu leben, erklärt die große Anziehungskraft des Nationalsozialismus in den 1930er Jahren. Sie macht auch die Bereitschaft verständlich, mit der sich Millionen Menschen für das NS-Regime und seine verbrecherische Innen- und Außenpolitik mobilisieren ließen. Doch diese Sozialutopie zielte weder auf eine offene, egalitäre Gesellschaft noch auf den Wohlfahrtsstaat. Ihr eigentliches Ziel lag vielmehr darin, eine rasseideologisch definierte Zahl von Menschen im Sinne des ewigen Rassenkampfes durch soziale Kontrolle zu optimieren. Die scheinbar egalitäre Volksgemeinschaft gründete auf dem unumkehrbaren rassistischen Ausschluss von „Gemeinschaftsfremden", die dem NS-Terror gnadenlos ausgesetzt waren.

Scheinbare Gleichheit

3.6 Die Anfänge der Gewalt: Verfolgung und Massenmord

Mörderische Gewalt kennzeichnete das NS-Regime nicht erst im Krieg. Längst vor den Massenverbrechen, namentlich dem Genozid

Krieg an der inneren Front

an den europäischen Juden, zeigte Hitlers Herrschaft hinter der Fassade der aufstrebenden „Volksgemeinschaft" die Fratze von Terror, Verfolgung und Massenmord. Das NS-Regime führte von Anfang an Krieg an der inneren Front, bevor es in den Kampf gegen äußere Gegner zog. Darüber darf die Rede von den „Friedensjahren" des Dritten Reiches nicht hinwegtäuschen. Bereits in den Jahren zwischen 1933 und 1939, von der Machtübernahme an, gehörte die gewaltsame Verfolgung Dritter zu den Instrumenten, mit denen Hitler seine Macht sicherte und zur „Führerdiktatur" ausbaute. Schaut man genauer hin, lassen sich zwei Phasen unterscheiden, in denen die Verfolgung besonders massiv war: Zunächst rechnete Hitler gleich nach seiner Machtübernahme 1933/34 mit den Gegnern des Nationalsozialismus ab, die ihm in der Weimarer Republik im Wege gestanden hatten. Danach ging es ihm vor allem zwischen 1937 und 1939 darum, jeden denkbaren Widerstand von vornherein auszuschalten, um seine absolutistische Herrschaft dauerhaft zu verankern. Von einzelnen Gesetzen und Aktionen war insoweit bereits die Rede (3.1); sie sollen hier in den gewaltgeschichtlichen Zusammenhang eingeordnet und erläutert werden.

3.6.1 Instanzen der Gewalt

Wie kaum eine andere Institution verkörpern die SS und die Konzentrationslager die Gewaltherrschaft im Dritten Reich. Tatsächlich übernahm die SS ihre zentrale Rolle erst nach und nach und im Zusammenspiel oder Konkurrenzverhältnis mit den unterschiedlichsten Parteiorganisationen und staatlichen Instanzen. Ohne die rassistische Hetze der Propaganda, ohne die bereitwillige Unterstützung durch manch prominenten Intellektuellen und Künstler, ohne Organisationen der NSDAP wie der SA und der Hitler-Jugend wäre die exzessive Gewalt der Vorkriegsjahre nicht möglich gewesen, die ihrerseits die organisatorischen und mentalen Weichen für den Massenmord nach 1939 stellte.

Heinrich Himmler — Der Aufbau der politischen Polizei des Dritten Reiches war eng mit dem Aufstieg Heinrich Himmlers verbunden. Sein Werdegang spiegelt wider, wie sich durch persönlichen Ehrgeiz, gezielte Personalpolitik und äußere Umstände ein zentralisiertes Machtinstrument entwickelte. Der Sohn eines katholischen Oberstudiendirektors, der nach abgebrochener Offiziersausbildung 1918 als Angehöriger eines Freikorps nach München kam, bewarb sich vergeblich bei der Reichswehr und studierte Landwirtschaft an der TU München. 1923 trat er in die NSDAP ein, beteiligte sich am Hitler-Putsch und machte ab 1925 in der wiedergegründeten Partei Karriere: als stellvertretender Gauleiter, stellvertretender Reichspropagandaleiter und schließlich 1929 als Reichsführer der „Schutzstaffel" (SS) der NSDAP. Himmler baute die seit 1923 existierende die SS, die zu der Zeit noch eine kleine Abteilung der SA war, zu einer disziplinierten Truppe aus, löst sie aus der SA und macht sie zu *der* innerparteilichen Polizeiorganisation.

Nach der Machtübernahme ernannte Hitler Himmler zum Polizeipräsidenten von München – ein vergleichsweise bedeutungsloser Posten, den Himmler jedoch zu nutzen wusste. Mitte März unterstand Himmler neben der SS auch die gesamte politische Polizei Bayerns. Zudem war er für die bayerischen Konzentrationslager zuständig. Die Führung der drei Bereiche SS, Polizei und KZ in Personalunion stärkte seine Position im innerparteilichen Machtkampf. Nach der „Gleichschaltung" der Länder übernahm Himmler, von Hitler weiter gefördert, auch die Leitung der Polizeiapparate und damit der Konzentrationslager außerhalb Bayerns. Von besonderer Bedeutung war das Amt des Inspekteurs der zuvor von Göring kontrollierten Geheimen Staatspolizei (Gestapo), der politischen Polizei im größten Land des Reiches, in Preußen. Im April 1933 verlegten Himmler und sein enger Mitarbeiter Reinhard Heydrich ihren Sitz in die Reichshauptstadt. Himmler und die SS spielten die Schlüsselrolle in dem Mordkomplott gegen die SA („Röhm-Putsch"). Kurz darauf übertrug Hitler, dem Himmler als Reichsführer-SS direkt unterstellt war, ihm die Leitung aller Konzentrationslager. Fortan war er für den Aufbau und die Leitung der Lager im ganzen Reich zuständig.

Als „Chef der Deutschen Polizei" befand sich Himmler im März 1936 zum ersten Mal in einer zentralen Machtposition auf Reichsebene. Er kontrollierte nun die gesamte reichsweite Polizeigewalt (Ordnungs- und Kriminalpolizei), die SS-Einheiten sowie den parteiinternen Nachrichtendienst der SS, den „Sicherheitsdienst" (SD), den Heydrich aufgebaut hatte, um die politischen Gegner besser überwachen zu können. Himmler bündelte Kriminalpolizei und Gestapo in einem „Hauptamt Sicherheitspolizei" unter Heydrichs Leitung; daneben existierte fortan das Hauptamt Ordnungspolizei, das dem SS-Obergruppenführer Karl Deluege unterstand. Der SD wurde immer enger mit der Gestapo verbunden, die dazu aus den

Chef der Deutschen Polizei

staatlichen Verwaltungsstrukturen herausgelöst wurde. Der SD lancierte dann jene Intrige, die Wernher von Fritsch in der sogenannten Blomberg-Fritsch-Affäre zum Rücktritt nötigte.

Reichssicherheitshauptamt

Nur wenige Tage nach Kriegsbeginn, am 27. September 1939, wurden die Kommandostellen von Gestapo, Kriminalpolizei und SD im eigens eingerichteten Reichssicherheitshauptamt unter Heydrich integriert, das der SS und damit Himmler direkt unterstand. Das RSHA in der Berliner Wilhelm- und Prinz-Albrecht-Straße (an der heutigen Niederkirchnerstraße, wo sich das Dokumentationszentrum „Topographie des Terrors" befindet) bildete fortan jene zentrale Institution des NS-Regimes, in der aufgrund ihrer nahezu unbeschränkten Befugnisse die Fäden der Verfolgung und Gewaltakte zusammenliefen. Das RSHA bestand aus mehreren Ämtern, die für unterschiedliche Bereiche der Verfolgung zuständig waren: Dazu gehörten das Amt III (Deutsche Lebensgebiete – SD-Inland), das die Stimmung in der Bevölkerung einfangen sollte, aber auch Pläne zur Vernichtung „Gemeinschaftsfremder" entwickelte; die Ämter IV (Gegnerbekämpfung – Gestapo), V (Reichskriminalpolizei), VI (SD-Ausland) und VII (Weltanschauliche Gegnerforschung). Sämtliche Dienststellen der Gestapo und des SD im Reich waren dem RSHA untergeordnet. Ähnliches galt für die besetzten Gebiete.

Konzentrationslager

Gleich nach der Machtübernahme wurden in ganz Deutschland statt der vereinzelten Schutzhaftlager größere Konzentrationslager und andere Haftorte eingerichtet. Zu den mindestens 160 Orten zählen die ersten „regulären" Konzentrationslager der SS in Dachau, dass Himmler erweitern ließ, das KZ Sachsenhausen bei Oranienburg nördlich von Berlin sowie das KZ Buchenwald auf dem Ettersberg nahe Weimar. Zudem entstanden rasch improvisierte Lager wie Osthofen in Hessen und die „Moorlager" im Emsland. 1938 wurden weitere Konzentrationslager gebaut: das KZ Flossenbürg bei Weiden im Oberpfälzer Wald an der (ehemaligen) Grenze zum Sudentenland; das KZ Neuengamme (Hamburg), zunächst als Außenlager des KZ Sachsenhausen gegründet und ab 1940 selbständig; und das KZ Mauthausen östlich von Linz, das größte Lager auf ehemals österreichischem Gebiet.

SS-Totenkopfverbände

Für die Verwaltung und Bewachung der Lager waren besondere SS-Einheiten zuständig, die SS-Totenkopfverbände (SSTV). Am Totenschädel-Symbol auf dem Kragenspiegel waren die Angehörigen dieser KZ-Wachverbände zu erkennen, die damit als Spezialverbände der SS erschienen. Für die vier großen Konzentrationslager wurden die SS-Totenkopfstandarten „Oberbayern", „Brandenburg", „Thüringen" bzw. „Ostmark" eingesetzt. Eine Schlüsselrolle für den Aufbau und die Leitung der Lager spielte der Himmler unterstellte Theodor Eicke, ab März 1936 „Führer der SS-Totenkopfverbände".

Der Ausbau dieses Instrumentariums der Verfolgungsgewalt zeigt besonders eindrücklich die partielle Verklammerung von Partei und Staat im „Dritten Reich". Ein Karrierist der NSDAP, Heinrich Himmler, stieg als „Reichsführer SS" und damit als Chef einer parteiinternen Organisation zum reichsweiten Leiter der deutschen Polizei auf und funktionierte sie in ein von der SS gesteuertes Werkzeug für Hitlers Gewaltpolitik um.

3.6.2 Gewalt gegen politische Gegner: 1933/34

Vor allem aus den Reihen der SA kam es in den ersten Februarwochen 1933 zu Gewaltakten aus eigenem Antrieb. Nicht von oben gesteuert, vermittelte die „Sturmabteilung" eine Ahnung dessen, was noch kommen sollte. Noch im Februar begann die systematische Verfolgung. In dem Maße, wie der „Führer" den Rechtsstaat aushöhlte und schließlich zerschlug, konnten die Schlägertruppen wie in einem permanenten Ausnahmezustand ungebremst Mitmenschen terrorisieren. Weil die Grundrechte nach dem Reichstagsbrand ihre Geltung laut Verordnung vom 28. Februar 1933 verloren hatten, nutzten Polizei, SA und SS die Zwangsmaßnahme der „Schutzhaft". Politische Gegner und Menschen, die man für solche hielt, wurden vorsorglich festgenommen und verschleppt. Das traf in erster Linie Kommunisten und Sozialdemokraten, aber auch andere, die sich nicht der Hitler-Bewegung angeschlossen hatten.

„Schutzhaft"

Mit 50.000 Menschen erreichte die Zahl der in KZ-Inhaftierten im April 1933 ihren ersten Gipfel. Insgesamt wurden 1933 wohl rund 100.000 Menschen verhaftet und vorübergehend inhaftiert; Zehntausende fielen unkontrollierten Gewaltakten zum Opfer. Die von der NS-Führung geplante Mordaktion zur Entmachtung der SA, die vermeintliche Niederschlagung des „Röhm-Putsches", den schätzungsweise zwischen 600 und 1000 Menschen nicht überlebten, setzte einen Schlusspunkt unter den Terror dieser ersten Phase.

Doch die Gewalt traf nicht nur die politischen Gegner. Sieht man von den unbeteiligten Personen ab, die das Pech hatten, zur falschen Zeit am falschen Ort zu sein, liefen vor allem Menschen

Spontaner Terror und staatlicher Boykott

jüdischer Herkunft Gefahr, ein Opfer dieser frühen Verfolgung zu werden. Das galt für Deutsche ebenso wie für eingewanderte Juden. Während die Regierung durch eine rasseideologische Gesetzgebung und mit Hilfe einer dienstwilligen Verwaltung von Staats wegen gegen die Juden vorgingen, wurden die verschiedensten Institutionen und Organisationen von sich aus in vorauseilendem Gehorsam gegen die jüdischen Mitglieder in ihrem Kreis tätig. Dazu kamen staatlich gesteuerte gewaltsame Boykottaktionen gegen Geschäfte in jüdischem Besitz und spontane Ausschreitungen. Nationalsozialisten setzten auch Nicht-Juden unter Druck, die sich der Hatz nicht anschließen mochten. Sie fotografierten beispielsweise Kunden beim Betreten jüdischer Geschäfte, denunzierten sie bei der Gestapo und präsentierten die Bilder in den örtlichen Zeitungskästen, in denen das antisemitische Hetzblatt *Der Stürmer* aushing, um sie an den Pranger zu stellen. „Die Juden sind unser Unglück" verkündeten Schilder an so manchem Ortseingang.

Diskriminierung Die Entlassung jüdischer Beamter und Angestellter aus dem öffentlichen Dienst verschärfte die Lage durch die Bedrohung der eigenen und familiären Existenz. Für den permanenten Verfolgungsdruck, dem sich Juden, auch die Kinder und Jugendlichen, ausgesetzt sahen, waren die weniger spektakulären Aktionen im Alltag mindestens so wichtig. Wer ganz offiziell das Stigma des „Gemeinschaftsfremden" trug, musste auf Schritt und Tritt damit rechnen, beschimpft, gedemütigt und attackiert zu werden, ungestraft und in aller Öffentlichkeit. Nicht nur die SA, sondern auch ein unbedeutender Parteifunktionär, ein missgünstiger Nachbar oder ein rechtsradikaler Student war ein potenzieller Täter. Bevor die „Nürnberger Gesetze" 1935 die Heirat von „Juden und Staatsangehörigen deutschen und artverwandten Blutes" verboten – von dem „außerehelichen Verkehr" zu schweigen –, war der Alltag im Reich für sie längst eine Qual geworden. Die Liste antijüdischer Verordnungen wurde immer länger: Sie reichte allein 1933 und 1934 von der Beschränkung der Zahl jüdischer Studenten und dem generellen Promotionsverbot über Entlassungen, Badeverbote in öffentlichen Badeanstalten und dem Ausschluss aus Verbänden wie dem Reichsverband Deutscher Schriftsteller zu Berufsverboten: Juden durften kein Rechtsanwaltsbüro mehr eröffnen (7. April 1933), jüdische Ärzte durften nicht mehr für Krankenkassen arbeiten (22. April 1933), jüdische Apotheker wurden nicht mehr zur Prüfung zugelassen (8. Dezember 1934) und so fort.

3 „Volksgemeinschaft" und Gewaltherrschaft 1933–1939 — 71

Spontane Gewaltakte, wie sie für diese Anfangsphase der Verfolgung typisch waren, entsprachen nicht der Vorstellung des Regimes, das sein Gewaltmonopol behaupten und die Fäden der Verfolgung in der Hand behalten wollte. Die NS-Führung setzte nicht auf die Willküraktion der Straße, sondern auf den Einsatz der Polizei und Konzentrationslager.

Doch wer war eigentlich ein „Jude"? Die begriffliche Trennung von Juden und Bürgern „deutschen Blutes" in der Sprache der Gesetze und Verordnungen gaukelte eine biologische Präzision vor, die es nicht geben konnte und auch nicht gab. Jeden Staatsangehörigen des Reiches, der irgendwann einmal einen jüdischen Vorfahren gehabt hatte, als Juden einzustufen, kam schon aufgrund der großen Zahl der potentiell Betroffenen nicht in Frage. Stattdessen klassifizierten das Reichsbürgergesetz und seine Durchführungsverordnungen als Juden jene Menschen, deren Großeltern der jüdischen Religion angehörten oder angehört hatten. Wo Menschen Vorfahren jüdischen und nicht-jüdischen Glaubens besaßen, sprachen die Nationalsozialisten von „jüdischen Mischlingen", ganz so als ob es „halbe" Juden gäbe. Die „Mischlinge" wurden unterteilt in solche ersten Grades (mit zwei jüdischen Großeltern) und zweiten Grades (mit einem jüdischen Großelternteil). Informell wurden die „Mischlinge" je nach dem jüdischen Anteil auch als „Halbjuden", „Vierteljuden" oder „Achteljuden" bezeichnet. Heute mag die Klassifizierung grotesk erscheinen; im Nationalsozialismus entschied sie letztlich über Leben und Tod. Zumindest für das Reich galt, dass „Mischlinge" verfolgt, aber nicht systematisch ermordet wurden. Ob „Volljude" oder „Halbjude": In der rasseideologischen Weltsicht schädigten sie zwangsläufig den „Volkskörper". Ihre Verfolgung bildete daher in Berlin wie in der Provinz das Mittel, um die bürgerliche Gesellschaft durch die nationalsozialistische „Volksgemeinschaft" zu ersetzen. Für die Bevölkerung wiederum boten sich zahlreiche Gelegenheiten, ihre Mitmenschen zu denunzieren und sie beispielsweise wegen sexueller Beziehungen als „Rassenschänder" in aller Öffentlichkeit anzuprangern.

„Juden", „Halbjuden", „Mischlinge"

Nach Hitlers Machtübernahme 1933 verließen 37.000 Juden das Land, 1934 waren es noch einmal 20.000. Danach stieg die Zahl der Vertriebenen wieder über 40.000 im Jahr 1938 auf 78.000 Juden an, die 1939 emigrierten (ohne Österreich). Auf 270.000 wird die Zahl derer geschätzt, die dem NS-Terror durch die Auswanderung entgehen konnten. Die meisten (etwa 113.000) gingen in die USA oder

Auswanderung

nach Palästina, das der Völkerbund 1920 als Mandatsgebiet am Großbritannien übertragen hatte.

Eugenik

Der Antisemitismus überlagerte sich mit der ebenfalls älteren, seit dem 19. Jahrhundert diskutierten Lehre von der Eugenik, der genetischen Verbesserung einer Bevölkerung. Erbbiologen schwärmten von der perfekten Gesellschaft, in der es keine „minderwertigen" Menschen mehr gibt. Die Frage, ob man nicht Menschen mit „schlechten" Erbanlagen an der Fortpflanzung hindern sollte, wurde seit den 1920er Jahren international diskutiert. Rassenhygieniker befürworteten offen die Zwangssterilisierung. Mit dem „Gesetz zur Verhütung erbkranken Nachwuchses", kurz: Erbgesundheitsgesetz, vom 14. Juli 1933 fanden sie in Deutschland schließlich die rechtlichen Voraussetzungen. Anhänger der Eugenik begrüßten das Gesetz, weil es die „Vermehrung" vermeintlich minderwertiger Menschen verbot. Das schloss Kinder ab 14 Jahren ein. Bis zu 300.000 Menschen, schätzt man, wurden im Nationalsozialismus bis 1939 sterilisiert. Die Nationalsozialisten hofften, ihrem Ziel einer arischen „Herrenrasse" so näher zu kommen – ohne Behinderte.

Seit 1933 standen Rassenkunde und Vererbungslehre auf dem Stundenplan der Schülerinnen und Schüler. In einem staatlich sanktionierten Menschenexperiment sterilisierten Ärzte Tausende sogenannter Erbkranker. Über die Zwangssterilisierung entschieden „Erbgesundheitsgerichte", die den Amtsgerichten angegliedert wurden. Ohne all die Ärzte, die am Erbgesundheitsgericht mitwirkten und den medizinischen Eingriff vornahmen, wäre die Zwangssterilisation im großen Stil nicht möglich gewesen. Vor allem die vage Kategorie „angeborener Schwachsinn" eignete sich für die Zwangssterilisierung von gesellschaftlichen Randgruppen wie Prostituierten, Kriminellen oder „Asozialen". Als solche galten etwa Landstreicher, Bettler, Homosexuelle sowie Sinti und Roma.

Homosexuellenverfolgung

Der 1935 verschärfte Paragraph 175 des Strafgesetzbuches stellte „Unzucht" mit einem anderen Mann unter Gefängnisstrafe. Die Homophobie im Dritten Reich lässt sich auch als der Versuch verstehen, die Welt der nationalsozialistischen Männerbünde zu entsexualisieren, um den Zusammenhalt nicht zu gefährden. „Umerziehung" lautete das Programm, an dem Polizisten, Juristen und Ärzte mitwirkten. Die Verfolgung führte über Zwangskastration zur Einlieferung ins Konzentrationslager. Hier standen die Homosexuellen, am „Rosa Winkel" erkennbar, in der Lagerhierarchie weit unten und wurden noch mehr gedemütigt. Der Krieg verhinderte, dass alle Schwulen unter das Messer des Mediziners gerieten. Zudem gelang es nicht, die homosexuelle Subkultur in den Großstädten vollständig zu zerstören.

Auch auf die Bevölkerungsgruppe der Sinti und Roma, für die seit dem 19. Jahrhundert die abwertende Fremdbezeichnung „Zigeuner" gängig war, nahm der Verfolgungsdruck zu. Um der „Zigeunerplage" Herr zu werden, internierten 1936 mehrere Städte Angehörige dieser Minderheit in Lagern.

3.6.3 Radikalisierung der Gewalt 1937–1939

Wegen der Olympischen Spiele ließen die Verfolgungen 1936 vorübergehend nach. Das Regime präsentierte sich aus politischen Gründen als ein friedlicher Staat mit begeisterten Bürgern, die ihrem erfolgreichen „Führer" zujubelten. Doch schon bald wurde klar, dass dies die Ruhe vor dem Sturm gewesen war. Durch die Akklamation einer großen Bevölkerungsmehrheit gestärkt, ohne rechtsstaatliche Fesseln und ohne ernsthaften Widerstand seiner Gegner konnte Hitler die Gewalt gegen „Gemeinschaftsfremde" unter für ihn günstigeren Rahmenbedingungen fortsetzen. Zudem bot sich mit der „Ostmark" seit 1938 ein neues Betätigungsfeld für antisemitische Hetze und Terror. Auch österreichische Juden waren nun offen der Gewalt ihrer Mitmenschen, entsprechenden Beleidigungen, Plünderungen, Attacken ausgesetzt.

Für die Jahre von 1937 bis 1939 lässt sich deshalb eine zweite Phase der Verfolgung unterscheiden. In dieser Vorkriegsphase erhöhte das Regime den Verfolgungsdruck noch einmal deutlich durch eine rasche Abfolge massiver Diskriminierungen der „Gemeinschaftsfremden", die ohnehin bereits ihrer Rechte weitgehend beraubt und gesellschaftlich in die Ecke gedrängt worden waren. Bis zum Verbot der Emigration 1941 sollten die Juden gezwungen werden, das Reich zu verlassen. Zur Koordinierung der Auswanderung österreichischer Juden richtete Adolf Eichmann, der zuletzt für den SD der SS in Berlin gearbeitet hatte, im August 1938 eigens die „Zentralstelle für jüdische Auswanderung in Wien" ein – zynischerweise in einem Palais, das dem Wiener Zweig der jüdischen Familie Rothschild gehörte und beschlagnahmt worden war. Ende 1939/ Anfang 1940 übernahm Eichmann die Reichszentrale für jüdische Auswanderung beim RSHA. Wer das Land nicht nolens volens verlassen hatte oder ausgewiesen worden war, lief Gefahr, einer unkon-

Zweite Verfolgungswelle: 1937–1939

trollierten Gewalt zum Opfer zu fallen. Nach Kriegsbeginn wurde rasch klar, dass sich viele Emigranten in einer trügerischen Sicherheit befanden, sofern sie den Kontinent nicht verlassen hatten.

November-Pogrome 1938

Trotz dieser beschleunigten Entrechtung ab 1937 wirkten die gewalttätigen Ausschreitungen gegen Juden am 9./10. November 1938 wie ein Fanal. Den Vorwand lieferte die Ermordung des Legationssekretärs an der deutschen Botschaft in Paris, Ernst vom Rath. Ein 17-jähriger polnischer Staatsbürger jüdischen Glaubens, Herschel Grynszpan, wollte durch seine Pistolenschüsse auf den Diplomaten die öffentliche Aufmerksamkeit darauf lenken, dass seine Eltern nach Polen verschleppt worden waren. Den Hintergrund bildete ein diplomatischer Konflikt des Reiches mit der polnischen Regierung, die allen polnischen Juden, die im Ausland lebten, die Staatsbürgerschaft aberkennen und die Einreise nach Polen verhindern wollte. Daraufhin hatte Himmler angeordnet, dass alle polnischen Juden das Reich verlassen mussten; die Gestapo hatte am 28. Oktober 1938 rund 17.000 Personen festgenommen und an die deutsch-polnische Grenze verbracht, darunter die Grynszpans.

In der „Reichskristallnacht" – ein zeitgenössischer Begriff, der sich bis heute hartnäckig hält (durchgesetzt hat sich der neutrale Begriff der Novemberpogrome) – brannten in Deutschland und Österreich die Synagogen. Hunderte Gottes- und Gemeindehäuser der Juden wurden zerstört, Tausende Geschäfte demoliert. Angehörige von SA und SS, die auf Weisung der Parteiführung handelten, zerschmissen Schaufenster, verwüsteten Wohnungen, verprügelten ihre Bewohner. Schätzungsweise 1300 Juden starben während und in Folge des November-Pogroms. Rund 27.000 Juden wurden in Konzentrationslager verbracht.

Reaktionen

Wenngleich die Propaganda das gesteuerte Pogrom als einen spontanen Ausbruch des Volkszorns hinstellte, blieben die Schlägertrupps der Partei und der SA die eigentlichen Akteure. SS und Gestapo waren erst gegen Mitternacht von Heydrich angewiesen worden, die „Aktionen gegen Juden" nicht zu stören und zwanzig- bis dreißigtausend reiche Juden in Konzentrationslager zu bringen. Die meisten Deutschen standen abseits. Sie beteiligten sich nicht, schritten aber auch nicht ein. Ungehemmte Gewalt auf offener Straße, zerstörte Geschäfte: Das schockierte die Mehrheit der Bevölkerung mehr als das Schicksal der jüdischen Nachbarn. Die Schäden hatten die jüdischen Gemeinden im Übrigen selbst zu bezahlen; ihre Versicherungsansprüche mussten sie an das Reich abtreten.

3 „Volksgemeinschaft" und Gewaltherrschaft 1933–1939 — 75

Der beispiellose Ausbruch von Gewalt, der vor offenem Mord nicht haltmachte und letztlich auf die Vertreibung der Juden und die Ausrottung ihrer Kultur zielte, überraschte auch die NS-Führung. Schließlich hatte sie kein Interesse an einem solchen Kontrollverlust und an der Vernichtung von Sachwerten. Die rasende Zerstörungs- und Vernichtungswut lässt sich nicht allein mit antisemitischem Hass und dem Prinzip von Befehl und Gehorsam erklären, sondern wird nur in Anbetracht der aufgeheizten Stimmung verständlich, die Ende 1938 einen Krieg in Europa befürchten ließ.

Das NS-Regime setzte die Ausgrenzung der jüdischen Bevölkerung auf leiseren Wegen fort, wenn auch nicht im Geheimen. Wer hinschaute, konnte die Gewalt gegen Minderheiten nicht übersehen. Dem Regime lag ja daran, im Radio und in der Presse seine Erfolge im Kampf gegen „Gemeinschaftsfremde" herauszustreichen. Waren Juden bereits im Januar 1938 gezwungen worden, sich einen „typisch deutschen" Vornamen zu geben, mussten jüdische Männer ab dem 1. Januar 1939 zusätzlich den Vornamen „Israel" führen, Frauen hatte sich „Sara" zu nennen. *(Verordnete Vornamen)*

Zu den Instrumenten, mit denen das Regime die Vertreibung forcieren wollte, gehörten die „Arisierungen". Die „Verordnung zur Ausschaltung der Juden aus dem deutschen Wirtschaftsleben" vom 12. November 1938 trieb den legalisierten Raub jüdischen Eigentums weiter voran. Anfang 1939 wurden alle Betriebe zwangsweise geschlossen, die einen jüdischen Eigentümer hatten; Juden durften keinen Beruf mehr ausüben. Ihre Ansprüche auf Renten, Pensionen und Versicherungen gingen verloren. Was ihnen an Wertgegenständen geblieben war, mussten sie zu einem niedrigen Preis eintauschen. Vermögen, das bei der Ausreise zurückgeblieben war, wurde konfisziert. Auf die erzwungene Emigration erhob das Regime auch noch eine „Reichsfluchtsteuer". Den Gewinn, der bei diesen Zwangsmaßnahmen abfiel, strich die Reichsfinanzverwaltung ein. Rund 9 % der Einnahmen, die das Reich 1938/39 offiziell verzeichnete, stammten aus diesen „Arisierungserlösen". *(„Arisierungen")*

Doch nicht nur der Staat profitierte. Die gesellschaftliche Dynamik der „Arisierung" wird im konkreten Fall besonders deutlich. Auch wenn Kaufleute und Händler, Anwälte und Ärzte Mord und Totschlag auf den Straßen ihrer Kleinstadt ablehnten, nahmen die meisten das Berufsverbot ihrer jüdischen Konkurrenz widerspruchslos zur Kenntnis. Ohne die tätige Mithilfe von Juristen und Bankiers hätten die Zwangsverkäufe nicht durchgeführt werden können. Banken reichten die Daten ihrer jüdischen Kontoinhaber an staatliche Stellen weiter und vergaben Kredite an jene nichtjüdischen Kunden, die sich den Ausverkauf jüdischen Vermögens zum Schnäppchenpreis nicht entgehen lassen wollten und sich an den „Arisierungsgeschäften" beteiligten. Bekannte Unternehmen wechselten auf kaltem Wege den Besitzer. So schluckte die Deutsche Bank das Bankhaus Mendelssohn; in Niederösterreich gliederte sich der Chemieriese IG Farben den chemischen Industriebetrieb Skoda-Werke Wetzler AG ein, der zum größten Teil der Familie Rothschild gehörte und bereits im Ersten Weltkrieg als Rüstungsbetrieb gedient hatte.

Jüdische Emigration und „Kindertransporte"

Die Quoten der Auswanderung, zu der die Nationalsozialisten die Juden in den dreißiger Jahren trieben, blieben zunächst relativ gering. Das lag weniger an den bürokratischen oder wirtschaftlichen Hürden im In- und Ausland als an der anfänglichen Überzeugung vieler Juden, im eigenen Vaterland auszuharren, bis der Spuk vorüber sei. Als der Druck schließlich nicht mehr zu ertragen war, als die Verdrängungspolitik dem Vernichtungswillen wich, blieb neben dem Freitod nur die Emigration. Rund 500.000 Juden verließen das deutschsprachige Mitteleuropa (330.000 aus dem Altreich, 150.000 aus Österreich, 25.000 aus den Sudentengebieten). Der endgültige Bruch mit der deutschen Heimat ging besonders für jene, die auf den Rassismus mit dem Zionismus antworteten, mit einer neuen jüdischen Identität einher. In diese Zeit fielen – was erst in den 1990er Jahren bekannt wurde – auch die ersten „Kindertransporte": die Rettungsaktion brachte ab 1938 rund 10.000 deutsch-jüdische Kinder zu Gasteltern nach Großbritannien.

„Lösung der Judenfrage"

In seiner traditionellen Rede zum Jahrestag seiner Machtübernahme im Reichstag verlangte Hitler am 30. Januar 1939 von den europäischen Regierungen eine „Lösung der Judenfrage". Er kündigte die Ermordung der Juden an, falls es einen zweiten Weltkrieg gäbe: „Wenn es dem internationalen Finanzjudentum in und außerhalb Europas gelingen sollte, die Völker noch einmal in einen Weltkrieg zu stürzen, dann wird das Ergebnis nicht die Bolschewisierung der Erde und damit der Sieg des Judentums sein, sondern die Vernichtung der jüdischen Rasse in Europa." Der Krieg, den er wenige Monate später vom Zaun brach, bot die Voraussetzung für diesen systematischen Massenmord. Die Grundlagen hatte das NS-Regime mit seinen Institutionen, seiner Verfolgungspraxis und der Mitwirkungsbereitschaft einer zustimmungswilligen Bevölkerung nach der Herrschaftssicherung 1933/34 in der zweiten Hälfte der 1930er Jahre gelegt.

4 Das NS-Regime im totalen Krieg

In den heißen Augusttagen 1939 schipperte der KdF-Dampfer „Wilhelm-Gustloff" mit deutschen Urlaubern in norwegischen Gewässern, während im Reich die Filmkomödie „Paradies der Junggesellen" mit Heinz Rühmann in die Kinos kam. Zur gleichen Zeit verschickten die Wehrkreiskommandos die ersten Einberufungsbefehle. Der letzte Sommer der Vorkriegszeit endete frühzeitig. Nur rund sechseinhalb Jahre lagen zwischen der Machteroberung am 30. Januar 1933 und der Entfesselung des Zweiten Weltkriegs am 1. September 1939.

Für Hitler stand von Anfang an außer Frage, dass er seine politischen Ziele nur mit militärischer Gewalt erreichen konnte. Sein außenpolitisches Handeln in dieser Zeit lässt sich als doppelzüngig umschreiben, weil er aggressives Vorgehen mit Friedensbeteuerungen und diplomatischen Winkelzügen flankierte. Nachdem Hitler 1938 die Funktion eines Kriegsministers übernommen hatte, übte er den Oberbefehl über die Wehrmacht selbst aus. Das Oberkommando der Wehrmacht (OKW) war seitdem sein persönlicher Militärstab. Hermann Göring bekam den Auftrag, als „Bevollmächtigter für den Vierjahresplan" die Wirtschaft und die Wehrmacht bis 1940 für den Krieg vorzubereiten. Insofern begann der Zweite Weltkrieg ein Jahr zu früh.

Die Darstellung des Kriegsverlaufs ist nicht nur von militärgeschichtlichem Interesse. Besetzung und Besatzung waren mit Verfolgung, Deportation und Völkermord in Europa ebenso unmittelbar verbunden wie mit der Radikalisierung der Zwangsarbeit und der Expansion der Kriegswirtschaft. Zudem hingen die Kriegserfahrungen deutscher Soldaten und Zivilisten von den jeweiligen Kriegsschauplätzen ab. Auch wirkten sich die Höhen und Tiefen des militärischen Geschehens auf die Kriegsmoral an der „Heimatfront" aus, was wiederum Aussagen über die Funktionsweise des Dritten Reiches erlaubt. Nicht zuletzt war die agressive Außenpolitik die logische Konequenz der nationalsozialistischen Lebensraum-Ideologie.

4.1 Kriegsverlauf

4.1.1 Kriegsvorbereitungen

Bündnispolitik Zur Kriegsplanung gehörte auch der Antikominternpakt, den Deutschland am 25. November 1936 mit dem ebenfalls zuehmend isolierten japanischen Kaiserreich abschloss, um gemeinsam gegen die Kommunistische Internationale (Komintern) vorzugehen. Zuvor waren Hitlers Bemühungen gescheitert, sich mit Großbritannien zu verbünden. Dem Kominternpakt, der vor allem symbolischen Charakter hatte, traten 1937 Italien, Ungarn und Spanien sowie 1941 Bulgarien, Kroatien, das besetzte Dänemark, Finnland, Nanking-China, Rumänien und die Slowakei bei. Vor allem die „Achse Berlin-Rom" spielte seit 1936 eine Rolle: Der deutsche „Führer" hatte im italienischen „Duce" Benito Mussolini einen gleichgesinnten Partner gefunden. Im spanischen Bürgerkrieg, in dem beide ab Mitte 1936 Franco unterstützten, sammelte die Wehrmacht erste militärische Erfahrungen. Bis Kriegsbeginn verstärkten die „Achsenmächte" Deutschland und Italien ihre Verbindung durch den „Stahlpakt" von 1939: einen Bündnisvertrag, der militärische Zusammenarbeit und gegenseitige Unterstützung im Fall eines Angriffs vorsah. Die eigentlichen Ziele der aggressiven deutschen Außenpolitik lagen indes im Osten und Südosten Europas. Vom Einmarsch in Österreich am 12. März 1938, der Zerstörung des tschechoslowakischen Staates und der Annexion des Memellandes war bereits die Rede (3.2).

Kurswechsel: Hitler-Stalin-Pakt Um Hitler von weiteren, zu befürchtenden Expansionen in Osteuropa abzubringen, gaben Großbritannien und Frankreich am 30. März 1939 Garantieerklärungen für Polen ab und intensivierten ihre Aufrüstung. Zu dieser Zeit setzte der deutsche Diktator den östlichen Nachbarn unter diplomatischen und propagandistischen Druck im Hinblick auf die Stadt Danzig und den sogenannten Danziger Korridor. Bereits am 3. April 1939 hatte er angeordnet, dass die Wehrmacht ab dem 1. September für den „Fall Weiß" bereit sein sollte: den Überfall auf Polen. Den deutsch-polnischen Nichtangriffsvertrag kündigte Hitler Ende April. Doch dieses Mal ging seine Rechnung nicht auf, was die Zurückhaltung der Schutzmächte betraf; London verhandelte mit Moskau über ein Bündnis. Zugleich stellte Mussolini klar, dass er sich an einem Krieg gegen die Westmächte nicht beteiligen würde, und Japan blieb dem „Stahlpakt" von vornherein fern. In dieser Konstellation änderte Hitler seinen außenpolitischen Kurs um 180 Grad: Am 23. August 1939 schloss er einen Nichtangriffsvertrag mit der Sowjetunion. Der Hitler-Stalin-Pakt (auch Molotow-Ribbentrop-Pakt genannt), für den er den Bruch der Antikomintern in Kauf nahm, verblüffte die Welt, weil Hitler damit, so schien es, dem ideologischen Intimfeind die Hand reichte. Japan und Spanien rückten vom Deutschen Reich ab. Tatsächlich ging es Hitler nur darum, die nächste Etappe auf dem Weg gen Osten zurückzulegen. In einem geheimen Zusatzprotokoll (dessen Existenz die sowjetische Seite erst in der Ära Gorbatschow einräumte) steckten Hitler und Stalin ihre Interessenssphären in Osteuropa ab und teilten Polen unter sich auf.

Nun benötigte Hitler nur noch einen Vorwand, um die Wehrmacht über die deutsch-polnische Grenze zu schicken. Um an der Fiktion des Friedensfürsten festzuhalten, konstruierte er eine Situation, die ihm am Ende als Ausrede diente, zu militärischer Gewalt zu greifen. Angehörige der SS in polnischer Uniform täuschten einen Überfall auf den nahe der Grenze gelegenen Radiosender Gleiwitz und damit eine Verletzung der deutschen Staatsgrenze vor. Die Leiche eines am Vortag verhafteten Oberschlesiers wurde am Tatort als Opfer des Überfalls präsentiert. Der deutschen Öffentlichkeit, die durch wochenlange antipolnische Propaganda aufgehetzt worden war, erklärte Hitler am 1. September 1939 mit Unschuldsmiene vor dem Reichstag, dass an der deutschen Ostgrenze seit 5:45 Uhr zurückgeschossen werde: „Und von jetzt ab wird Bombe mit Bombe vergolten". Das Protokoll verzeichnete lebhaften Beifall.

Kriegsvorwand

4.1.2 Vom regionalen zum globalen Krieg

Den Startschuss zu Kriegsbeginn am 1. September 1939 feuerte das deutsche Schulschiff „Schleswig-Holstein" ab. Es lag gerade bei Danzig vor Anker und beschoss nun die gegenüberliegende polnische Festung „Westerplatte". Hitler wollte einen schnellen Sieg über Polen, um den Zweifrontenkrieg mit Frankreich zu vermeiden. Rund 1,5 Millionen deutsche Soldaten nahmen die polnische Armee von Nord- und Südwesten aus in die Zange; die Luftwaffe sicherte die deutsche Luftherrschaft. Weil sie keinen deutschen Angriff heraufbeschwören wollte, hatte die polnische Regierung nicht rechtzeitig mobilgemacht. Am 17. September 1939 besetzte die Rote Armee das östliche Polen. Am 18. September beendete die Wehrmacht ihren Feldzug im westlichen Teil des Landes. Gegen Ende des

Besetzung Polens

ersten Kriegsmonats wurde das polnische Territorium aufgeteilt. In der westlichen Hälfte errichteten die Deutschen ein brutales Besatzungsregime. Noch während der Besetzung hatten „Einsatzgruppen" der SS Jagd auf polnische Juden und Angehörige der sogenannten Intelligenzija gemacht, der bis Ende des Jahres mehrere zehntausende Menschen zum Opfer fielen (s. u. 4.1.3). Rund 700.000 polnische Soldaten gerieten in deutsche Kriegsgefangenschaft, 200.000 waren gefallen. Die Verluste der Wehrmacht lagen mit 45.000 Toten und Verwundeten deutlich darunter. Den „Blitzkrieg" im Osten wusste das NS-Regime propagandistisch auszuschlachten und als einen weiteren außenpolitischen Erfolg herauszustellen. Im Westen dagegen tat sich zunächst wenig. Die Offensive der Briten und Franzosen, auf die der polnische Bündnispartner zur Entlastung seiner Armee gehofft hatte, fand nicht statt. Das französische Heer hielt sich hinter der sogenannten Maginot-Linie zurück; von der Insel hatte ein britisches Expeditionskorps nach Frankreich verlegt. Monatelang blieb es an der deutsch-französischen Grenze bei einem „Sitzkrieg". Zur selben Zeit führten deutsche Kriegsschiffe und U-Boote einen Seekrieg gegen die Handelsschifffahrt der Briten, die ihrerseits vereinzelte Luftangriffe flogen.

Besetzung Dänemarks und Norwegens

Kaum war die Besetzung Polens abgeschlosssen, konzentrierte Hitler die militärischen Kräfte an der Rheingrenze für den Fall, dass die polnischen Schutzmächte das Reich doch noch angriffen. Da Hitler mit einem Friedensangebot bei der britischen Regierung auf taube Ohren stieß, entschloss er sich, zunächst Frankreich und die Benelux-Staaten zu erobern, um so Großbritannien doch noch in die Knie zu zwingen. Bevor es allerdings soweit war, besetzten deutsche Truppen im April 1940 kampflos Dänemark, während deutsche Soldaten in Norwegen, vor allem im nordnorwegischen Narvik, auf größeren Widerstand stießen. Mit dem Unternehmen „Weserübung" wollte das Regime den Plan der Westalliierten durchkreuzen, das neutrale Norwegen und Schweden für eine Unterstützung Finnlands in seinem Verteidigungskampf gegen die Sowjetunion zu nutzen. So sollte vor allem der Import des für die Rüstung notwendigen Erzes aus Nordschweden gesichert werden. Nach der Eroberung Norwegens, für die das Reich mit der weitgehenden Versenkung seiner Kriegsflotte einen hohen Preis zahlte, stand zudem eine wichtige Basis für den See- und Luftkrieg zur Verfügung.

Krieg in Westeuropa

Am 10. Mai 1940, nicht eher, begann die deutsche Offensive an der Westfront. Der Angriff auf Belgien lenkte das Gros der britischfranzösischen Streitkräfte Richtung Norden, während die Wehrmacht ihren eigentlichen Angriff weiter südlich über Luxemburg und die Ardennen ausführte („Sichelschnitt"). Luxemburg und die Niederlande kapitulierten sofort bzw. binnen weniger Tage. Die mit zahlreichen Panzerdivisionen ungehindert nach Westen vordringende Wehrmacht kesselte rund 200.000 britische und 120.000 französische Soldaten am Ärmelkanal bei Dünkirchen ein. Weil Hitler seine Truppen überraschend stoppen ließ, konnten sich die meisten bis zur Einnahme der Stadt am 4. Juni 1940 auf die Insel retten, wo die Franzosen den Kern der Exil-Armee bildeten.

Nachdem Belgien am 28. Mai 1940 die Waffen gestreckt hatte, besetzte die Wehrmacht die nördliche Hälfte Frankreichs und die Atlantikküste. Am 14. Juni 1940 marschierten deutsche Soldaten kampflos in Paris ein. Der militärische Erfolg steigerte Hitlers Charisma weiter. Der „Größte Feldherr aller Zeiten" – so feierte ihn die Propaganda – schloss mit dem neuen Ministerpräsidenten Marschall Philippe Pétain am 22. Juni einen Waffenstillstand an symbolträchtigem Ort: bei Compiègne, wo das Deutsche Reich am 11. November 1918 die Kapitulationsurkunde unterzeichnet hatte. In der Südhälfte des Landes konnte Pétain seine autoritäre Herrschaft errichten. Nach dem Regierungssitz benannt, kollaborierte die Vichy-Regierung mit dem NS-Regime, während in London der General Charles de Gaulle eine Exil-Regierung bildete. Um Großbritannien endlich zu besiegen, sollte jetzt die Luftwaffe die Voraussetzungen für eine Invasion der Insel schaffen (Unternehmen „Seelöwe"). Doch trotz der Luftangriffe im Sommer und Herbst 1940, denen Tausende Briten zum Opfer fielen, gelang es nicht, die Lufthoheit zu gewinnen. Die „Luftschlacht um England" führte nicht zuletzt aufgrund der starken britischen Luftabwehr zur ersten deutschen Niederlage.

Infolgedessen konzentrierte sich Hitler wieder auf sein ursprüngliches Ziel, den Angriff auf die Sowjetunion. Am 18. Dezember 1940 erging seine „Weisung Nummer 21: Fall Barbarossa", mit der er die Wehrmacht anwies, sich auf einen Angriff bis Mitte Mai 1941 einzurichten. Der kurz zuvor geschlossene „Dreimächtepakt" mit Italien und Japan war vor allem als ein Warnsignal an die USA gedacht, sich nicht weiter einzumischen. Noch im November 1940 traten Ungarn, Rumänien und die Slowakei, im März 1941 Bulgarien und Jugoslawien bei – eine Koalition, der die Wehrmacht ein Aufmarschgebiet für den Überfall auf die UdSSR verdankte.

„Dreimächtepakt"

Krieg in Nordafrika und Südosteuropa

Zunächst musste Hitler freilich seinem Waffenbruder Mussolini auf Nebenkriegsschauplätzen zu Hilfe kommen. Zum einen hatte der Duce vergeblich versucht, vom italienischen Libyen aus Ägypten zu erobern, wo eine britische Armee ihn stoppte. Mit deutscher Unterstützung – Hitler schickte das Deutsche Afrikakorps unter Generalleutnant Erwin Rommel nach Tripolis – konnten die Briten zunächst zurückgedrängt werden. Zum anderen misslang der italienische Vorstoß auf Griechenland; die italienische Armee wurde nach Albanien zurückgedrängt. Den Sturz der deutschfreundlichen Regierung in Belgrad nahm Hitler zum Anlass, auch auf dem Balkan militärisch einzugreifen, damit der geplante Angriff auf die Sowjetunion nicht gefährdet würde. Nach dem Einmarsch italienischer und ungarischer Truppen am 6. April 1941 kapitulierte die jugoslawische Regierung. Die Wehrmacht besetzte von Bulgarien aus Griechenland; deutsche Luftlandetruppen eroberten unter großen Verlusten Kreta und verjagten das britische Expeditionskorps. Wäre der Krieg im Sommer 1941 zu Ende gewesen, hätte „Großdeutschland" weite Teile des europäischen Kontinents – mit Ausnahme Großbritanniens – direkt oder indirekt beherrscht. Doch das Jahr 1941 brachte eine entscheidende Wende sowohl der Kriegführung als auch der damit verbundenen Vernichtungspolitik.

4.1.3 Vom Vernichtungskrieg in Ost- und Südosteuropa zur Kriegswende

Überfall auf die Sowjetunion

Der Krieg gegen die Sowjetunion war wie schon der Angriff auf Polen nicht als ein regulärer Eroberungsfeldzug zu militärischen Zwecken oder aus bloß machtpolitischen Gründen geplant, sondern als ein rasseideologischer Vernichtungskrieg – das machte Hitler seiner Generalität am 30. März 1941 auch unmissverständlich klar. Die militärische Funktionselite widersprach seinen völkerrechtlichen Befehlen – namentlich dem „Kommissarbefehl" (s. u. 4.2) – nicht.

Am 22. Juni 1941 überfiel die Wehrmacht mit 3,3 Millionen Soldaten ohne Kriegserklärung die Sowjetunion. Weil sich Stalin, dem der Aufmarsch nicht entgangen war, einen Bruch des Nichtangriffspaktes kaum vorstellen konnte, war die Rote Armee nicht hundertprozentig verteidigungsbereit. Dass der Krieg ein Präventivkrieg war, die Wehrmacht mithin einem Angriff der Roten Armee nur zuvorgekommen sei: Mit dieser Lüge suchte die NS-Propaganda den Überfall zu rechtfertigen. Doch die Rechnung, im Osten noch vor Einbruch des Winters 1941/42 einen weiteren „Blitzsieg" zu erringen, ging nicht auf, wenngleich es zunächst noch so aussah. Der Vorstoß der drei Heeresgruppen auf breiter Front – vom Schwarzen Meer bis zur Ostsee – brachte deutsche Soldaten in die Ukraine, nach Weißrußland und in die baltischen Staaten. Hunderttausende Rotarmisten gerieten in deutsche Kriegsgefangenschaft, ohne dass die sowjetischen Streitkräfte vernichtend geschlagen worden wären. Im Norden begannen deutsche und finnische Truppen mit der Belagerung Leningrads. Der Vorstoß im Mittelabschnitt der Front auf Moskau führte deutsche Soldaten bis auf 30 km an die Hauptstadt heran, bevor der Angriff infolge des Wintereinbruchs, der mangelhaften Ausrüstung und der personellen wie materiellen Ermattung stecken blieb und die Rote Armee am 5. Dezember 1941 mit einer Gegenoffensive die Heeresgruppe Mitte beinahe zusammenbrechen ließ. Dass es im Osten keinen weiteren Blitzkrieg geben würde, war der deutschen Bevölkerung trotz der schönfärberischen OKW-Berichte bald klar. Ebenso sprach sich rasch herum, dass die Feldzüge im Westen und Norden wenig gemein hatten mit dem Krieg in Ost- und Südosteuropa, wo ein erbarmungsloser Vernichtungskrieg gegen die „jüdischen Bolschewisten" tobte, häufig unter dem Deckmantel des Partisanenkampfes. Auch in Nordafrika begann sich das Blatt zu wenden, als es der britischen 8. Armee gelang, den Vormarsch der deutsch-italienischen Armee unter Rommel zur Jahreswende 1941/42 zu stoppen. In dieser Lage machte sich Hitler am 19. Dezember 1941 selbst zum Oberbefehlshaber des Heeres (OBdH), nachdem er Generalfeldmarschall Walter von Brauchitsch entlassen hatte.

In dem militärischen Großkonflikt war die globale Ausweitung frühzeitig angelegt. Zum einen hatte Japan mit seiner aggressiven Expansionspolitik längst einen asiatischen Kriegsschauplatz eröffnet. Zum anderen standen die USA als Bündnispartner im Hintergrund, der seine Unterstützung Großbritanniens durch den Lend-Lease Act (Leih- und Pachtgesetz) am 18. Februar 1941 gefestigt hatte. Die weltweite Wechselbeziehung des Kriegsgeschehens wurde auch deutlich, als Japan nicht Hitlers Erwartung entsprach, in Sibirien einzumarschieren und die Wehrmacht zu entlasten, so dass Stalin seine Truppen im Westen der Sowjetunion massieren konnte. Doch erst der japanische Überraschungsangriff auf die amerikanische Flottenbasis in Pearl Harbor auf Hawaii am 7. Dezember 1941

Ausweitung zum Weltkrieg

und die prompt folgende Kriegserklärung der USA und Großbritanniens gegenüber Japan sowie die Kriegserklärungen Deutschlands und Italiens gegenüber den Vereinigten Staaten weiteten den Krieg zu einem veritablen Weltkrieg aus. Im Pazifikkrieg gelang es den Alliierten erst im Juni 1942, die japanische Expansion in nahezu ganz Südostasien zu stoppen und eine Wende auf dem asiatischen Kriegsschauplatz herbeizuführen. Bis dahin hatte Hitler darauf setzen können, dass sein Bündnispartner die Alliierten schwächte oder zumindest ihre militärischen Kräfte band.

Anti-Hitler-Koalition

1941/42 nahm eine breite Anti-Hitler-Koalition Gestalt an. In der „Atlantik-Charta" schrieben US-Präsident Franklin D. Roosevelt und Premierminister Winston S. Churchill am 14. August 1941 ihre gemeinsamen außenpolitischen Grundsätze im Kampf gegen das NS-Regime fest. Auf diese Prinzipien bezogen sich 26 Staaten, darunter die Sowjetunion und China, am 1. Januar 1942 in der Deklaration der Vereinten Nationen (deren Charta am 26. Juni 1945 von 50 Staaten unterzeichnet wurde). In militärischer Hinsicht einigten sich die Alliierten darauf, zunächst Deutschland zu besiegen; Briten und Amerikaner bildeten ein gemeinsames Oberkommando.

Aus deutscher Sicht brachte das Jahr 1942 jedoch zunächst überraschende militärische Erfolge, bevor das Deutsche Reich die Initiative verlor. So gelang es Rommel in Nordafrika, die britischen Truppen bis nach Ägypten zurückzudrängen und die Festung Tobruk zu erobern, in der sich die Briten verschanzt hatten. Erst 100 km vor Alexandria wurden die Deutschen im Juli 1942 gestoppt; Ende Oktober konnte der neue britische Oberbefehlshaber Bernard Montgomery Rommels Truppen endgültig schlagen.

Stalingrad 1942/43

Hitler, der weiterhin auf den Erfolg an der Ostfront setzte, konzentrierte die militärischen Ressourcen in der Sowjetunion. Jetzt sollte der Angriff im Südabschnitt auf den Kaukasus und die Erdölfelder zielen. Kaum hatte die Heeresgruppe Süd Ende Juni 1942 erfolgreich mit der Offensive begonnen, rückten die deutschen Streitkräfte und ihre Verbündeten – die insgesamt ein Drittel der Soldaten stellten – auf Stalingrad vor, um die Rote Armee westlich des Dons zu vernichten. Die Wolga-Metropole mit dem symbolträchtigen Namen in seine Gewalt zu bringen wurde für Hitler zu einer fixen Idee. Doch die 6. Armee unter Generaloberst Friedrich Paulus wurde, nachdem sie die Stadt im September 1942 eingeschlossen hatte, in einen brutalen Häuserkampf verwickelt und schließlich durch eine Gegenoffensive eingekesselt. Entsatzversuche misslangen. Weil Hitler jeden Ausbruchversuch untersagt hatte, kapitulierten die Reste der 6. Armee Ende Januar, Anfang Februar 1943. Mehr als die Hälfte der einst 200.000 Soldaten – die übrigen waren gefallen oder verwundet ausgeflogen worden – ging in sowjetische Kriegsgefangenschaft, die nur einige Tausende überlebten. Deutlich höher fielen noch die Verluste unter sowjetischen Soldaten und der Zivilbevölkerung in Stalingrad aus. An der Jahreswende 1942/43 wurde deutlich, dass die Achsenmächte „ihre Kräfte überdehnt hatten", wie Militärhistoriker formulieren.

Die Wehrmacht und ihre Verbündeten befanden sich fortan endgültig in der Defensive. Auch der Seekrieg entwickelte sich zugunsten der Alliierten. Obwohl deutsche U-Boote den für die Briten wichtigen Schiffsverkehr im Atlantik 1942 zunächst stark beeinträchtigten, war die Versorgung der Insel zu keiner Zeit in Gefahr. Ab 1943 befanden sich die Wehrmacht und ihre verbündeten Streitkräfte an fast allen Fronten auf dem Rückzug. Die Landung alliierter Truppen in Marokko und Algerien läutete nicht nur das endgültige Ende der deutsch-italienischen Armee ein, die im Mai 1943 im Raum Tunis kapitulierte; 270.000 deutsche und italienische Soldaten gerieten hier in Gefangenschaft. Die Alliierten wollten auch mit einer „zweiten Front", auf die Stalin drängte, die Rote Armee entlasten. In der marokkanischen Hafenstadt Casablanca hatten Churchill und Roosevelt im Januar 1943 beschlossen, Deutschland Italien und Japan zur „bedingungslosen Kapitulation" aufzufordern.

Die „Achsenmächte" in der Defensive

Am 10. Juli 1943 landeten die Alliierten auf Sizilien und stießen in den Süden Italiens vor, dessen erster postfaschistischer Regierungschef Pietro Badoglio mit den Alliierten einen Waffenstillstand schloss. Daraufhin ging die Wehrmacht gegen den, wie es viele Deutschen sahen, „verräterischen" Verbündeten vor. Mehr als eine halbe Million italienischer „Militärinternierter" (IMI, s. u. 4.2) wurde zur Zwangsarbeit ins Reich verschleppt, während Wehrmacht und SS die italienischen Partisanen wie auch die Zivilbevölkerung attackierten. War es der Wehrmacht zunächst gelungen, die Alliierten im Januar 1944 nach der Landung im Golf von Salerno östlich von Rom, an der „Gustav-Linie", vier Monate aufzuhalten, blieb die Offensive der Alliierten im Apennin bis zum Frühjahr 1945 erneut stecken, bevor es schließlich zum Endkampf am Fuße der Alpen kam.

Landungen der Alliierten

An der Ostfront musste die Wehrmacht bei Kursk, in der größten Panzerschlacht des Weltkriegs, im Juli 1943 große Verluste hinnehmen. Seitdem drängte die Rote Armee die geschwächten deutschen Truppen und ihre rumänischen Verbündeten unter hohen Verlusten immer weiter zurück. Im Westen bildete die Landung der Alliierten in der Normandie am 6. Juni 1944 („D-Day") den Auftakt für heftige Kämpfe gegen die deutschen Besatzer. Der „Atlantikwall", eine unregelmäßige, fast 2700 Kilometer lange Kette von Befestigungsanlagen entlang der Küste der Nordsee, des Ärmelkanals und des Atlantiks, hinderte die Alliierten am Ende nicht, auch wenn die Kämpfe wesentlich länger dauerten als gedacht. Wenig später, nach der Landung einer allliierten Armee an der Côte d'Azur, gerieten die deutschen Truppen auch von Süden unter Druck. Am 25. August 1944 wurde Paris kampflos übergeben, bis Mitte September 1944 wurden Belgien und Luxemburg befreit.

Rückzug der Wehrmacht im Osten

Im Osten zwang der sowjetische Vorstoß die Wehrmacht weiter zum Rückzug; am 10. Oktober 1944 betraten Rotarmisten in Ostpreußen erstmals das Deutsche Reich in seinen alten Grenzen. Zuvor, ab dem 1. August 1944, hatten Wehrmacht und SS in Warschau wochenlang den Aufstand der polnischen Untergrundarmee bekämpft. Hitler verlor zudem wichtige Verbündete: Finnland schloss einen Waffenstillstand mit der UdSSR, Ungarn wurde von den Deutschen vorsorglich besetzt, eine neue rumänische Regierung erklärte Deutschland den Krieg.

Strategischer Bombenkrieg

Seit dem Frühjahr 1942 hatte der Befehlshaber der britischen Luftwaffe, Arthur Harris, den strategischen Bombenkrieg verstärkt. Um die Moral der deutschen Bevölkerung zu brechen, griff das britische Bomber Command auch nicht-militärische Ziele an („moral bombing"). Zahlreiche Innenstädte – zuerst traf es Lübeck und Rostock – gingen in Flammen auf (s. Karte 2). Im Gegenzug befahl Hitler auch „Terrorangriffe" gegen kleine, kulturhistorisch interessante Städte in England, die sogenannten „Baedeker-Angriffe" im April und Mai 1942. Ab 1943 beteiligten sich auch die Amerikaner am strategischen Bombenkrieg. Während sie ihre Angriffe von Großbritannien und Süditalien aus tagsüber flogen, warfen die Briten ihre Spreng- und Brandbomben nachts ab. Der US-Luftwaffe ging es vor allem um Anlagen der deutschen Rüstungsindustrie, nicht zuletzt der Flugzeugindustrie. Im alliierten Luftkrieg, der bis heute als „Bombenkrieg" bekannt ist, verloren fast 500.000 Menschen ihr Leben; von rund 25 Prozent aller Wohnungen in Deutschland blieben nur Ruinen. Seit dem Sommer 1944 besaßen die Alliierten schließlich die Lufthoheit über Deutschland; die deutsche

Luftverteidigung hatte den Jägern und Bombern der Alliierten wenig entgegenzusetzen. Spektakulär, aber militärisch wenig effektiv war am Ende der Einsatz der V1 und V2, sogenannter Vergeltungswaffen, die in letzter Minute schwere Schäden verursachten und weitere Menschenleben kosteten.

Hohe Verluste kurz vor Kriegsende waren auch der Preis für den letzten, überraschenden Vorstoß der Wehrmacht zwischen Eifel und Ardennen an der Jahreswende 1944/45. Diese „Ardennen-Offensive" war Hitlers Versuch, den Vorstoß der Alliierten im Westen am Ende doch noch zu verhindern. Doch im März 1945 überquerten diese an mehreren Stellen den Rhein und rückten ins Innere des Reiches vor, wo sie nur noch vereinzelt – etwa durch die im Ruhrgebiet eingekesselte Heeresgruppe B – auf Widerstand stieß. Die amerikanischen Truppen schoben sich bis zur Elbe vor, wo sie am 25. April 1945 zum ersten Mal auf sowjetische Soldaten stießen. Hatten diese bei der Befreiung des Lagers Auschwitz den NS-Terror mit eigenen Augen gesehen, konnten sich die amerikanischen Soldaten bei der Befreiung des KZ Buchenwald nahe Weimar ein Bild vom Holocaust machen. Im Süden schloss sich der Ring, als die Alliierten am 5. Mai 1945 am Brennerpass auf die amerikanischen Truppen stießen, die von Süden aus Italien befreit hatten.

Ardennenoffensive

Nicht nur von symbolischen Wert war die Einnahme der Reichshauptstadt. Hitler, der sich in Berlin aufhielt, ließ sich von dem Grundsatz „Alles oder Nichts" leiten. Er war überzeugt, dass es für das deutsche Volk nur die Alternative gebe zu siegen oder mit ihm unterzugehen. Deshalb gab er am 19. März 1945 auch die Order, während des Rückzugs im Reich nur „verbrannte Erde" zu hinterlassen. Mit diesem „Nero-Befehl" sollte die Kampfkraft der Alliierten geschwächt werden – ohne Rücksicht auf die Zukunft der Deutschen, die sich in Hitlers Augen als zu schwach erwiesen hatten. Nachdem die Rote Armee im Januar 1945 an der Oder zum Großangriff übergegangen war, zog Hitler mit seiner Entourage aus der Reichskanzlei in den „Führerbunker" um, von wo aus er per Funkverbindung versuchte, die Fäden in der Hand zu halten. Der Kampf um Berlin, der am 16. April 1945 begann, entwickelte sich rasch zur größten Schlacht auf dem Territorium des Deutschen Reiches. Als die Rote Armee nach drei Tagen die deutschen Stellungen auf den Seelower Höhen nahe Frankfurt an der Oder überwunden hatte, schloss sie Berlin bis zum 25. April 1945 ein und drang dann in verlustreichen Straßenkämpfen gegen Wehrmacht,

Kampf um Berlin

SS, Volkssturm und HJ ins Stadtzentrum vor. Als die Rotarmisten am 30. April 1945 das Regierungsviertel erreichten, nahmen sich Hitler und Eva Braun, die er kurz zuvor geheiratet hatte, das Leben.

Kapitulationen

Doch noch bestand das „Dritte Reich" fort, hatte die Wehrmacht nicht kapituliert. Bevor er Selbstmord beging, hatte Hitler Karl Dönitz zu seinem Nachfolger bestimmt. Der Großadmiral bildete am 3. Mai 1945 in Flensburg eine „geschäftsführende Reichsregierung". In Schleswig-Holstein, das die alliierten Truppen noch nicht besetzt hatten, stand das OKW in Kontakt mit den verbliebenen Truppenteilen, etwa im Alpenraum, in Kurland oder in Norwegen. Militärgerichte sollten angesichts der desolaten Lage für Disziplin sorgen. Mit Schiffen der Kriegs- und Handelsmarine gelangten in dieser Zeit mehr als zwei Millionen Soldaten und Zivilisten aus dem Osten ins Reich. Doch schon bald musste auch Dönitz aufgeben. In seinem Auftrag erklärte Generaloberst Alfred Jodel am 7. Mai 1945 in Eisenhowers Hauptquartier in Reims die Gesamtkapitulation, die am folgenden Tag in Kraft trat. Auf Stalins Drängen musste Generalfeldmarschall Keitel am 8. Mai den Kapitulationsakt im sowjetischen Hauptquartier in Berlin-Karlshorst wiederholen. Damit endete der Zweite Weltkrieg in Europa. Auf dem asiatischen Kriegsschauplatz demonstrierten die US-Amerikaner mit dem Abwurf der Atombombe über den japanischen Städten Hiroshima und Nagasaki am 6. bzw. 9. August 1945 die neue, nukleare Dimension militärischer Gewalt. Etwa 100.000 Menschen fielen den Angriffen unmittelbar zum Opfer. Wenig später, am 2. September 1945, war der Krieg mit der Kapitulation Japans auch in Asien vorbei.

4.2 Massenverbrechen im Krieg

Krieg und Völkermord

Kriegführung und NS-Verbrechen stehen in einer unauflösbaren Wechselbeziehung. Der Krieg wurde um der verbrecherischen Ziele des NS-Regimes willen geführt, und ohne den Krieg wären die Massenverbrechen nicht möglich gewesen. Nach Kriegsbeginn musste Hitler keine außenpolitische Rücksicht mehr nehmen. Die Besetzung vor allem Ost- und Südosteuropas war die Voraussetzung für die Verfolgung und Ermordung von Millionen dort ansässiger Menschen, Juden zumeist; sie erweiterte den Zugriff auf die Opfer und ermöglichte die Einrichtung entlegener, schwer zugänglicher Konzentrations- und Vernichtungslager außerhalb des Reiches (s. Karten 1 und 2). Der Krieg gab auch den Startschuss für die mörderische Treibjagd auf die Juden. Zudem ließ sich mit der Kriegsanstrengung die Gewalt im Inneren des Reiches zusätzlich rechtfertigen.

Für eine systematische Betrachtung der Verbrechen, die von deutscher Seite während des Krieges begangen wurden, lohnt sich die begriffliche Trennung zwischen den Kriegsverbrechen im engeren, völkerrechtlichen Sinn und den NS-Verbrechen, die mit dem Kriegsgeschehen de facto und de jure nicht unmittelbar verbunden waren. Diese Unterscheidung schließt nicht aus, dass Kriegsverbrechen, die grundsätzlich in den meisten Kriegen vorkamen, spezifisch nationalsozialistische Merkmale aufwiesen und sich schon aufgrund ihres enormen Ausmaßes und ihres staatlichen Charakters von früheren Kriegsverbrechen abhoben. Seit den 1860er Jahren hat es immer wieder internationale Bemühungen gegeben, das Kriegsgeschehen zum Schutz der Wehrlosen bestimmten Regeln zu unterwerfen. In der Haager Landkriegsordnung (HLKO) von 1907 und dem Genfer Abkommen von 1929 wurde das Kriegsvölkerrecht festgeschrieben. Als Kriegsverbrechen galten und gelten vor allem die unmenschliche Behandlung oder Tötung von Zivilisten (Nicht-Kombattanten) und von Kriegsgefangenen. Was die Soldaten betrifft, ist wiederum zu unterscheiden, ob sie sich noch auf dem Kriegsschauplatz, unmittelbar nach ihrer Gefangennahme, oder hinter der Front in einem Lager befanden.

<small>Kriegsverbrechen und Völkerrecht</small>

Die ersten Soldaten, die in deutsche (oder sowjetische) Kriegsgefangenschaft gerieten, waren Polen. Gefangengenommene Angehörige der polnischen Armee wurden noch während der Kämpfe massenweise von deutschen Einheiten getötet. Zudem wurden viele polnische Kriegsgefangene völkerrechtswidrig zu Zivilarbeitern erklärt und verloren so den Schutz, den sie in Kriegsgefangenschaft von Rechts wegen genossen hätten.

Dem größten Kriegsverbrechen, mit dem die deutsche Seite den Bruch des Völkerrechts bewusst in Kauf nahm, fielen die sowjetischen Kriegsgefangenen zum Opfer. Der Massenmord an gefangenengenommenen Angehörigen der Roten Armee hing zum einen damit zusammen, dass sich die Deutschen im Zuge des „Unternehmens Barbarossa" auf Kosten der russischen Bevölkerung aus dem Land ernähren sollten, zum anderen war von vornherein geplant, bestimmte Personen ohne Umschweife zu töten. Einzelne Beispiele belegen, dass sowjetische Soldaten unmittelbar nach ih-

<small>Massenmord an sowjetischen Kriegsgefangenen</small>

rer Gefangennahme noch auf dem Gefechtsfeld getötet wurden, nicht zuletzt durch Angehörige der Waffen-SS. Die Politoffiziere der Roten Armee, die sogenannten Kommissare, sollten grundsätzlich erschossen und nicht in Lager verbracht werden. In beiden Fällen spielten rasseideologische Motive eine Rolle.

Kommissarbefehl

Die politische und militärische Führung zeigte sich davon überzeugt, dass die Politoffiziere überwiegend Juden waren. Der „Kommissarbefehl" des OKW vom 6. Juni 1941 schrieb vor, dass die Politischen Kommissare noch auf dem Gefechtsfeld von den Kriegsgefangenen zu trennen waren, nicht als Soldaten anerkannt wurden, keinen völkerrechtlichen Schutz genossen und „nach durchgeführter Absonderung zu erledigen" waren. Der Mordbefehl des OKW erreichte in der Regel die Einheiten auch, wurde allerdings nicht überall umgesetzt. Man schätzt, dass immerhin in 50% bis 60% der Divisionen Kommissare oder Rotarmisten, die man für Politoffiziere hielt, erschossen wurden, kaum dass sie in deutsche Hände geraten waren. In anderen Fällen wurde der Mordbefehl abgelehnt und nicht oder nur teilweise ausgeführt. Dass die Kommissare ihre Identifizierung erschwerten, als sie von der verbrecherischen Praxis der Deutschen erfahren hatten, verringerte die Zahl der Todesfälle weiter. In anderen Fällen dagegen ließen Oberbefehlshaber auch andere Offiziere der Roten Armee erschießen, ebenso weibliche Soldaten, von denen, wie man unterstellte, eine besonders hohe ideologische Gefahr ausging. Auch versprengte Soldaten und solche, die man für Juden hielt, wurden in einzelnen Fällen sofort erschossen. Nach Protest aus den Reihen der Wehrmacht wurde der Kommissarbefehl im Mai 1942 aufgehoben; die Juden unter den sowjetischen Soldaten blieben aber weiter ohne jeden Schutz.

Gefangennahme

Die Mehrzahl der gefangengenommenen Rotarmisten wurde jedoch über Sammelstellen und Durchgangslager im Operationsgebiet in sogenannte Stammlager oder Offizierslager verbracht, die sich in den Reichskommissariaten Ostland und Ukraine, in Polen und im Reich befanden. Die endlosen Fußmärsche wurden zur Todesfalle für zahllose Sowjetsoldaten. Wo es keinen Transport mit der Eisenbahn gab, starben sie massenhaft vor Entkräftung. Wer die Marschkolonne aus Erschöpfung aufhielt, musste damit rechnen, von der Begleitmannschaft erschossen zu werden. So töteten beispielsweise Soldaten der 24. Infanteriedivision rund 1000 sowjetische Kriegsgefangene auf dem Marsch aus dem Kessel von Kiew 1941.

Mit der Ankunft in den Lagern verbesserte sich das Los der Gefangenen jedoch nicht, im Gegenteil. Ordentliche Unterkünfte fehlten häufig – die Soldaten schliefen unter freiem Himmel in Erdlöchern –, es mangelte an medizinischer Versorgung (oder am Willen dazu), vor allem aber gab es nicht genug zu essen und zu trinken. Reichten die Lebensmittelrationen bis September 1941 noch einigermaßen hin, führte deren radikale Kürzung Anfang Oktober 1941 zu einem explosionsartigen Anstieg der Todesfälle. Der Krieg im Osten dauerte länger als erwartet; die Ausplünderung vor Ort war weniger ertragreich als gedacht, und den Transport ins Reich lehnte Hitler zunächst ab aus Sorge vor einer ideologischen Beeinflussung der Volksgenossen. So nahm die Militärführung, das OKW, namentlich das Allgemeine Wehrmachtamt unter Hermann Reinecke, bewusst in Kauf, dass die große Mehrheit der sowjetischen Kriegsgefangenen in ihrem Gewahrsam verhungerte. Vor allem die arbeitsunfähigen Rotarmisten fielen diesem kriminellen Handeln in den Durchgangs- und Stammlagern zum Opfer. Bis Frühjahr 1942 starben mehr als 50 % der 3,7 Millionen sowjetischen Soldaten, die 1941 in deutsche Gefangenschaft geraten waren. Im Winter 1942/43 erhöhte sich die Zahl der Verhungerten weiter. Erst im März/April 1942 sank die Todesgefahr, nachdem das OKW die Rationen wieder leicht angehoben hatte, um dem Massensterben entgegenzuwirken. Nach der Sommeroffensive 1942 stieg die Zahl erneut; erst ab dem Frühjahr 1943 wuchs die Chance zu überleben.

Massensterben durch Verhungern

In den Lagern drohte noch eine weitere Todesgefahr: die Auslieferung an Himmlers Sicherheitspolizei (SiPo, d. h. Kriminalpolizei und Gestapo). Juden, Offiziere und Politarbeiter wurden systematisch herausgefischt, nicht selten infolge von Denunziation, und an die regelmäßig auftauchenden Kommandos der SiPo übergeben. Im Reich wurden die Betroffenen in Konzentrationslager verschleppt und dort ermordet; in Polen und in den besetzten Gebieten wurden sie nicht selten unweit des jeweiligen Kriegsgefangenenlagers umgebracht. Die Auslieferung der Gefangenen, die auf deren direkte Ermordung hinauslief, ist ein markantes Beispiel für die Kooperation von Wehrmacht und SiPo. Sie zeugt ebenso von der „Verstrickung" der Wehrmacht in den Vernichtungskrieg wie die Tatsache, dass die im Lager tätigen Wehrmachtangehörigen selbst zur Waffe griffen, um Gefangene zu erschießen. Mindestens 140.000 Rotarmisten, die meisten Juden, starben durch diese direkten Morde. Insgesamt schätzen Historiker die Zahl der sowjetischen Kriegs-

Auslieferung an die SiPo

gefangenen, die in deutschem Gewahrsam ums Leben gekommen sind, auf etwa drei Millionen. Wer überlebte, hatte bis Kriegsende häufig schwere Jahre als Zwangsarbeiter vor sich. Die Befreiung schließlich bedeutete für viele neues Leid: Stalin brandmarkte sie als Verräter; so mancher landete in einem Arbeitslager des Gulag.

Italienische Militärinternierte

Ab dem Herbst 1943 kam eine weitere Gruppe Gefangener hinzu. Nach Mussolinis Sturz hatten die Italiener, die bis dahin als Verbündete in Südosteuropa und Nordafrika an der Seite der Wehrmacht gekämpft hatten, plötzlich die Seite gewechselt. Nicht nur in Hitlers Augen galten sie als Verräter an der gemeinsamen Sache. Der Status des Kriegsgefangenen und damit der Schutz des Völkerrechts wurde ihnen vorenthalten. Sie galten als „Italienische Militärinternierte" (IMI). Rachegefühle beherrschten den Umgang mit den ehemaligen Kameraden. Wer sich nicht sofort entwaffnen und gefangen nehmen ließ, lief Gefahr, getötet zu werden. Auf der griechischen Insel Kefalonia, die seit dem Balkanfeldzug italienisch besetzt war, erschossen Männer der 1. Gebirgsdivision, welche die Insel nach der Kapitulation Italiens besetzt hatten, mindestens 4000 italienische Soldaten – eines der größten deutschen Kriegsverbrechen im Mittelmeerraum. Die Masse der „Militärinternierten", rund 600.000 Menschen, deportierten die Deutschen zur Zwangsarbeit ins Reich und in die besetzten Gebiete in Osteuropa. Die katastrophale Lage der IMI verbesserte sich erst Ende 1944, als sie mehrheitlich in den Status des „Zivilarbeiters" versetzt wurden, was sich positiv auf die Versorgungslage auswirkte. Etwa 50.000 der insgesamt 725.000 italienischen Kriegsgefangenen kamen bis Kriegsende zu Tode.

Reziprozitätsprinzip

Anders sah dagegen die Behandlung jener Soldaten aus, die den westalliierten Streitkräften angehörten und in Belgien, Frankreich oder Nordafrika in deutsche Kriegsgefangenschaft geraten waren. Dass es hier deutlich weniger Verstöße gegen das Kriegsvölkerrecht gab als auf dem osteuropäischen Kriegsschauplatz, lag insbesondere am Prinzip der Reziprozität: Durch das eigene korrekte Verhalten wollte man der Gegenseite keinen Anlass zur schlechten Behandlung der deutschen Soldaten geben, die sich in ihrem Gewahrsam befanden. Hier kam es sogar zu Gefangenenaustausch, und über Dritte standen die Gegner in diplomatischem Kontakt.

Kriegsverbrechen an westalliierten Soldaten

Dennoch verübten Deutsche auch Kriegsverbrechen an westalliierten Soldaten. Bezeichnende Beispiele für die Ermordung einzelner Gefangener sind die Erschießung kanadischer Soldaten durch die Angehörige der 12. SS-Panzerdivision in der Normandie nach der Landung der Alliierten im Juni 1944 sowie die Tötung amerikanischer Kriegsgefangener durch Männer der „Leibstandarte Adolf Hitler" nahe Malmedy ab dem 17. Dezember 1944. Rasseideologische Motive spielten insofern eine Rolle, als einige Einheiten der Waffen-SS farbige Soldaten der westlichen Armeen als Freiwild ansahen. Einige Westalliierte waren gar per Befehl zu töten, obwohl sie als Kriegsgefangene zu behandeln gewesen wären: alliierte Piloten, die nach dem Abschuss mit dem Fallschirm auf Reichsgebiet landeten; Terror- und Sabotagetrupps der Alliierten („Kommando-Befehl" vom 18. Oktober 1942); Gefangene, denen die Flucht aus dem Lager misslungen war. Zudem ordnete die Seekriegsleitung an, dass U-Bootbesatzungen keine alliierten Schiffbrüchigen retten durften. Von den rund 1,5 Million französischen Kriegsgefangenen starben schätzungsweise 21.000. Auch gegenüber den westlichen Streitkräften spielten rasseideologische Motive eine Rolle, wenn auch in geringerem Umfang.

Zur Zielscheibe der Gewalt wurden die schwarzen Soldaten in den Reihen der französischen Armee, die rund 100.000 Afrikaner aus den Kolonien rekrutiert hatte. Wehrmachtangehörige ermordeten etwa 3000 von ihnen bereits kurz nach der Kapitulation Frankreichs im Mai/Juni 1940, obwohl diese sich ergeben hatten oder kampfunfähig waren. Hier spielten Rassenhass und Rachegelüste eine Rolle. Dass Frankreich bei der Rheinlandbesetzung 1918 bis 1923 auch Schwarze eingesetzt hatte, ließ das Kriegsverbrechen in den Augen nicht nur des deutschen Militärs als gerechte Bestrafung legitim erscheinen. Die jüdischen Soldaten unter den westalliierten Gefangenen dagegen befanden sich den deutschen Kriegsgefangenenlagern in relativer Sicherheit, verglichen mit den Lagern für sowjetische Kriegsgefangene und der jüdischen Zivilbevölkerung.

Wie mit den Menschen in den eroberten Gebieten umgegangen wurde, hing nicht zuletzt von der Art der Besatzungsherrschaft ab. Während in West- und Nordeuropa Besatzungsverwaltungen quasi im Auftrag der Reichsregierung das Territorium verwalteten, erinnert die Herrschaftsform in Ost- und Südosteuropa eher an ein Kolonialregime (s. Karte 1). Das hing wesentlich mit der rasseideologischen Grundannahme zusammen, dass man sich in den mehr oder weniger als „germanisch" geltenden Staaten auf die Veränderung der politisch-administrativen Struktur beschränken konnte, während der osteuropäische Raum in den Augen der Nationalsozialisten zunächst eine bevölkerungspolitische Aufgabe mit sich

Besatzungsverbrechen in Ost- und Südosteuropa

brachte: die „Germanisierung". Danach galt es, die eroberten Länder zu einem „Lebensraum" umzustrukturieren, der sich zum einen als Siedlungsgebiet für deutsche Männer und Frauen eignete und zum anderen wirtschaftliche und menschliche Ressourcen für das Reich lieferte. Hinzu kamen die aus dem biologistisch aufgeladenen Antislawismus des Kaiserreichs ererbten antislawischen Stereotypen, nach denen Polen, Russen, Ukrainer und andere slawische Völker Angehörige einer minderwertigen Rasse seien. Diese „rassisch fremden Elemente" müsse man, schrieb Hitler 1928, nach der Eroberung von Lebensraum im Osten abkapseln oder, besser noch, „kurzerhand entfernen". Schließlich ging es in Osteuropa vorderhand auch darum, die Folgen des Ersten Weltkrieges zu revidieren, das hieß, die Grenzverläufe in Polen zu ändern und den Bolschewismus in der UdSSR zu zerschlagen. Vor diesem ideologischen Hintergrund wird der fundamentale Unterschied im Verhältnis von Besatzern und Besetzten verständlich. Anders als etwa in Frankreich – wo allerdings mehr als 220.000 Menschen aus dem annektierten Elsass-Lothringen vertrieben wurden – wollten die Besatzer mit den Ost- und Südosteuropäern nichts zu schaffen haben. Die „Herrenmenschen" aus dem Großdeutschen Reich verachteten in der Regel die vermeintlich unkultivierten, rückständigen, ja nutzlosen Einheimischen. Über den Rassismus im Besatzungsalltag weit hinaus wurde Osteuropa im Zuge des nationalsozialistischen Krieges zum Schauplatz einer beispiellosen Verfolgungs- und Vernichtungspolitik.

Einsatzgruppen des RSHA

Deren wichtigstes Instrument bildeten die sogenannten Einsatzgruppen der im RSHA zusammengefassten Sicherheitspolizei und des SD. Bereits 1938/39 waren Sondereinheiten aufgestellt worden, die nach dem „Anschluss" Österreichs, bei der Annexion des Sudetenlandes und nach dem Einmarsch in Böhmen und Mähren gezielt gegen politische Gegner vorgingen. Nach Kriegsbeginn folgten die von Heydrich aufgestellten „Einsatzgruppen" den gen Osten vorrückenden Wehrmachtsverbänden auf dem Fuß. Dort nutzten sie ihre relativ großen Handlungsmöglichkeiten vor allem 1939 in Polen und 1941/42 in der Sowjetunion für Massenmorde. Bis 1942 wurden diese Einheiten, die zunächst als vorübergehende Maßnahme geplant waren, zu eigenen Dienststellen, von denen die in der Sowjetunion operierenden Einsatzgruppen A, B, C und D besondere Bekanntheit erlangten. Weitere Einsatzgruppen befanden sich in Nordafrika („Tunis"), Kroatien (E), bei der Heeresgruppe Süd (F), in

Ungarn 1944 (G), in der Slowakei 1944 (H); noch an der Ardennen-Offensive Ende 1944 nahmen zwei Einsatzgruppen (K und L) teil.

Das Hauptziel der Einsatzgruppen, die nach dem 1. September 1939 in Polen einmarschierten, war die polnische Intelligenz. Die Liste mit den Namen der Lehrer, Priester, Politiker lag bereits in der Schublade, so dass die Einsatzgruppen der SiPo gezielt nach Personen suchen konnten. Die Intellektuellen wurden in Konzentrationslager verschleppt oder gleich ermordet. Allein in den annektierten westpolnischen Gebieten Danzig-Westpreußen und Wartheland starben so bis Ende 1939 schätzungsweise 60.000 Menschen. In einigen Fällen unterstützten paramilitärische Organisationen der Auslandsdeutschen, der einheimische „Volksdeutsche Selbstschutz", den Massenmord. Im westpolnischen Bromberg, wo ab dem 3. September 1939 Polen 1000 Angehörige der deutschen Minderheit ermordet hatten (die NS-Propaganda sprach vom „Bromberger Blutsonntag"), übten die Deutschen Rache und richteten rund 5000 Polen hin. Später traf es auch die polnischen Intellektuellen im Generalgouvernement. In Krakau wurden die Professoren ins KZ verschleppt, in Lemberg wurden sie – nach der Besetzung Ostpolens 1941 – gleich erschossen.

Ermordung der polnischen Intelligenz

Die Ermordung der vermeintlichen „Reichsfeinde" gehörte zu dem umfassenderen Programm der „Umvolkung", der demographischen Umstrukturierung im Sinne des Nationalsozialismus. Mit Kriegsbeginn gewannen die konkreten Planungen für die Umsetzung der nationalsozialistischen Volkstumspolitik an Fahrt. Zwar lag die Federführung beim Reichsführer-SS Himmler, den Hitler als „Reichskommissar für die Festigung deutschen Volkstums" eingesetzt und ihn damit über jene Stellen herausgehoben hatte, die wie das Innenministerium und die Wehrmacht auch in Fragen der Umsiedlung von Einheimischen und Ansiedlung von Volksdeutschen miteinander konkurrierten. Kurzfristig war geplant, etwa eine Million Menschen umzusiedeln; längerfristig sollten vier bis fünf Millionen Polen und Juden aus den ehemals polnischen Territorien deportiert werden. Etwa 1,5 Millionen Polen wurden allein im Reichsgau Wartheland aus ihren Wohnungen vertrieben, damit eine erste Welle „Volksdeutscher" untergebracht werden konnte, die aus den sowjetisch besetzten baltischen Staaten, aus Ostpolen und Bessarabien ins Reich strömte. Zahllose Männer, Frauen und Kinder wurden noch im Winter 1939/40 aus Westpolen ins Generalgouvernement deportiert; bis März 1940 waren es 175.000 Men-

Volkstums-politik

schen, darunter zahlreiche Juden. Am Ende dieser beispiellosen Umsiedlungsaktion, Mitte März 1941, waren 400.000 Polen aus ihrem vertrauten Umfeld gerissen und nach Osten verbracht worden.

„Generalplan Ost"   Die Planungen für die expansive Lebensraumpolitik erhielten mit dem Angriff auf die Sowjetunion neuen Auftrieb. Um 1941/42 entstand auf Himmlers Befehl der „Generalplan Ost" – ein neuer, unter anderem von SS-Oberführer Konrad Meyer erarbeiteter Plan zur weiteren Um- und Ansiedlung in Osteuropa. Das Manuskript selbst ist nicht überliefert, sein monströser Inhalt gleichwohl bekannt. Um deutsches Siedlungsgebiet bis zum Ural zu schaffen, sollten die „Fremdvölkischen" – sprich: die Einheimischen – großflächig vertrieben und Deutsche angesiedelt werden. „Eindeutschen": So lautete die Planvorgabe für Westpolen und teilweise das Generalgouvernement, für Teile des Baltikums und das Protektorat Böhmen und Mähren. Bis zum Ural sollte sich eine Kette von deutschen „Wehrsiedlungen" ziehen. Hätte der Kriegsverlauf, genauer: das Vordringen der Roten Armee die Umsetzung des Generalplans Ost und seines noch maßloseren Nachfolgers, des „Generalsiedlungsplans", nicht verhindert (die Planungen wurden nach der Niederlage von Stalingrad 1942/43 eingestellt), dann wären wohl 30 bis 50 Millionen Polen, Russen, Ukrainer und andere Slawen nach Sibirien zwangsumgesiedelt worden oder zu einem Helotendasein unter den germanischen „Herrenmenschen" verdammt gewesen. Die Halbinsel Krim sollte als germanischer Mustergau herhalten.

Umsiedlungen in Südosteuropa   Auch Südosteuropa war von der Germanisierungspolitik betroffen. Zu den Besatzungsverbrechen gehörte hier die Vertreibung von Zehntausenden von Menschen aus dem Teil Sloweniens, der nach dem Angriff auf Jugoslawiens 1941 als „Untersteiermark" und „Oberkrain" dem Dritten Reich zugeschlagen worden war. Lehrerstellen wurden mit Angehörigen der deutschen Minderheit oder Beamten aus dem Reich besetzt; Deutsch wurde Unterrichtssprache. Zugleich vertrieben die von Hitler abhängige nationalistische kroatische Ustascha-Regierung, die Ungarn und Bulgaren Serben aus Kroatien, der Batschka bzw. Mazedonien in das von der Wehrmacht besetzte Serbien. Die Verbündeten der Deutschen nutzten die fatale Dynamik, die das Dritte Reiche mit der ethnischen Neuordnung Europas in Gang gesetzt hatte, um ihr Territorium auszudehnen und von ethnischen Minderheiten zu „säubern".

Ermordung, Entrechtung und Hungerpolitik kennzeichnen die deutschen Besatzungsverbrechen in den besetzten Gebieten der Sowjetunion. Der Genozid an den europäischen Juden (von dem gleich die Rede sein wird) überlagerte sich hier zunächst mit dem Plan einer systematischen Ermordung der sowjetischen Elite. (Jüdische) Funktionäre in Staats- und Parteiämtern, Kommunisten oder Menschen, die dafür gehalten wurden, und all jene, die des Widerstands verdächtigt wurden, gerieten ins Visier der deutschen Polizei. Die einheimische Bevölkerung unterstützte die Mordaktionen nicht selten mit Hilfskräften und Denunziationen. Die Morde aus politischen Gründen vermengten sich im Laufe der Besatzungszeit mit dem Kampf gegen Partisanen. Für die Ukraine schätzen Historiker die Zahl der Opfer dieser Polizeiaktionen auf 50.000; für die UdSSR liegen keine präzisen Zahlen vor.

Die Gewalt gegenüber der einheimischen Bevölkerung insgesamt wurde durch Hitlers Kriegsgerichtsbarkeitserlass vom 13. Mai 1941 befeuert. Danach bestand für die Angehörigen der Wehrmacht und des Gefolges bei Straftaten gegenüber „feindlichen Zivilpersonen" im Operationsgebiet und rückwärtigen Heeresgebiet „kein Verfolgungszwang, auch dann nicht, wenn die Tat zugleich ein militärisches Verbrechen oder Vergehen ist." Die Wehrmachtgerichtsbarkeit habe sich auf die „Erhaltung der Mannszucht" unter deutschen Soldaten zu konzentrieren. Diese formale Entgrenzung der Gewalt bedeutete die totale Entrechtung der Menschen in den besetzten sowjetischen Gebieten.

Kriegsgerichtsbarkeitserlass

Wie menschenverachtend der Feldzug in Osteuropa war, zeigt die lange gehegte Absicht, die eigenen Truppen nicht auf Kosten der Reichsbevölkerung, sondern zu Lasten der Einheimischen zu verpflegen, mehr noch: Lebensmittel aus Russland ins Reich abzutransportieren. Dass dabei „zweifellos zig Millionen Menschen verhungern" würden, nahm man im Wirtschaftsrüstungsamt billigend in Kauf. Auch wenn der Kriegsverlauf die vollständige Umsetzung und flächendeckende Ausplünderung verhinderte, nahm die Versorgungslage ab 1941/42 teilweise dramatische Ausmaße an, vor allem in den Städten. An der kalkulierten Unterversorgung litten in erster Linie die Schwächsten: die Kinder, die alten und kranken Menschen, die Behinderten, Anstaltsinsassen und Alleinlebenden. Die Zahl der monatlichen Hungertoten unter der Stadtbevölkerung im Donezbecken, auf der Krim und in Charkow erreichte rasch mehrere Zehntausend. Ironischerweise entspannte sich die Ernäh-

Hungerpolitik

rungslage ab Ende 1942 dadurch, dass zahlreiche Einwohner als Zwangsarbeiter ins Reich verschleppt worden waren oder in den einheimischen Hilfsverbänden der Wehrmacht dienten. Deutsche Besatzungsherrschaft führte auch andernorts zu einer lebensbedrohlichen Unterernährung. In Polen grassierte Tuberkulose; in Griechenland starb 1941/42 schätzungsweise eine Viertelmillion Menschen; in Holland zog die Blockade von Lebensmittellieferungen 1944/45 den Tod von rund 20.000 Menschen nach sich. Im Unterschied zur Hungerpolitik in den besetzten sowjetischen Gebieten war die Grenze zwischen politischem Kalkül und wirtschaftlichem Zwang weniger klar.

„Euthanasie" Auf den 1. September datierte Hitler im Oktober 1939 ein Schreiben zurück, mit dem er den Massenmord an den geistig Behinderten und anderen als „lebensunwert" stigmatisierten unheilbar Kranken anordnete. Mit Beginn des Krieges fiel auch der Startschuss für die sogenannte Euthanasie, den ersten Massenmord, der zentral gesteuert und systematisch durchgeführt wurde. Mit diesem Begriff, der eigentlich „guter" oder „schöner Tod" bedeutet, bezeichneten die Nationalsozialisten die von Staats wegen durchgeführte Ermordung von Menschen, die sie wie die Juden und „Zigeuner" aus der „Volksgemeinschaft" ausgeschlossen hatten. Mit pseudowissenschaftlichen Forschungen suchten „Rassenhygieniker" den Schaden zu belegen, der dem Volk (und der Volkswirtschaft) durch die Existenz kranker Menschen entstünde.

Unter dem Decknamen „Aktion T 4" arbeitete jene Organisation, die den Massenmord an Patienten aus Heil- und Pflegeanstalten plante, koordinierte und durchführte. Ihre Zentrale befand sich in der Berliner Tiergartenstraße 4 (etwa dort, wo sich heute die Staatsbibliothek befindet). Mindestens 200.000 Menschen aus dem Herrschaftsbereich des Reiches wurden im Zuge der „Euthanasie" ermordet, in den meisten Fällen durch Vergasungen oder Injektionen. Fast 400.000 Frauen und Männer fielen zudem der Zwangssterilisation zum Opfer. Ärzte, Pfleger/innen und Verwaltungsbeamte wirkten bei der Auswahl, Erfassung und Ermordung der Menschen in den „Euthanasie-Anstalten" Grafeneck, Brandenburg, Hartheim, Pirna, Bernburg und Hadamar mit. Nach der Ermordung wurden die Leichen verbrannt, die Todesursachen verschleiert, die Sterbeorte fingiert. Gleichwohl ließ sich der Massenmord nicht lange vertuschen. Proteste aus der Bevölkerung sorgten dafür, dass Hitler die Tötungsaktion im Reich im August 1941 abbrach. Die „Rassehygieniker" hatten jedoch erste Erfahrungen mit systematischem Massenmord, nicht zuletzt mit dem Vergasen, gesammelt, auf die sie wenig später zurückgreifen konnten.

4.3 Der Völkermord an den europäischen Juden

So monströs diese Kriegsverbrechen und der Krankenmord auch waren: Der Kern des Nationalsozialismus zeigte sich im Völkermord an den europäischen Juden. Die systematische, von Staats wegen organisierte und seit 1941 fabrikmäßig betriebene Tötung von sechs Millionen Juden war das spezifische NS-Verbrechen, in dem die nationalsozialistische Rassenpolitik ihren Höhepunkt fand. Der „Lebensraum", der im Osten für ein deutsches Kontinentalimperium gewonnen werden sollte, musste aufgrund der antisemitischen und antibolschewistischen Grundannahmen „judenfrei" sei – wie Europa insgesamt. So irrational dies aus heutiger Sicht erscheint, so rational sollten der Erklärungsversuch und die Darstellung der Entwicklung dieses Menschheitsverbrechens sein.

Der Völkermord als Kern des Nationalsozialismus

Der hier wiederholt betonte sozialdarwinistisch überhöhte radikale Antisemitismus, der den Bolschewismus als dessen Agenten in sein Deutungsmuster mühelos integrieren konnte, lieferte die Schlüsselelemente des Weltbildes derjenigen, die sich im Zentrum der Macht befanden. Das gilt namentlich für Hitler selbst, ohne den der Genozid in Europa ebenso wenig denkbar gewesen wäre wie ohne die mehr oder minder unmittelbare Beteiligung von Millionen von Menschen – keineswegs allesamt radikale Antisemiten –, die ihrem „Führer" bereitwillig „entgegenarbeiteten". Erst Hitlers Machtübernahme, erst die Etablierung des radikalen Antisemitismus als Staatsdoktrin, rechtfertigte in letzter Instanz die vielen unterschiedlichen Beiträge zum Massenmord. Nicht dass Hitler frühzeitig, in den 1920er Jahren oder nach der Machtübernahme, die „Endlösung" geplant hätte. Dafür findet sich in den Quellen kein Beleg, wenngleich auch die extreme Möglichkeit der Tötung in Hitlers Äußerungen immer wieder durchscheint. Wie die „Judenfrage" schließlich im Einzelnen zu „lösen" war, dazu wurden zwanzig Jahre lang unterschiedliche Ideen entwickelt, die von der Vertreibung über die Umsiedlung bis zur „Vergasung" reichten. Über Hitlers Beweggründe und sein Fernziel, von dem die antijüdischen Maßnahmen nach 1933 einen Vorgeschmack gaben, darf die gelegentlich takti-

Hitlers Rolle

sche Zurückhaltung nicht hinwegtäuschen. Hitlers starke Position hing nicht davon ab, dass die Deutschen ihn vor allem wegen seines Antisemitismus bewunderten – was nicht der Fall war.

Mit Kriegsbeginn erweiterte sich der Handlungsspielraum radikal. Zudem kamen allein durch die Eroberung Polens zwei Millionen Juden unter deutsche Befehlsgewalt. Schnell wurde klar, dass der Massenmord an den Juden Hitlers Zustimmung fand und die einzelnen Tötungsaktionen unabhängig von dem konkreten Zusammenhang, der sie ermöglichte, grundsätzlich vom „Führer" gebilligt waren. Doch dass die drakonische Judenverfolgung der Friedensphase nach Kriegsbeginn auf einen Genozid hinauslaufen würde, war nicht von Anfang an ausgemacht. Aber die Radikalität des nationalsozialistischen Weltbildes, die von moralischen Bedenken ungehemmte Gewaltbereitschaft seiner Anhänger, nicht zuletzt die fehlende Bereitschaft zum Widerstand machten den Massenmord zu einer Möglichkeit, die ab 1939 grausame Wirklichkeit wurde.

Deportation im besetzten Polen 1939–1941

Zu Massakern kam es bereits in den ersten Monaten der Eroberung Polens. Wenngleich die systematischen Morde der SiPo sich gegen die polnische Intelligenz richteten, war Gewalt insbesondere gegen jüdische Frauen und Männer an der Tagesordnung. Ob SS, Polizei oder Wehrmacht: Vor den Besatzern war kein Jude sicher. Charakteristischer für diese frühe Kriegsphase sind indes Deportationen und Ghettoisierung – beides eine unmittelbare Folge der nationalsozialistischen Volkstumspolitik. Noch im Oktober 1939 begann die Deportation aus den annektierten Gebieten in den östlichen Teil des neuen deutschen Herrschaftsbereichs – was jedoch den Unwillen der Regierung des „Generalgouvernements" hervorrief und zum Versanden dieser ersten Welle Anfang 1940 führte. Ab 1941 wurden die erforderlichen Transportmittel zudem dringender für den Aufmarsch der Wehrmacht benötigt. Deutlich zeichnete sich bereits die brutale Vorgehensweise ab, die auch spätere Deportationen kennzeichnete. Dazu gehörte das Drängen der Besatzungsverwaltung auf Abschiebung, der rücksichtslose Massentransport, der den Tod in Kauf nahm, die zum Teil drakonische Reaktion deutscher Einheiten nach dem Eintreffen im Ankunftsgebiet, die einzelne Juden kurzerhand erschossen.

Ghettoisierung

Als klar wurde, dass Deportationen mittelfristig zu keinem Erfolg führen würden, gingen die deutschen Besatzer dazu über, in den jeweiligen Gebieten Ghettos einzurichten. Waren Juden 1938 zu einem Leben in sogenannten Judenhäusern gezwungen worden, entstanden nun Zwangsquartiere unterschiedlichster Art. In vielen Fällen wurden die Juden einer Stadt gezwungen, ihre Häuser zu verlassen und sich – sofern sie nicht bereits dort lebten – sämtlich in dem am dichtesten von Juden besiedelten Stadtteil niederzulassen, den Schilder dann als einen „jüdischen Wohnbezirk" auswiesen, den man nicht verlassen durfte. Mancherorts entstanden solche Ghettos erst 1942, als Zwischenstation auf dem Weg in die Todeslager. Bekannt, aber untypisch, sind die großen, ummauerten und bewachten Ghettos von Lodz (1939/40–1944) und Warschau (1940–1943). Hier lebten binnen Kurzem über 150.000 bzw. 400.000–500.000 (Mai 1941) Polen jüdischer Herkunft auf engstem Raum. So sollten sie von der nicht-jüdischen Bevölkerung getrennt werden. Der Zwangsumzug der Juden ins Ghetto erleichterte den NS-Funktionsträgern zudem die Abschiebung gen Osten. Während einige auf wirtschaftlichen Gewinn spekulierten, durch Ausraubung und Zwangsarbeit etwa, setzten radikale Funktionsträger frühzeitig darauf, dass möglichst viele Ghettobewohner infolge der dramatischen Ernährungslage und der schlechten medizinischen Versorgung zu Tode kamen. Im Ghetto Lodz starben bis Herbst 1942 rund 25.000, im Ghetto Warschau knapp 100.000 Menschen.

Zur Steuerung dieser Ghettos setzte die Besatzungsverwaltung „Judenräte" ein: zwangsweise organisierte, zunächst aus Honoratioren bestehende jüdische Vertretungen, die zum einen als verlängerter Arm der Deutschen im Ghetto dienten (und dazu auch auf eine jüdische Ghettopolizei zurückgreifen konnte), die zum anderen ihre Position nutzten, um das Leben im Ghetto ein klein wenig erträglicher zu machen. Die Judenräte, deren Rolle heute nicht unumstritten ist, erhielten auch die perfide Aufgabe, einzelne Juden als Todeskandidaten zu bestimmen. So zahlreich diese jüdischen Wohnbezirke auch wurden: Zu einer umfassenden Ghettoisierung aller Juden kam es 1940/41 nicht.

Judenräte

Der aus den 1880er Jahren stammende und nun im Auswärtigen Amt und im RSHA aufgewärmte Plan, die Juden allesamt auf die französische Inselkolonie Madagaskar zu bringen – wo unzählige gestorben wären –, blieb schon aufgrund der britischen Seehoheit ohnehin das Traumbild einiger NS-Funktionäre. Und auch die etwa von Heydrich favorisierte Option, die Juden in einem gigantischen „Judenreservat" weit im Osten zu konzentrieren oder sie hinter den Ural abzuschieben, verfing nicht. Das Risiko, rund

Madagaskar?

drei Millionen Juden europaweit in einer Region zusammenzuziehen, schien zu groß.

Verfolgung im übrigen Europa

Der Krieg verschärfte auch die Lage der Juden im Reich und in den anderen europäischen Staaten, die seit 1939/40 im Herrschaftsbereich des NS-Regimes lagen. Im Reich, wo die Juden ja bereits seit sechs Jahren unter wachsendem Verfolgungsdruck gelitten hatten, wurden sie nun weitestgehend ausgegrenzt und immer häufiger in „Judenhäusern" isoliert. In Böhmen und Mähren wurden kleinere Gemeinden aufgelöst, in Wien Hunderttausende in ein bestimmtes Stadtviertel zwangsumgesiedelt. Die Rufe in der Provinz, Juden auf die eroberten Gebiete abzuwälzen, wurden lauter. In Belgien, Dänemark, Frankreich und den Niederlanden trafen die jüdische Bevölkerung die gleichen antisemitischen Zwangsmaßnahmen, die Hitler zuvor im Reich eingesetzt hatte. Die Juden verloren ihre staatsbürgerlichen Rechte, ihr Hab und Gut, ihren Platz in der Gesellschaft. Wer ins Visier der Polizei geriet, musste damit rechnen, in ein deutsches KZ abgeschoben zu werden, wo die Überlebenschance gering war. Von einem Massenmord blieben sie jedoch bis zum Herbst 1941 verschont. Gleichwohl lässt sich bereits für diese Frühphase des Krieges 1939 bis 1941 von einem Völkermord an den europäischen Juden sprechen. Schließlich verloren Zehntausende ihr Leben – durch Deportation, Unterversorgung, Massenerschießung.

Pläne für die Vernichtung

Mit den Angriff auf die Sowjetunion am 22. Juni 1941 ging die genozidale Judenpolitik in ihre schrecklichste Phase über: den systematischen industriellen Massenmord an der europäischen Judenheit im Zeichen eines rasseideologischen Vernichtungskrieges. Genau genommen änderte sich die Lage bereits während der Planung des „Ostfeldzuges". Ungeklärt ist, ob es vor dem 22. Juni im Auftrag Hitlers einen Befehl Himmlers gab, dass SS und Polizei die sowjetischen Juden im Rücken der Front unmittelbar töten sollten. Himmler hat sich wiederholt auf einen mündlichen Befehl Hitlers zur Judenvernichtung berufen, was durchaus glaubwürdig ist, wenn man davon ausgeht, dass der auf den „Führer" fixierte Himmler die „Endlösung" nicht ohne dessen Zustimmung ins Werk gesetzt hätte. Sicher ist, dass in der NS-Führung, im RSHA und in der Wehrmacht Pläne ventiliert wurden, die auf den Massenmord an den Menschen jüdischer Herkunft in der UdSSR zielten. Auf dem sowjetischen Territorium, dass die Wehrmacht 1941/42 besetzte, lebten drei bis vier Millionen Juden, darunter die Bewohner der von der UdSSR nach dem Hitler-Stalin-Pakt annektierten baltischen Staaten Estland, Lettland, Litauen und Ostpolens. Weil das nationalsozialistische Weltbild Antisemitismus und Antibolschewismus vermengte, richteten sich Pläne zur Ermordung sowjetischer Funktionäre im Zeichen der Bekämpfung des „jüdisch-bolschewistischen" Systems immer auch gegen die Juden.

Die Einsatzgruppen der SiPo hatten höchstwahrscheinlich den Auftrag, das rückwärtige Gebiet zu sichern – was in ihren Augen dem Töten von Juden gleichkam. Je weiter das Ostheer vorrückte, desto größer wurde das System von SS, Polizei und militärischen Sicherungstruppen im Hinterland. Die drei in der UdSSR eingesetzten „Höheren SS- und Polizeiführer" (HSSPF), die Himmler direkt unterstanden – Erich von dem Bach-Zalewski (1899–1972), Friedrich Jeckeln (1895–1946) und Hans Prützmann (1901–1945) –, steuerten die Massenerschießungen durch SS und Polizei; manches Mal legten sie auch selbst Hand an. Vier Einsatzgruppen standen, wie gesagt, im Mittelpunkt: im Norden die Einsatzgruppe A, in Weißrussland B, in der Ukraine C und am Schwarzen Meer D. Sie wurden, was lange unbeachtet geblieben ist, durch Einheiten der Ordnungspolizei aufgestockt, die zumeist den HSPPF, gelegentlich auch der Wehrmacht unterstellt waren. Die „ganz normalen Männer" (Christopher R. Browning) der Polizeibataillone beteiligten sich an den Mordaktionen ganz so wie die SiPo. Das traf auch auf Brigaden der Waffen-SS zu (die SS-Kavalleriebrigade und die 1. SS-Infanteriebrigade), die insbesondere in der Nordukraine und im südlichen Weißrussland rund 35.000 bzw. 17.000 Menschen ermordete. Schließlich gehörte auch die Wehrmacht fallweise zum Mordapparat. Ohne die logistische Unterstützung der Wehrmacht-Kommandanturen hätten SS und Polizei die Massenverbrechen oft kaum begehen können; zum Teil, etwa gleich zu Beginn des Feldzugs, beteiligten sich Soldaten auch direkt an Massenerschießungen. Insgesamt fielen den Einsatzgruppen rund eine Million Menschen zum Opfer; davon starben 500.000 bereits in den ersten Monaten, im Baltikum allein 320.000 Juden. Zu den anfangs meist männlichen Opfern zählten auch jene jüdischen Rotarmisten, die in deutsche Kriegsgefangenschaft geraten waren: Rund 50.000, schätzen Historiker, wurden aufgrund ihrer jüdischen Herkunft erschossen oder der SiPo ausgeliefert. Dass auch nationalistische und antisemitische Milizen vor allem in Litauen, der Ukraine und Polen mit Duldung der Besatzungsmacht zur mörderischen Hatz auf Juden bliesen, verschlimmerte deren Lage weiter.

Erste Massenmorde in der Sowjetunion 1941

Radikalisierung des Massenmordes

Zwar waren bereits in den ersten Wochen des Ostfeldzugs vereinzelt auch jüdische Frauen unter den Opfern. Doch erst Mitte August 1941 begann die systematische Ermordung von Frauen, Männern und Kindern, die in die flächendeckende Ausrottung überging. Während von Berlin aus höchstwahrscheinlich Himmler und Heydrich mit Forderungen nach höheren Todesquoten die Mordmaschinerie antrieben, drängten die Funktionäre der Zivil- und Militärverwaltung vor Ort darauf, die zahllosen jüdischen Frauen und Kinder loszuwerden, die „unnützen Esser", die ohne den (ermordeten) Mann auf Unterstützung angewiesen waren.

Baltikum

In Litauen und Lettland ermordeten Angehörige der Einsatzgruppe täglich mehrere tausend Juden, in den Kleinstädten, aber auch in größeren Orten wie Wilnas, Kaunas und Riga. Als „Rigaer Blutsonntag" wurde jenes Massaker am 30. November und 7./8. Dezember 1941 bekannt, bei dem rund 21.000 lettische Juden getötet wurden. Ende des Jahres lebte kaum noch einer der 230.000 litauischen und 70.000 lettischen Juden. Auch in Estland, wo viele hatten fliehen können, endete mit dem Tod von 950 Menschen das jüdische Leben.

Ukraine, Weißrussland, Transnistrien

In der Ukraine setzten die deutschen Besatzer den Völkermord fort. SS- und Polizeieinheiten erschossen hier im August jüdische Frauen und Kinder. Im selben Monat markierte das Massaker von Kamenez Podolsk den Wendepunkt: Als ungarische Besatzungstruppen 14.000 Juden in diese westukrainische Stadt deportierten, ließ der HSSPF Friedrich Jeckeln 26.500 ausländische und einheimische Juden ermorden – mit Zustimmung der Heeresführung. Mit der Wehrmacht rückten die Einsatzgruppen C und D sowie Polizeibataillone vor, die ab September 1941 die jüdischen Bewohner einer Stadt ermordeten, kaum dass diese eingenommen worden war. Aus der langen Liste unvorstellbarer Massenmorde ragt das Massaker von Babij Jar heraus. Am 29. und 30. September 1941 wurden fast 34.000 Kiewer Juden in einer kleinen Schlucht im Park Babij Jar erschossen. Pioniere der Wehrmacht verdeckten anschließend die Leichenberge, indem sie die Ränder der Erdmulde sprengten. Weiter im Süden wütete die Einsatzgruppe D. Sie ermordete unter anderem in Simferopol, der Hauptstadt der Krim, Mitte Dezember rund 12.000 Menschen, ebenfalls mit Beteiligung der Wehrmacht. Ähnlich überzogen SS- und Polizeieinheiten die Städte in Weißrussland mit Mord und Terror. Noch in den weiter östlich gelegenen Gebieten, wo vielen Juden die Flucht gelungen war, kam es wie in Smolensk und Rostow zu Massenmorden, als die Wehrmacht gen Moskau marschierte. Die Juden in Transnistrien, im Besatzungsgebiet der mit den Deutschen alliierten Rumänen, erlitten das gleiche Schicksal nach ihrer Deportation aus Bessarabien und der Nordbukowina (den Rumänien zugeschlagenen Gebieten). Insgesamt verloren 600.000 jüdische Männer, Frauen und Kinder in den besetzten Gebieten der Sowjetunion bis März 1942 durch SS, Polizei und Wehrmacht ihr Leben.

Für den systematischen Massenmord an den Juden in ganz Europa stellte Hitler im Herbst 1941 die Weichen. Ende September, Anfang Oktober 1941 muss er, wie die meisten Historiker meinen, eine wie immer geartete Weisung erlassen haben, die europäischen Juden an Ort und Stelle zu töten, statt auf ein entlegenes „Judenreservat" zu setzen. Ende 1941 startete Hitler seinen Angriff auf das „Weltjudentum", wie er ihn 1939 vorausgesagt hatte. Er sah sich im Krieg gegen den jüdischen Bolschewismus auf der einen Seite und die von Juden beherrschten angelsächsischen Staaten auf der anderen. Während weit im Osten kaum Juden die deutsche Besetzung überlebt hatten, begann jetzt die koordinierte „Endlösung". Auf der sog. Wannsee-Konferenz saßen auf Einladung Heydrichs Vertreter der beteiligten Institutionen an einem Tisch, um künftige Reibungsverluste durch Kompetenzstreitigkeiten zu vermeiden. Für die „Endlösung der europäischen Judenfrage" sollte „Europa vom Westen nach Osten durchgekämmt" werden; im Protokoll vom 20. Januar 1942 war die Rede von 11 Millionen Juden. In der Villa am Berliner Wannsee wurde die „Endlösung" nicht beschlossen – der Massenmord fand ja längst statt –, sie sollte vielmehr europaweit koordiniert werden. „Die Völkerwanderung der Juden werden wir in einem Jahr bestimmt fertig haben", verkündetet Himmler vor SS-Führern in Berlin am 9. Juni 1942, „dann wandert keiner mehr. Denn jetzt muß eben reiner Tisch gemacht werden".

„Wannsee-Konferenz"

Seit September 1941 waren Juden aus dem Reich und dem Protektorat in Städte im Osten zum „Arbeitseinsatz", wie es offiziell hieß, deportiert worden; für die im Ersten Weltkrieg ausgezeichneten und über 60-jährigen Juden wurde zur Tarnung ein gesondertes Ghetto in Theresienstadt errichtet, das in Wirklichkeit als Durchgangsstation auf dem Weg in die Vernichtung diente. Ihre Ermordung war jedoch zunächst weitgehend aufgeschoben worden. Ab März/April 1942 brachen alle moralischen Dämme auch gegenüber den deutschen Juden. Die bereits deportierten Deutschen wurden im

Deportation der Juden aus dem Reich

Osten ebenso erschossen wie die einheimischen Juden; weitere Deportationen aus dem Reich folgten, teils in Ghettos, in denen zuvor polnische Juden gelebt hatten. Schließlich führten die ersten Transporte auf direktem Weg in ein Vernichtungslager, ab Ende 1942 vor allem nach Auschwitz (s. Karte 1). Im Juni 1943 war das Ziel erreicht. Im Reich lebten offiziell noch etwa 20.000 Juden: Ehepartner in „Mischehen", die allerdings wie die „Mischlinge" von der Gestapo drangsaliert wurden. Nur einigen tausenden Juden gelang es, unterzutauchen und sich versteckt zu halten. Um nur ein Beispiel zu geben: Hans Rosenthal (1925–1987), später einer der beliebtesten Entertainer der Bundesrepublik („Dalli Dalli"), überlebte ab März 1943 im Versteck einer Berliner Kleingartenkolonie, unterstützt von drei Berlinerinnen. Sein Bruder Gerd war ein halbes Jahr zuvor über Riga ins KZ Majdanek deportiert und dort ermordet worden.

„Endlösung" auf ehemals polnischem Gebiet 1942

Auf dem ehemals polnischen Gebiet spielte sich binnen kurzer Zeit der größte Teil des industrialisierten Massenmords ab. Als klar wurde, dass aus den Deportationen nach Osten wegen des Kriegsverlaufs in absehbarer Zeit nichts werden würde, drängten NS-Funktionäre auf drastische Lösungen, um die verbliebenen Juden, die arbeitsunfähigen vor allem, loszuwerden. Die Seuchengefahr, die von den Ghettos ausging, das Versorgungsproblem und das vermeintliche Sicherheitsrisiko im Rücken der Wehrmacht, dazu die Bereitschaft der Berliner Zentralen zur Radikalisierung: Diese Faktoren wirkten derart zusammen, dass der Gauleiter des Warthelandes, Arthur Greiser (1897–1946), im Dorf Kulmhof (Chełmo) ein provisorisches Vernichtungslager bauen ließ. Hier starben ab Dezember 1941 insgesamt 152.000 Menschen. Im Generalgouvernement entstanden drei weitere Vernichtungslager: im Distrikt Lublin ab November 1941 Belzec, dazu ab März 1942 Sobibor. Im Distrikt Warschau entstand nordöstlich der Stadt im Mai 1942 mit Treblinka das dritte Vernichtungslager. Güterzüge karrten täglich die Menschen, Juden vor allem, aber auch Roma, aus den geräumten Ghettos zu den Orten ihrer Ermordung. Allein nach Treblinka fuhr jeden Tag ein Todeszug mit 5000 Ghettobewohnern aus Warschau; innerhalb weniger Wochen kamen über 250.000 Menschen aus dem dortigen Ghetto, einschließlich der Kinder, ums Leben. Sie wurden in den Gaskammern durch Auspuffgase ermordet, ihre Leichen zunächst vergraben, später verbrannt. Der Lubliner SS- und Polizeiführer Odilo Globocnik – ein österreichischer Nationalsozialist, der als Gauleiter in Wien für die dortige Judenverfolgung verantwortlich gewesen war – koordinierte dieses unvorstellbare Massenverbrechen mit dem Tarnnamen „Aktion Reinhardt". In dem 1939 von der UdSSR annektierten Ostteil Polens wurden die verbliebenen Juden von Einsatzgruppen und Polizeibataillonen erschossen, die von Stadt zu Stadt zogen. Die Opfer wurden zu Exekutionsorten verbracht, wo sie sich entkleiden und an den Rand einer Grube stellen mussten, bevor sie gruppenweise getötet wurden. In anderen Fällen setzten die Täter Gaswagen ein. Zwischen Ende Juli und Mitte November 1942 verloren so über zwei Millionen Menschen ihr Leben, weit mehr als in der Phase der Einsatzgruppen bis Frühjahr 1942, weit mehr auch als in der Hochzeit von Auschwitz 1943/44. Eine Schonfrist hatten „kriegswichtige" jüdische Zwangsarbeiter, die in eigenen Lagern isoliert wurden, bevor Himmler sie ab Juni 1943 ebenfalls töten oder in Konzentrationslager überführen ließ.

Im übrigen Europa wurde der Genozid an den Juden straff organisiert. Das unterschied diesen Teil des Völkermords von den Massenverbrechen in Polen und in den besetzten sowjetischen Gebieten, die auf ein Zusammenwirken von peripheren und zentralen Kräften, von Initiativen vor Ort und Erwartungen und Forderungen aus Berlin zurückgingen. Denn für die Deportation und Ermordung der restlichen europäischen Juden lag die Federführung weiterhin im RSHA. Dort, im Referat IV, hielt insbesondere der „Referent für Judenfragen", SS-Obersturmbannführer Adolf Eichmann, die Fäden in der Hand. Zwar war der in Österreich aufgewachsene Antisemit als Regierungsrat in einer vergleichsweise niedrigen Position. Doch von seinem Berliner Schreibtisch aus wurde in Zusammenarbeit mit der Reichsbahn, die am Transport in den Tod gut verdiente, die Verschleppung in ganz Europa organisiert. Die Waggons mit den Opfern schickte der Bürokrat ganz pragmatisch zumeist in jene Vernichtungslager, die gerade Kapazitäten frei hatten: ob in Polen, im Reichskommissariat Ostland oder im Generalgouvernement. Ab Sommer 1942 hieß das Ziel meistens, ab Sommer 1943 fast ausschließlich: Auschwitz. *Adolf Eichmann im RSHA*

Seit der Jahreswende 1941/42 nahm das System der Konzentrationslager eine andere Form an. So wollte die SS sowjetische Kriegsgefangene aus den Stammlagern der Wehrmacht in ihre Lager überführen. Für die gigantischen Bauvorhaben des „Generalplans Ost" sollten massenhaft Häftlinge als Arbeitskräfte zur Verfügung gestellt werden. Zudem spielten die Lager fortan eine immer größere Rolle im Rahmen der „Endlösung". Das galt insbesondere für das *KZ Auschwitz* im Mai 1940 errichtete größte Konzentrationslager Auschwitz-Birkenau, das am Rande der Stadt Oświęcim / Auschwitz im östlichen Oberschlesien – mithin auf dem (annektierten) Territorium des Reiches – gebaut wurde; das betraf auch das bei Lublin ab Herbst 1943 errichtete Lager Majdanek im besetzten Ostpolen. Das Lager Auschwitz war im September 1941 durch ein Barackenlager in Auschwitz-Birkenau erweitert worden (Auschwitz II); seit Frühjahr 1941 entstand ein Lager des IG-Farben-Werks in Monowitz (Auschwitz III). Hinzu kam ein Geflecht von Außenlagern in ganz Oberschlesien.

Ab März 1942 schickte das RSHA die ersten Juden zur Vernichtung nach Auschwitz. Rund 700.000 Menschen, fast alle Juden, wurden gleich nach ihrer Ankunft und der „Selektion", der Trennung der zur Vernichtung bestimmten Menschen von den arbeitsfähigen, wie es hieß zur Entlausung in die als Duschräume getarnten „Gaskammern" gebracht und mit dem Schädlingsbekämpfungsmittel Zyklon B getötet. Das Gift lieferte die Degesch, eine Tochterfirma der IG Farben und der Degussa. Das Einatmen der als Gas austretenden Blausäure verhinderte nach wenigen Atemzügen die Zellatmung und führte zum inneren Ersticken. Wurden die Leichen zunächst in Massengräbern beerdigt, konnten sie ab März 1943 nach dem Bau der großen Krematorien I und II in speziellen Öfen der Erfurter Firma Topf & Söhne vor Ort verbrannt werden – jeweils an die 2000 täglich. Bis zur Befreiung des Lagers Ende Januar 1945 wurde etwa eine Million Menschen in Auschwitz ermordet.

Deportation nach Auschwitz aus anderen Staaten

Eichmann organisierte nicht nur die Deportation aus dem Reich, sondern auch aus weiteren europäischen Ländern: aus den verbündeten Staaten Kroatien und Slowakei, den besetzten Gebieten Belgien, Frankreich einschließlich Vichy, den Niederlanden und Griechenland, aus dem ehemals verbündeten Staaten Italien und Ungarn. Aus Ungarn wurden nach dem Einmarsch der Wehrmacht ab Mitte Mai 1944 binnen zwei Monaten 437.000 Juden nach Auschwitz verschleppt, wo rund 320.000 gleich nach ihrer Ankunft getötet und ihre Überreste auf freiem Feld verbrannt wurden – die letzte und zugleich größte Verschleppung zur Vernichtung.

Isolation der „Zigeuner"

Auch die Sinti und Roma (diese Selbstbezeichnung der Roma und ihrer Untergruppen hat seit den frühen 1980er Jahren in der Bundesrepublik die stigmatisierende Fremdbezeichnung „Zigeuner" abgelöst) fielen spätestens etwa zur gleichen Zeit der genozidalen Rassenpolitik zum Opfer. Seit dem Kaiserreich richteten sich die diskriminierenden Maßnahmen gegen diese ethnischen Gruppen und die sozial definierte Gruppe aller Fahrenden, wobei am Ende die Fremdbezeichnung „Zigeuner" an der Lebensweise festgemacht wurde. Der „Erlaß zur Bekämpfung der Zigeunerplage" vom 6. Juni 1936 hatte die Bestimmungen der Weimarer Republik zusammengefasst und „das dem deutschen Volkstum fremde Zigeunervolk" in rassistischen Kategorien definiert. Seit Mitte 1935 wurden Sinti und Roma am Rand der Städte, zuerst in Köln, in umzäunten und bewachten Lagern zwangsweise konzentriert. 1936 wurden in Berlin, Frankfurt am Main und Magdeburg und 1937 in Düsseldorf, Essen, Kassel und Wiesbaden sogenannte Zigeunerlager errichtet.

Seit der Einrichtung der „Reichszentrale zur Bekämpfung des Zigeunerunwesens" im Reichskriminalpolizeiamt (RKPA) und besonders seit Kriegsbeginn wurde die Radikalisierung der Zigeunerverfolgung zentral vorangetrieben. 2800 Sinti und Roma wurden am 21. und 22. Mai 1940 in Güter- und Personenzügen aus dem Reich ins Generalgouvernement deportiert. Seit Mitte 1941 wurden sie in Ghettos konzentriert, wo sie Zwangsarbeit leisten mussten. Ihr Status entsprach aufgrund entsprechender Bestimmungen für fast alle Lebensbereiche dem von Juden. Durch Arbeitszwang, „Rassentrennung" am Arbeitsplatz und fehlende Schutzvorschriften waren sie der Willkür von Unternehmen und Kriminalpolizei ausgeliefert. Weil sie aus Massenorganisationen wie der HJ und dem RAD, schließlich auch aus der Wehrmacht ausgeschlossen wurden, gerieten sie immer mehr in die gesellschaftliche Isolation. In den besetzten Gebieten wurden Sinti und Roma verfolgt und in Zigeunerlagern interniert. Sie leisteten Zwangsarbeit im Steinbruch oder in der Landwirtschaft. Andere wurden in Osteuropa Opfer von Massenerschießungen durch Einsatzgruppen und Wehrmachteinheiten.

Im Dezember 1942 gab Himmler vor dem Hintergrund der „Endlösung der Judenfrage" den Befehl, die überlebenden Sinti und Roma, rund 22.000 Männer, Frauen und Kinder, nach Auschwitz-Birkenau zu verschleppen, wo sie zunächst in einem eigenen „Zigeunerlager" hausen mussten. In Absprache mit dem Kommandanten von Auschwitz, Rudolf Höß, entschied Himmler wohl im April 1944, die arbeitsfähigen Häftlinge im Zigeunerfamilienlager auszusondern und die übrigen zu vergasen. Einen Teil der Sinti und Roma verlegte die SS daraufhin in andere KZ; alle anderen endeten in der Nacht vom 2. auf den 3. August 1944 in den Gaskammern.

Radikalisierung

Ermordung von Sinti und Roma

Nur rund 3000 der etwa 30.000 Menschen, die nach Auschwitz deportiert worden waren, überlebten. Diejenigen, die als „Mischlinge" nicht verschleppt worden waren, entgingen dank der Kriegswirren der geplanten Zwangssterilisation. Insgesamt hat der Völkermord zwischen 100.000 und 500.000 Sinti und Roma das Leben gekostet.

KZ-System   Das System der KZ umfasste 26 Lager mit weit über 500 Außenlagern. Manche KZ gingen aus dem Außenlager eines anderen KZ hervor oder auf einen anderen Lagertyp zurück. Im „Großdeutschen Reich" gehörten dazu – in der Reihenfolge ihrer Errichtung – die Konzentrationslager Dachau (bei München, 1933), Sachsenhausen (bei Berlin, 1936), Buchenwald (bei Weimar, 1937), Flossenbürg (Oberpfalz, 1938), Mauthausen (bei Linz, 1938), Ravensbrück (bei Fürstenberg/Havel, 1939), Neuengamme (bei Hamburg, 1938, seit 1940 selbstständig), Groß-Rosen (Niederschlesien, 1940/41), Mittelbau-Dora (bei Nordhausen, 1943) und Bergen-Belsen (bei Hannover), das zunächst als Stammlager für Kriegsgefangene, dann 1943 zur Internierung von Juden diente (die als Verhandlungsmasse für den Austausch mit Auslandsdeutschen galten) und schließlich ab 1944 Teil des KZ-Systems wurde. In den besetzten Gebieten existierten ebenfalls größere Konzentrationslager: Stutthof bei Danzig (KZ seit 1942), Natzweiler im Elsaß (1941) und Herzogenbusch in der niederländischen Provinz Braband. Im gesamten Zeitraum zählten die Konzentrationslager schätzungsweise zwei Millionen (registrierte) Häftlinge, von denen bis zu 900.000 infolge der Misshandlung, mangelnden Ernährung, katastrophalen hygienischen Bedingungen, durch Menschenversuche, Massenmorde oder im Zuge der „Todesmärsche" 1945 ums Leben kamen. Hinzu kommt die Zahl der Juden, die nach ihrer Ankunft in Auschwitz und Majdanek sofort ermordet wurden und gar nicht erst in den Häftlingsbereich gelangten. Die Zahl der deutschen Täter im engeren Sinn wird mittlerweile auf 300.000 geschätzt; weniger als 500 wurden in der Bundesrepublik für ihre Taten verurteilt.

4.4 Kriegswirtschaft und Zwangsarbeit

Keine Umstellungskrise   Als der Krieg begann, war das Reich auf eine Kriegswirtschaft vorbereitet. Darunter versteht man eine Wirtschaftsordnung, in der die eigene Volkswirtschaft und die der eroberten Gebiete auf die Kriegführung optimal abgestimmt werden soll, sei es durch staatliche Eingriffe in die Marktwirtschaft, sei es durch eine zentrale, planwirtschaftliche Steuerung. Wirtschaftliche Mobilmachung führt regelmäßig zu einer Konkurrenz zwischen der Bedarfsdeckung des militärischen und des zivilen Sektors. Anders als 1914 mündete der Übergang von der Friedens- zu einer Kriegswirtschaft 1939 jedoch nicht in einer Umstellungskrise. Diese Schlussfolgerung hatte nicht nur Hitler aus dem Ersten Weltkrieg gezogen: Versorgungsengpässe, Frauenarbeit und verschärfte Klassengegensätze galt es auf jeden Fall zu vermeiden, um die „Heimatfront" stabil zu halten. Das NS-Regime nahm daher viel Rücksicht auf den Lebensstandard der Volksgenossen im Kriegsalltag, um inneren Unruhen von vornherein den Wind aus den Segeln zu nehmen. Das betraf die Versorgungslage, die Kriegsfinanzierung, das Verhältnis von Konsum- und Investitionsgüterindustrie, die staatlichen Steuerungsversuche, das Verhalten der Unternehmer, die Mobilisierung von Arbeitskräften. Um diese wirtschaftlichen Seiten des Dritten Reiches im totalen Krieg geht es zunächst; danach wird die Kriegswirtschaft aus dem zentralen Blickwinkel der Zwangsarbeit beleuchtet.

Im September 1939 waren die Weichen für die „Wehrwirtschaft" längst gestellt. Auch wenn nicht alle Ziele des 1936 verkündeten Vierjahresplans unter Göring erfüllt waren: Das Regime konnte Investitionen und Rohstoffe steuern, Preise und Löhne kontrollieren und nicht zuletzt die Arbeitnehmer disziplinieren. Auf dem wichtigen Ernährungssektor waren wegen der vollständigen Selbstversorgung mit Kartoffeln, Fleisch, Zucker und Brot und dank zweier guter Ernten 1938 und 1939 kaum Probleme zu befürchten. Zudem lenkte das Regime den Markt für Verbrauchsgüter, um die Konsumchancen anzugleichen. Ab dem 1. September 1939 erhielten die Volksgenossen Fleisch, Fett, Butter, Käse, Vollmilch, Zucker und Marmelade nur auf Lebensmittelkarten, zwei Wochen später wurden auch Brot und Eier rationiert. Die militärische Expansion sorgte dann dafür, dass die Versorgung der Volksgemeinschaft bis 1944 dauerhaft gesichert war. Unter dem Druck des Reiches verdreifachten Dänemark, Frankreich und die Niederlande ihren Nettoexport (die Differenz von Aus- und Einfuhr) an Nahrungsmitteln; von 5% auf 29% stieg ihr Anteil an der Gesamteinfuhr im Reich; die Quote Südosteuropas lag 1942 bei 32%, Italiens bei 17%. Zu berücksichtigen ist dabei, dass sich die Wehrmacht aus dem Land ernährte. Auch wenn von gravierenden Versorgungsproblemen keine Re-

Konsumgüter

de sein konnte, verschlechterte sich die Lage vorübergehend im April 1942, als die Rationen für Brot, Fleisch und Fett sowie ab Juni auch für Kartoffeln erstmals deutlich gekürzt wurden. Mit dem Vormarsch in Russland verbesserte sich die Situation dann wieder.

Rohstoffe — Dagegen war die Importabhängigkeit der Rohstoffversorgung groß. Die Vorräte an Mineralöl, Nickel, Kautschuk, Eisenerz wären nach etwa 18 Monaten Kriegführung erschöpft gewesen. Ab April 1940 wurden die Deutschen immer wieder zu „Metallspenden" für die Rüstungsbetriebe aufgerufen. NSV, HJ und Schulen sammelten Alt- und Rohstoffe. Die Versorgungslage besserte sich durch den steigenden Import aus den südosteuropäischen Ländern nach Kriegsbeginn, aber auch durch die Einfuhr von Futtergetreide, Hülsenfrüchten, Erdöl, Baumwolle und Erzen aus der UdSSR als Folge des Wirtschaftsabkommens im Rahmen des Hitler-Stalin-Paktes. Insbesondere die Erweiterung des Wirtschaftsraums sicherte nun die (eigene) Versorgung mit Eisenerz unter anderem aus Schweden, Norwegen und Frankreich.

Bezahlt wurden die westeuropäischen Hersteller durch die jeweiligen staatlichen Kreditinstitute; abgerechnet werden sollte erst nach Kriegsende. Dieses System sowie die Ausgleichszahlungen der west- und nordeuropäischen Länder für die deutschen Besatzungskosten kamen faktisch einer Kriegsfinanzierung durch Auslandskredite gleich. Um die einheimischen Arbeiter zu mobilisieren, suggerierten Propagandaplakate, dass es sich um eine Arbeit „für Europa" handele, die dem Schutz der Heimat und der Familie vor dem Bolschewismus diene.

Verbrauchsgüter — Annähernd stabil blieb der Index der Verbrauchsgüterproduktion. Der Wert, der über die Herstellung von Gütern für Privathaushalte informiert, die wie Nahrungsmittel, Brennstoffe oder Medikamente im engeren Sinn verbraucht werden, lag 1939, 1940 und 1941 über dem Vorkriegswert von 1938. 1942 fiel er leicht darunter, 1943 lag er nahezu gleichauf, bevor er erst 1944 spürbar abfiel. Berücksichtigt man, dass ein Teil des Anstiegs auf die Erweiterung des Gebietes zurückzuführen ist, ging die Versorgung mit Konsumgütern pro Kopf bis 1941 wohl um ein Drittel zurück.

Kriegswirtschaftsverordnung — Die Einschränkungen zugunsten der Kriegsfinanzierung hielten sich in Grenzen. Wie im Ersten Weltkrieg lautete das Motto: Der Verlierer zahlt die Zeche. Die Kriegswirtschaftsverordnung (KWVO), die das Regime am 4. September 1939 aus der Schublade ziehen konnte, sah Zuschläge auf Bier, Tabakwaren und Branntweinerzeugnisse vor. Die KWVO führte zudem die „Sektsteuer" wieder ein, die Kaiser Wilhelm II. 1902 als Luxussteuer zur Finanzierung seiner Kriegsflotte erstmals erhoben hatte und die 1933 abgeschafft worden war. Zudem mussten Steuerpflichtige mit einem Einkommen über 2400 RM – das entsprach nur 40 % der Arbeitskräfte – einen fünfzigprozentigen Kriegszuschlag zahlen, maximal jedoch 15 % ihres Einkommens. Zuschläge für Sonntags-, Feiertags- und Nachtarbeit wurden gestrichen, die Begrenzung der Arbeitszeit auf 8 bis 10 Stunden gekippt – Maßnahmen, die nach einem Aufschrei aus der Arbeiterschaft noch im Oktober 1939 rückgängig gemacht wurden. Die KWVO setzte zudem für Kriegswirtschaftsverbrechen drakonische Strafen fest. Wer lebenswichtige Güter vernichtete, beiseiteschaffte oder zurückhielt, musste im schlimmsten Fall mit der Todesstrafe rechnen. Ein Sondergericht bestrafte jene, die Lebensmittelkarten fälschten, heimlich selbst schlachteten oder auf dem Schwarzmarkt handelten.

Da das Regime vor deutlichen Steuererhöhungen im Krieg zurückschreckte – von den 614 Mrd. RM Nettoausgaben bis Mai 1945 waren nur 185 Mrd. RM durch ordentliche Steuern gedeckt, 276 Mrd. RM durch außerordentliche Staatseinnahmen –, wurde der Krieg erneut durch Staatsverschuldung finanziert, bis die Finanzpolitik im Sommer 1944 kollabierte. Die Verschuldung verzwölffachte sich von 33 Mrd. RM am 1. September 1939 auf 393 Mrd. Anfang 1944. Weil die Kaufkraft relativ stabil blieb und das Warenangebot nicht im Verhältnis stand, verlor die Reichsmark drastisch an Wert – eine Inflation, deren Preis die Währungsreform von 1948 war. „Gewaschenes" Geld erhielt die Deutsche Reichsbank aus der neutralen Schweiz, die sich als Drehscheibe für Raubgold entpuppte. Die Schweizerische Nationalbank machte Geschäfte direkt mit Emil Puhl, dem Vizepräsidenten der Reichsbank. Um Importe wie Rüstungsgüter zu bezahlen, lieferte die Reichsbank Gold, das entweder aus den Tresoren der Nationalbanken in besetzten Ländern stammte oder von den jüdischen Opfern des Holocaust – darunter womöglich Zahngold, das regelmäßig aus Auschwitz an die Reichskasse versand wurde.

Staatsverschuldung

Von einer systematischen Planung und Steuerung der Gesamtwirtschaft konnte bei Kriegsanfang jedoch keine Rede sein. Dagegen sprach bereits das Kompetenzgerangel zwischen der Vierjahresplan-Behörde unter Hermann Göring, dem Reichswirtschaftsministerium unter Walther Funk und dem Wehrwirtschafts- und Rüstungsamt im OKW, das General Georg Thomas leitete. Das Militär wollte den

Staatlicher Dirigismus

alleinigen Zugriff auf seine Rüstungsproduktion behalten, und auch die Großkonzerne suchten staatliche Eingriffe abzuwehren. Nach seiner Ernennung zum Minister für Bewaffnung und Munition im März 1940 setzte Fritz Todt alles daran, dass die Industrie ihren kriegswirtschaftlichen Produktionsanteil erhöhte. Die Ernennung zu „Wehrwirtschaftsführern" (WeWiFü) sollte führender Unternehmer an das Regime binden und auf einen rüstungswirtschaftlichen Kurs festlegen. Zur Steuerung der Kriegswirtschaft leitete Todt fünf „Hauptausschüsse", welche die Produktion von Munition, Waffen, Panzerwagen rationalisieren sollten – das heißt die Zahl der Produkttypen reduzieren, die Produkte stärker normieren und die Herstellung am Fließband ermöglichen. Doch die Bilanz des Technokraten fiel ernüchternd aus.

Albert Speer

Der junge Architekt Albert Speer, den Hitler nach Todts tödlichem Flugzeugabsturz im Februar 1942 überraschend zu dessen Nachfolger ernannt hatte, erweiterte den Zuständigkeitsbereich des Reichsministeriums für Rüstung und Kriegsproduktion, wie es ab September 1943 hieß. Die „Zentrale Planung", ein gesamtwirtschaftlicher Planungsausschuss unter Hans Kehrl, steuerte binnen Kurzem die Verteilung von Rohstoffen, Kohle und Energie, Arbeitskräften und Transportkapazitäten. Von Hitler abgesichert, gewann Speer im Ämterdschungel des NS-Regimes rasch die Oberhand. Am 26. Juni 1943 übernahm er die Marinerüstung, erst im Frühsommer 1944 die Lufträstung. Speer setzte wie sein Vorgänger auf die „dezentralisierte Selbstverwaltung" der Wirtschaft, die in 12 Hauptringen und 21 Hauptausschüssen organisiert wurde. Nicht Funktionäre der Partei oder der Wehrmacht, sondern einzig und allein getreue Manager-Unternehmer wurden mit deren Leitung betraut. Drei Typen lassen sich unterscheiden: fachlich versierte NS-Karrieristen; Funktionäre, die Spitzenämter in der Industrie und der NS-Verwaltung verbanden; schließlich Techniker-Unternehmer wie Ernst Heinkel und Willy Messerschmitt in der Flugzeugindustrie.

„Rüstungswunder?"

Zwischen Anfang 1942 und Juli 1944 stieg der Rüstungsindex von 100 auf 322. Im Juli 1944, als die Produktivität ihren Höhepunkt erreichte, wurden fünfmal so viele Panzer hergestellt wie zweieinhalb Jahre zuvor – trotz des alliierten Bombenkrieges, der seinen Höhepunkt zur selben Zeit erreichte. Sollte man deshalb mit der NS-Propaganda von einem „Rüstungswunder" sprechen? Wirtschaftshistoriker weisen diese Mythisierung von Speers Einfluss auf die Rüstung zurück. Das vermeintliche Mirakel war vielmehr das

Ergebnis einer längerfristigen Entwicklung, für deren Höhepunkt der Lerneffekt entscheidend war. Schaut man nämlich genauer hin, wurden die Speer zugeschriebenen Rationalisierungsmaßnahmen deutlich früher oder später getroffen, oder sie blieben wirkungslos. Auch ohne Speer wäre es zu dem Anstieg der Produktivität gekommen, die Zeitgenossen im In- und Ausland so verblüffte. Die plötzliche Effizienz der Rüstungsproduktion verdeutlicht freilich auch, wie wenig das Potenzial des Reiches und der besetzten Gebiete bis dahin genutzt worden waren.

Ins Reich der Legenden gehört auch die Annahme, dass die Unternehmer bloße Instrumente bürokratischer Lenkung gewesen seien. Vielmehr wussten sie Handlungsspielräume zu nutzen, die je nach Branche und Größe des Unternehmens variierten. Allein die Konkurrenz der Beschaffungsämter der Wehrmacht öffnete manchen Freiraum. Viele Firmenchefs hielten sich zurück, weil sie bezweifelten, dass die Auftragslage, die ja von politischen Entscheidungen abhing, von Dauer sein würde. Schien vor 1939 das Ende der Aufrüstung absehbar, glaubte man nach Kriegsbeginn an einen raschen deutschen Sieg durch „Blitzkriege", später hatte man die bevorstehende Niederlage vor Augen – lauter Gründe, an bestehenden längerfristigen Unternehmensstrategien festzuhalten und bereits auf die Friedensproduktion zu schielen. Viele Unternehmer setzten ungeachtet ergiebiger Rüstungsaufträge und Einschränkungen des Außenhandels weiterhin auf das Exportgeschäft. Dass sich ein Unternehmen zu hundert Prozent auf die Wehrmacht als Abnehmer umstellte, blieb eine Ausnahme. Gleichwohl kam der Aufrüstungsboom allen zugute, deren Erzeugnisse in der Rüstungsproduktion benötigt wurden.

Kalkül der Unternehmer

Was für Industrieaktiengesellschaften galt, traf auf staatseigene Unternehmen wie die 1937 gegründeten „Reichswerke Hermann Göring" freilich nicht zu. In dieser Rechtsform regelte nicht die Profiterwartung, sondern die Entscheidung der Staatsführung die Entwicklung der Produktion. Die Reichswerke, die 1937 in Salzgitter für Erzbergbau und Verhüttung gegründet worden waren, entwickelten sich ab 1939 zum größten Wirtschaftsunternehmen Europas, weil sie ausländische Großkonzerne mit Gewalt aufsaugten. Im April 1944, bei ihrer Befreiung, machten die 40.000 Zwangsarbeiter 40 % der Belegschaft aus.

Reichswerke Hermann Göring

Der Krieg brachte auch die ökonomischen Ressourcen der besetzten Gebiete unter die Kontrolle des NS-Regime, das diese wiede-

„Großraum- wirtschaft"

rum für die Durch- und Fortführung der militärischen Expansion benötigte. Nach einer kurzen Phase der Ausplünderung setzte die Führung darauf, die jeweiligen Industrien planvoll auszubeuten, um die deutsche Kriegswirtschaft längerfristig zu stützen. Unternehmensstrategien standen fortan im Zusammenhang einer neuen europäischen „Großraumwirtschaft". Die Handlungsmöglichkeiten und damit das Kalkül deutscher Unternehmer im Ausland hingen ab von der Art des jeweiligen Besatzungsregimes zwischen Annexion und Teilsouveränität. Während dies in Osteuropa undenkbar war, entwickelten sich beispielsweise trotz ungleicher Machtverhältnisse Kooperationen mit französischen Unternehmen. Im technologisch entwickelten Frankreich ließen sich auch Produktionsmittel wie Fabriken und Maschinen abschöpfen, um die eigenen Kapazitäten zu erweitern. Die in der Rüstungsproduktion tätige Automobilindustrie ist ein Beispiel. So beschaffte die Auto Union – zu der sich die kleineren Hersteller Audi, DKW, Horch und Wanderer 1932 zusammengeschlossen hatten – französische Maschinen, um im Reich Panzermotoren herzustellen. Um ihre Marktanteile zu vergrößern und mit der Konkurrenz im Reich und im Ausland mitzuhalten, warfen Unternehmen moralische Bedenken allzu oft über Bord und profitierten von einer verbrecherischen Besatzungspolitik. Letztlich entschied jedoch die Unternehmensführung, inwieweit man sich an dem verbrecherischen, mörderischen Raubzug der Nationalsozialisten beteiligte.

Zwangsarbeit — Fest steht, dass das bis zum Herbst 1944 hohe Niveau der Versorgung im Dritten Reich auf der rücksichtslosen Ausplünderung des besetzten Europas beruhte und die Steigerung der Produktion weniger auf deren Rationalisierung zurückzuführen war als auf die menschenverachtende Ausbeutung von Arbeitskräften. Der Krieg hätte nicht fortgesetzt werden können ohne die zwölf Millionen Menschen aus (nahezu) ganz Europa, die für das Dritte Reich Zwangsarbeit geleistet haben: ausländische Zivilarbeiter, Kriegsgefangene, KZ-Häftlinge, Häftlinge aus Gestapolagern, Juden, Sinti und Roma. Zum Vergleich: Das entspricht der Zahl der Afrikaner, die in 350 Jahren des atlantischen Sklavenhandels nach Amerika verschleppt worden sind. Allein im Sommer 1944 gab es 7,6 Millionen ausländische Arbeitskräfte, darunter mehr als 1,9 Millionen Kriegsgefangene und 5,7 Millionen zivile Arbeiterinnen und Arbeiter, zumeist aus Polen und der Sowjetunion. Etwa zweieinhalb Millionen dieser „Zwangsarbeiter" (wie die erst später gängige

Bezeichnung lautet), vor allem sowjetische Kriegsgefangene und KZ-Häftlinge, sind zwischen 1939 und 1945 im Reich ums Leben gekommen.

Die Entscheidung für den Einsatz von „Fremdarbeitern" im Reich war zugleich eine Entscheidung gegen die ideologisch nicht minder problematische Ausweitung der Frauenarbeit. Die nahm in den ersten Kriegsjahren noch ab: von 14,6 Millionen erwerbstätigen Frauen Ende Mai 1939 über 14,4 Mio. im Jahr 1940 auf 14,1 Mio. 1941. Erst 1942 lag die Quote auf dem Niveau von 1940, und erst 1943 überstieg sie mit 14,8 Mio. den Stand vor Kriegsbeginn geringfügig. Der Höchststand wurde 1944 erreicht mit 14,9 Mio. erwerbstätigen Frauen – deutlich weniger als in Großbritannien und den USA. Frauenarbeit

Ohne die Zwangsarbeiter – im Reich selbst wie in den besetzten und kontrollierten Gebieten – hätte sich der Lebensstandard für die deutsche Bevölkerung nach 1939 deutlich verschlechtert. Zwangsarbeit stand nur auf den ersten Blick in der Tradition des späten 19. Jahrhunderts, ausländische Saisonarbeiter anzuwerben. Sie war auch nicht bloß eine Folge- oder gar Randerscheinung des Krieges, sondern nachgerade ein Element der nationalsozialistischen Gesellschaftsordnung. Die Zwangsarbeit ließ die nach völkischem Ordnungsdenken formierte Gesellschaft erahnen, in der die arische Herrenrasse auf Millionen entrechteter Sklavenarbeiter zurückgreift. Von den rasseideologischen Wurzeln nationalsozialistischer Zwangsarbeit, die vermeintlichen „Herrenmenschen" zur Ausgrenzung von „Untermenschen" diente, war bereits die Rede. Zwangsarbeit und NS-Ideologie

Für die Geschichte des Dritten Reiches ist das Kapitel Zwangsarbeit aus einem weiteren Grund aufschlussreich: Das Verhältnis der Zwangsarbeiter zu den Deutschen war nicht auf den Kontakt zu Funktionären des Regimes beschränkt. Zwangsarbeiter und Zwangsarbeiterinnen prägten den Kriegsalltag der Deutschen und waren spätestens ab 1942 nicht zu übersehen, weder im Reich noch in den besetzten Gebieten. Insofern beleuchtet Zwangsarbeit nicht nur eine politische und militärische, sondern vor allem auch eine gesellschaftliche Dimension des Dritten Reiches.

In den ersten Jahren der NS-Herrschaft wurden vor allem die in den Straf- und Konzentrationslagern inhaftierten politischen Gegner systematisch zur Zwangsarbeit eingesetzt. „Erziehung durch Arbeit" lautete die verharmlosende Propagandaparole, die den „arischen" Häftlingen galt. Darauf verwies auch der zynische Leitspruch „Arbeit macht frei", der früh die Tore der KZ Dachau, Sach- Frühformen der Zwangsarbeit senhausen und Flossenbürg zierte. Bereits seit 1933 hatten KZ-Häftlinge im niedersächsischen Emsland beim Trockenlegen der Moorlandschaft härteste Arbeit zu leisten; bis 1945 kamen rund 30.000 Menschen in den Emslandlagern um. Seit 1936/37 hatte die SS Häftlinge in ihren eigenen Unternehmen, vor allem im Bergbau und in Ziegeleien, schuften lassen. Die Konzentrationslager erhielten eine wirtschaftliche Funktion. Bereits ein Jahr vor Kriegsbeginn, als die meisten Juden aufgrund der Ausgrenzung ihre Arbeit verloren hatten, nutzten Kommunen die Möglichkeit, die auf Unterstützung Angewiesenen als Arbeitskolonnen auf Baustellen einzusetzen – im „geschlossenen Arbeitseinsatz" von Juden, wie es in den Richtlinien von 1938 hieß.

Zwangsarbeit in den besetzten Gebieten

Der Kriegsverlauf führte zur Ausweitung und ab 1941/42 zur Radikalisierung der Zwangsarbeit. Als die Wehrmachtsoldaten Richtung Osten vorrückten, folgten ihnen nicht nur die Einsatzgruppen und die Zivilverwaltung, sondern auch die Repräsentanten deutscher Unternehmen. Sie hielten in den besetzten Gebieten, vor allem in Polen und der UdSSR, Ausschau nach geeigneten Betrieben, die sie sich einverleiben konnten, bauten eigene Filialen auf und beuteten Einheimische als billige Arbeitskräfte aus. Arbeitsämter nahmen dazu als erste deutsche Dienststellen ihre Tätigkeit auf. Zum einen erfassten sie sämtliche Arbeitskräfte; nur wer registriert war, erhielt auch Lebensmittelmarken. Zum anderen dienten die Arbeitsämter der Kontrolle und Bestrafung der einheimischen Bevölkerung; sie legten fest, wer für die Besatzer als Arbeitskraft nützlich und wer nutzlos erschien.

Daimler-Benz, IG Farben

In Minsk zum Beispiel betrieb die Daimler-Benz AG ein Reparaturunternehmen für Wehrmacht-Kraftfahrzeuge. Mit 5000 Beschäftigten, darunter Kriegsgefangene, Einheimische und Menschen, die aus Weißrussland verschleppt worden waren, galt die mit Unterstützung der Organisation Todt (OT) errichtete Firma als eine der größten Osteuropas. In Auschwitz-Monowitz (Auschwitz III) unterhielt das seinerzeit größte Chemieunternehmen, die I.G. Farbenindustrie AG (oder kurz: IG Farben) mit Sitz in Frankfurt am Main, ein Nebenlager. Hier musste der Großteil der deportierten Juden, die als arbeitsfähig eingestuft worden waren, für den Bau eines gewaltigen Werkes zur Produktion von synthetischem Bunakautschuk schuften. Wer nicht mehr arbeitsfähig war, den tötete die SS im nahegelegenen Lager Auschwitz-Birkenau; 20.000 bis 25.000 Menschen kamen dabei ums Leben. Die Aktiengesellschaft Reichswerke

Hermann Göring, bei der 1941 40.000 Zwangsarbeiter 40% der Belegschaft ausmachten, wurde bereits erwähnt.

Die Arbeitskraft der Einheimischen galt als Kriegsbeute. Um die Lücken zu stopfen, welche die Einberufungen zur Wehrmacht in der Kriegswirtschaft aufgerissen hatten, verschleppten die deutschen Besatzer, teils mit Hilfe einheimischer Kollaborateure, Millionen Menschen zur Zwangsarbeit ins Reich. Die meisten stammten aus Polen, der UdSSR und Frankreich. Firmen, die billige Arbeitskräfte benötigten, meldeten ihren Bedarf bei den Arbeitsämtern an. Zum „Generalbevollmächtigten für den Arbeitseinsatz" (GBA) ernannte Hitler im März 1942 Fritz Sauckel, den Gauleiter von Thüringen. Er gab der Arbeitsverwaltung und der Besatzungsverwaltung die jeweiligen Quoten vor. Die sowjetischen Kriegsgefangenen waren für die Zwangsarbeit zunächst nicht infrage gekommen. Nach der NS-Ideologie schien die Vorstellung geradezu absurd, die rassisch minderwertigen „slawischen Untermenschen" aus Ost- und Südosteuropa ins Kernland der deutschen „Volksgemeinschaft" zu bringen und deren „Reinheit" und Sicherheit zu gefährden. Erst Ende Oktober 1941 entschied sich Hitler aus schierer wirtschaftlicher Notwendigkeit um. Als klar wurde, dass mit einem raschen Ende des Krieges in Osteuropa nicht zu rechnen war, wirkte sich der Arbeitskräftemangel im Reich immer stärker aus. Deshalb stieg seit 1942 der Anteil ausländischer Zwangsarbeiter insgesamt deutlich an.

Arbeitskraft als Kriegsbeute

Bei der Erfüllung der Quoten gingen die Besatzungsverwaltungen je nach Ort und Zeit unterschiedlich vor. In Frankreich warben die Arbeitsämter zunächst um „Freiwillige". Als der erhoffte Erfolg ausblieb, wurde der Druck im Sommer 1942 erhöht mit dem Propaganda-Versprechen, für je drei Freiwillige einen französischen Kriegsgefangenen freizulassen („relève", dt. Ablösung). Schließlich sorgte ab Februar 1943 der Pflichtarbeitsdienst („Service du travail obligatoire", STO) des Vichy-Regimes dafür, dass französische Facharbeiter in den „Reichseinsatz" zogen. Angesichts der drohenden Zwangsarbeit unter schlechten Arbeits- und Ernährungsbedingungen fern der Heimat gingen nicht wenige Franzosen in den Untergrund und schlossen sich dem Maquis an.

Rekrutierung und Transport

In Osteuropa gingen die Mitarbeiter, von Polizei und Wehrmacht unterstützt, von Anfang an mit Gewalt vor. In Großstädten wie Warschau, später auch Minsk oder Kiew gingen Arbeitsamt und Polizei mit Razzien auf Menschenjagd. Wer keine kriegswichtige Tätigkeit nachweisen konnte oder auch nur ein Opfer der Willkür wurde, fand sich unvermittelt auf einem LKW wieder, der ihn ins Reich verfrachtete. Eingepfercht in verschlossenen Viehwaggons, gelangten Tausende Frauen und Männer jeden Tag aus der besetzten Ukraine ins Reich, häufig bewacht von Wehrmachtsoldaten auf dem Weg in den Heimaturlaub. Ähnlich brutal verfuhren die Besatzer seit 1943 auch in den Niederlanden, Italien und Frankreich. Täglich erreichten Züge mit ausländischen Frauen, Männern und Kindern die Durchgangslager im Reich wie etwa Berlin-Wilhelmshagen. Hier wurden sie desinfiziert, registriert und auf die jeweiligen Einsatzorte verteilt. In manchen Fällen konnten sich Firmenvertreter Arbeitskräfte gleich vor Ort wie auf einem Sklavenmarkt aussuchen.

Formen der Zwangsarbeit

Die „Fremdarbeiter" arbeiteten in der Landwirtschaft, in Bauunternehmen, im Bergbau, in Rüstungsbetrieben, im Handwerk und in Privathaushalten. In der Landwirtschaft lebten die Zwangsarbeiter – vor allem polnische und sowjetische Zivilarbeiter/innen und französische Kriegsgefangene – auf den Höfen in engem Kontakt zu den Bauern, die ihre Verfügungsgewalt zum Guten wie zum Schlechten nutzten. Ab 1943 machten Ausländer über die Hälfte der Arbeitskräfte auf dem Lande aus. Teils wurden ganze Familien verschleppt und, spätestens seit 1943, auch kleine Kinder für den „Reichseinsatz" herangezogen, vor allem in der Landwirtschaft.

Besonders hart war die Arbeit in der Bauwirtschaft, wo Baufirmen Bunker errichteten oder für Rüstungsfabriken arbeiteten. Ein Drittel der Beschäftigten bestand 1944 aus Zwangsarbeitern, die häufig nahe der Baustelle in Baracken lebten; 12.000 schufteten allein in Thüringen bei der Errichtung eines unterirdischen Flugzeugwerkes. Ein Beispiel für die Zwangsarbeit in der Rüstungsindustrie ist BMW. Der neben Junkers und Daimler-Benz größte deutsche Flugmotorenhersteller erhielt zahlreiche Großaufträge aus dem Reichsluftfahrtministerium. Rund 90 % der Arbeitskräfte im Werk II in München-Allach, dem größten Werk des Luftfahrtkonzerns, waren gegen Kriegsende Zwangsarbeiter, darunter mehrere Tausend KZ-Häftlinge. Zwangsarbeit mussten auch jene Häftlinge leisten, die im KZ Mittelbau-Dora in Thüringen auf den Baustellen für die Erweiterung des unterirdischen Raketenwerks oder in der Raketenmontage schufteten, wo Rüstungsminister Speer die „Vergeltungswaffe" V2 produzieren ließ. Andere arbeiteten beispielsweise beim Bau und der Instandhaltung einer Nachschublinie der Wehrmacht, der „Durchgangsstraße IV" durch Ostpolen und die Ukraine, bei der

Errichtung von Straßen und Eisenbahnlinien in Norwegen oder von Bunkern und Sperranlagen des „Atlantikwalls", der von Norwegen bis Frankreich reichen und eine alliierte Landung verhindern sollte. Hunderttausende Menschen aus den verschiedensten besetzten Gebieten setzte die OT als Zwangsarbeiter auf ihren Baustellen ein. Die Arbeit in einem Bergwerk eignete sich in den Augen des RSHA besonders für die „Ostarbeiter", weil die sowjetischen Kriegsgefangenen hier getrennt von deutschen Arbeitskräften eingesetzt werden konnten.

Die harte Arbeit mit einfachem Gerät, die Misshandlung durch Vorarbeiter und Wachmänner, die schlechten hygienischen Bedingungen machten die Zwangsarbeit zu einer lebensbedrohlichen Angelegenheit. Zwangsarbeiter litten in der Regel an Unter- und Mangelernährung. Polnische und sowjetische Arbeiter erhielten die geringsten Rationen; westeuropäische Kriegsgefangene und Zivilarbeiter bekamen etwas mehr und durften Pakete aus der Heimat empfangen. Über jedem schwebte wie ein Damoklesschwert das Risiko, erschossen zu werden, sobald die Arbeitskraft schwand. Widerstand gegen die Zwangsrekrutierung – Anschläge auf Arbeitsämter, warnende Flugblätter, Bestechung und Flucht – blieb in allen besetzten Ländern nicht aus, streute Sand ins Getriebe der OT, ohne die Deportationen verhindern zu können.

Die Gestapo sorgte durch ständige Überwachung und teils brutale Strafen für die gewünschte Arbeitsdisziplin und den Abstand zur deutschen Bevölkerung. „Wer sich gegen die deutschen Kriegs- und Sittengesetze vergeht, wird aufgehängt", hieß es etwa 1942 auf einem Plakat in Nürnberg, das die Hinrichtung polnischer Zwangsarbeiter ankündigte. Zur Abschreckung fanden Exekutionen zuweilen öffentlich statt. Die Sicherheitsbehörden des RSHA konnten nicht nur auf das deutsche Wachpersonal in den Lagern und die örtlichen Schutzpolizisten zählen, sondern auch auf Spitzel und Denunzianten.

Terror und Disziplinierung

Der Disziplinierung vor allem von ausländischen „Arbeitsunwilligen" diente auch die temporäre Inhaftierung in einem „Arbeitserziehungslager" (AEL). 1944 existierten rund 200 dieser (Arbeits-)Straflager im Reich und in den besetzten Gebieten. Zuständig war die örtliche Gestapo, die nicht selten mit interessierten Firmen kooperierte. Für Frauen gab es eigene Lager wie etwa das AEL Fehrbellin. Schätzungsweise die Hälfte der ausländischen Zivilarbeiter und -arbeiterinnen wurde wegen „Bummelei", Sabotage oder eines

Arbeitserziehungslager

Fluchtversuchs in ein AEL eingewiesen und verbrachte dort Wochen unter KZ-ähnlichen Bedingungen.

Unterschiedlicher Umgang mit den Zwangsarbeiter/innen

Im Reich entwickelte sich rasch eine Hierarchie der Ausländer nach rasseideologischen Kriterien. Ganz oben – unterhalb der deutschen „Herrenmenschen" – standen die Nord- und Westeuropäer, weiter unten die Polen und sowjetische Arbeitskräfte (die „Ostarbeiter"), am Ende schließlich „Zigeuner" und Juden. Einen schlechten Stand hatten auch die bereits erwähnten etwa 600.000 Italienischen Militärinternierten (IMI), die nach dem Bruch des deutsch-italienischen Bündnisses 1943 ins Reich und in die besetzten Gebiete gebracht wurden. Da sie in Hitlers Augen keine Kriegsgefangenen waren, standen sie nicht unter dem Schutz der Genfer Konvention. Das zuständige RSHA erließ strenge Bestimmungen, die zu enge Kontakte zwischen Deutschen und Zwangsarbeitern verhindern oder begrenzen sollten. Polen, „Ostarbeiter" und Juden durften sich nicht frei bewegen; sie waren durch spezielle Kennzeichnen an der Kleidung leicht erkennbar. Wurden schwangere Frauen aus Polen und der UdSSR in den ersten Kriegsjahren noch zurückgeschickt, mussten sie angesichts des verschärften Arbeitskräftemangels ab 1943 Zwangsabtreibungen erdulden oder zusehen, wie Ihnen die Neugeborenen weggenommen und in „fremdvölkische Kinderheime" gebracht wurden, wo die meisten zu Tode kamen.

Der einzelne Volksgenosse hatte durchaus einen Handlungsspielraum im Umgang mit Zwangsarbeitern. Das Propagandaplakat etwa, das die Deutschen aufforderte, mit den Fremden nicht am selben Tisch zu speisen, zeigte sowohl den rigiden Ausgrenzungswillen als auch den offenkundigen Regelungsbedarf. Die Bandbreite möglichen Handelns reichte von aktiver Beteiligung an Verbrechen bis zur offenen Auflehnung. Dazwischen lagen Formen der passiven Duldung, der unauffälligen Verweigerung, der Anteilnahme und Unterstützung. Um sexuelle Kontakte von „fremdvölkischen" Arbeitskräften zu deutschen Frauen zu vermeiden, ordnete das Zentralbüro der Deutschen Arbeitsfront (DAF) im Dezember 1941 die Einrichtung besonderer Bordelle an, in denen ausschließlich ausländische (Zwangs-)Prostituierte arbeiteten.

Arbeit zwischen „Ehrendienst" und Ausbeutung

Arbeit besaß im Dritten Reich offenkundig entgegengesetzte Bedeutungen. Einerseits zeichnete Arbeit die Arier aus. „Arbeit adelt" – so lautete das Motto des RAD; die Leistung der „Arbeitsmänner" galt als „Ehrendienst am Deutschen Volk", und durch seine eigene Arbeitsleistung trug jeder Deutsche zur Volksgemeinschaft bei. Arbeiter und Soldaten galten im Sinne dieser Ideologie als deren Leistungsträger; „Arbeitsscheue" als ihre Feinde. Andererseits diente Arbeit im Fall der „Gemeinschaftsfremden" zu deren Ausgrenzung, Entwürdigung, Vernichtung. Ihre Arbeitskraft war eine Kriegsbeute, die zugunsten der Herrenmenschen ausgebeutet wurde. Andere für sich arbeiten lassen zu können war ein Zeichen der Überlegenheit vor allem dort, wo die erzwungene Arbeitsleistung sinnlos war. Auch deshalb wurden Wiener Juden nach der Annexion 1938 dadurch schikaniert, dass sie unter dem Gelächter der Menge mit Zahnbürsten NS-feindliche Sprüche entfernen mussten („Reibaktionen"). Zwangsarbeit war kein Geheimnis. Die Demütigung, Ausbeutung und „Vernichtung" rechtloser Menschen durch aufgezwungene Arbeit war ein öffentliches Verbrechen.

4.5 Widerstand

Widerstand blieb eine Ausnahme und konnte die Führer-Diktatur nie erschüttern, geschweige denn beenden. Dennoch ist die Geschichte des Widerstands nicht nur bedeutsam, weil die wenigen, die sich dem Regime widersetzten, heute unseren Respekt verdienen. Sie zeigt auch, dass es Handlungsalternativen gab und lenkt deshalb unseren Blick auf Schlüsselfragen der Geschichte des Dritten Reiches: Woher kamen die Oppositionellen und wie verhielten sie sich? Welche Handlungsspielräume gab es zu bestimmten Zeitpunkten? Wie verhielt sich das Militär?

Ein Oppositioneller war in den Augen der NSDAP jeder, der sich ihrem weltanschaulichen Alleingültigkeitsanspruch nicht unterwarf. Der Umkehrschluss indes führt in die Irre. Nicht jedes nonkonforme Verhalten ist als Widerstand im engeren Sinne einzustufen. Auf der Skala des nonkonformen Verhaltens lassen sich vier Formen unterscheiden. Wer mit dem Regime unzufrieden war, verhielt sich in kleinem Kreise hin und wieder „abweichend" – durch ein kritisches Wort in der Familie, den Einkauf in einem jüdischen Geschäft, die Verweigerung des Hitler-Grußes. Einen Schritt weiter ging, wer sich öffentlich regimekritisch verhielt, indem er zum Beispiel am Stammtisch Hitler-Witze riss. Eine weitere Steigerung war der offene Protest: das Verteilen regimekritischer Flugblätter etwa oder die Unterstützung verfolgter Juden. Der letzte Schritt war ein Widerstandshandeln, mit dem im äußersten Fall das eigene Leben

Formen nonkonformen Verhaltens

aufs Spiel gesetzt wurde, etwa durch einen Sabotageakt oder schließlich durch ein Attentat.

Georg Elser: ein Einzeltäter

Dass die Geschichte des Widerstandes zwischen 1933 und 1945 keinen „roten Faden" hat, es vielmehr ganz unterschiedliche Akteure und Handlungsformen gab, zeigt zunächst der Fall eines lange verkannten Einzeltäters. Ganz allein hatte der Tischler Johann Georg Elser, ein Kriegsgegner, das Sprengstoffattentat vom 8. November 1939 im Münchener Bürgerbräukeller vorbereitet. Es scheiterte, weil Hitlers Rede zum Jahrestag des Putsches von 1923 kürzer ausfiel als vermutet und er den Saal bereits verlassen hatte, als der Sprengkörper die Decke zum Einsturz brachte. Hitler ließ Elser später noch in letzter Minute, am 9. April 1945, im KZ Dachau erschießen. Die NS-Propaganda wähnte den britischen Geheimdienst hinter dem Anschlag; dass es die Tat eines Einzelnen war, der sich angesichts Hitlers Kriegstreiberei zum Handeln entschlossen hatte, glaubte seinerzeit – und auch lange nach 1945 – kaum jemand. Eher fürchtete man organisierten Protest auch von innen.

KPD und SPD

Dem nationalsozialistischen Welt- und Feindbild entsprechend, unterdrückte das Regime zunächst jede „marxistische" Opposition. Die lehnte ihrerseits den Nationalsozialismus aus ideologischen Gründen ab, saß jedoch zunächst der Fehleinschätzung auf, dass die NS-Herrschaft in Kürze zusammenbräche. Zugleich zogen die Kommunisten gegen die Sozialdemokraten zu Felde. Für sie bildeten die „Sozialfaschisten" – so lautete ihr Kampfbegriff – nur den gemäßigten Flügel des Faschismus und kämpften mit verdecktem Visier für dieselben kapitalistischen Ziele. Nach dem Parteiverbot mussten die KPD-Mitglieder Hals über Kopf abtauchen oder emigrieren. Als sich dann auch noch beide Diktatoren im Hitler-Stalin-Pakt die Hand reichten, erlitten die Kommunisten einen herben Schlag; erst nach dem Angriff auf die Sowjetunion im Juni 1941 stimmten die Fronten wieder. Als der Vormarsch 1941 ins Stocken geriet, formierten sich in den ehemaligen Hochburgen der KPD, in Berlin, Hamburg, Sachsen und im Rhein-Ruhr-Gebiet, kommunistische Kadergruppen. Die Gestapo blieb den Kommunisten dicht auf den Fersen: Bis zu 20.000 fielen ihr zum Opfer, während ihnen in der UdSSR Stalins Säuberungsaktionen drohten. Das besondere Problem des kommunistischen Widerstandes lag darin, ein autoritäres Regime durch ein anderes ablösen zu wollen.

Die Sozialdemokraten waren mehrheitlich weder willens noch in der Lage, das NS-Regime aus dem Untergrund heraus zu bekämpfen. Der SPD-Vorstand ging ins Exil: zunächst nach Prag (bis 1938), dann nach Paris (bis 1940); einzelne Mitglieder gingen nach der Auflösung der SOPADE 1940 in Lissabon schließlich nach Großbritannien und in die USA. Mit Beginn des Krieges waren die Verbindungen zu den emigrierten Genossen im Ausland weitgehend gekappt. Der Vorstand hielt von außen lose Verbindungen zu einzelnen Sozialdemokraten. Einige schlossen sich dem Kreis jener Oppositionellen an, die das Attentat vom 20. Juli 1944 planten, darunter Julius Leber, Carlo Mierendorff, Wilhelm Leuschner und Adolf Reichwein. Doch weder die Kommunisten noch die Sozialdemokraten konnten der NS-Diktatur wirklich gefährlich werden.

Die beiden großen sozialen Organisationen, die ihren Mitgliedern auch in der Diktatur und während des Krieges einen eigenen, wenngleich kleinen Handlungsspielraum eröffneten, waren die Amtskirchen. Stand ihr christliches Wertesystem nicht in einem krassen Gegensatz zur menschenverachtenden Pseudoreligion des nationalsozialistischen Regimes? Hitler sah im Krieg die Gelegenheit, den Einfluss des Christentums zurückzudrängen. Er erhöhte den Druck auf die Kirchen durch Gottesdienstverbote, Auflösung von Klöstern und kirchlichen Anstalten, Verschleppung von Geistlichen in die KZ. Zwar boten die Kirchen in einer weitgehend „gleichgeschalteten" Öffentlichkeit Freiraum für christliche Lebensformen jenseits der NS-Propaganda und zum Teil im Widerspruch zum Nationalsozialismus; zwar zeigte sich das katholische Milieu in den ersten Jahren des Reiches relativ lange resistent gegen den Sog der Indoktrination; zwar gab es Protestaktionen etwa der Bekennenden Kirche gegen Maßnahmen deutsch-christlicher Kirchenregierungen, des am 21. September 1933 gegründeten Pfarrernotbundes gegen die Einführung des Arier-Paragraphen in der evangelischen Kirche oder gegen die Absetzung der Landesbischöfe der Evangelischen Kirche in Bayern, Hans Meiser, und in Württemberg, Theophil Wurm. Doch zu aktiver Opposition haben sich weder die katholische noch die evangelische Kirche als Institutionen in entscheidenden Momenten entschließen können. Nicht Umsturz des Regimes lautete das Credo der Verantwortlichen, sondern Bewahrung des christlichen Lebens unter den Bedingungen des Regimes. Tatsächlich behielt die Katholische Kirche formal ihre Unabhängigkeit. Bei Kriegsbeginn riefen Bischöfe zur nationalen Geschlossenheit auf, zu Vernichtungskrieg und Völkermord aber schwiegen sie. Auf protestantischer Seite wirkte das obrigkeits-

Amtskirchen

staatliche Denken angesichts einer 400-jährigen Geschichte des Bündnisses von Thron und Altar wie ein Hemmschuh.

Protest gegen Krankenmord

An der Kapitulation des Katholizismus änderte auch das widerständige Verhalten Einzelner nichts, das freilich umso beeindruckender hervorsticht. So gab es einzelne Aufrufe zu zivilem Ungehorsam, insbesondere in Hinblick auf die Tötung von Behinderten und unheilbar Kranken. Das gilt für den Bischof von Münster, Clemens August Graf von Galen, der von der Kanzel gegen den organisierten Mord an Altersschwachen und Geisteskranken („Euthanasie") die Stimme erhob. „Du sollst nicht töten" klang es im März 1942 von Kanzeln in West- und Süddeutschland, als ein dem Reichskanzler übermitteltes „Hirtenwort", das man mit der Bekennenden Kirche zusammen verfasst hatte, ohne Antwort blieb. Der württembergische Landesbischof Wurm beschwerte sich ab 1940 wiederholt über den Mord an Patienten von Heil- und Pflegeanstalten, bis er 1944 mit einem Rede- und Schreibverbot belegt wurde.

Christen im Widerstand

Der Schritt in den aktiven Widerstand, den wenige kirchliche Würdenträger wagten, war eine individuelle Glaubens- und Gewissensentscheidung. Zu denen, die für eine neue Staats- und Gesellschaftsordnung ihr Leben riskierten, gehörte Dietrich Bonhoeffer, bis 1937 Leiter des Predigerseminars der Bekennenden Kirche. Über seinen Schwager Hans von Dohnanyi fand er Zugang zum Zentrum der Verschwörung gegen Hitler. Nach zweijähriger Haft wurde er im Februar 1945 im KZ Flossenbürg erschossen. Der Berliner Bischof Konrad Graf von Preysing rief 1940/41 die Bischöfe zur Abwehr des Nationalsozialismus auf. Wo es darüber hinaus Widerstand gab, wirkte der christliche Glaube nicht selten als eine Antriebskraft, wobei die Diktatur- und Kriegserfahrung die religiöse Bindung zuvor verstärkt haben mochten.

Weiße Rose

Wenn weder die NS-feindlichen Parteien noch die christlichen Amtskirchen eine Gefahr für die Führerdiktatur bildeten, wie wirkungslos musste dann erst das Protestverhalten einzelner Jugendlicher bleiben? Als Kontrapunkte der massenhaften Konsensbereitschaft sind die Ausdrucksformen einer oppositionellen Jugendkultur gleichwohl bedeutsam – vom moralischen Wert der Zivilcourage in Zeiten des organisierten Massenmordes zu schweigen. Dazu gehörte die „Weiße Rose", eine kleine Gruppe Jugendlicher um Hans und Sophie Scholl, Willi Graf und den Philosophen und Psychologen Kurt Huber, die im Münchener Raum zwischen Juni 1942 und Februar 1943 angesichts des NS-Terrors, den einige in

Polen mit angesehen hatten, mit Flugblättern Stimmung gegen den Nationalsozialismus zu machen suchten. Am 18. Februar 1943 wurde Sophie Scholl verhaftet, als sie in der Münchener Universität nach der Niederlage von Stalingrad die Kriegführung kritisierte. Mit anderen Mitgliedern der Weißen Rose wurde sie kurz darauf ermordet.

Die „Swing-Jugend" provozierte in Großstädten wie Frankfurt am Main, Berlin, Hamburg und auch in Wien – hier sprach man von „Schlurfs" – das Regime: Teenager und junge Erwachsene, die häufig die vom Nationalsozialismus als „entartet" verpönte Swing-Musik hörten, einen englisch-amerikanischen Lebensstil pflegten und sich durch ihre Gegenkultur von der Gesellschaft, namentlich der HJ, abgrenzten. Die anfänglich unpolitischen Jugendlichen politisierten sich zum Teil, als die Gestapo ab 1940 gegen die Cliquen vorging. Hunderte Swing-Jugendliche wurden allein im August 1941 verhaftet, ihre Rädelsführer in einem Jugendkonzentrationslager interniert. In Moringen bei Göttingen wurde im Juni 1941 das Jungenlager eingerichtet; ein Jahr später folgte das Mädchenlager „Uckermark" nahe dem KZ Ravensbrück.

Swing-Jugend

Wegen ihres Erkennungszeichens, einer Anstecknadel in Edelweißform, gaben die Nationalsozialisten einigen Jugendcliquen, vor allem im Ruhrgebiet, den Namen „Edelweißpiraten". Sie selbst nannten sich „Ruhrpiraten", „Navajos" (Köln), „Fahrtenjungs" (Düsseldorf). Tausende Jugendliche, zumeist aus dem Arbeitermilieu, setzten der Uniformierung, der Geschlechtertrennung und dem militärischen Drill der HJ eine eigene, prinzipiell unpolitische Subkultur entgegen. Auch hier führte erst die Radikalisierung der Verfolgung ab 1941 zu einer grundsätzlichen Kritik, die sich auf Flugblättern oder in regimekritischen Liedern äußerte. Während die Nationalsozialisten den Protest zu einem politischen Akt aufwerteten und rigoros ahndeten, lässt sich die Auflehnung der Jugendlichen überzeugender mit dem konstanten Hang zur Renitenz erklären, der seit der „Erfindung" des Jugendlichen im späten 19. Jahrhundert zu beobachten ist.

„Edelweiß-piraten"

Zu einer außergewöhnlichen, gleichwohl bemerkenswerten Form des Protestverhaltens kam es im Februar und März 1943 in der Berliner Rosenstraße unweit des Alexanderplatzes. Kurz zuvor waren rund 2000 Juden im Zuge einer brutalen Razzia aus Fabriken und Wohnungen geholt und in einem Haus der jüdischen Gemeinde festgesetzt worden, darunter manche aus privilegierten „Misch-

Der „Rosenstraße-Protest"

ehen". Viele Verhaftete zählten als Künstler zur Berliner Elite. Ihnen drohte die Verschleppung in ein Arbeitslager. Dagegen demonstrierten lautstark deren Frauen – sogar der Londoner Rundfunksender BBC berichtete. Der Fall „Rosenstraße" belegt – wie auch die Aufrufe gegen die „Euthanasie"-Morde –, dass öffentlicher Protest im Einzelfall auch in der Diktatur Erfolg hatte.

Militärischer Widerstand

Eine realistische Chance, den Widerstand durchzusetzen, hatte indes nur noch das Militär. Für den Fall, dass Hitler einen Krieg vom Zaun brechen sollte, hatten sich konservative Offiziere bereits am Vorabend der Sudetenkrise verschworen und erste Vorbereitungen für den Umsturz des Diktators getroffen. Doch der Krieg blieb aus, weil sich die Alliierten durch das Münchener Abkommen (30. September 1938) mit Hitler auf eine friedliche Lösung der Sudetenkrise geeinigt hatten – was das Bemühen der Offiziere vereitelte. In der Folge vernetzten sie sich mit anderen Oppositionellen: mit hohen konservativen Beamten wie mit Vertretern der Arbeiterbewegung. Bis 1943 entstanden drei Knotenpunkte: einer beim Befehlshaber des Ersatzheeres im Allgemeinen Heeresamt im Berliner Bendlerblock (Friedrich Olbricht), ein zweiter beim Militärbefehlshaber im besetzten Frankreich in Paris (Carl-Heinrich von Stülpnagel), ein dritter bei der Heeresgruppe Mitte in der Sowjetunion (Henning von Tresckow).

„Kreisauer Kreis"

Von diesen Knotenpunkten aus führten Fäden wiederum zu einer Diskussionsgruppe nach Schlesien. Im „Kreisauer Kreis", benannt nach dem heimlichen Treffpunkt, dem Gut Kreisau, wurden christlich und sozial orientierte Programme für eine neue Staats- und Gesellschaftsordnung diskutiert. Die Bandbreite dieser Widerstandsbewegung um Helmuth James Graf von Moltke und Peter Graf Yorck von Wartenburg war groß. Zu ihr zählten hohe Offiziere wie Tresckow, Stauffenberg und Stülpnagel, aber auch Admiral Wilhelm Canaris (Chef der Abwehr), General Hans Oster (Chef des Stabes im Amt Ausland/Abwehr des OKW), Generaloberst Ludwig Beck (Generalstabschef des Heeres bis 1938; Diplomaten wie Ulrich von Hassell (Botschafter), Friedrich-Werner Graf von der Schulenburg (Botschafter), Adam von Trott zu Solz (Auswärtiges Amt); ehemalige Politiker der Weimarer Republik wie Carl Friedrich Goerdeler (einst Oberbürgermeister von Leipzig); ehemals führende Sozialdemokraten und Gewerkschaftsfunktionäre wie Julius Leber, Carlo Mierendorff und Theodor Haubach. Dem Kreis gehörten auch der Provinzial des Jesuitenordens Augustin Rösch, die Jesuiten

Lothar König und Alfred Delp sowie der evangelische Theologe Eugen Gerstenmaier an.

Die Widerstandsbewegung, die zivile und militärische Kräfte aus unterschiedlichen politischen Lagern vereinte, hatte mit ihrem Netz an Vertrauensleuten in vielen Städten und Vertretern im Ausland im Sommer 1944 eine breitere Basis, als das die Momentaufnahme des Attentats vom 20. Juli 1944 vermuten lässt. Der Anschlag auf den „Führer" lässt sich nicht als der Versuch weniger Militärs verstehen, die, eine Niederlage vor Augen, das Schlimmste abwenden wollten. Der Tyrannenmord sollte vielmehr eine Neuordnung jenseits des Nationalsozialismus ermöglichen. Doch die Bombe, die Stauffenberg am 20. Juli 1944 im „Führerhauptquartier Wolfsschanze" bei einer Lagebesprechung zündete, verletzte Hitler nur leicht. Dabei war die Idee brilliant: Der existierende, von Hitler selbst genehmigte Plan der Wehrmacht zur Unterdrückung eines möglichen Aufstandes („Unternehmen Walküre") sollte für die eigenen Umsturzpläne umfunktioniert werden. Auf das Codewort „Walküre" hin sollten Soldaten des Ersatzheeres strategische Punkte besetzen und Schlüsselfiguren des Sicherheitsapparates und der NSDAP verhaften. Dass der Umsturz scheiterte, war schon deshalb tragisch, weil er den Tod von Millionen Menschen im letzten, extrem verlustreichen halben Jahr des Kriegs verhindert hätte.

Attentat vom 20. Juli 1944

Nach 1949 war der Widerstand, insbesondere gegen Hitler selbst, ein Paradebeispiel für die politische Legitimation durch historische Sinnstiftung. In der DDR wurde der kommunistische Widerstand heroisiert, der als Traditionsanker des antifaschistischen Gründungsmythos alle anderen Formen des Widerstandes ausblendete. In der Bundesrepublik überhöhte man das gescheiterte Attentat vom 20. Juli 1944 zu einem „Aufstand des Gewissens" und stellte die Verschwörer als Vorkämpfer einer freiheitlich-demokratischen Neuordnung heraus. Gegen diese irreführenden Schwarz-Weiß-Bilder ist daher die Mehrdeutigkeit der Motive, die Notwendigkeit eines Lernprozesses und die Vielschichtigkeit des Widerstandshandelns festzuhalten, dem unterschiedliche politische Überzeugungen, Erfahrungen und Erwartungen wie auch „Verstrickungen" in das Regime zugrunde lagen. Viele Militärs hegten nationalkonservative Ideen, die sich gegen die Vereinnahmung für eine Traditionsstiftung der Demokratie sperren; viele hatten vor 1944 noch einen deutschen Sieg gewünscht. Einige waren gar direkt an den Verfolgungs- und Vernichtungsaktionen

Ambivalenz des Widerstandes

der Wehrmacht beteiligt. Zu den Männern, die als Mitwisser der Verschwörung verurteilt wurden, gehörten etwa auch der ehemalige Leiter der SS-Einsatzgruppe B, Arthur Nebe, sowie Eduard Wagner, der sich als Generalquartiermeister der Wehrmacht für das Aushungern Leningrads ausgesprochen hatte, am 20. Juli 1944 dann aber Stauffenberg ein Flugzeug bereitstellte und Selbstmord beging. So belegte der Widerstand vor allem die Bandbreite der Handlungsmöglichkeiten in der NS-Diktatur – und die Tatsache, dass sie angesichts der großen Konsensbereitschaft kaum jemand nutzte. Es nimmt nicht Wunder, dass nach 1945 manche Intellektuelle von ihrem Rückzug in die „innere Emigration" schwadronierten und sich als heimliche Widerstandskämpfer gerierten.

4.5.1 Kriegsendphase 1944/45

Warum konnte ein zerfallendes Regime beinahe solange funktionieren, bis schwerbewaffnete britische Soldaten am 23. Mai 1945 schließlich die Sportschule nahe der Marineschule Mürwik stürmten und die Regierung Dönitz verhafteten? Musste es nicht für jede(n) offensichtlich sein, dass die Fortsetzung des Tötens ein Irrsinn war? Diese Gretchenfrage der Zeitgeschichte steht am Ende einer Darstellung des „Dritten Reiches" im Raum. Eine Antwort liegt zum einen in der Herrschaftsstruktur der letzten Kriegsmonate zwischen der Landung der Alliierten in der Normandie im Sommer 1944 und der bedingungslosen Kapitulation der Wehrmacht im Mai 1945, zum anderen in den Erfahrungen und Erwartungen, die das Denken und Handeln der Menschen motivierten.

Durchhaltepropaganda — Als sich die Niederlage immer deutlicher abzeichnete, versuchte das NS-Regime mit allen Mitteln, letzte Reserven zu mobilisieren. „Dem uns bekannten totalen Vernichtungswillen unserer jüdisch-internationalen Feinde setzen wir den totalen Einsatz aller deutschen Menschen entgegen", erklärte Hitler am 25. September 1944. Auf der einen Seite verbreitete die Propaganda Durchhalteparolen, welche die Deutschen vom „Endsieg" überzeugen und zu fanatischen Kämpfern an der Front und Heimatfront machen sollten. Auf der anderen Seite wurden nun auch jüngere und ältere Männer eingezogen, um – zumeist schlecht ausgebildet und bewaffnet – für diesen „Endsieg" zu kämpfen. Während Goebbels als „Generalbevollmächtigter für den totalen Kriegseinsatz" ab Juli 1944 weitere Wehrpflichtige rekrutierte, suchten die Gauleiter der NSDAP den

„deutschen Volkssturm" zu mobilisieren, den Hitler im September 1944 aufgestellt hatte. Der Reichsführer SS Himmler gründete zur gleichen Zeit sogenannte Werwolf-Organisationen mit dem Ziel, hinter den feindlichen Linien einen Guerillakrieg zu führen. Diese „Werwölfe" ermordeten in der Endphase des Krieges einzelne Gegner des Nationalsozialismus. Ein Kommandounternehmen tötete am 25. März 1945 den Aachener Oberbürgermeister Franz Oppenhoff, der im Oktober 1944 von der amerikanischen Militärregierung eingesetzt worden war. Die militärische Wirkung der „Werwölfe" lag jedoch allein darin, dass sie die anrückenden alliierten Soldaten Heckenschützen befürchten ließen.

Das Regime zeigte am Ende seine selbstzerstörerische Seite. Zahlreiche NS-Funktionäre begingen Selbstmord, nicht selten mit Ehepartner und Familie. Nicht nur Hitler und seine Handlanger, sondern auch eine Reihe von NS-Funktionären im ganzen Land flüchteten durch den Freitod vor der Verantwortung für ihre Taten. Als der Glaube an den „Endsieg" einer Endzeitstimmung wich, inszenierten jene nationalsozialistischen Führer, die eben noch Angst und Schrecken verbreitet hatten, den kollektiven Untergang.

Gewalt an der „Heimatfront" 1944/45

Andere nutzten die erweiterten Machtbefugnisse in den letzten Kriegsmonaten, um sich langjähriger Gegner zu entledigen. Der Terror der allgegenwärtigen NSDAP wie der Wehrmacht richtete sich immer häufiger gegen die eigene Bevölkerung. Als Endphasen-Verbrechen wurde in den Gerichtsprozessen der Nachkriegszeit ein besonderer Tatkomplex bezeichnet: jene Verbrechen, die in den Jahren vom Einmarsch der Alliierten im Westen des Reiches im September 1944 bis zum Zusammenbruch im April/Mai 1945 begangen wurden. Angehörige der Polizei machten regelrecht Jagd auf „Rassefeinde" und „Volksfeinde". Normale Bürger begingen Verbrechen oder wurden zu Komplizen. Die Gewalt richtete sich gegen Deserteure, jüdische Deutsche, die untergetaucht waren, gegen die politischen Gegner der Regimes, gegen Zwangsarbeiter und nicht zuletzt gegen KZ-Häftlinge, die sich im Frühjahr 1945 auf den sogenannten Todesmärschen befanden. Verbrecherisch war in der Endphase auch der Terror der Militärjustiz.

Warum ließen sich ganz normale Männer und Frauen zu diesen Gewaltexzessen hinreißen? Zum einen lässt sich der Gewaltausbruch in letzter Minute als Höhepunkt einer Radikalisierung der nationalsozialistischen „Volksgemeinschaft" verstehen. Als die militärische Niederlage spätestens zum Jahreswechsel 1944/45 nicht mehr von der Hand zu weisen war, fürchteten viele Deutsche den Zusammenbruch der Staats- und Gesellschaftsordnung, an die sie geglaubt hatten, und die Rache der Sieger. Der Hass entlud sich an jenen wehrlosen Menschen, die der „Volksgemeinschaft" nicht zugerechnet wurden. Die Propaganda schürte diesen Hass gezielt, um von der drohenden Niederlage abzulenken. Funktionsträger von Staat und Partei begingen die Verbrechen mit voller Absicht nicht im Verborgenen, um der Bevölkerung Angst einzujagen. Auch die Lebensmittelknappheit beförderte die Gewaltbereitschaft gegenüber Fremden und Plünderern in den letzten Monaten.

Kriegsmoral

Trotz einzelner Schwankungen lässt sich festhalten, dass die Moral in den letzten Kriegsmonaten abnahm, aber nicht ganz verloren ging. 1944 berichtete der Sicherheitsdienst des Reichsführers-SS, der seit Kriegsbeginn regelmäßig die Stimmung der deutschen Bevölkerung einzufangen suchte, dass sich „der Luftkrieg, insbesondere die letzten Luftangriffe auf die Stadt München, (...) weiterhin sehr stimmungsdrückend (auswirkte), obwohl die Bevölkerung überzeugt ist, daß durch den feindlichen Luftterror kaum eine Kriegsentscheidung zu unseren Ungunsten herbeigeführt werde." Zudem dürfen die Bilder der Flächenbombardements, die Rede vom totalen Krieg und von der Heimatfront nicht darüber hinwegtäuschen, dass es bis 1945 Regionen von geradezu friedensähnlicher Beschaulichkeit gab. Anders als etwa im Ruhrgebiet hielt sich die Kriegsgewalt in den Kleinstädten und auf dem Lande, in den Bergen oder auf den Inseln, in engen Grenzen (s. Karte 2).

Hitler-Mythos

Bis zum bitteren Ende kämpfte die „Volksgemeinschaft", im treuen Glauben an ihren „Führer" – so propagierte es das NS-Regime, und so stellte sich auch Jahrzehnte nach 1945 das Bild des Kriegsendes häufig dar. Soviel ist richtig: Hitler stand weiterhin im Mittelpunkt des charismatischen Herrschaftssystems. Der „Hitler Mythos" war durch den aus deutscher Sicht erfolgreichen Kriegsverlauf zunächst bestärkt worden. Die Propaganda hatte dafür gesorgt, dass die militärischen Erfolge in Polen, Frankreich und auf dem Balkan Hitler selbst zugeschrieben wurden. Dass er vielen als der geradezu geniale Feldherr erschienen war, als der er sich selbst inszenierte, hatte sein Charisma gestärkt. Auch wenn der Stern des „Führers" nicht mehr ganz so hell leuchtete, als weitere „Blitzsiege" ausblieben und in den Berichten des OKW schönfärberisch von „Frontbegradigungen" die Rede war, blieb die Führergläubigkeit bei vielen doch fast bis zum Schluss erhalten. Dass Hitler wie in den vergangenen Jahren schon wisse, was er tue: An diese Überzeugung klammerte sie sich die Mehrheit der Deutschen, die deshalb auch das Attentat auf Hitler am 20. Juli 1944 verurteilte. Doch am Ende mochten viele Deutsche Hitler kaum noch Charisma zuschreiben. Insofern lässt sich für die Endphase auch von einer „charismatischen Herrschaft ohne Charisma" sprechen (Ian Kershaw) sprechen.

Die „nationalsozialistische Volksgemeinschaft" hatte Risse bekommen. Längst hatte sich in der Bevölkerung Verachtung der Parteibonzen, der „Goldfasane", breitgemacht. Die Durchhalteparolen hatten ihre Glaubwürdigkeit verloren, auf die der Propagandaminister doch soviel Wert gelegt hatte. Längst tröstete auch der Kult um die Gefallenen nicht mehr, die das Regime nicht erst seit 1939 mit Gedenkfeiern und Symbolen als Helden gefeiert hatte. Am Ende hatten die meisten Deutschen nur ein Ziel: irgendwie „durchzukommen". Doch weder die unterschwellige Kritik noch der Glaubwürdigkeitsverlust noch der Widerstand Einzelner und ihr Bemühen, Schlimmeres zu verhindern, konnten das Regime tatsächlich so unterminieren, dass es von innen heraus kollabierte. Das lag nicht zuletzt an dem militärischen Stützpfeiler der Diktatur.

Einzig die Wehrmacht, genauer: die militärische Funktionselite, besaß bis zum Schluss die Machtmittel, um gegen Hitler vorzugehen. Davon war im Zusammenhang mit dem gescheiterten militärischen Widerstand bereits die Rede. In der Endphase hielten führertreue Männer vom Schlage eines Karl Dönitz und Wilhelm Keitel – Spitzname im Offizierskorps: „Lakeitel" – das Ruder in der Hand. Ihre fatale Pflicht- und Ehrauffassung, die den Eid auf Hitler auch dann noch über die eigene Verantwortlichkeit stellte, als dessen Verantwortungslosigkeit offenkundig geworden war, verlängerten im Zusammenspiel mit der terrorisierenden Militärjustiz den nationalsozialistischen Krieg. Insofern trug die militärische Funktionselite neben der politischen Führung einen Großteil der Schuld an der sinnlosen Verlängerung des Krieges. Insbesondere vier Paladine zogen unter Hitler bis zuletzt die Strippen: der Leiter der Parteikanzlei Martin Bormann, Propagandaminister Joseph Goebbels, Reichsführer-SS und Chef der Deutschen Polizei Heinrich Himmler sowie Rüstungsminister Albert Speer.

Verantwortung der Führungselite

Hinzu kam, dass die Landser aus „Kameradschaft" weiterkämpften – wer wollte sich schon vorhalten lassen, die eigenen Kameraden im Gefecht im Stich gelassen zu haben? Schließlich wirkte ein kaum zu unterschätzendes Gefühl dem Aufgaben ent-

Angst

gegen: Angst. Insbesondere an der Ostfront grassierte die Furcht vor der Kriegsgefangenschaft. Wie die Zivilbevölkerung die Russen fürchtete, hatten die Soldaten, die gegen die Rote Armee kämpften, Angst davor, in russische Hände zu geraten. Hier spielte das Gefühl – oder war es Gewissheit? – eine Rolle, in die nationalsozialistischen Verbrechen verstrickt zu sein, und damit die Angst vor Rache der Sieger, eine Angst, die Goebbels schürte und die sich fatalerweise, wie sich schnell zeigte, im Fall der Roten Armee als berechtigt erwies. In den letzten Kriegsmonaten machte das NS-Regime auch keinen Hehl mehr aus seinen Massenverbrechen. Die Todesmärsche und Transporte Tausender Insassen von Konzentrationslagern führten durch das ganze Reich.

Dieses Bündel an Faktoren, die mit dem Mythos eines Kampfes für Führer und Volksgemeinschaft wenig zu tun hatten, erklärt am besten, warum der Krieg erst mit der totalen Niederlage im Mai 1945 endete. Die Wut auf die Wehrmacht, die sich unmittelbar nach Kriegsende unter Deutschen ausbreitete, speiste sich aus diesem Vorwurf, bevor zählebige Legenden Millionen Veteranen entlasten sollten. Bis in das Frühjahr 1945 war die Funktionstüchtigkeit der Herrschafts- und Terrorapparate ungebrochen. Bis zum Schluss auch sicherten Kompetenzstreitigkeiten auf allen Ebenen den Machterhalt. In den Herrschaftsstrukturen und in den Einstellungen, die sie stützten, lagen die maßgeblichen Gründe für die Fähigkeit und Bereitschaft der Deutschen, so lange „weiterzumachen", bis die Alliierten sie vom Nationalsozialismus befreiten.

II Grundprobleme und Tendenzen der Forschung

1 Gesamtdarstellungen und Grundsätzliches

Wenn es eine Gretchenfrage der NS-Forschung gibt, dann wohl diese: Wie hat es die nationalsozialistische Führungsclique geschafft, nach ihrer formalen Machtübernahme am 30. Januar 1933 eine Diktatur zu errichten, die politisch gespaltene Gesellschaft zu integrieren und die erdrückende Mehrheit der nach 1918 kriegsmüden Deutschen für einen rasseideologischen Krieg zu mobilisieren? Die Leitfrage ist älter. Neuer sind die Forschungsansätze, mit denen seit den 1990er Jahren Antworten auf diese Frage gesucht werden. Volksgemeinschaft, Mobilisierungs- oder Zustimmungsdiktatur, Kriegsgesellschaft: So lauten einige der keineswegs unumstrittenen Leitbegriffe, die vor allem eine Verschiebung der Perspektive widerspiegeln. Wenngleich sie unterschiedliche Akzente setzen, geht es doch in allen Fällen darum, die ältere Gegenüberstellung von Herrschaft und Gesellschaft im Dritten Reich zu überwinden und stattdessen nach den Mechanismen zu fragen, mit denen Menschen zu einem Teil dieser Gemeinschaft oder von ihr ausgeschlossen wurden – mit der letzten Konsequenz des systematischen Massenmords. In der Sprache der Soziologen ist von der sozialen Praxis der Inklusion bzw. Exklusion die Rede.

Neue Forschungsperspektiven

Die internationale Forschung bildet, grob gesagt, unterschiedliche Schwerpunkte. Die amerikanische Forschung stellt mit den Holocaust-Studies den Genozid an den europäischen Juden ins Zentrum, während die britischen Historiker/innen vor allem an den Terror-Instrumenten der NS-Herrschaft interessiert sind. Dreht es sich hier vor allem um Aspekte der Exklusion, konzentrieren sich jüngere deutsche Studien auf Facetten der Inklusion. Neue Impulse für die Forschung sind auch von der sozial- und kulturgeschichtlich erweiterten Militärgeschichte des Zweiten Weltkrieges ausgegangen, der lange als bloßer Anhang der NS-Diktatur gegolten hatte. Das Interesse gilt dem wechselseitigen Verhältnis von Krieg und Gesellschaft ebenso wie der aktiven und passiven Gewalterfahrung und dem komplexen Geschehen auf den verschiedenen Kriegsschauplätzen. In der Forschungstradition der auf die Dynamik militärischer Gewalt zielenden *War Studies* – und angesichts des aus britischer

Internationale Akzente

Sicht „guten" Krieges gegen einen erfolgreich bekämpften starken Gegner – messen britische Historiker (und fachkundige Publizisten) dem Kriegsgeschehen besonderes Gewicht bei. Das Dritte Reich ist jedenfalls ein Forschungsfeld, auf dem neben deutschen auch britische und amerikanische Historiker/innen stark vertreten sind, wohl auch wegen der Dominanz anglo-amerikanischer Verlage.

Fixpunkte 1933, 1939/41

Zusammen spiegeln sie das anhaltende Interesse an einer innovativen Gesellschaftsgeschichte des Nationalsozialismus wider, deren Leitfragen noch in den 1980er Jahren gar nicht formuliert oder kaum von Bedeutung waren. Drehte sich die ältere Forschung um die Frage, wie es zum Aufstieg des Nationalsozialismus kommen konnte und wie sich der „deutsche Sonderweg" erklären lässt, richtet sich das Interesse seit geraumer Zeit auf den Beginn des Krieges und des Völkermordes. Mit anderen Worten: Der zeitliche Fixpunkt der NS-Forschung verschiebt sich von 1933 auf 1939/41. Die Kontinuitätsfrage der deutschen Geschichte wird mit dem „Fluchtpunkt 1941" neu gestellt [SMITH, 1; KERSHAW, 4.1].

Auswahlkriterien

Die prosperierende NS-Forschung manifestiert sich in einer Vielzahl wissenschaftlicher Neuerscheinungen, darunter neben zahlreichen Fachstudien auch Synthesen und Quelleneditionen. Für welches Kapitel der deutschen Geschichte, wenn nicht für das Dritte Reich, trifft die Formel zu, dass keine andere Zeit gründlicher untersucht worden ist? Im Folgenden soll und kann es nicht um Vollständigkeit gehen. Der Vorzug wird vielmehr darin gesehen, dass den Lesern durch die Auswahl jüngerer und/oder einschlägiger Veröffentlichungen Wege durch die unübersichtlichen Forschungsfelder gewiesen werden. Der Überblick über Forschungsschwerpunkte und -kontroversen konzentriert sich auf neuere Tendenzen der Forschung, auf methodische Ansätze und Kontroversen, nicht auf die Geschichte der einzelnen Teildisziplinen, zu denen sich vor allem die Forschung zum Nationalsozialismus, zum Holocaust und zum Zweiten Weltkrieg entwickelt hat.

Gesamtdarstellungen

Wer statt des fachspezifischen Einblicks einen fundierten Überblick über die Forschung gewinnen möchte, kann auf unterschiedlich angelegte Synthesen zurückgreifen, auf deutscher Seite namentlich von W. BENZ [1.], J. DÜLFFER [1.], N. FREI [1.], K. HILDEBRAND [1.], E. PIPER [1.], H.-U. THAMER [1.], H.-U. WEHLER [1., 2009], B.-J. WENDT [1., 2000] und M. WILDT [1.]. Für den „Gebhardt", die Handbuch-Reihe zur deutschen Geschichte, hat M. GRÜTTNER 2014 den Band für die Zeit von 1933 bis 1939 verfasst [1.]. Als Teil einer epochenübergreifenden Darstellung wird das Dritte Reich behandelt in der „Deutschen Gesellschaftsgeschichte" von H.-U. WEHLER [1., 2003], der „Geschichte des 20. Jahrhunderts" von U. HERBERT [1.] und der „Deutschen Geschichte" von H. A. Winkler [1.]. Hinzu kommen übersetzte Gesamtdarstellungen britischer Historiker wie M. BURLEIGH [1.] und R. EVANS [1.]. Auch die umfassend angelegte Hitler-Biografie von I. KERSHAW [2.1, 1998–2000] ist hier zu nennen. Für die Zeit von 1939 bis 1945 können Gesamtdarstellungen zum nationalsozialistischen Krieg [R.-D. MÜLLER, 5.1, 2005, 2011] herangezogen werden. Nicht nur an ein breiteres Publikum wenden sich die Beiträge von W. BENZ [1.], J. ECHTERNKAMP [5.1], U. HERBERT [1.] und G. SCHREIBER [5.1] zu populärwissenschaftlichen Reihen, die auf knappem Raum Wesentliches auf den Punkt zu bringen suchen.

Speziell an Studierende richten sich in der Reihe des Oldenbourg-Verlags „Enzyklopädie deutscher Geschichte" der Band von U. v. HEHL [1.]., in der WBG-Reihe „Geschichte kompakt" von M. BRECHTKEN für die Zeit 1933 bis 1939, mit dem Schwerpunkt auf Verfolgung und Massenmord von 1933 bis 1945 von D. POHL [4.2, 2003]. In der populär geschriebenen Reihe „Deutsche Geschichte im 20. Jahrhundert" – in der laut den Herausgebern „eine junge Generation (...) einen unverstellten Blick" auf die Vergangenheit wirft – sind der Zeit 1933–1945 vier knappe Bände gewidmet: zur Herrschaftspraxis nach 1933 (mit einem raumgeschichtlichen Ansatz) [BAVAJ, 1.], zur Außenpolitik [LÜDICKE, 5.1], zum Holocaust [BRAKEL, 1.] und zum Krieg [SCHMIDT, 1.] Für das akademische Publikum sind die Zusammenfassungen der Forschungsdebatte unverzichtbar, wie sie vor allem I. KERSHAW [1.] geleistet hat. Forschungsorientiert ist auch der einführende Sammelband, den D. SÜß und W. SÜß herausgegeben haben [1.].

Selbst wenn sie für ein britisches, amerikanisches oder französisches Publikum geschrieben wurden, sind schließlich so manche Gesamtdarstellungen und Sammelbände, zumal als Teil renommierter Reihen, aufgrund ihrer Syntheseleistung und Interpretationsangebote auch für den deutschen Leser informativ [CAPLAN, 1.]. In erster Linie an die „Zunft", an deutsche wie ausländische Studierende richten sich die Zwischenbilanzen der Forschung, die Schneisen in das Dickicht der kaum zu überblickenden Literatur schaffen [CAHN/ MARTENS/WEGNER, 1.; STEINWEIS, 1.].

Die seit 1997 von W. BENZ, H. GRAML und H. WEIß herausgegebene „Enzyklopädie des Nationalsozialismus", die in einer 5. ak-

Einführungen

Enzyklopädie, Bibliografie

tualisierten Neuauflage 2007 [A.] vorliegt, wurde als Sachlexikon, Handbuch, Gesamtdarstellung und Kompendium konzipiert, das mit rund 1000 Stichwörtern, Essays, Karten, Grafiken und Kurzbiografien über Institutionen, Ereignisse, Personen und Begriffe informiert, die mit dem Dritten Reich zusammenhängen. Seit 1998 gibt es neben der Printversion eine digitale Fassung (CD-ROM). Als bibliografisches Standardwerk gilt die von M. Ruck zusammengestellte „Bibliografie zum Nationalsozialismus", die in der 2. Auflage von 2000 rund 37.000 Einträge umfasst und anhand einer CD-ROM den raschen Zugriff erlaubt [A.].

2 Hitler und die NSDAP

2.1 Hitler

Neue Hitler-Biografien

Von einer „Hitler-Welle" war 2015/16 in der Öffentlichkeit und in der Wissenschaft viel die Rede. Nachdem I. Kershaw [2.1] seine zweibändige Hitler-Biografie im Jahr 2000 abgeschlossen hatte, die als ein Paradebeispiel für eine sozialhistorische Einbettung des Protagonisten gilt und als Standardwerk ältere Hitler-Biografien obsolet machte, und nachdem das Deutsche Historische Museum 2010/2011 den Versuch gewagt hatte, die NS-Zeit durch eine Ausstellung zu thematisieren, in der sie „Hitler und die Deutschen" in den Mittelpunkt rückte [Thamer/Erpel, 2.1], schien zum Thema für lange Zeit das Wesentliche gesagt. Doch dann lagen weitere wissenschaftliche Hitler-Biografien in den Buchläden. V. Ulrich legte 2013 den ersten, bis 1939 reichenden Band vor [2.1]. W. Pyta [2.1] zeichnete 2015 nach, wie Hitler durch die ästhetische Inszenierung seiner politischen Auftritte einen Geniekult betrieb, der ihm die Gefolgschaft der Deutschen sicherte. P. Longerich [2.1] stellt 2015 Hitler in den Mittelpunkt seiner Darstellung des Dritten Reiches als einer Führerdiktatur. Auch das Sprachverhalten des „Führers" wurde jüngst unter die Lupe genommen [Zelle, 2.1].

Edition „Mein Kampf"

Für außergewöhnliche Aufmerksamkeit sorgte dann 2016 die kommentierte Neuausgabe von Hitlers „Mein Kampf" durch das Institut für Zeitgeschichte München–Berlin. Die Edition erweckt nicht zuletzt in der Öffentlichkeit nur auf den ersten Blick den Eindruck, als habe man es mit einem einzigartigen Schlüsseldokument der NS-Zeit zu tun, das den erheblichen Aufwand einer Neuausgabe lohne, nachdem das Urheberrecht 70 Jahre nach Hitlers Todesjahr erloschen war. Auf den zweiten Blick wird klar, dass es die Herausgeber im Gegenteil darauf angelegt hatten, Hitlers Buch zu kontextualisieren und Hitler selbst zu historisieren. Schließlich informiert die Schrift weniger über Hitlers Vita als darüber, wie Hitler durch die Verfälschung des Lebenslaufes sein Image konstruierte. Mit 85.000 verkauften Exemplaren binnen eines Jahres wurde die historisch kontrollierte Wiederveröffentlichung der Hetzschrift ein umstrittener Bestseller. Die Diskussionen über Sinn und Zweck der Kritischen Edition war das eine; das andere war die viel weiterreichende ältere Frage nach Hitlers Bedeutung für die Funktionsweise der NS-Diktatur einschließlich des Genozids an den europäischen Juden.

Wenn deshalb Hitler hier am Anfang des Forschungsüberblicks steht, dann zum einen, um diesem doppelten wissenschaftlichen und öffentlichen Interesse Rechnung zu tragen, zum anderen aber um gleich zu Beginn ein mögliches Missverständnis auszuräumen: Die Fokussierung auf die Person Hitler birgt die Gefahr, hinter zentrale Ergebnisse der NS-Forschung und der Holocaust-Forschung zurückzufallen. Zahlreiche Studien haben in den letzten Jahrzehnten gezeigt, wie irreführend die Annahme ist, in Hitler und seinen Satrapen den Kern des Nationalsozialismus zu vermuten und die Verantwortung für die NS-Verbrechen dementsprechend einzig einer kleinen Führungsclique zuzuschreiben. Mit Hitler zu beginnen soll deshalb nicht ein wissenschaftliches Zerrbild verstärken, sondern im Gegenteil die Notwendigkeit einer differenzierten Wahrnehmung herausstreichen, wie sie der internationale Forschungsstand ohne Weiteres ermöglicht.

<small>Risiko des hitlerzentrischen Ansatzes</small>

Das Echo auf die Edition von „Mein Kampf" kann man als einen Beleg dafür sehen, dass nach 70 Jahren ein Interesse daran besteht zu erfahren (und zu verstehen), welche Vorstellungen, welche Weltsicht Hitler geprägt und sein politisches Handeln beeinflusst haben. Die NS-Forschung hat, so verblüffend es klingen mag, anfangs nicht genauer danach gefragt, was eigentlich den Nationalsozialismus als „Weltanschauung" ausmachte, sondern ein Grundverständnis vorausgesetzt. Zu Recht wurde argumentiert, dass sich „Hitlers Weltanschauung" [LÜDICKE, 2.1] nicht ohne weiteres aus seinem bekanntesten Buch herauslesen lässt. Es bedurfte fachlicher Hinweise und Erläuterungen, um die zentralen Deutungslinien in „Mein Kampf" freizulegen. Um Hitlers Weltbild zu ergründen,

<small>Hitlers Weltanschauung</small>

wurden weitere Selbstzeugnisse wie sein unveröffentlichtes zweites Buch, seine Reden aus der sogenannten Kampfzeit – der Aufstiegsphase der NSDAP – und der Zeit des Dritten Reiches herangezogen. So konnten trotz teilweise unklarer Gedankenführung und inneren Widersprüchen – von stilistischen Zumutungen zu schweigen – wesentliche Versatzstücke von Hitlers Weltanschauung wie Antisemitismus, Kriegsbild und Untergangswahn herausgefiltert werden. Hitler zimmerte sich seine eigene, um den Hass auf die Juden kreisende Weltanschauung, indem er, so wird argumentiert, weit verbreitete antisemitische und rassistische Topoi des 19. Jahrhunderts aufgegriffen und rassistische Schriftsteller wie etwa Houston Stewart Chamberlain, Julius Langbehn, Hans F.K. Günther oder Alfred Rosenberg [PIPER, 2.1] recht selektiv rezipiert habe [TÖPPEL, 1.1]. Nur was in sein manichäisches Weltbild passte, in dem Arier und Juden Antipoden waren, nutzte er als Versatzstücke. Dass so manche mörderischen Klischees und rasseideologischen Vorstellungen längst als widerlegt galten oder unter zeitgenössischen Experten umstritten waren, ignorierte Hitler geflissentlich. Im Ergebnis führte seine eklektische Rezeption zu einer Weltanschauung, die im Vergleich zu den rezipierten Autoren noch radikaler ausfiel. Doch es geht auch um die Vorstellungen, die führende Köpfe in seinem Umfeld entwickelt haben [KROLL, 3.1]. Schlüsselbegriffe der NS-Ideologie wie „Rasse", „Reich", „Volksgemeinschaft" stehen hier im Mittelpunkt.

Wahrnehmungs- und Wirkungsgeschichte

Aus einer umgekehrten Blickrichtung erhofft man sich in jüngster Zeit ebenfalls neue Erkenntnisse über Hitler. Auf die Frage „Wer war Hitler?" [PÖLKING, 2.1] sollen auch seine Zeitgenossen eine Antwort geben. In diesem Kontext ist auch die Rezeptions- und Wirkungsgeschichte von „Mein Kampf" zu lesen, die mit der Edition 2016 ebenfalls neue Aufmerksamkeit gefunden hat. Eine Dokumentensammlung bildet mit den mehr als 50 abgedruckten Besprechungen der beiden Bände das breite Spektrum der Reaktionen auf das Honorarbuch des Eher-Verlages bis 1932 und nach 1933 ab [PLÖCKINGER, 2.1].

Das Dritte Reich war auch eine „individuelle Herausforderung". Doch für die Historiker ist das Privatleben in den 1930er Jahren weitgehend Neuland. Was bedeutete Hitlers „Machtergreifung" für die Zeitgenossen? Wie haben die Durchschnittsbürger auf das neue Regime und seine Anforderungen reagiert, wie ihre Einstellung eventuell verändert? Wie intensiv haben unbekannte Privatleute den Beginn der NS-Diktatur erlebt? Von dem großen öffentlichen Interesse an dieser persönlichen Dimension des Dritten Reiches nach der „Machtergreifung" zeugte 2000 der Bucherfolg von Haffners um 1939 verfassten Erinnerungen [B.3]. Wer wissen will, wie die geschichtlichen Umbrüche ab 1933 tatsächlich auf den Einzelnen gewirkt haben, ist auf zeitgenössische Selbstzeugnisse wie Tagebücher angewiesen, weil die individuellen Erfahrungen der „gewöhnlichen" Mitlebenden nicht, wie Haffner notierte, als Massenerscheinung zum Ausdruck kamen. Die Erfahrungsgeschichte der Machtübernahme als Teil einer Privatgeschichte des Dritten Reiches lässt Rückschlüsse auf die Reichweite des Politischen zu; dass der Nationalsozialismus die Deutschen eher durch die Inszenierung unpolitischer Gefühle geprägt habe, argumentiert J. STEUWER [2.1].

Blickt man zurück auf die Bedeutung, die Hitler nach 1945 in der (westdeutschen) Öffentlichkeit und der Geschichtswissenschaft besaß, lässt sich eine Renaissance unter geänderten Vorzeichen beobachten. Von der unmittelbaren Nachkriegszeit bis in die 1960er Jahre galt der „Führer" als der starke Mann, der die Menschen in seinen Bann geschlagen und mit seinem Terrorapparat unterdrückt hatte. Die apologetische Funktion dieses Hitlerbildes liegt auf der Hand. Sie spiegelte sich auch in den Memoiren ehemaliger Generäle wie Heinz Guderian und Erich von Manstein wider, die ihr Versagen auf den Oberbefehlshaber schoben. Ab den 1970er Jahren schlug das Pendel dann in die andere Richtung aus, und Hitler wurde als ein „schwacher Diktator" (H. Mommsen) vorgestellt, der darauf angewiesen war, dass die vielen Führer in der zweiten und dritten Reihe ihm „entgegenarbeiteten" (I. Kershaw), statt selbst mit harter Hand durchzugreifen. Jetzt kam es für die Erklärung des Herrschaftssystems mehr auf die Zustimmung der Volksgenossen und der Volksgenossinnen an, auf die Handlungsspielräume und das individuelle Handeln verschiedenster Akteure (*agency*). Allerdings lohnt es sich nun, von dieser neuen Forschungswarte aus und mit größerem zeitlichen, generationellen Abstand, einen „frischen" Blick auf Hitler zu werfen. Der Hitler-Hype hängt nicht damit zusammen, dass unbekannte Quellen entdeckt worden wären. Doch bei der Auswertung der bekannten Dokumente lassen sich die Akzente anders setzen. Bar jeder Entlastungsabsicht fragen Historiker nach der Person Hitler, seiner Intention, seinem Durchsetzungsvermögen. Angesichts des erreichten Forschungsstandes

Starker oder schwacher Diktator?

geht es stets um das Verhältnis zwischen dem „starken Diktator" [LONGERICH, 2.1] und der Gesellschaft.

Der charismatische Herrschaftstypus

Ein Ansatz, Hitlers Regime zu verstehen, folgt Max Webers Herrschaftssoziologie. Es kennzeichnet die „charismatische Herrschaft" (im Unterschied zum rational-legalen und traditionalen Herrschaftstyp), dass Personen einem Führer gehorchen, an dessen außergewöhnliche Qualitäten sie glauben. Nicht die fachliche Qualifikation, ein gesetzlich geregeltes Verfahren oder die Heiligkeit einer überkommenen Ordnung legitimiert nach Weber seine Herrschaft, sondern das ihm zugeschriebene „Charisma". So greifen namentlich I. KERSHAW und H.-U. WEHLER auch auf Webers Idealtypus zurück und interpretieren Hitlers Aufstieg in den Kategorien einer charismatischen Herrschaft. Herrschaft gilt ihnen als eine soziale Beziehung, die im Kern durch den Glauben der Beherrschten an die außergewöhnlichen Fähigkeiten ihres „Führers" geprägt wurde. Für die Herrschaftsdynamik kam es demnach darauf an, ob Hitler Erfolge verbuchen konnte, die den Erwartungen der Menschen entsprachen. Dagegen hat L. HERBST [2.1] moniert, dass der entsprechende empirische Nachweis schwer zu führen sei. Könnte sich die Zustimmung, wo sie denn etwa durch Wahlergebnisse oder SD-Berichte belegt werden kann, nicht auch rationalem Kalkül statt dem Glauben an „außeralltägliche" Fähigkeiten verdanken? Für problematisch erachtet er auch die Nähe des Erklärungsmodells zu dem frühen propagandistischen Projekt der Nationalsozialisten selbst, Hitler zu einem charismatischen Führer zu stilisieren, um den messianischen Erwartungen der Wähler zu entsprechen. Herbsts methodische Anregung lautet, Weber entsprechend auch Mischformen von Herrschaftstypen und damit auch nicht-charismatische Elemente zu berücksichtigen. Mit einem modifizierenden Rückgriff auf Webers Herrschaftssoziologie erklärt auch er Hitlers Aufstieg bis zu Hindenburgs Tod 1934 mit dessen „Charisma". Zwar öffnet der Erklärungsansatz keinen Königsweg zum Verständnis der Gesellschaftsgeschichte des Dritten Reiches. Doch die Rückkopplung von Erwartung und Erfahrung der Menschen an konkretes Handeln einerseits und Propaganda andererseits bietet einen systematischen Zugang zu Hitlers wechselnder Bedeutung.

So geschickt Hitler an seiner Karriere gestrickt hat, so sehr er die militärische Kriegführung an sich gerissen hat und so wenig es ohne seine Entscheidung zur Ermordung der Juden einen Genozid gegeben hätte: Die auf Hitler fixierte Sicht lässt weite gesellschaftliche Bereiche und Dynamiken in den 1930er Jahren und während des Krieges außen vor.

2.2 Die NSDAP: Aufstieg, Machtübernahme, Parteiherrschaft

Dem erneuerten Interesse am „Führer" der nationalsozialistischen Bewegung folgt ein zweiter Blick auf die Entstehungsbedingungen seines Aufstiegs in der Weimarer Republik. Der Erfolg der nationalsozialistischen Bewegung war nicht voraussetzungslos. Auch die neueste Forschung fragt daher nach den kulturellen, sozialen, politischen und institutionellen Grundlagen, auf denen die Hitler-Bewegung in der Weimarer Republik aufbauen konnte. Die Geschichte des Aufstiegs der NS-Bewegung trifft hier auf die neueren Forschungen zur Weimarer Republik, die das ältere Narrativ von gescheiterter Revolution, Krise und Kollaps erweitert, wenn nicht in Frage gestellt haben. Aus dem altbekannten Blickwinkel wird die Stärke des frühen Nationalsozialismus vor allem auf die Schwäche der ersten deutschen Republik zurückgeführt. Der erweiterte Blick auf verschiedene Länder Europas zeigt, wie politische, wirtschaftliche und soziale Krisen die zumeist ohnehin instabile Ordnung in der Zwischenkriegszeit destabilisiert und eine zerstörerische Dynamik entwickelt haben [BARTH, 1.; WIRSCHING, 2.2]. Umso erklärungsbedürftiger bleibt, warum allein in Deutschland eine mörderische NS-Diktatur entstehen konnte. Der Verweis auf den Versailler Vertrag und die Wirtschaftskrise reichen längst nicht mehr hin.

Weimarer Republik: Neue Narrative

Unter den vielfältigen Reaktionen der Zeitgenossen auf die Moderne entwickelten, wie sich gezeigt hat, nationalistische Visionen einer Erneuerung des deutschen Volkes eine besonders große Anziehungskraft, die über den engeren Kreis des nationalistischen Lagers hinausstrahlte und auch das sozialdemokratische Milieu der Arbeiterbewegung erfasste. Volkstum, Führer, Gemeinschaft: So lauteten die Schlüsselworte einer gegen die Republik gerichteten Rhetorik [WEITZ, 6.3]. Den Ausschlag für den Wahlerfolg der Nationalsozialisten gaben die Prozesse innerhalb des nationalen Lagers (das neben dem sozialistischen und katholischen die Wählertradition in Deutschland prägte), nicht zuletzt die sozialen Verwerfungen im protestantisch-konservativen Milieu und die Radikalisierung auf dem Lande. Antidemokratisches Denken, soziale Spaltung und eine Mixtur von nationalistischen und antisemiti-

Dynamischer Nationalismus

schen Deutungs- und Argumentationsmustern, die im Kaiserreich wurzelten und von der – keineswegs homogenen – völkischen Bewegung propagiert wurden [PUSCHNER, 2.2], gelten als ideologischer und organisatorischer Nährboden des Nationalsozialismus.

Die „Alldeutschen" als Wegbereiter? Wie verhielt sich die NSDAP zu radikalnationalistischen Gruppierungen? Wo gab es Schnittmengen, wo Unterschiede zu völkischen Bewegungen? Während die einen die Wirkung der schon im Kaiserreich aktiven nationalistischen Akteure eher gering veranschlagen und das qualitativ Neue der NS-Bewegung betonen, unterstreichen andere den Einfluss der alten Rechten auf die neuen rechten Bewegungen nach 1918, nicht zuletzt die nationalsozialistische. Der 1891 gegründete Alldeutsche Verband (ADV), der erst 1939 aufgelöst wurde, ist ein Beispiel. Personelle Netzwerke, propagierter Hass auf die als Erfüllungsgehilfen der ehemaligen Kriegsgegner stigmatisierten Juden und Sozialisten sowie die Betonung sozialer Exklusivität und antisemitischer Exklusion mit semantischen Ingredienzen eines eliminatorischen Antisemitismus lassen die Nähe zu den völkischen Bewegungen erkennen. Die Alldeutschen hatte es auf eine völkische Diktatur unter einem Führerkaiser abgesehen. Der ADV erscheint dann als Wegbereiter Hitlers, der Nationalsozialismus als „Vollstrecker" alldeutscher Diktaturpläne der Vorkriegszeit [JUNGCURT, 2.2: 256]. Der Nationalismus der Nationalsozialisten unterschied sich dagegen von dem älteren Nationalismus nicht bloß durch seine Radikalität. Der NS-Bewegung, die ja nicht zuletzt auf die Arbeiter als Wähler schielte, grenzte sich von dem älteren elitären Nationalismus ab, indem sie – wie auch der soldatische Nationalismus eines Ernst Jünger – auf die Mobilisierung der gesamten Nation setzte, deren Feinde ausgenommen [BRUENDEL, 3.1]. Immerhin wählten 1932 mehr Arbeiter die NSDAP als jeweils die KPD oder die SPD [FALTER, 2.2]. Auf sie zielte die NS-Propaganda, wenn sie gegen die Schwerindustriellen und Großgrundbesitzer wetterte. Der politische Kompass der Nationalsozialisten wies nicht zurück auf die Vergangenheit, sondern nach vorne in die Zukunft – so setzte sich die Bewegung massenwirksam in Szene, während die Führung des ADV mit bildungsbürgerlicher Reserve auf die Masse hinabblickte. Der Eiserne Kanzler Bismarck war für den künftigen Führer Hitler kein Leitbild. Die Funktion der Alldeutschen als Wegbereiter blieb daher begrenzt, ganz zu schweigen davon, dass Hitler auf den mitgliederschwachen ADV gar nicht angewiesen war.

Radikaler Nationalismus war nicht nur Männersache, sondern vor allem im konservativ-protestantischen Sub-Milieu auch unter Frauen verbreitet [SCHECK, 2.2; SÜCHTING-HÄNGER, 2.2]. Seit den 1980er Jahren wird *gender* als eine relationale Kategorie genutzt, um das Verhältnis von „Weiblichkeit" und „Männlichkeit" zu erfassen. Sie eignet sich zur weitergreifenden Analyse sozialer Beziehungen und kollektiver Identitäten mindestens so gut wie „Klasse". Eine historische Nationalismusforschung, die geschlechtergeschichtliche Aspekte berücksichtigt, einerseits und die Diskussion über den Anteil der Frauen am Aufstieg der NSDAP und ihre Beteiligung an der NS-Herrschaft andererseits haben (radikal) nationalistische Frauen der 1920er und 1930er Jahre ins Blickfeld gerückt [HEINSOHN/WECKEL/ VOGEL, 2.2; PLANERT, 2.2]. So hat K. HEINSOHN [2.2] die Selbstbilder rechtskonservativer Frauen untersucht, wie sie im „Bund Königin Luise" organisiert waren. Als Frauenvereinigung des Stahlhelmbundes 1923 gegründet, trug er den Königin-Luise-Mythos in die 1930er Jahre, um eine Gegenwelt zur abgelehnten Republik zu kultivieren. Der Bund, dem Anfang 1933 rund 150.000 Mitglieder angehörten, war ein Sammelbecken für nationalkonservative protestantische Frauen – Jüdinnen waren laut Satzung ausgeschlossen. Als die Leitung ihre Organisation im Mai 1933 dem neuen „Führer" Hitler unterstellte, in der irrigen Annahme, aufgrund seines antirepublikanischen Wirkens im nationalkonservativen Sinn einen Part im Aufbau des NS-Staates übernehmen zu können, fehlte ihr die Vorstellung, dass sich Hitlers Gleichschaltungspolitik auch gegen den Bund wenden könnte. Im März 1934 löste sich der Luisenbund auf; die Landesverbände Pommern und Westfalen waren zuvor der NS-Frauenschaft beigetreten.

Radikale Nationalistinnen

Selbst der feministische Kampf für das Frauenwahlrecht konnte durchaus antidemokratische Züge tragen, wenn es Frauen darum ging, sich an der – wie sie es sahen – nationalen Erneuerung und dem Umsturz der bestehenden demokratischen Institutionen im Schatten von Versailles aktiv zu beteiligen – als „Mitkämpferinnen", wie sie es in Anlehnung an die Veteranenrhetorik formulierten [STREUBEL, 2.2; 390]. Die radikalen Nationalistinnen kamen zumeist aus der protestantischen Mittelschicht und waren Mitglieder der DNVP. Die Studie belegt die Attraktivität des Nationalismus, der sich als Deutungsrahmen auch dort anbot, wo es um den Abbau von politischer Ungleichheit der Geschlechter ging. Im Hinblick auf den Aufstieg des Nationalsozialismus weist der geschlechterge-

Emanzipation der Frau als nationale Befreiung

schichtliche Ansatz auf eine Ambivalenz: Emanzipation erschien nicht nur als eine Frage der individuellen Befreiung, sondern auch des nationalen Wiederaufstiegs nach der Niederlage von 1918.

Die NSDAP als Fürsprecher der Kriegsveteranen

Die Forschung beschäftigt sich mit der Bedeutung des Ersten Weltkriegs für Aufstieg und Konsolidierung der nationalsozialistischen Bewegung und des Regimes nach 1933 auf unterschiedlichen Ebenen. Zu den sozialen Gruppen, auf die der Nationalsozialismus gezielt und erfolgreich setzte, gehörten die Veteranen und über 800.000 Invaliden des Weltkriegs. Die Weimarer Republik muss nicht zuletzt als eine Nachkriegsgesellschaft verstanden werden, die mit dem Erbe der massenhaften Gewalt – mit Kriegsversehrten, Witwen und Waisen – konfrontiert war. Um ihr Scheitern zu verstehen, lässt deshalb etwa M. STIBBE [2.2] ihre Geschichte bereits 1914 beginnen. Dass sich die NSDAP zum Fürsprecher der Kriegsopfer machte, hat die Forschung lange ignoriert. Um die Wählerstimmen der Opfer des (Ersten) Weltkriegs – der Kriegsblinden, der Arm- und Beinamputierten, der Hirnverletzten – zu gewinnen, richtete die NSDAP ein eigenes Referat für Kriegsopferversorgung ein, aus dem die NSKOV hervorging [LÖFFELBEIN, 2.2]. Die NSKOV zehrte von der Unzufriedenheit und Enttäuschung der Kriegsopfer und trat als deren Anwalt auf. Der „Führer" präsentierte sich erfolgreich als der ehemalige „Frontkamerad Hitler", der von diesem Vertrauensvorschuss profitierte. Tatsächlich unterstützten die Kriegsopfer 1933 Hitlers Politik, auch weil sie sie für Friedenspolitik hielten – ein Täuschungsmanöver, das viele erst 1939 erkannten. Die Forschung hat gezeigt, dass die Nationalsozialisten mit den Mitteln der Propaganda, durch Ausstellungen, Literatur und Malerei, bald die Deutungshoheit über die Bewertung des Krieges gewannen und das Weltkriegserlebnis für ihre Politik vereinnahmten. Die Veteranen, die sich in der Weimarer Republik an den Rand gedrängt fühlten, schienen von der NS-Bewegung jenen Dank zu erhalten, den ihnen das Vaterland verweigerte [WEINRICH, 2.2]. Auch die trauernden Mütter wurden als Erzeuger der gefallenen Helden symbolisch aufgewertet, auch ihr Leid erhielt einen Sinn im Rahmen der nationalsozialistischen Ideologie. Durch diese Instrumentalisierung des Krieges von 1914/18 gelang es der NSDAP, große soziale Gruppen an sich zu binden, die sich dem „System" entfremdet fühlten.

Biografieforschung

Auch die biografische Forschung greift das Problem auf, den Aufstieg des Nationalsozialismus zu erklären. Hier steht die Funktionselite im Mittelpunkt, die durch ihre Karriere die Weimarer Zeit, wenn nicht das Kaiserreich, mit dem Dritten Reich verbunden hat. Politisch geht es um die Legitimation der neuen NS-Bewegung durch ihre Verbindung mit dem überkommenen Konservativismus, moralisch um die Mitverantwortung der konservativen Elite. Ein prominentes Beispiel ist Constantin von Neurath, von 1932 bis 1938 der letzte Außenminister der Weimarer Republik und der erste des Dritten Reiches [LÜDICKE, 2.2]. Anschließend wurde von Neurath von 1939 bis 1941 Reichsprotektor im „Protektorat Böhmen und Mähren". Neuraths Biografie lässt zahlreiche ideologische, politische Schnittmengen erkennen, die ihn für Hitler interessant machten: die sozialdarwinistische Überzeugung, dass Deutschland über Großbritannien triumphieren müsse, wenn es nicht als Großmacht untergehen wolle; die moralische Skrupellosigkeit, die ihn aus außenpolitischen Erwägungen über den Völkermord an den Armeniern hinwegsehen ließ; die Ablehnung der Weimarer Republik; die Begeisterung für Mussolini während seiner Zeit als Botschafter in Rom. Weil er die Aufrüstung als Mittel des machtpolitischen Aufstiegs befürwortete, federte er die geheime Aufrüstung und territoriale Revisionen diplomatisch ab und half Hitler Zeit zu gewinnen, bevor dieser seine aggressive Außenpolitik offen zu erkennen gab. Mit Ernst von Weizsäcker und Bernhard W. von Bülow ging er im Auswärtigen Amt auf Konfrontation zur Verständigungspolitik. Deutlich wird, wie Neurath die Verfolgung von Juden und anderen „Volksfeinden" als vermeintlich notwendige innenpolitische Maßnahme zum Zweck außenpolitischer Machtpolitik seit 1933 widerspruchslos zur Kenntnis nahm, bevor er selbst die Entrechtung der jüdischen Bevölkerung im Protektorat zu verantworten hatte, bis der SS-Offizier Reinhard Heydrich ihm nachfolgte. Der Fall Neurath gibt Einblicke in die Vorstellungswelt und das Handeln des deutschen diplomatischen Corps im störungsfreien Übergang in das neue Regime und zeugt einmal mehr von dem Irrglauben, der Parvenu aus Braunau werde mit den Nationalkonservativen gemeinsame Sache machen. Als Neurath Hitlers Kriegspläne kritisierte, musste er 1938 sein Amt zugunsten des überzeugten Nationalsozialisten Joachim von Ribbentrop aufgeben. Auf biografische und kollektivbiografische Studien ist im Kontext der Täterforschung zurückzukommen.

Doch ist Weimar wirklich gescheitert? Mit dieser provokativen Frage hatte Peter Fritzsche 1996 dafür plädiert, die Kontingenz

NSDAP und Krisendiskurs

dieser historischen Phase stärker herauszustreichen, intensiver nach den verschiedenen Antworten der Zeitgenossen auf die Herausforderungen der Moderne zu fragen und damit den Eindruck der Zwangsläufigkeit des Aufstiegs der NS-Bewegung zu vermeiden. Innovative Ansätze gehen daher nicht so sehr von einer (objektiven) Krise der Weimarer Republik aus; sie thematisieren vielmehr die „Krise" als eine (subjektive) Idee, mit deren Hilfe die mögliche Zukunft einer erneuerten Gesellschaft gedacht und diskutiert werden konnte. Die Rede von einer Krise wird hier nicht als Indiz des tatsächlichen Niedergangs eines fehlerhaften Systems verstanden, sondern – mit Reinhart Koselleck – grundsätzlich als Anzeichen für eine historische Situation, in der über die weitere Entwicklung entschieden werden musste. Statt also die Krise, von der die Zeitgenossen sprachen, im Nachhinein als Realität hinzustellen, tragen diese Ansätze der Vieldeutigkeit der zeitgenössischen Krisensemantik Rechnung und untersuchen, wie der Krisendiskurs die Erwartungen der Zeitgenossen und ihr politisches Handeln geprägt hat [FÖLLMER/GRAF, 2.2]. Diese relative Offenheit der Entwicklung betont auch T. MERGEL [2.2] im Hinblick auf die Parlamentskultur. Der Reichstag sei in den Augen der Abgeordneten von der SPD bis zur DNVP ein Ort des regulierten Meinungsaustausches gewesen – ein Konsens über politische Verfahrensweisen, der jedoch nach außen kaum vermittelt worden sei, so dass die NS-Propaganda das Parlament als „Quasselbude" diskreditieren konnte. Ab 1930 unterliefen die Abgeordneten der NSDAP dann das unausgesprochene Einvernehmen über die Parlamentskultur.

Image des Heilsbringers

Die Bedeutung dieses Ansatzes für die NS-Forschung liegt darin, dass der Aufstieg der NSDAP nicht zuletzt mit dem erfolgreichen Rückgriff auf die Krisensemantik erklärt werden kann. Die Nationalsozialisten spitzten die „Krisis" rhetorisch zu und präsentierten sich zugleich – wie die Kommunisten – als die einzig mögliche Antwort darauf. Nationalsozialisten und Kommunisten bildeten am Ende, argumentiert T. BROWN [2.2: 149], eine „semiotic community". Beide Seiten nutzten nationalistische, sozialistische, militaristische und antisemitische Semantik, um sich öffentlichkeitswirksam als ebenso authentische wie radikale Heilsbringer in Szene zu setzen. Der öffentliche Auftritt war demnach wichtiger als ein in sich stimmiges Parteiprogramm. Die Radikalisierung, die sich in der Gewalt von SA und Rotfrontkämpferbund auf der Straße widerspiegelte, war nicht allein eine Folge der sozialen und wirtschaftlichen Verhältnisse, sondern auch der gezielten Zuspitzung der politischen Rhetorik. Diese kultur-, sozial- und politikgeschichtliche Forschung sperrt sich gegen jede teleologische Erklärung der nationalsozialistischen „Machtergreifung". Die Zukunft der Weimarer Republik war offener, als es das tradierte Narrativ bislang glauben gemacht hat. Das zeigen auch die in der Krisenrhetorik angelegten vielfältigen, mal pessimistischen, mal optimistischen Vorstellungen, die sich Zeitgenossen von der Zukunft Deutschlands machten [GRAF, 2.2]. Angesichts dieses breiten Erwartungshorizontes (Koselleck) kann der 30. Januar 1933 nicht als einzig möglicher Fluchtpunkt gelten. Der Erfolg der NSDAP lässt sich nicht einfach aus der sozialen und wirtschaftlichen Dauerkrise seit 1928 ableiten.

Die Schwäche der demokratischen Ordnung der Weimarer Republik (und anderswo) ist nur ein Erklärungsansatz. Ein anderer lenkt die Aufmerksamkeit auf die internationale Nachkriegsordnung. Sie wurde vor längerer Zeit auf die Anfänge eines „europäischen Bürgerkriegs" zurückgeführt [E. NOLTE, 6.1], der von dem Kriegseintritt der USA und dem Sieg der Bolschewiki 1917 über den Aufstieg der faschistischen Bewegungen in Italien und Deutschland nach 1919 eine Nachkriegsordnung schuf, die aufgrund ihrer ideologischen Gegensätze und ihres Gewaltcharakters den Zweiten Weltkrieg vorbereitet habe. Dagegen zeichnete A. TOOZE [2.2] nach, wie die USA – namentlich Woodrow Wilson – auf wirtschaftlichen wie politischen Feldern versuchten, während und vor allem nach dem Ersten Weltkrieg eine neue Weltordnung zu schaffen und wie dieses ehrgeizige Projekt zu Beginn einer neuen Epoche scheiterte. Nicht die von Legitimationsdefiziten des ökonomischen wie politischen Liberalismus betroffenen Staaten stehen in dieser Interpretation im Mittelpunkt, sondern im Gegenteil die von den Vereinigten Staaten dominierte internationale Ordnung, die den Rahmen für die demokratischen Staaten bildete. Aus wirtschaftshistorischer Sicht bildeten die von der Hypermacht USA dominierten Reparations- und Schuldenverhandlungen eine Klammer für diese Pax Americana. Mit der Abkehr der Briten vom Goldstandard 1931 und ihrer Flucht hinter Schutzzölle einerseits, mit dem Aussetzen der deutschen Reparationsverpflichtungen unter Heinrich Brüning andererseits verlor jenes System schlagartig an Integrationskraft. Der Zusammenbruch dieser Nachkriegsordnung bereits vor der Weltwirtschaftskrise 1933 führte, argumentiert TOOZE, zu einer neuen Kon-

Internationale Nachkriegsordnung

stellation, die den Aufstieg des Nationalsozialismus ermöglichte, zumal sich die USA Anfang der 1930er Jahre auf eine isolationistische Position zurückgezogen hatten und demokratische Gegenkräfte kaum auf Unterstützung hoffen konnten.

Geschichte der NSDAP

Der Aufstieg des Nationalsozialismus ist mit dem Erfolg der Nationalsozialistische Deutsche Arbeiterpartei (NSDAP) unauflösbar verknüpft, die ab 1929/30 von einer Splitterpartei zu einer Massenbewegung wurde, in deren Einrichtungen bei Kriegsbeginn zwei Drittel der Deutschen organisiert waren. Erstaunlicherweise hat jedoch die NSDAP im institutionellen Sinn in der NS-Forschung bislang wenig Aufmerksamkeit erfahren; die Partei stand lange im Schatten Hitlers. Sie spielte für die meisten Historiker/innen lediglich eine Rolle als Triebkraft der frühen NS-Bewegung, als Ort interner Machtkämpfe und als Mittel, die Massen zu mobilisieren. Selten war die Partei mit ihren Gliederungen und angeschlossenen Verbänden originärer Forschungsgegenstand [NOLZEN in: ECHTERNKAMP, 5.1: 99–193]. Dabei waren über zehn Prozent der Gesamtbevölkerung, rund 8,5 Millionen Menschen, der Partei beigetreten. Die einen wurden früh Parteigenossen aus Überzeugung, die anderen traten erst nach 1933 bei, häufig in der opportunistischen Annahme, ihre Karrieren zu fördern [BENZ, 2.2]. Nach der Machtübernahme stieg die Mitgliederzahl bis zum 1. Mai 1933 sprungartig um 1,6 Millionen an. Der Volksmund sprach von „Märzgefallenen". Die NSDAP feierte sich auf Reichsparteitagen und suchte dem Nationalsozialismus in den letzten Ecken der Privatsphäre zur Geltung zu bringen. Rund eine halbe Million Parteifunktionäre sorgten auf den unterschiedlichen Ebenen der Hierarchie, von der Parteiführung über die Gau- und Kreisleiter bis zu den Ortsgruppenleitern und Blockwarten, für die Kontrolle der Bevölkerung. Zur Ausbildung der Parteielite ließ Robert Ley, der Reichsorganisationsleiter der NSDAP, in den 1930er Jahren ideologische Schulungsstätten in bester Lage bauen: die „NS-Ordensburgen" im Allgäu (Sonthofen), in der Eiffel (Vogelsang) und in Pommern (Krössinsee) [HEINEN, 1.2; CIUPKE/JELICH, 1.2]. Auf der Grundlage von fast 600 Selbstdarstellungen von Parteimitgliedern aus dem Jahr 1934 und anderen Aufzeichnungen hat S. F. KELLERHOFF [2.2] die Bedeutung der Parteiorganisation im Alltag vor allem der Vorkriegsphase des Dritten Reiches herausgearbeitet. Weil die Partei im Gegensatz zu anderen nicht nur bestimmte Schichten der Bevölkerung ansprach, formte sie in ihren Reihen schon einmal die „Volksgemeinschaft" vor. Und da die NSDAP relativ „jung" war – Kellerhoff schätzt, dass ein Viertel der Mitglieder unter 23 Jahre alt war –, schien sie in den Augen vieler junger Menschen attraktiv. A. Nolzen [in: Bajohr/ Wildt, 3.3: 60–77] hat die NSDAP deshalb als eine gigantische „Inklusionsmaschine" charakterisiert, die Millionen von Deutschen durch ihre Mitwirkung in den zahlreichen Gliederungen der Partei in die nationalsozialistische „Volksgemeinschaft" integrierte.

3 „Volksgemeinschaft" als Analysemodell

3.1 Weltbild und Forschung

Die nationalsozialistische Ideologie ist in der Forschung lange nicht ernst genommen worden. Die krude Mischung aus Propaganda und rassistischen Vorstellungen wurde als bekannt vorausgesetzt und schien die nähere Betrachtung nicht zu lohnen. Erst der Aufschwung der Kulturgeschichte und ein neues Interesse an der Wirkungsmacht von Ideen rückten auch die NS-Ideologie in den Fokus der Forschung. Nicht zuletzt suchte man nach Antworten auf die Frage, was die Täter des Holocausts zu ihrem verbrecherischen Tun motiviert hat und welche Vorstellungen dazu führten, dass Millionen Menschen zu Komplizen des NS-Regimes wurden. Das ideologische Konzept der Volksgemeinschaft bot sich an, diesen „Erfolg" des Nationalsozialismus plausibel zu interpretieren [Kershaw, 3.3]. Dagegen geht ein vergleichsweise enges Verständnis des Nationalsozialismus als einer „politischen Religion" davon aus, dass der Nationalsozialismus in Zeiten fortgeschrittener Säkularisierung und Entzauberung der Welt durch die Wissenschaft und Technik das Bedürfnis der Menschen nach geistiger Führung gestillt habe [Maier, 3.1].

NS-Ideologie

Im Zentrum des nationalsozialistischen Weltbildes stand das Konzept der „Volksgemeinschaft". Die Nationalsozialisten griffen damit eine ältere Vorstellung auf, die aus dem deutschen Kaiserreich stammte [Bruendel, 3.1]. Der Begriff bezeichnete die Utopie der nationalen Einheit, die im wiedererstarkten Reich ihre historische Bedeutung entfalten sollte. Die Vorstellung einer organischen, auf Zugehörigkeitsgefühlen gründenden „Gemeinschaft" war vor allem im Bildungsbürgertum fest verankert. Mit dem Konzept der „Gesellschaft", in der sich der Einzelne der Anderen als Mittel zum Zweck bediene, hatte der Philosoph und Soziologe Ferdinand Tön-

Utopie der „Volksgemeinschaft"

nies 1887 den Gegenbegriff umrissen. Gemeinschaft und Gesellschaft – so lautete auch der Titel seines Hauptwerks – bildeten ein zumindest theoretisch unvereinbares Gegensatzpaar. Im Ersten Weltkrieg gewann das Gefühl nationaler Einheit an Bedeutung: zunächst durch die Proklamation Kaiser Wilhelms II., er kenne keine Parteien mehr, sondern nur noch Deutsche, sodann durch das Bild der soldatischen Solidarität in der „Schützengrabengemeinschaft", das die Nationalsozialisten ohne Unterlass hochhielten. Ihr Volksgemeinschaftskonzept lässt sich als Fortschreibung dieser tief verwurzelten Vorstellung (um nicht zu sagen: Sehnsucht) deuten.

„Volksgemeinschaft" als Analyseinstrument

An diese Vorstellung haben Historiker angeknüpft, um den Erfolg des Nationalsozialismus besser zu verstehen [v. a. WILDT; 3.3., BAJOHR/WILDT, 3.3; GOTTO/STEBER, 3.2]. Nicht die Klassengegensätze, die Widersprüche und Widerstände, auch nicht die negativen Elemente wie Antisemitismus, Antikommunismus und Antibolschewismus interessieren sie vor allem, sondern im Gegenteil die Popularität des NS-Regimes, das Gefühl der nationalen Einheit und des gemeinsamen Aufbruchs in eine glorreiche Zukunft in einem wiedererstarkten Deutschland. Die Forscher sind überzeugt, dass sich mit dem Konzept der Volksgemeinschaft die Zustimmung zu dem neuen Regime in hohem Maße erklären lasse – in einem höheren Maße jedenfalls, als das in der älteren Forschung der Fall war, die angesichts des destruktiven Charakters der NS-Herrschaft seine „konstruktive" Seite leicht übersah [KERSHAW, 3.3]. Dem entgeisterten Rückblick auf das verbrecherische Regime entging lange die begeisternde Dimension der NS-Herrschaft, lautet das Argument. Was die soziale Praxis im Dritten Reich betrifft, zielt das Konzept der Volksgemeinschaft einerseits auf die Mobilisierung der „Volksgenossen", andererseits auf die Ausgrenzung der so genannten Gemeinschaftsfremden. Insbesondere geht es um die spezifische Staatlichkeit der NS-Diktatur und die Dynamik, die durch Mobilisierung und Selbstermächtigung ausgelöst wurde. Indem die Formel breite Zustimmung zu den Zielen und den Methoden des Regimes mobilisierte, habe sie wesentlich zum Erfolg des Nationalsozialismus beigetragen. Historiker/innen, die dieser Annahme folgen, fragen nach den Bedingungen, Formen und Folgen, die mit der Realisierung der Idee der „Volksgemeinschaft" in verschiedenen gesellschaftlichen Bereichen verbunden waren. Wie die Formel selbst weisen auch die Forschungen über die Zeit des Dritten Reiches hinaus: in die Weimarer Republik, wo parteiübergreifend von der Volksgemeinschaft die Rede war, aber auch in die Zeit nach 1945, wo entsprechende Vorstellungen fortwirkten. Der breite Ansatz erfordert Interdisziplinarität: Geschichts-, kultur- und sozialwissenschaftliche Ansätze sind ebenso hilfreich wie beispielsweise erziehungs-, literatur- und sozialpsychologische [als Zwischenbilanz: SCHMIECHEN-ACKERMANN, 3.3; SCHOENEMAKERS, 3.2; VON REEKEN/THIESSEN, 3.2; OLTMER, 3.2; WERNER, 3.2]. Dabei wurden die Chancen und die Grenzen deutlich, die der Erforschung der nationalsozialistischen Ideologie und Gesellschaft anhand des Volksgemeinschaftsbegriffs gesetzt sind. Kontrovers diskutiert wird die Frage, ob es sich um einen neuen, produktiven Zugang zur Geschichte des NS-Regimes handelt oder ob die Historiker/innen Gefahr laufen, einem Konstrukt der NS-Propaganda aufzusitzen, dass sich in der sozialen Wirklichkeit nicht wiederfindet [KERSHAW, 3.3; WILDT 3.3].

3.2 Mobilisierung und Selbstermächtigung

In den frühen Arbeiten zur Sozialgeschichte des Nationalsozialismus ging es in erster Linie um das Spannungsverhältnis von egalitärer Propaganda und Klassenstruktur [SCHOENBAUM, 3.2; MASON, 3.2]. War es dem NS-Regime gelungen, die Klassengesellschaft zu überwinden und die Arbeiterklasse zu integrieren? Seit den 1980er Jahren führte die Beschäftigung mit dem Holocaust zu einem Blickwechsel, der unsere Sicht der Gesellschaft deutlich verändert und dem Begriff der Volksgemeinschaft eine neue Bedeutung gegeben hat. Nun wurde der NS-Gesellschaft statt des Klassencharakters eine soziale Mobilität bescheinigt, die aufgrund vielfältiger Organisationsformen und Praktiken immer mehr Menschen zu gleichberechtigten Volksgenossen machte.

Wer das Dritte Reich als eine mörderische Diktatur erforscht, Verfolgung, Terror und Holocaust in den Mittelpunkt rückt, begibt sich als Historiker/in zugleich in eine sichere moralische und emotionale Distanz zu seinem Untersuchungsgegenstand. Schaut man dagegen auf die Erlebnisangebote, die den Nationalsozialismus für viele Zeitgenossen so attraktiv gemacht haben, rücken Ideologie und Herrschaft gleichsam näher heran. Muss es nicht verstören, nach der Faszination des Nationalsozialismus zu fragen? So man-

Attraktivität des Nationalsozialismus

ches, was im Dritten Reich die Massen fasziniert hat, begeistert grundsätzlich noch heute [BROCKHAUS, 3.2]. Der Körper-, Schönheits- und Fitnesskult, die Begeisterung für Technik und Höchstleistung, aber ebenso die Inszenierung von Politik und ihre Ästhetisierung sind auch im 21. Jahrhundert nicht unbekannt [ROHKRÄMER, 3.2].

Diese Frage nach der enormen Attraktivität des Nationalsozialismus ist unbequem und geht über die Frage nach der Modernität des Nationalsozialismus hinaus, die in den 1990er Jahren die Wogen hochschlagen ließ [BAVAJ, 3.3]. Denn dahinter verbirgt sich die Kernfrage, warum sich so viele „ganz normale Deutsche" für ein System begeistert haben, das wie kein anderes für Verfolgung, Terror und Massenmord – kurz: für den Zivilisationsbruch – steht. Gleichwohl haben Historiker/innen in der Popularität des Regimes einen Schlüssel zum Verständnis seiner Funktionsweise entdeckt. Hinzu kommt, dass dieses Freilegen von Kontinuitätslinien die NS-Forschung anschlussfähig macht gegenüber der Geschichte der Nachkriegszeit und der beiden deutschen Staaten.

Zustimmung statt Angst

Das Lebensgefühl der meisten „Volksgenossen" war nicht von Angst beherrscht oder von der Lust zur Unterwerfung. Sie waren grundsätzlich einverstanden mit der Politik des Regimes. Ihre Zustimmung wurde nicht durch Kontrolle erzwungen, auch nicht durch eine manipulative Propaganda, deren Erfolge begrenzt blieben. Vor allem in der wichtigen Anfangsphase der Herrschaftsstabilisierung war die Mehrheit der Deutschen mit den Zielen der Partei, jedenfalls soweit sie diese erkennen konnten, einverstanden. Die Nationalsozialisten haben sich ihre Massenbasis nicht mit Gewalt geschaffen; sie entstand vielmehr durch die Kooperation der Mehrheit.

Drittes Reich als Versprechen

Der Nationalsozialismus lässt sich daher nicht allein als eine Gegenbewegung zum „Weimarer System" begreifen. Seine Anziehungskraft kann man nicht nur damit erklären, dass sich das Dritte Reich als eine Alternative zur Weimarer Republik präsentierte und deren Fehler zu korrigieren schien. Der über zwölf Jahre, mindestens bis 1942/43 anhaltende Erfolg – von den Wahlen der frühen 1930er Jahre bis zum erbitterten Kampf 1945 – ist nicht als Negation verständlich, sondern durch sein „positives" Angebot, das Millionen Deutschen attraktiv erschien, vor allem in der Mittelschicht und der Arbeiterklasse. Die Attraktivität des NS-Programms hing nicht zulässt damit zusammen, dass es emotionale Bedürfnisse zu befriedigen versprach. Sozialpsychologisch lässt sich argumentieren [BROCKHAUS, 3.2: 58], dass der Mobilisierungserfolg sich dem „Versprechen intensiven Erlebens" verdankte. Die Frage nach der „fatalen Attraktivität des Nationalsozialismus" [ROHKRÄMER, 3.2] ist die Kehrseite der Frage nach Widerstand, „Resistenz" und Anpassung, die in den vergangenen Jahren weit häufiger aufgeworfen wurde. Mit diesem Erkenntnisinteresse werden nun verschiedene Bereiche der Gesellschaft des Dritten Reiches untersucht. Dazu gehören zum einen beispielsweise die Kultur im weitesten Sinne, Freizeit und Konsum. Zum anderen stellt sich die Frage der Selbstmobilisierung auch für wichtige Personenkreise wie die deutschen Unternehmer. Sogenannte *hard facts* sind hier ebenso von Bedeutung wie *soft facts*. Schließlich hat das Volksgemeinschaftskonzept lokal- und regionalgeschichtlichen Studien neue Impulse gegeben.

Durch seinen Einfluss auf das kulturelle Leben war das Regime darauf bedacht, die Zustimmung der Volksgenossen und Volksgenossinnen zu gewinnen. Als wichtigstes Instrument der „Gleichschaltung" des kulturellen Lebens diente ab 1933 die Reichskulturkammer [STEINWEIS, 3.2]. Die Kulturpolitik setzte in den Konzertsälen, auf der Bühne, im Kino und in den Museen bürgerliche Traditionen fort, während sie zugleich das Kulturangebot für ein Massenpublikum öffnen wollte, indem beispielsweise die Deutsche Arbeitsfront zigtausende Opern-, Theater- und Varietéaufführungen zu ermäßigten Preisen organisierte [FÖLLMER, 3.2]. Weil das Kulturverständnis breit gefächert war und unterschiedliche Teile der Gesellschaft ansprach – nicht nur den nationalistischen Hardliner –, traf die Kulturpolitik den Nerv einer Mehrheit. Diese fühlt sich nicht zuletzt durch das gemeinsame Kulturerlebnis der Volksgemeinschaft zugehörig und dem Regime verbunden. Zu den Formen gehörten beispielsweise klassische Konzerte, die insbesondere die Berliner Philharmoniker unter ihrem Dirigenten Wilhelm Furtwängler als ebenso privilegiertes wie instrumentalisiertes „Reichsorchester" gaben, dessen musikalisches Programm den Musikgeschmack der Nationalsozialisten traf [ASTER, 3.2; KATER, 3.2]; spektakuläre Inszenierungen wie die Reichserntedankfeste auf dem Bückeberg [GELDERBLOM, 3.2]; Staatsfeiertage wie der Heldengedenktag, der als zentraler Staatsakt die verschiedenen Riten und Sinnstiftungen des Volkstrauertages vereinheitlichte und dem nationalsozialistischen Heldengedächtnis diente [KAISER, 3.2]; oder

Kultur und Gemeinschaftserlebnisse

Großveranstaltungen wie die zehn Nürnberger Reichsparteitage zwischen 1923 und 1938, auf denen die NSDAP ihre eigene Stärke demonstrierte und die Teilnehmer auf ihren „Führer" einschwor [Karow, 3.2; Urban, 3.2]. Immer ging es darum, ein Gefühl der Gemeinschaft zu vermitteln, das die völkischen Visionen beflügelte. „Gemeinschaft" war im 20. Jahrhundert ein Sehnsuchtsbegriff, der positive Vorstellungen von der Zugehörigkeit zu einem Kollektiv hervorrufen sollte, das seinerseits für politische Ziele mobilisiert wurde [Reinicke u. a., 2.3]. Der Glaube an das Projekt der Volksgemeinschaft rechtfertigte Diktatur, Krieg und Vernichtung. So geht es denn in der NS-Forschung nicht so sehr um eine Kulturgeschichte des Dritten Reiches als eine kulturgeschichtliche Interpretation des nationalsozialistischen Herrschaftsanspruchs. Die Instrumentalisierung der Kulturpolitik lässt sich hier einordnen.

Nationalsozialistische Literaturpolitik?

Die Volksgemeinschaft las. Die (germanistische) Beschäftigung mit der Literatur, die zwischen 1933 und 1945 entstand oder weiterhin verfügbar war, zielte zum einen auf die Kontrolle des Literaturbetriebs, auf die Verfolgung und Förderung bestimmter Autoren und die Zensur ihrer Texte. Zum anderen nahmen Germanisten und Historiker jenen Teil der Literaturproduktion unter die Lupe, der im Sinne der NS-Ideologie wirkte: antisemitische Texte, Blut-und-Boden-Literatur oder kriegsverherrlichende Bücher für Jugendliche und Erwachsene. Mit einem erweiterten Literaturbegriff, der zum Beispiel auch populäre Sachbücher, Groschenromane und Ratgeber umfasst, zeichnet sich aus einem anderen Blickwinkel ab, was „Lesen unter Hitler" für die Zeitgenossen bedeutete, welche Vertriebs- und Lenkungsmechanismen das Regime entwickelte, aber auch wie heterogen, ja widersprüchlich die Inhalte der populären Literatur im Dritten Reich ausfielen [Adam, 3.2]. Klar wird, dass es in der Literaturpolitik keine einheitliche Linie gegeben hat, zumal es in der relativ kurzen, in sechs Friedens- und Kriegsjahre zerfallenden Zeitspanne eigene Neuentwicklungen kaum möglich waren. Missliebige Autoren wurden vom Markt gedrängt, ein NS-typisches Schrifttum blieb indes weitestgehend Programm. Während sich die Elite der deutschen Schriftsteller, sofern sie überlebte, im Exil befand oder zum Schweigen gebracht worden war, schlug die Stunde der Schriftsteller aus der zweiten Reihe und der systemtreuen Dilettanten, deren Namen heute zurecht keiner mehr kennt.

Sport für den „Volkskörper"

Zu den inszenierten Gemeinschaftserlebnissen zählten sportliche Großveranstaltungen wie das 15. Deutsche Turnfest 1933, das erste Massensportereignis im Dritten Reich. Sporthistorische Studien haben früh die Bedeutung des Sports in der NS-Zeit gut ausgeleuchtet [BERNETT, 4.1]. Der Sport war ein zentrales Feld, auf dem die Nationalsozialisten die Volksgemeinschaft inszenierten und zahllose Sportvereine ihrerseits für das neue Regime mobilmachten [SCHÄFER/SCHÄFER, 3.2]. Erstens wurden in den Vereinen und Verbänden bestimmte Sportarten angeboten. Die Funktionäre der bürgerlichen Sportvereine hatten sich eilfertig in den Dienst des Regimes gestellt, noch ehe die neuen Machthaber ihre Forderungen formulierten. An dieser Selbstmobilisierung lässt die Sportgeschichte der NS-Zeit keinen Zweifel. In den Vereinen herrschte bald das Führerprinzip, Juden wurden ausgeschlossen, der Körperkult trat in den Dienst der wehrpolitischen Erziehung. Zweitens gehörten sportliche Aktivitäten zum Programm der nationalsozialistischen Massenorganisationen. Die dem italienischen Vorbild nachempfundene NS-Freizeitorganisation „Kraft durch Freude" (KdF) [LIEBSCHER, 6.1] hielt in den Gemeinden viele Freizeitangebote des Breitensports parat, während der Betriebssport die Gesundheit und Leistungsfähigkeit des „Volkskörpers" auch in der Arbeitswelt fördern sollte. Vor allem das Turnen hatte die doppelte Aufgabe, den „Volksgenossen" durch Sport fit zu machen und durch Körperbewusstsein die rasseideologische Selbstwahrnehmung zu stärken. „Leibeserziehung" war daher, drittens, Teil der nationalsozialstischen Erziehung. „Kraft" lautete ihr Leitmotiv. Den kollektiven Zielen der Gesundheit, Ideologie und vormilitärischen Ausbildung verpflichtet, hatte Sport einen festen Platz in den Schulen [BERNETT, 4.1], nicht zuletzt in den Eliteschulen der NSDAP, und in der SS [BAHRO, 4.1]. Auch vor diesem Hintergrund besaßen die XI. Olympischen Spiele 1936 in Berlin als Demonstration der Kraft eine eminent politische Funktion.

Die Körperästhetik des Turnens und der arische Körperkult wurden inspiriert durch das antike Vorbild der Spartaner, genauer: das idealisierte Bild, das sich die Nationalsozialisten von ihnen machten. Das antike Griechenland lieferte den Nationalsozialisten – den „Spartanern des Nordens" – zahlreiche Elemente ihrer Selbstinszenierung [CHAPOUTOT, 3.1]. Die Schwärmerei für die Antike floss in den Rassediskurs ein und machte das Altertum zu einer Projektionsfläche. Rom lieferte das historische Beispiel für den Aufbau eines Großreiches. Zugleich diente die Antike in der NS-Rezeption als ein warnendes Beispiel für den Untergang der antiken

Rezeption der Antike

Kulturen durch die Assimilation der Juden. Sowohl für den Aufstieg zu einer imperialen Hegemonie als auch für die bevölkerungspolitische Frage der „Rassenmischung" ließ sich auf die Antike verweisen. Die weit zurückliegende Vergangenheit bot strategischen und taktischen Anschauungsunterricht und legitimierte das eigene Verhalten historisch.

Konsumpolitik   Die Freizeit- und Sozialpolitik mit ihren preisgünstigen Urlaubsangeboten schien die Klassenprivilegien abzuschaffen und die Chancen für einen sozialen Aufstieg zu verbessern, so empfanden es viele Volksgenossen. Die ideologische Rahmung des Konsums sollte den Widerspruch zwischen dem völkisch-konservativen Weltbild und der modernen Konsumgesellschaft auflösen und politisch kontrollierte Hoffnung auf Wohlstand für die Volksgemeinschaft – nicht: für alle – nähren [BERGHOFF, 3.2]. Elektrifizierung der Haushalte, Massenmotorisierung und die „Erzeugungsschlacht" für eine ausreichende (Selbst-)Versorgung mit Lebensmitteln waren konsumpolitische Eckpunkte. Konsum lässt sich insofern als „Integrationsmittel einer völkischen Leistungs- und Erlebnisgemeinschaft" deuten [C. TORP, in: KUNDRUS/STEINBACHER, 3.2: 93]. Wie die Konsumgeschichte des Dritten Reiches zeigt, sorgte die Ausbeutung der besetzten Gebiete für einen gewissen Ausgleich in der Versorgungslage, die bis 1941 einigermaßen konstant blieb. Eine Studie zu den beliebtesten Genussmitteln Kaffee und Tabak hat deutlich gemacht, dass zwischen der konsumpolitischen Absicht und der Realität im Alltag eine große Lücke klaffte, die nicht zuletzt mit wirtschaftlichen Interessen und der Stimmung in der Bevölkerung zu tun hatte [PETRICK-FELBER, 4.1]. Die Regulierung des Genussmittelkonsums dient hier als der Ausgangspunkt für neue Zugänge zum Alltag der NS-Volksgemeinschaft [SCHANETZKY, 4.1]. Auf Kritik stieß dagegen die Interpretation von G. ALY [4.1], das NS-Regime sei so erfolgreich gewesen, weil es als „Gefälligkeitsdiktatur" daherkam. Den Nationalsozialisten sei es gelungen, so lautet sein materialistisches Argument, die Mehrheit der Deutschen durch sozialstaatliche Wohltaten und wirtschaftliche „Geschenke", die Plünderung und „Arisierung" ermöglichten, gleichsam bestochen zu haben. Auch wenn das Bild einer korrumpierbaren Bevölkerung insbesondere Terror und Zwang in „Hitlers Volksstaat" über Gebühr herunterspielt, erinnert es doch an die freilich ältere Einsicht [THAMER, 1.; FREI, 1], dass die Nationalsozialisten wirtschaftliche und soziale Wohltaten zu Herrschaftszwecken genutzt haben.

Die Annahme des Analysemodells „Volksgemeinschaft", dass sich Nationalsozialismus vor allem, wenn auch nicht ausschließlich, als soziale Praxis untersuchen lasse [VON REEKEN/THIEẞEN, 3.2], hat die lokal- und regionalgeschichtliche Stoßrichtung der NS-Forschung verstärkt. Mit einem anderen Erkenntnisinteresse als die Alltagsgeschichte der 1980er Jahre wird Deutschland zwischen 1933 und 1945 „von unten" betrachtet (was Überschneidungen nicht ausschließt). Dieser Ansatz folgt dem Bemühen ab den 1990er Jahren, lokal- und regionalgeschichtliche Studien auch methodisch und theoretisch mit der NS-Forschung in Beziehung zu setzen. Eine Zwischenbilanz lässt Grundannahmen, Tendenzen und Perspektiven der lokal- und regionalgeschichtlichen Forschung zum Dritten Reich erkennen. So gehen die Historiker davon aus, dass die Prozesse im Lokalen und Regionalen eine eigene Qualität besaßen und nicht nur die allgemeinen Prozesse auf einer unteren Ebene beispielhaft widerspiegeln. Das methodische Problem freilich bleibt, dieses Spezifische näher zu bestimmen, schon wegen der Unschärfe des Regionsbegriffs. Denn auch die Ausprägungen eines regionalen Selbst- und Sonderbewusstseins werden als das Ergebnis eines Konstruktionsprozesses gedeutet, nicht als ein gegebenes Lokalkolorit. Das Lokale und Regionale gilt daher auch in der NS-Forschung als ein dynamisches Element des historischen Prozesses. Anders formuliert: Aus vielen Lokal- und Regionalstudien lässt sich nicht unmittelbar das Gesamtbild ableiten, wie sich umgekehrt nicht von dem Gesamtbild auf die lokale und regionale NS-Herrschaft schließen lässt. Die Regionalforschung zum Nationalsozialismus gewährt Zutritt zu den zeitgenössischen Erfahrungsräumen und hilft, das Verhältnis von Zentrum und Peripherie, von Zentralismus und Regionalismus zu bestimmen, ohne die Erforschung zentraler Prozesse zu ersetzen. Aus *diesem* Grund führt, so lautet der Konsens, der regionalgeschichtliche Ansatz zu einer größeren Annäherung an die historische Realität des Dritten Reiches.

Lokal- und regionalgeschichtliche Forschung

Groß- und Kleinstädte, aber auch die ländliche Provinz werden als gesellschaftliche Funktionsbereiche unter die Lupe genommen, in denen die NS-Volksgemeinschaft repräsentiert wurde, in denen Akteure der Vergemeinschaftung auf Integration und Ausschluss hinwirkten, kurz: als Orte, wo sich die nationalsozialistische Gesellschaft konkretisierte [SÜẞ/THIEẞEN, 3.2]. Hier zeigte sich, wer sich wie im Sinne des Nationalsozialismus engagierte, wer sich den ideologischen Routinen des Alltags im Dritten Reich verweigerte –

Totalitätsanspruch vs. Eigenständigkeiten?

und wie wichtig tatsächlich die Rede und Vorstellung von einer Volksgemeinschaft in den jeweiligen Zusammenhängen war. Was bedeutete die Volksgemeinschaft in der Metropole, der Kleinstadt oder auf dem Land? Auf dem Prüfstand steht das Verhältnis von urbanem oder ländlichem Raum und der sozialen Ordnung des Nationalsozialismus, von lokalen „alten Eliten" und NS-Funktionären, von spezifischen Traditionen und dem Totalitätsanspruch des Regimes [Süß/Thießen, 3.2].

Gewinn verspricht ein methodisches Vorgehen, das übergeordnete Fragen und Ansätze der NS-, Holocaust- oder Weltkriegsforschung für die Regionalforschung aufgreift und die Vergleichbarkeit von Regionalstudien ermöglicht – nicht zuletzt, um das Besondere des jeweiligen Raumes zu erkennen. Diese Leitfragen zielen insbesondere auf die Chancen und Grenzen der NS-Herrschaft, auf Vergemeinschaftung und Ausschluss. Inwieweit hat die Diktatur regionale Eigenständigkeiten bestritten? Konnten diese umgekehrt den Totalitätsanspruch begrenzen? Oder boten sich vor Ort Traditionen an, die das Regime für seine in- oder exklusiven Zwecke instrumentalisierte? [Möller/Wirsching/Ziegler, 2.2; Buchholz/Füllberg-Stolberg/Schmid, 2.2; Ruck/Pohl, 2.2]. Die Regionalforschung hat in diesem Kontext zum Beispiel die spezifischen Bedingungen der Machtübernahme, die verschiedenen Profile der NSDAP und die Bedeutung des konfessionellen Faktors untersucht [Kißener, 2.2]. So wird der Nationalsozialismus als Teil der Regionalkultur ernstgenommen und nach der regionalen Ausformung nationalsozialistischer Politik und Politiker gefragt, wenn es etwa um die Rolle örtlicher Honoratioren als „Türöffner" in einem protestantischen Städtchen wie dem westfälischen Herford geht [Sahrhage, 3.2].

Orts- und Kreisleiter der NSDAP

Seit einigen Jahren hat auch die Erforschung des lokalen und regionalen Führungspersonals der NSDAP Fahrt aufgenommen [A. Nolzen, in: Kössler/Stadtland, 37–75]. Neben der grundlegenden Studie von C.-W. Reibel [2.2] über die Ortsgruppen der Partei haben die Kreisleitungen Beachtung gefunden, zunächst in Bayern [Roth, 2.2] und Württemberg. Hier zeigt sich das Gegen- und Miteinander von Parteibürokratie und öffentlicher Verwaltung [Arbogast, 2.2; Kißener/Scholtyseck, 2.2; John/Möller/Schaarschmidt, 2.2;]. So demonstriert K. Thieler [3.2] am Beispiel der Universitätsstadt Göttingen, wie NSDAP-Kreisleitungen und ihre Funktionäre Normen für das Privat- und Berufsleben definierten und kontrollierten; mit Parteigutachten suchte die NSDAP die Personalpolitik in Stadtverwaltung und Universität zu steuern. Auf der staatlichen Ebene arbeiteten die Kreisleiter mit den Landräten zusammen, auf welche die Forschung ebenfalls einen Blick geworfen hat. So präpariert G. PENZHOLZ [3.2] kollektivbiografisch heraus, wie die fast 300 bayerischen Landräte als Staatsbeamte und oberste Polizeibehörden im Landkreis am Verfolgungsterror des Regimes beteiligt waren und wie sie ihre ambivalente Position gegenüber der Partei definierten.

Die Gauleitung erweist sich als ein Kristallisationspunkt der Rivalität von Zentralismus und Partikularismus [MÖLLER/WIRSCHING/ZIEGLER, 2.2]. Gauleiter als „Mittelinstanzen" suchten, so lässt sich resümieren, vor allem die NS-Herrschaft durchzusetzen, nicht die regionalen Sonderinteressen ihres Gaus gegenüber dem Gestaltungsanspruch „von oben" zu vertreten. Dieses Spannungsverhältnis wurde für verschiedenste Politikfelder herausgearbeitet, von der Stadtplanung über die Schulpolitik zur Wohnungspolitik [HAERENDEL, 4.1]. Genauerer Untersuchungen bedarf es weiterhin, was die Rolle der regionalen Akteure des Geheimen Staatspolizeiamtes bzw. des RSHA für Überwachung, Verfolgung und Terror angeht. Untersucht wurden etwa Schleswig-Holstein [PAUL, 4.1] und das Land Braunschweig [WYSOCKI, 4.1]. Denunziationen spielten vielerorts eine Rolle [DÖRDELMANN, 4.1]. Ob daraus auf die eingeschränkte Effizienz des eigenen Apparates geschlossen werden kann, bleibt zu klären. Schließlich zeigt die Lokal- und Regionalgeschichte die nationalsozialistischen Verbrechen wegen ihrer Nähe zum Geschehen besonders eindringlich. Sie gibt den Opfern ein Gesicht und nennt die Täter beim Namen. Stets geht es um die Wechselwirkung lokaler und zentraler Politik, wie sie etwa GRUNER [4.2] für die Judenverfolgung untersucht hat.

Mobilisierung der mittleren Ebene: die Gauleiter

Der Zwiespalt zeigt sich auch in der nationalsozialistischen Kulturpolitik, die einerseits zentrale Vorgaben umsetzen sollte, andererseits im Kontext der Blut-und-Boden-Ideologie die regionale Verwurzelung des „deutschen Menschen" in Heimat, „Stamm" und Landschaft betonte [V. DAHM, in: MÖLLER/WIRSCHING/ZIEGLER, 2.2: 123–138]. Das Wechselspiel wurde in den Ausformungen der lokalen und regionalen Feste wie Kirmes und Karneval besonders deutlich, wie die Forschung zur Alltagskultur zeigt [FREITAG, 3.2]. Recht spät erst haben sich Historiker der Kommunalverwaltung zugewandt, der man nur einen geringen Stellenwert im Machtgefüge des NS-

Heimat, Feste, Kommunalverwaltung

Regimes beimaß. Tatsächlich stellte sich heraus, dass auch die Stadtverwaltungen „wirkungsmächtige und eigenständige Akteure" [MECKING/WIRSCHING, 3.2: 6] blieben, die manche Tätigkeitsfelder behielten, andere sich neu erschlossen [SCHMIECHEN-ACKERMANN/KALTENBORN, 3.2; FLEITER, 3.2; WIRSCHING, 3.2]. NSDAP und Gemeindeverwaltung arbeiteten häufiger zusammen, als dass sie aneinandergerieten. Nach 1933, aber auch nach 1939 trugen die Kommunalverwaltungen deshalb dazu bei, das Herrschaftsgefüge zu stabilisieren, wie zum Beispiel B. GOTTO für Augsburg nachweist [3.2].

Gaue

Aus einer anderen als der regional- oder auch der parteigeschichtlichen Perspektive lässt die NS-Forschung seit Kurzem erst immer deutlicher den Stellenwert der mittleren Ebene für die innere Neuordnung des NS-Regimes erkennen (vgl. Karte 2). Die Gaue der NSDAP erhielten seit 1936 maßnahmestaatliche Funktionen, wobei sie auf die Verwaltungen der „gleichgeschalteten" Länder und Provinzen zurückgreifen konnten. Die Gauleiter werden als NS-Funktionäre einer regionalen „Mittelinstanz" eingeordnet [JOHN/MÖLLER/SCHAARSCHMIDT, 2.2]. Folgt man diesem Ansatz, bildeten die Parteigaue nicht bloß eine Gliederungsgröße der NSDAP, sondern eine informelle, halbstaatliche Lenkungsstruktur, die sich insbesondere auf dem Feld der Kriegswirtschaft im Sinne der politischen und militärischen Führung auswirkte. Als Untersuchungsgegenstand interessieren die Gaue hier vornehmlich als Bereiche der Interaktion, der Mobilisierung und der Stabilisierung der „neuen Staatlichkeit" (s.u. 4.) des Dritten Reiches [HENDEL, 2.2]. Mit diesem Ansatz hat M. FLEISCHHAUER [2.2] die Entwicklung des Gaues Thüringen seit 1936 untersucht, das unter Gauleiter Sauckel ein Beispiel für diese spezifisch nationalsozialistische Form von Staatlichkeit sei. Der Einfluss des Gauleiters einerseits, andererseits des Oberpräsidenten, zu dem nach 1933 viele Gauleiter ernannt wurden, steckt die Macht- und Konfliktkonstellation ab, in der die Regierungspräsidenten als administrative Mittelinstanz in Preußen agierten. Wie lähmend sie sich auf die traditionelle Verwaltungsarbeit auswirkte, hat H. SCHRULLE [2.2] am Beispiel der Bezirksregierungen von Münster und Minden detailliert herausgearbeitet.

Nationalsozialismus auf dem Land

Nicht nur in den Städten sollte sich die „Volksgemeinschaft" konkretisieren, sondern auch in den Dörfern. Landwirtschaft spielte in der „Blut-und-Boden"-Ideologie von Anfang an eine große Rolle, nicht zuletzt für die Kriegsvorbereitung. Entsprechend bedeutsam und entwickelt war die Agrarpolitik des NS-Regimes, zu der etwa die Schaffung einer berufsständischen Organisation gehörte. So ging es in einer ersten geschichtswissenschaftlichen Annäherung um die nationalsozialistische Durchdringung von Agrarpolitik und Landwirtschaft. Die Bauern, die im nationalsozialistischen Weltbild als Prototypen der nordisch-germanischen Rasse galten, hatte die NSDAP früh als Wählerschaft erkannt. In einem zweiten Schritt ging es den Historikern in den 1980er und 1990er Jahren um die Interaktion in der ländlichen Gesellschaft [HERLEMANN, 3.2; T. BAUER, 3.2]. Hier wirkte sich zum einen das Interesse an der Alltagsgeschichte aus, zum anderen schärfte das Leitmotiv der Resistenz den Blick: Welches Beharrungsvermögen setzten die Bauern dem Herrschaftsanspruch des Regimes entgegen? D. MÜNKEL [3.2] hat das unter anderem für das Erbhofrecht untersucht, das die Vererbung des Hofes an einen einzigen Erben festlegte.

Der jüngste, dritte Ansatz sucht mit kulturgeschichtlichem Akzent diese Orientierung an den Herrschaftsstrukturen zu überwinden, indem er die bäuerlichen Lebenswelten ins Zentrum rückt. Das Dorf wird soziologisch als ein Kräftefeld verstanden, in dem verschiedene Akteure im Kampf um Ressourcen gegeneinander antreten. Mit einem mikrohistorischen Ansatz lassen sich das Zusammenwirken von Landwirten und Parteifunktionären und die ländlichen Lebenswelten zwischen Anpassung und Konfliktbereitschaft untersuchen, wie A. BLASCHKE [3.2] das für den Landkreis Hameln-Pyrmont unternimmt. Die Dorfgemeinschaft wird als ein Raum gesehen, in dem agrarpolitische und ideologische Vorgaben „von oben" auf der Grundlage der Erfahrungen und Erwartungen „von unten" in Aushandlungsprozessen vermittelt werden. So zeigt beispielsweise die konkrete Praxis der Erbhofgerichtsbarkeit, wie auch auf der untersten Ebene Ein- und Ausschlussmechanismen wirkten: Während der „Erbhofbauer" grundsätzlich hohe Bedeutung für den „Volkskörper" besaß, richtete sich die „Auslese" nach seiner „Bauernfähigkeit". Zudem wurde das Regelwerk von den Dorfbewohnern genutzt, um Alltagskonflikte über den Landbesitz auszutragen, die mit der NS-Ideologie nichts zu tun hatten [LANGTHALER, 3.2]. Wo die Agrargeschichte der NS-Forschung den Akzent auf die soziale Praxis legt, geraten Politik und Wirtschaft nicht aus dem Blick, im Gegenteil.

Bäuerliche Lebenswelt als Handlungsfeld

Vor allem für deutsche Großstädte wie Berlin, München oder Hamburg [BAJOHR/SZODRZYNSKI, 3.2] liegen systematische Unter-

Großstädte

suchungen vor, die den städtischen Raum nicht nur als Bühne nationalsozialistischer Herrschaftspraxis betrachten, sondern auch systematisch in den Blick nehmen. Seit längerem schon beschäftigt München die Historiker [LARGE, 1.2; R. BAUER, 2.2]. München galt als „Hauptstadt der Bewegung", weil hier der Nationalsozialismus seinen Ausgang nahm. Am historischen Ort des „Braunen Hauses", das der NSDAP von 1930 bis 1945 als Parteizentrale diente, informiert seit 2015 ein Dokumentationszentrum über den Aufstieg und die Herrschaft des Nationalsozialismus in München [NERDINGER, 3.2].

Reichshauptstadt Berlin

Besonderes Forschungsinteresse weckt die Reichshauptstadt Berlin. Als die Nationalsozialisten die Macht übernahmen, wurde eine Großstadt zum Mittelpunkt des NS-Regimes, die bis zu dem Zeitpunkt in den Augen der auf München fixierten Nationalsozialisten ein Schreckensbild abgegeben hatte. Das soziale und kulturelle Leben der industriell geprägten Weltstadt entsprach den völkischen Vorstellungen so wenig wie die große jüdische Gemeinde oder die Bauten der städtebaulichen Moderne. Bis 1933 war Berlin zudem die Hauptstadt des Landes Preußen gewesen, das wiederum den Republikanismus und das verhasste „Weimarer System" verkörperte. Umso spannender ist die Forschungsfrage, inwieweit es den neuen Machthabern gelang, die Metropole in den Griff zu bekommen, die heterogene Großstadtbevölkerung im Sinne einer rassisch und politisch homogenene Volksgemeinschaft zusammenzubringen und die Berlinerinnen und Berliner für den Krieg zu mobilisieren [HACHTMANN/SCHAARSCHMIDT/SÜß, 3.2; WILDT/KREUTZMÜLLER, 3.2]. Berlin wurde nach der „Machtergreifung" zur Zentrale der Verwaltung, des Herrschafts- und Terrorapparates, über den, nach schwierigen Anfängen in den 1980er Jahren, die „Topographie des Terrors" informiert [STIFTUNG TOPOGRAPHIE DES TERRORS, 3.2]. In Berlin befanden sich die Reichsbehörden, die meisten „Sonderbehörden" und die militärische Führung. Von Berlin aus wurden die Organisationen der Partei wie die DAF, die NSV oder die HJ gelenkt. In der Reichshauptstadt hatten auch die deutschen Widerstandsgruppen ihre Basis; im Bendlerblock wurde das Attentat vom 20. Juli 1944 vorbereitet, hier scheiterte der Umsturz [STEINBACH, in: STIFTUNG TOPOGRAPHIE DES TERRORS, 3.2: 234–241]. Berlin ist insofern ein besonders lohnender Untersuchungsgegenstand für lokal- und regionalgeschichtliche Studien [HACHTMANN/SCHAARSCHMIDT/SÜß, 3.2; KELLERHOFF, 3.2].

Dennoch ist die Zahl der im eigentlichen Sinn lokalgeschichtlichen Arbeiten begrenzt. In der Regel richtete sich das Interesse auf die Ausübung und Inszenierung der NS-Herrschaft in der Hauptstadt, nicht jedoch auf die Stadt selbst. Berlin war hier gleichsam die Kulisse, die ihrerseits kaum stadtgeschichtlich untersucht wurde. Ausnahmen bilden die Geschichte der Berliner Juden und der Wissenschaftsinstitutionen wie der Universität und der Kaiser-Wilhelm-Gesellschaft [KAUFMANN, 3.2]. Auf engem Raum lässt sich zeigen, wie alte und neue Eliten aufeinandertrafen, wie führende Vertreter von Staat und Partei interagierten, aber auch wie die lokale und regionale Verwaltung in die reichsweiten Strukturen der Administration eingebunden wurde. So zeigt A. STANCIU [3.2] am Beispiel der Berliner Stadtverordneten und Kreisleiter der NSDAP, dass jene Männer, die der NSDAP vor 1933 beigetreten waren, nicht nur Wegbereiter des Nationalsozialismus, sondern auch wichtige Akteure der NS-Diktatur waren. So manche „Alten Kämpfer", wie sie im NS-Jargon hießen, gehörten der Berliner NS-Funktionselite an.

Die Tendenz zur Regionalisierung zeigt sich auch in Editionsprojekten, bei denen Kleinstädte neben den Metropolen stehen. Eine vielgenutzte, für einige Regionen edierte Quelle bilden die Stimmungs- und Lageberichten, mit denen sich die NS-Führung bis 1936 ein Bild von ihrer Akzeptanz in der Fläche verschaffte, bevor sie die Aufgabe dem parteieigenen SD übertrug [BOBERACH, B.2]. Für die preußischen Provinzen Sachsen und Brandenburg sowie für Berlin können Historiker auf Editionen zurückgreifen [RIBBE, B.2; Rupieper/SPERK, B.2]. Die Lageberichte gewähren Einblicke in den Mikrokosmos des Dritten Reiches, leiden aber als Quelle unter dem Mangel, dass sie nur abbilden, was die SD-Mitarbeiter in Erfahrung brachten und was ihnen berichtenswert erschien.

Lageberichte als Quelle

Die Wirtschaftsgeschichte des Dritten Reiches thematisiert auf der einen Seite die Bevölkerung aus Konsumentensicht. Wie haben die Deutschen die Umstellung von der Friedens- auf die Kriegswirtschaft erlebt? Inwiefern profitierten sie auch ökonomisch von der Ausgrenzung der Juden, etwa im Zuge der „Arisierung"? Wie die Einführung von T. SCHANETZKY [3.2] verdeutlicht, haben Wirtschaftshistoriker im Zusammenhang mit der „Volksgemeinschaft" herausgearbeitet, dass der Konsum und das Konsumversprechen zum Kitt der nationalsozialistischen Gesellschaft gehört und zur Stabilität der NS-Herrschaft beigetragen haben. Auf der anderen Seite zielt

Unternehmensgeschichte

ein wirtschaftsgeschichtlicher Ansatz auf den Bereich der Wirtschaftspolitik und die Rolle der Unternehmen. In neueren Arbeiten stehen nicht zuletzt erfahrungsgeschichtliche Aspekte im Mittelpunkt, ob es um die Wahrnehmungen des Konsumenten geht oder die Erfahrungen und Erwartungen der Konzernlenker.

Konzerne Seit den 1980er Jahren sind zahlreiche Detailstudien über Unternehmen zwischen 1933 und 1945 erschien, einige in deren Auftrag. Das große öffentliche Interesse an der Vergangenheit bekannter „Marken" hat mittlerweile dazu geführt, dass sich auch private Unternehmen – wie auch staatliche Einrichtungen – um die historische Aufarbeitung ihrer NS-Vergangenheit gekümmert haben [FREI/SCHANETZKY, 3.2]. Als erster Konzern ließ Daimler-Benz seine NS-Vergangenheit durch externe Historiker aufarbeiten [GREGOR, 3.2]. Studien liegen vor für Volkswagen [MOMMSEN/GRIEGER, 3.2], BASF [ABELSHAUSER, 3.2], Bayer und Hoechst (die frühere I.G. Farben) [HAYES, 3.2]; und Krupp [ABELSHAUSER in: GALL, 3.2; JAMES, 3.2], einen NS-Musterbetrieb, der zeitweise über 75.000 Zwangsarbeiter beschäftigte. Man musste kein überzeugter Nationalsozialist oder Antisemit sein, um sich durch „Arisierungen" zu bereichern und in seinen Unternehmen 50.000 Zwangsarbeiter zu beschäftigen, wie der Fall der Industriellenfamilie Quandt zeigt, den J. SCHOLTYSECK [3.2] untersucht. Auch Bosch profitierte von Rüstungsaufträgen und beschäftigte rund 20.000 Zwangsarbeiter, während Robert Bosch und sein engster Mitarbeiter Hans Walz Antisemitismus zurückwiesen und gar verfolgten Juden unter die Arme griffen. Diese Widersprüchlichkeit haben J. BÄHR und P. ERKER [3.2; vgl. SCHOLTYSECK, 5.5] herauspräpariert. Die Studie zur Lufthansa zeigt personelle Verquickungen: Erhard Milch, Vorstandsmitglied der Deutschen Luft Hansa und späterer Aufsichtsratschef [BUDRASS, 3.2], machte als Generalinspekteur der Luftwaffe Karriere. Der Gütersloher Verlag C. Bertelsmann, der als erstes deutsche Medienunternehmen seine Archive öffnete, hat allein durch 19 Millionen Buchexemplare, die er an die Wehrmacht lieferte, vom Regime profitiert; die Forschung ließ von dem Bild des christlichen Widerstandes nichts übrig [S. FRIEDLÄNDER, 3.2]. Der deutsche Zweig der Familiendynastie Brenninkmeijer (C&A) beteiligte sich an „Arisierungen" und ließ im Ghetto von Lodz Juden für sich arbeiten [SPOERER; 3.2, 4.2].

Unternehmertypen Mittlerweile lässt sich das unternehmerische Verhalten idealtypisch beschreiben. Dem Regime gegenüber gab man sich 1933 neutral bis gleichgesinnt, manche Führungskräfte traten in die

NSDAP ein. Von der Rüstungsindustrie und ihrer kühl kalkulierenden Managerelite [Wagner-Kyora, in: Echternkamp, 5.2: 383–471] gingen die wichtigsten wirtschaftlichen Impulse aus, insbesondere nach Kriegsbeginn. Die Unternehmen waren auf Rohstoffe, Zulieferung und Arbeitskräfte angewiesen, weshalb Zwangsarbeit die Regel war, nicht die Ausnahme. Manche profitierten von der Ausbeutung der besetzten Gebiete oder „arisiertem" jüdischem Eigentum. Einige wirkten aus zweckorientierter Anpassung an das Regime an der Terrorherrschaft unmittelbar mit wie das Chemieunternehmen Degussa, das nicht nur massiv Zwangsarbeiter beschäftigte und Raubgold aus jüdischem Eigentum verarbeitete, sondern auch das Nervengas Zyklon B für den Völkermord produzierte [Hayes, 3.2]. Der unternehmerische Opportunismus zahlte sich aus, auch wenn die Degussa nur geringen materiellen Nutzen hatte und von der Zweckentfremdung des Gases wahrscheinlich nichts wusste.

Während die Forschungen zur Rolle der Großindustrie zwischen 1933 und 1945 weit vorangeschritten sind, weiß man weniger über die klein- und mittelständischen Familienunternehmer. Der Werksalltag, die Zwangsarbeit, das Spannungsfeld von Kriegs- und Friedenswirtschaft, ebenso der Umgang mit der Vergangenheit des Unternehmens nach 1945 sind Aspekte einer Studie zu dem Pharmaunternehmen Boehringer Ingelheim [Kißener, 3.2]. Auch hier geht es darum, die Handlungsoptionen auszuloten, die Familienunternehmer im NS-Regime besaßen. Die lokalgeschichtliche Einbettung führt dazu, dass der Einfluss des engeren regionalen Umfeldes berücksichtigt werden kann. Weil die Familie Oetker zu guter Letzt die Tür zu ihrem Unternehmensarchiv öffnete, konnte auch die NS-Vergangenheit dieses Mittelständlers unter die Lupe genommen werden, der sich als Produzent von Konsumgütern von anderen Industrieunternehmen abhob [Finger/Keller/Wirsching, 3.2]. Das Unternehmen hatte nach 1933 an der Produktion von Back- und Puddingpulver festgehalten und sich dabei zu einem nationalsozialistischen Musterbetrieb entwickelt, der die Wehrmacht belieferte und auch mit der SS kooperierte. Auf Zwangsarbeiter war man wegen der vorwiegend weiblichen Belegschaft in Bielefeld nicht angewiesen, im Gegensatz zu den Tochterunternehmen. Das Beispiel zeigt auch einen besonderen Fall des Unternehmertypus. Richard Kaselowsky, der das Unternehmen nach dem Tod Rudolf Oetkers treuhänderisch leitete, bis ihm 1944 Rudolf-August Oetker folgte, musste sich dem Regime nicht aus opportunistischen Erwä-

Mittelständische Unternehmen

gungen annähern. Er war ein überzeugter Nationalsozialist, Mitglied im „Freundeskreis Reichsführer SS", was sich auch von seinem jungen Nachfolger (und Stiefsohn) sagen lässt. Das Verhältnis von Politik und Ökonomie war, wie der Fall Oetker zeigt, nicht durch Zwang oder Missbrauch geprägt, sondern durch „die Interaktion der Akteure" zu wechselseitigem Nutzen – dieses Resümee ziehen J. Finger, S. Keller und A. Wirsching [3.2: 413].

Banken und Versicherungen

Dem Aufschwung der Unternehmensgeschichte ist es zu verdanken, dass auch die NS-Vergangenheit deutscher Großbanken wie der Deutschen Bank [James, 3.2] und der Dresdner Bank, aber auch der Commerzbank [Herbst, 3.2] erforscht wurde. Sie waren, wie sich gezeigt hat, an der Vernichtung der wirtschaftlichen Existenz der Juden beteiligt und mitverantwortlich für ihre Ausgrenzung. Deutlich wird, wie wirtschaftliches Denken mögliche moralische Skrupel an die Seite schob. Auch die Commerzbank ließ sich auf die neuen Rahmenbedingungen im Reich und in den besetzten Ländern ein, wenngleich sie weniger aggressiv vorging als etwa die Dresdner Bank. Die unternehmensgeschichtliche Perspektive auf die Verfolgungspraxis hat den Vorzug, dass sie am Detail das große Ganze gut erkennen lässt. So zeigt der Fall der Allianz, wie der Ertrag aus Lebensversicherungspolicen, die viele Juden vertragsgemäß zurückkauften, als es um ihre wirtschaftliche Existenz ging, durch hohe Kündigungsgebühren negativ wurde. Wie sich die Allianz in den 1920er Jahren zur bedeutendsten Versicherungsgesellschaft in Deutschland entwickelte, hat G.D. Feldmann [3.2] herausgearbeitet. Nach 1933 profitierte das Unternehmen von den guten Kontakten seines Vorstandsmitglieds Kurt Schmitt zu Hitler und Göring. In der Auseinandersetzung mit der DAF, der NSDAP und dem Reichswirtschaftsministerium um die Neuorganisation der Branche zogen andere Versicherungsunternehmen den Kürzeren. Bei größeren Grundstückskäufen wie für den Bau eines Konzerngebäudes in Berlin profitierte die Allianz von „Arisierungen". Indirekt war ein Unternehmen wie die Allianz zudem durch die Vergabe von Hypothekendarlehen und Aktienkauf an „Arisierungen" beteiligt. Nach den Novemberpogromen suchte man Entschädigungszahlungen an jüdische Versicherte zu umgehen. An der Schnittstelle von Unternehmensgeschichte und Zeitgeschichte können für den wirtschaftlichen Sektor des Dritten Reiches Handlungsspielräume ausgelotet werden, die von Profitstreben, Aufrüstung und Antisemitismus geprägt waren. Diese Geschichtsschreibung zur Wirtschaft im Nationalsozialismus zeigt besonders eindrücklich die Mobilisierung und Selbstermächtigung der großen und mittelständischen Unternehmen, auf die das Konzept der Volksgemeinschaft den Blick lenkt, und bestärkt die Befürworter des Konzepts.

3.3 „Volksgemeinschaft" in der Kontroverse

Doch es gibt auch Gegenstimmen. Das Pro und Contra der Diskussion bündelt grundsätzliche Problemstränge der NS-Forschung, rückt manches in eine innovative Perspektive und zeigt die Tendenzen, Perspektiven und Probleme der Geschichte des Dritten Reiches besonders eindrücklich, wie eine Zwischenbilanz 2017 zeigt [SCHMIECHEN-ACKERMANN, 3.2]. Namentlich der britische Historiker und Hitler-Biograf I. KERSHAW [3.3, 3] hat 2011 auf den begrenzten Erklärungswert des Volksgemeinschaftskonzeptes hingewiesen und vor einer unkritischen Übernahme gewarnt, die den Begriff mit einer Erklärung verwechselt. Er betont die begriffliche Unschärfe des Konzepts, das auf mindestens drei unterschiedliche Arten in der Forschung verwendet werde: Erstens charakterisiere der Begriff die veränderten gesellschaftlichen Machtverhältnisse, zweitens bezeichne der Begriff die „affektive Integration" und betone die Mobilisierungskraft der Utopie einer besseren gerechten Gesellschaft; drittens unterstreiche er die Mechanismen der Inklusion und Exklusion als die zentralen Merkmale der nationalsozialistischen Gesellschaft mit ihren Konsequenzen für die Politik der Verfolgung und Vernichtung. Wo lässt sich tatsächlich ein sozialer Wandel beobachten, wo blieb es dagegen bei der Verheißung gesellschaftlicher Integration? Diese Schranken sind ebenso zu berücksichtigen wie die Zweideutigkeit einer Sozialpolitik, hinter deren Fürsorge die Kriegsvorbereitung steckte. So hatten Historiker wie H. MOMMSEN [3.3] und B. WEISBROD [3.3] in der älteren Debatte über die Modernität und die modernisierende Wirkung des Nationalsozialismus die Annahme einer veritablen „Volksgemeinschaft" im Sinne einer die sozialen Gegensätze ausgleichenden Integration zurückgewiesen [BAVAJ, 3.3].

Unschärfe des Begriffs

Freilich lässt sich auch argumentieren, dass der Begriff „Volksgemeinschaft" weniger auf die tatsächlichen gesellschaftlichen Verhältnisse als auf die soziale Verheißung selbst abhebt und die politische Realität in der Mobilisierungskraft sieht, die in dieser

Volksgemeinschaft als Verheißung

Utopie angelegt war [BAJOHR/WILDT 3.3]. Wo das Konzept der Volksgemeinschaft so verwendet wird, geht es weniger um die tatsächliche Gleichheit als vielmehr um den Glauben daran, dass sich die deutsche Gesellschaft im Dritten Reich auf dem Weg in eine Leistungsgesellschaft befand, die jedem, der sich darum bemühte, den Aufstieg ermöglichte. Nicht der reale Aufstieg, sondern die vom (rüstungs)wirtschaftlichem Aufschwung untermauerte Überzeugung von seiner Wahrscheinlichkeit zählte, wenn man dieser Deutung folgt. Hier liegt der Erkenntnisgewinn des Konzepts darin, den utopischen Überschuss der NS-Ideologie als Antriebskraft der Mobilisierung im Sinne des Regimes ernst zu nehmen. Die Zugehörigkeit zur deutschen Volksgemeinschaft trat in den Augen von immer mehr Zeitgenossen an die Stelle ihrer Verortung in der Klassengesellschaft [FRITZSCHE, 3.2]. In diesem Sinn betont auch N. FREI [3.3] die vorrangige Bedeutung der zeitgenössischen Wahrnehmung. Das Dritte Reich habe in den 1930er Jahren seine Herrschaft verstetigen und ausweiten können, weil sich die Ideologie der Volksgemeinschaft in den Augen vieler Menschen, auch der Arbeiter, als ausgesprochen attraktiv erwiesen habe. Die Rede von der „nationalen Erhebung" und der rassisch gedeuteten Volksgemeinschaft vermittelte im scharfen Kontrast zur sozialen und politischen Zerrissenheit der Weimarer Jahre weiten Teilen der Bevölkerung ein neues, positives „Lebensgefühl". Dass so manches vollmundige Versprechen der Propaganda nicht eingelöst wurde und Ungleichheiten selbst unter den Volksgenossen – von den Ausgegrenzten ganz zu schweigen – fortbestand [KRAMER/NOLZEN, 3.3], steht dem Argument ebenso wenig entgegen wie der Umstand, dass die Menschen an volksgemeinschaftlichen Aktivitäten nicht selten unfreiwillig teilnahmen.

Volksgemeinschaft und Ausgrenzung

Mit KERSHAW [3.3] lässt sich eine weitere, dritte Bedeutungsebene des Konzepts unterscheiden, die sich auf die ausgrenzende Funktion der Vorstellung einer „Volksgemeinschaft" bezieht. Weil die Nationalsozialisten sie rassisch definierten und die Zugehörigkeit von vermeintlich biologischen Merkmalen abhängig machten, ging mit der Volksgemeinschaftsidee die Ausgrenzung, Verfolgung und schließlich Vernichtung derer Hand in Hand, die per definitionem der Volksgemeinschaft nicht angehörten. Die rassische Exklusion war mit der rassischen Inklusion untrennbar verbunden. Bereits das Programm der NSDAP von 1920 und dann die Nürnberger Gesetze brachten diesen unauflöslichen Zusammenhang von Volks-

und Rassenzugehörigkeit auf den Punkt. Während der nach dem Ersten Weltkrieg weit verbreitete Begriff „Volksgemeinschaft" beispielsweise von den Sozialdemokraten als Integrationsformel genutzt wurde, war es der Rechten in erster Linie darum zu tun klarzustellen, wer nicht zur Volksgemeinschaft zählte. Wer die nationalsozialistische Variante des Volksgemeinschaftskonzepts verinnerlicht hatte, musste den Ausschluss der Juden für selbstverständlich halten. Darin sieht der britische Historiker den größten Mehrwert des Konzepts: dass es die Grenzlinie erkennen lässt, die zwischen denen verlief, die sich der Volksgemeinschaft zugehörig fühlen durften, und jenen, die nicht dazu gehörten – ganz gleich, was sie unternahmen.

So hatte bereits PEUKERT [3.2] 1982 auf das für die NS-Gesellschaft zentrale Unterscheidungsmerkmal von „Volksgenossen und Gemeinschaftsfremden" aufmerksam gemacht. Seitdem hat die Forschung gezeigt, dass es sich hier nicht um eine bloß theoretische Trennung handelte, sondern um eine Denkfigur, die für die Herrschaftspraxis der Nationalsozialisten wesentliche Konsequenzen besaß. Die Überzeugungskraft der rassisch definierten Volksgemeinschaft erklärt, warum so viele Volksgenossen die Rassenpolitik des Regimes aktiv unterstützt haben, indem sie beispielsweise ihre jüdischen Nachbarn denunzierten [GELLATELY, 4.1; BADE, 4.1; HORNUNG, 4.1]. Die Erforschung der Denunziationspraxis in der NS-Zeit wurde (erst) in den 1990er Jahren zum Ausgangspunkt einer historischen Denunziationsforschung, die weiter greift und auch den Vergleich nicht scheut [KRÄTZNER, 4.1; DIEWALD-KERKMANN, 4.1]. *Denunziationsforschung*

Der akribische Blick auf lokale Herrschaftsverhältnisse hat wiederholt deutlich gemacht, wie sehr das Regime bei der Verfolgung der Minderheiten, namentlich der Juden, auf die Mitwirkung der „arischen" Bevölkerungsmehrheit angewiesen war, wie das etwa der amerikanische Historiker E. A. JOHNSON [4.1] trotz seiner einseitigen Fokussierung auf die Gestapo für Köln, Krefeld und die niederrheinischen Kleinstadt Bergheim erkennen lässt. So hat die Auswertung von Lageberichten der Gestapo, Landräte und Bürgermeister in der Provinz eindrucksvoll gezeigt, wie sich die bürgerliche Zivilgesellschaft in den 1920er und 1930er Jahren zur nationalsozialistischen Volksgemeinschaft gewandelt hat, für die der Antisemitismus eine zentrale Rolle spielte. Nicht zuletzt angesichts der Ausgrenzung, Entrechtung und Demütigung der Juden „von unten" lässt sich das Volksgemeinschaftskonzept als eine frühe *Antisemitismus als Indikator*

Formel der „Selbstermächtigung" interpretieren [WILDT, 4.1]. Ob die Machtübernahme der Nationalsozialisten die Judenverfolgung lediglich verstärkt habe (wie WILDT argumentiert) oder eine qualitative Zäsur bedeutete (wie H. MOMMSEN in einer Rezension dagegenhielt), ist eine andere Frage. Auch wird angesichts der Masse der Mitläufer wohl weiterhin zu diskutieren sein, wie eng die Judenverfolgung mit der Konstruktion der „Volksgemeinschaft" verknüpft war.

Arisierungsforschung

Ohne ein Gefühl der (rassischen) Überlegenheit und der Rechtmäßigkeit des Handelns anzunehmen, ließe sich zudem schwer erklären, warum Volksgenossen reihenweise von der Ausplünderung der Juden profitiert haben, wie etwa Forschungen zur Arisierung gezeigt haben [BAJOHR, 4.2; FRITSCHE/PAULMANN, 4.2]. Wer im Sinne der „Volksgemeinschaft" davon ausging, dass bestimmte soziale Gruppen in der Rassengemeinschaft der Deutschen nichts verloren hatten und zudem „minderwertig" waren, konnte sich hemmungslos an ihnen bereichern, in ihre Wohnungen einziehen oder ihren Hausrat aufkaufen, wenn sie deportiert wurden [HAERENDEL, 4.2]. Auch in diesem Kontext steht die These, das NS-Regime habe sich die Zustimmung seiner Bürger gesichert, indem es sie durch materielle Vorteile zulasten der Juden und, im Krieg, der Menschen in den besetzten Staaten gleichsam bestochen habe [ALY, 3.2].

Volkskörper-Metapher

Das rasseideologische Stigma des Gemeinschaftsfremden, ja des Volksfeindes, hing mit der Vorstellung von der rassisch einwandfreien Volksgemeinschaft aufs Engste zusammen. Das gängige biologistische Sprachbild des „Volkskörpers", den es zu „säubern" und „rein" zu halten gelte, gab der Ausgrenzung und Verfolgung von der Euthanasie bis zur „Endlösung" eine auf den ersten Blick offenkundige Plausibilität. Der Begriff war um die Jahrhundertwende zu einem Schlüsselbegriff der „Rassehygiene" und des Antisemitismus geworden. Die Gesundheitspolitik kann als das wichtigste Instrument des NS-Staates verstanden werden, den „Volkskörper" durch Zwangssterilisation und Krankenmord zu formen, zumal als sich nach Kriegsbeginn die Handlungsspielräume erweiterten [W. SÜß, 4.1]. Einen besonderen Nutzen des Konzepts kann man deshalb mit KERSHAW [3.3] darin sehen, die Radikalisierung der Unterstützung des NS-Regimes durch gewöhnliche Deutsche zu untersuchen und danach zu fragen, inwieweit das Gefühl der Zugehörigkeit zur nationalsozialistischen „Volksgemeinschaft" der Selbstmobilisierung und Selbstlegitimierung für die Verfolgung bis hin zum Massenmord gedient hat. Insofern eignet sich das Konzept der Volksgemeinschaft gut dazu, die psychologische Dimension der NS-Herrschaft auszuleuchten und das Mobilisierungspotenzial zu vermessen, das ihre Dynamik erklärt – bis weit in den Weltkrieg hinein [KERSHAW, 3.3].

Dagegen weist KERSHAW [3.3] auch auf zwei weitere grundsätzliche Probleme hin. Zum einen bleibe methodisch unklar, wie ein zeitgenössischer Begriff der Propaganda in eine Kategorie der Analyse umgemünzt wird. Wie lassen sich die Gefühle messen, die das „Zukunftsversprechen" [GOTTO/STEBER, 3.2] der Volksgemeinschaft auslösen soll? Zum anderen hält er die Grundannahme für problematisch, dass die große Mehrheit der Deutschen tatsächlich auf der Seite des NS-Regimes gestanden haben, womöglich bis zum bitteren Ende, und nicht erst, wie etwa GELLATELY [3.3] argumentiert, durch Terror dazu gezwungen wurden. Auch wenn manche Programmpunkte wie etwa die Revision des Versailler Vertrages breite Zustimmung fanden, läuft die Rede von der Volksgemeinschaft doch Gefahr, die Bandbreite der Haltungen gegenüber dem NS-Regime zu ignorieren, wie sie selbst die Gestapo-Berichte widerspiegeln, und überhaupt auszublenden, dass die Kritiker längst mundtot gemacht worden waren. Die freiwillige, aktive Zustimmung, die in der verallgemeinernden Formel der Volksgemeinschaft unterstellt wird, ist jedenfalls nicht mit Anpassung und passiver Akzeptanz zu verwechseln. Deshalb fragt KERSHAW [3.3: 12] pointiert, ob es nicht besser wäre, im konkreten Fall zu prüfen, ob und inwieweit das Regime auf Zustimmung stieß, „statt zu einer nationalsozialistischen Propaganda-Formel als Forschungskonzept Zuflucht zu nehmen". Unterm Strich attestiert Kershaw dem Konzept, zu einigen wichtigen neuen Einsichten geführt zu haben, die freilich nicht den „Kern" des Regimes beträfen. Er warnt davor, das Konzept selbst mit einer Erklärung zu verwechseln.

Konzept vs. Erklärung

In einer Replik unterstreicht WILDT [3.3 (2011)], dass „Volksgemeinschaft" nicht bloß eine spezifische Propagandaformel des Nationalsozialismus, sondern ein in vielen Parteien der Weimarer Republik präsente Schlüsselbegriff der politischen Deutung gewesen ist; der NSDAP sei es als einziger gelungen, diesem parteiübergreifenden Konzept mit der Präsentation eines „Führers", durch Propaganda und Aktionen eine enorme Mobilisierungskraft zu verleihen, ohne die der Bewegungscharakter des Regimes und die

Kulturgeschichte des Politischen

soziale Dynamik der NS-Bewegung unverständlich blieben [WEHLER, 1.]. Dem steht nicht entgegen, dass für die Volksgemeinschafts-Idee der völkischen Rechten die Exklusion im Vordergrund stand (Wer kann kein Volksgenosse sein?). Doch die Grenzen zwischen Volksgenossen und „Gemeinschaftsfremden" waren nicht von vornherein gegeben, sondern wurden im alltäglichen Handeln erst gezogen. Stärker als KERSHAW sieht WILDT deshalb den Mehrwert des Konzepts darin, diesen Prozess der Grenzziehung unter die Lupe zu nehmen und die Praxis von Inklusion und Exklusion vor allem auf der Mikroebene zu untersuchen. Dieses praxeologische Verständnis zielt weniger auf die Gemeinschaft als auf die Vergemeinschaftung [WILDT, 3.3 (2011); 106]. Nicht um Zustimmung zum Regime gehe es, wie KERSHAW meint, sondern im Gegenteil darum, diese Unterstellung von Konsens unterhalb der staatlichen Ebene zu dekonstruieren, welche die ältere Widerstandsforschung im Blick hatte. Eine NS-Forschung, die sich der diskursiven und symbolischen Konstitution von „Volksgemeinschaft" widmet, trage zu einer Kulturgeschichte des Politischen bei, wie sie die neue historische Politikforschung fordert. Insofern ziele das Konzept sehr wohl auf einen „Kern" der NS-Herrschaft.

Aktualität älterer Modelle Zudem hat sich gezeigt, dass die Kontroverse über neue Leitkategorien das Interesse an älteren Analysemodellen nicht erstickt hat. Das betrifft beispielsweise die Kritische Theorie der Frankfurter Schule in New York, die das Dritte Reich aus einem wirtschafts- und gesellschaftstheoretischem Blickwinkel betrachtet hat und um sozialpsychologische Erklärungen bemüht war. Das gilt auch für den deutsch-amerikanischen Politologen Franz Neumann und seine Strukturanalyse des Nationalsozialismus („Behemoth") [NOLZEN in: ECHTERNKAMP, 5.3]. Aber auch die wegweisenden sozialgeschichtlichen Arbeiten von D. Peukert [HACHTMANN/REICHARDT, 3.3] und T. Mason sind weiterhin für eine anregende Lektüre gut. Diese älteren, teils zeitgenössischen Konzepte werden vor dem Hintergrund der laufenden Debatte neu gelesen und auf methodische Anregungen abgeklopft. Auch die Kontinuitätsproblematik, der (vergleichende) Rückblick von 1933/45 auf die Weimarer Zeit und das Kaiserreich bleiben für neue Fragen aufschlussreich, etwa nach den Konsummöglichkeiten, der Finanz- und Wirtschaftspolitik oder dem Zusammenhang von kolonialem Rassismus und Antisemitismus [KUNDRUS/STEINBACHER, 3.2]. Schließlich bietet das Konzept didaktische Möglichkeiten, in der Schule und in außerschulischen

Bildungseinrichtungen die Ergebnisse der NS-Forschung zu vermitteln [DANKER/SCHWABE, 3.3].

4 Integrierte Geschichte der NS-Gewalt

Mit dem Volksgemeinschaftskonzept hat die NS-Forschung die jahrzehntelange Gegenüberstellung von Herrschaft und Gesellschaft im Dritten Reich überwunden und den Blick auf die Selbstmobilisierung, die Zustimmung und die Inszenierung der Diktatur gelenkt. Damit wirkt sie der Tendenz der Täterforschung entgegen, die Konsensbereitschaft weiter Teile der deutschen Bevölkerung zu unterschätzen und so (implizit) ein unpolitisches Bild von der großen Mehrheit zu zeichnen, wie es für die 1950er Jahre typisch war. Doch je weiter die Beteiligung der „gewöhnlichen Deutschen" [JOHNSON, 4.1] an der NS-Herrschaft in den Mittelpunkt rückt, desto mehr drohen umgekehrt die organisierten Tätergruppen wie die Männer der Gestapo an den Rand zu geraten, als wären sie nicht die Akteure des gezielten, systematischen Terrors gewesen. Der Begriff der Selbstermächtigung, der in diesem Zusammenhang gerne verwendet wird, um eine Mobilisierung „von unten" auszudrücken, kaschiert leicht die Tatsache, dass die Triebkraft der Radikalisierung bei der NS-Führung lag, die über die nötigen Machtmittel verfügte. Ihr oft willkürlich erscheinender Terror brachte nicht nur die unmittelbar Betroffenen zum Schweigen, sondern schüchterte auch weite Teile der Bevölkerung ein. Ebenso wichtig bleibt deshalb die Frage nach den Machtmitteln des nationalsozialistischen Staates. Wie konnten Hitler und seine Gefolgsleute ihre Parteiherrschaft verfestigen, ausweiten und bis 1945 durchsetzen? Das Interesse gilt hier den Mechanismen der NS-Gewalt, damit aber auch der Frage nach der Radikalisierung des Genozids und den Handlungsspielräumen der Täter/innen sowie jüngst nach der Rahmung der Interaktion von Tätern, Opfern und Zuschauern durch spezifische Organisationen sowie auch dem Alltag und der (Selbst-)Wahrnehmung der Verfolgten. Die starre Täter-Opfer-Dichotomie wird immer mehr durch eine integrierte Geschichte der Gewalt im Dritten Reich überwunden.

Gewaltgeschichte vs. Täter-Opfer-Dichotomie

Die ältere funktionalistisch orientierte Forschung hat die Regierungspraxis mit dem Schlüsselkonzept der „Polykratie" erklärt, das auf die Vielzahl sich teilweise überlagernder Strukturen abhob

Polykratie-Modell

[BROSZAT, 1.]. Spätestens 1938 hätten die ins Kraut geschossenen Parteiorganisationen das Gleichgewicht zwischen der überkommenen Staatsordnung und der NS-Bewegung – Partei, Gestapo und SS – ausgehebelt. Dieses Bild stand im Widerspruch zu der auch in der Öffentlichkeit verbreiteten Vorstellung von einem starken Diktator oder einer nationalsozialistischen Führungsclique, welche die Verbrechen zu verantworten und die allein Kenntnis davon gehabt hätte. In diesem Erklärungsmodell lag die Stärke des Diktators in der Schwäche rivalisierender Ämter und Institutionen auf allen gesellschaftlichen, wirtschaftlichen, militärischen oder auch rassepolitischen Feldern. Im Chaos der Konkurrenz blieb dem Führer als Schiedsrichter an zentraler Stelle die Prärogative. Das „Führerprinzip", das sich in der NSDAP seit den 1920er Jahren herausgebildet hatte, kennzeichnete nun auch die Regierungspraxis. An die Stelle klarer Hierarchien und geregelter Verfahren trat daher die persönliche Loyalität gegenüber dem Führer als Handlungsmaxime: Wer sich Hitler gegenüber loyal erwies, dem gewährte der Führer im Gegenzug größtmöglichen Handlungsspielraum. Mit der wachsenden Zahl wetteifernder Machtzentren verdrängte die polykratische Herrschaft den überkommenen Staat und degradierte die Verwaltung zu einem ausführenden Organ.

„Neue Staatlichkeit"

Dieses Modell wurde im Zusammenhang mit der Erklärung der Verbrechen modifiziert [SEIBEL/REICHARDT, 1.]. Der „prekäre Staat" ist weniger durch Instabilität und Irrationalität gekennzeichnet, wie das die Zeitgenossen angesichts der konkurrierenden Ämter und der Eingriffe der NSDAP wohl wahrgenommen haben, als durch die Entfesselung des Gewaltpotenzials, die durch diese „postmoderne" Verwaltungsorganisation möglich wurde. Die Einsetzung von Kommissaren, denen im Gegensatz zu einem Ministerium spezifische Aufgaben übertragen waren [HACHTMANN/SÜß, 2.2], oder die Vernetzung, wie sie beispielsweise Fritz Todt zwischen Industrie, Wehrmacht und Wissenschaft gelang, lassen sich als Ausdruck einer effizienten Herrschaftspraxis interpretieren, die nicht im Dualismus von Staat und Partei aufging. Im Unterschied zu Broszats Modell betonen NS-Forscher hier die Reintegration des Systems statt seine Desintegration. So heben viele Historiker die Fähigkeit des Systems hervor, politisches Handeln trotz der augenscheinlich systemlosen Staatlichkeit zu koordinieren. Von einem erweiterteten Polykratiemodell ist die Rede und von einer „neuen Staatlichkeit" [R. HACHMTANN, in: JOHN/MÖLLER/SCHAARSCHMIDT, 2.2: 56–79]. Die enge Zusammenarbeit vor Ort, das effiziente Zusammenspiel der verschiedenen Instanzen sorgte für ein Mindestmaß an Stabilität. Im regionalen Rahmen beispielsweise sprachen die Gauleiter auf informellen Treffen ihre Politik ab und vermittelten so zwischen staatlicher und lokaler Ebene. Anders formuliert: Die Säulen der NS-Herrschaft – die nationalsozialistische Bewegung, die Ministerialbürokratie, die Wehrmacht und die Industrie –, standen nicht unverbunden nebeneinander, wie es die Säulen-Metapher nahelegt, sondern stützten sich auch gegenseitig. Nicht der Staat löste sich im Dritten Reich auf, sondern die überkommene moderne Form von Staatlichkeit mit ihrer Arbeitsteilung, Rechtförmigkeit und überpersonalen Verwaltung [R. HACHTMANN, in: SEIBEL/REICHARDT, 1: 29–74].

Die Polykratie des Dritten Reiches brachte ihre eigenen Ordnungsmechanismen hervor, stabilisierte und mobilisierte sich gewissermaßen selbst durch immer wieder neu auszupegelnde Machtpositionen. So reagierte, um einmal das unterbelichtete Beispiel der Wehrmacht zu wählen, auch die Rüstungsbürokratie des Heeres Ende der 1930er Jahre flexibel auf die NS-Herrschaft, indem Sonderkommissare aus dem militärischen Personal rekrutiert wurden. Auch die gleichförmige Ideologisierung, vor allem unter den „Alten Kämpfern", stabilisierte die NS-Herrschaft durch ein übergreifendes Netz von persönlichen Beziehungen [FELDMAN/SEIBEL, 4.1]. Die Massenmorde wurden nicht zuletzt deshalb möglich, lautet hier das Argument, weil persönliche, informelle Netzwerke, von Korruption gestützt [UEBERSCHÄR/VOGEL, 4.1], für jene relativ reibungslose Arbeitsteilung sorgten, ohne die es nicht zum Genozid hätte kommen können. Historiker beschreiben die NS-Herrschaft deshalb auch als einen „personalisierten Herrschaftsverband"; der Terror war ein Teil davon.

Ordnungsmechanismen

Vor diesem Hintergrund wurde ab 2017 über die verzögerte Rezeption des Hauptwerkes des amerikanischen Historikers R. HILBERG debattiert, dessen Analyse von bürokratischem Handeln und Völkermord die Geschichte der Herrschaftspraxis mit der Täterforschung verbindet. Die bis heute unübertroffene Gesamtgeschichte der Verfolgung und Ermordung der europäischen Juden erschien bereits 1961 in den USA. Doch bis das mehrbändige Werk auf Deutsch publiziert wurde, vergingen über zwanzig Jahre; erstmals 1982, schließlich in einer Taschenbuchausgabe 1990 fand „Die Vernichtung der europäischen Juden" [4.5] den Weg in die deutsche

R. Hilberg: Herrschaftspraxis und Täterforschung

Öffentlichkeit. HILBERG stellte den Genozid als einen komplexen, arbeitsteiligen Prozess dar, den fast alle Institutionen und Organisationen des NS-Staates mittrugen. Systematik und Ziellosigkeit zugleich prägten diesen bürokratischen Vorgang.

Koordinierung des Genozids: die Wannsee-Konferenz 1942

Weil es keinen einzelnen, umfänglichen Beschluss zum Genozid gab, ist die Analyse des komplexen Entscheidungsprozesses von besonders großer Bedeutung. Strittig ist, wann genau die Entscheidung fiel, spätestens bis Kriegsende alle Juden in Europa zu ermorden, derer man habhaft werden konnte. M. ROSEMAN [4.5] datiert sie auf Oktober/November 1941, nach Hitlers Weisung zur Deportation der Juden Richtung Osten vom September 1941. C. GERLACH [5.1. (2000, 2001); 6.2] ist sich sicher, dass Hitlers „Grundsatzentscheidung" zum Judenmord nach der Ausweitung des Krieges durch den Kriegseintritt der USA am 8. Dezember 1941 gefallen sei. Dagegen geht P. Longerich [4.5] von einem längeren Entscheidungsprozess aus: Das Mordprogramm, das in Polen und der Sowjetunion versuchsweise bereits umgesetzt wurde, habe im Mai/Juni 1942 konkrete Gestalt angenommen. Fest steht, dass der Vernichtungsapparat mit den Massenerschießungen ab Sommer 1941 und der Tötung durch Autoabgase in Chelmno ab Dezember 1941 bereits angelaufen war, als man sich am 20. Januar 1942 traf, um die Einzelmaßnahmen besser zu koordinieren. Auf dem Weg zu einem konkreten mörderischen Programm gilt die Versammlung von fünfzehn hochrangigen Vertretern des NS-Staates in einer Villa am Berliner Wannsee als wichtige Zwischenstation [LONGERICH, 4.5]. Hier wurde am 20. Januar 1942 auf Einladung von Reinhard Heydrich (RSHA) über die „Endlösung" der „Judenfrage" beraten. Die Forschung hat gezeigt, wie sich dabei die diffusen Absichten zu einem konkreten Plan verdichteten, elf Millionen Männer, Frauen und Kinder zu deportieren, als Zwangsarbeiter zu versklaven und all jene umzubringen, die das überlebten oder gar nicht erst als arbeitsfähig galten. Das Ziel stand fest. Zu konkretisieren war, in welcher zeitlichen Abfolge, wo und mit welchen Methoden die Juden getötet werden sollten. Für die Erklärung des Holocaust gilt als bedeutsam, dass nicht nur SS-Angehörige und Parteimitglieder ein radikales Vorgehen forderten, sondern auch Staatssekretäre wie Wilhelm Stuckart JASCH, [4.5], der auf der Konferenz das Reichsministerium des Innern vertrat, und Vertreter der Besatzungsverwaltungen, über die lange wenig bekannt war [JASCH/KREUTZMÜLLER, 4.5; ROSEMAN, 4.5]. Das zeigt zum einen, dass der Genozid auf der staatspolitischen Agenda stand; zum anderen ist deutlich geworden, dass die Aufforderung zum Handeln auch aus den Regionen kam, nicht nur aus dem Zentrum der Macht. Das von Adolf Eichmann erstellte Ergebnisprotokoll der „Wannsee-Konferenz", das sich im Politischen Archiv des Auswärtigen Amtes befindet, bleibt als Konsenspapier ein Schlüsseldokument des Holocausts. Neben dem Entscheidungsprozess ist es nun eine Forschungsaufgabe herauszufinden, was die Entscheidungen für die einzelnen Behörden und ihre Mitarbeiter bedeutet haben.

4.1 Täterforschung: Biografik und Strukturanalyse

Der Perspektivwechsel hat den Kreis der Personen deutlich erweitert, die nunmehr als Akteure des NS-Regimes zum Gegenstand der Forschung wurden. Seit den 1990er Jahren hat die neue Täterforschung als Teildisziplin der Holocaust- und der NS-Forschung Fahrt aufgenommen. Den Auslöser bildete 1996 die Kontroverse über die Motivation der Täter. Mordeten sie aufgrund eines „eliminatorischen Antisemitismus" (wie D. GOLDHAGEN [4.1] glaubte) oder aus sozialpsychologischen Gründen unter bestimmten situativen Einflüssen (wie C. BROWNING [4.1] argumentierte)? Biografische und kollektivbiografische Studien haben den Massenmord konkret werden lassen, reichen aber methodisch, wie sich mittlerweile gezeigt hat, als Erklärung nicht hin. Die Erforschung der Täter – die Zahl der Täterinnen war im Vergleich äußerst gering – hat jedoch die Perspektive auf das Dritte Reich verschoben.

Im Mittelpunkt stehen zunächst die sogenannten Weltanschauungseliten, Männer mithin, die aus ideologischen Gründen bei der Verfolgungs- und Vernichtungspolitik eine Hauptrolle spielten [MALLMANN/PAUL, 4.1]. Die Reichstagsabgeordneten waren da längst zu Statisten degradiert [LILLA, 2.2]. Moderne Biografien liegen mittlerweile vor für Gefolgsleute wie Joseph Goebbels [LONGERICH, 4.1], Hermann Göring [OVERY, 4.1; MARTENS, 4.1], Albert Speer [BRECHTKEN, 4.1], Hitlers Stellvertreter Rudolf Heß und Martin Bormann, seinen Nachfolger in der fortan so genannten Partei-Kanzlei [LONGERICH, 2.2]. Wie sonst kein Angehöriger der NS-Führung ist Heinrich Himmler durch private Zeugnisse dokumentiert [HIMMLER/WILDT, B.2]; Briefe und Tagebücher lassen die mangelnde Empathie und Gewalt im kleinbürgerlichen Familienalltag erkennen und zeigen

Weltanschauungseliten

Himmler als Überzeugungstäter. Dagegen war Goebbels' umfängliches Tagebuch als Basis einer späteren Veröffentlichung gedacht [B.2], während uns Göring nur in amtlichen Dokumenten entgegentritt und von Hitler selbst keine privaten Aufzeichnungen vorliegen.

Nicht zuletzt die hohen Beamten im RSHA sind ins Blickfeld der Historiker geraten. Mittlerweile liegen Studien vor zu Himmler [LONGERICH, 4.1; 3. HIMMLER, 3., Dienstkalender; MOORS/PFEIFFER, 3., MUES-BARON, 4.1], Reinhard Heydrich [GERWARTH, 4.1] seinem Nachfolger als Chef des RSHA Ernst Kaltenbrunner [BLACK, 4.1.], dem Leiter des für die Deportation der europäischen Juden zuständigen Referates – dem sprichwörtlichen Schreibtischtäter – Adolf Eichmann [CESARANI, 4.1], dem Leiter des Amtes I Werner Best [HERBERT, 4.1.] oder dem Chef des Amtes „Gegnerforschung" bzw. ab 1941 des Amtes „Weltanschauliche Forschung" Franz Alfred Six [HACHMEISTER, 4.1]. Hinzu kommt die prosopografische Untersuchung des Führungskorps des RSHA, die zur Erklärung der Befürwortung des Genozids auf die generationelle Prägung der um 1900 Geborenen hinweist, ihre Politisierung und Radikalisierung in der Weimarer Republik und ihre Ideologisierung im Sinne des Nationalsozialismus [WILDT, 4.1 (2002, 2016)]. Von der NS-Ideologie überzeugt, beteiligten sich auch die Intellektuellen an den Befehlen für die Einsatzgruppen, wie eine kollektivbiografische Analyse von 80 Männern des RSHA gezeigt hat, die spät auf Deutsch erschienen ist [INGRAO, 4.1]. Auch hier wird der Erfahrung des Ersten Weltkriegs, der Zugehörigkeit zur „Kriegsjugendgeneration" (Herbert), eine Schlüsselrolle zugewiesen. Ebenso messen die Historiker der ideologischen Indoktrination der Täter deutlich größere Bedeutung bei, als dass bei den älteren funktionalistischen Ansätzen der Fall war.

Direkt- und Exzesstäter

In einem zweiten Schritt hat die NS- und Holocaust-Forschung dann jene Täter ins Visier genommen, die zwar nicht zur politischen Elite des Dritten Reichs gehörten, aber an den Tatorten Verbrechen angeordnet, ermöglicht oder selbst begangen haben. Dazu gehören die Männer und Frauen der Wachmannschaften von Konzentrations- und Vernichtungslagern [ORTH, 4.2 (2000)], darunter die Aufseherinnen im Lager Majdanek [MAILÄNDER, 4.1]. Biografien von Angehörigen des SS-Kommandanturstabs des KZ Mauthausen zeigen, woher die Täter in der „zweiten Reihe" wie die Blockführer im Konzentrationslager Mauthausen kamen (und was aus ihnen nach 1945 wurde) [HOLZINGER, 4.1]. Auch wenn sie nicht zu den bekannten NS-Funktionären zählen, waren sie doch Rädchen im

Getriebe der nationalsozialistischen Vernichtungsmaschine, auf die sich das Forschungsinteresse mittlerweile ebenfalls richtet. Grundsätzlich gab es keinen zwingenden Zusammenhang zwischen Schulausbildung und Täterprofil; Akademiker finden sich beispielsweise unter der Lagerleitung ebenso wie Männer ohne Hochschulstudium [ORTH, 4.1 (2000)]. Was Österreich betrifft, hinkte die Täterforschung nicht nur der NS-Geschichtsschreibung, sondern auch der öffentlichen Auseinandersetzung mit der NS-Vergangenheit lange hinterher – trotz des hohen Anteils etwa von Vernichtungslager-Kommandanten mit österreichisch-ungarischen Herkunft. Am Beispiel von 51 Österreichern, die als höhere Funktionäre des RSHA, der Gestapo, der Sicherheitspolizei oder mobiler Mordformationen tätig waren, belegt M. GAFKE [4.1], dass es sich bei „Heydrichs Ostmärkern" um akademisch hochgebildete „Intensivtäter" handelte, die völkisch-antisemitisch sozialisiert waren und bereits vor 1938 der NSDAP oder ihren Gliederungen angehört hatten.

Gewalt war institutionalisiert. Vor allem die „Schutzstaffel" der NSDAP, die SS, sollte die ethnische Säuberungspolitik durchsetzen. Die SS verstand sich als die rassische Elite, was durchtrainierte Körper signalisieren sollten [BAHRO, 4.1]. Trotz mancher Überblicksdarstellungen und biografischer Skizzen [HÖHNE 4.1; SMELSER/SYRING, 4.1; SMELSER/ZITELMANN, 4.1] war die Allgemeine SS mit ihren 200.000 Mitgliedern (1939) lange nicht gründlich erforscht, sieht man von den bekannten NS-Funktionären und den Höheren SS- und Polizeiführern [BIRN, 4.1] ab. Von der SS-Führung und der SS der Konzentrationslager war bereits die Rede. Eine lange wenig bekannte Dienststelle der SS, das Rasse- und Siedlungshauptamt (RuSHA), bildete die institutionelle Grundlage für die Germanisierung [HEINEMANN, 4.1]. In seiner Sozialstrukturanalyse hat B. HEIN [4.1] das idealisierte Selbstbild als Elite-Organisation korrigiert. Wenngleich der Akademikeranteil überproportional groß ausfiel, war die Zahl der Handwerker und Facharbeiter zumindest im Vergleich mit anderen NS-Organisationen relativ hoch. Auch waren die Männer weniger heiratsfreudig und diszipliniert, als es das Propagandabild der Elite-Truppe darstellte. Schwer zu beantworten bleibt mangels Ego-Dokumenten die Frage, was junge Männer der oberen Mittelschicht bewogen hat, in die SS einzutreten? Wie Himmlers Nachrichtendienst, der SD, im Inneren gegen Christen als weltanschauliche Gegner vorgegangen ist, hat W. DIERKER [4.1]

SS- und Polizeiapparat

untersucht: Auch hier spielten Akademiker, darunter viele Priester, eine führende Rolle, was sich als ein Beispiel der Selbstradikalisierung lesen lässt. Die intensive Spitzeltätigkeit beschert den Historikern mit den geheimen Lageberichten eine umfängliche Quelle, bei der Quellenkritik besonders angezeigt ist [BOBERACH, 2.]. Spiegelt die Äußerung gegenüber Dritten tatsächlich die Meinung des Belauschten wider? Zudem waren die „nach oben" gemeldeten Ergebnisse weder repräsentativ noch nachvollziehbar ausgewählt.

SS-Einsatzgruppen

Die Einsatzgruppen der SS, die hinter der Front im Zusammenwirken mit der Wehrmacht systematische Massenmorde an Polen, Russen und namentlich Juden durchführten, wurden seit der frühen Arbeit von H. KRAUSNICK und H.-H. WILHELM [4.1] wiederholt untersucht [MALLMANN, 4.1; OGORECK, 4.1, WILHELM 4.1]. Die Tätigkeits- und Lageberichte des Chefs der Sicherheitspolizei und des SD in der besetzten Sowjetunion zeigen die Radikalität, mit der die mobilen Tötungskommandos vorgingen [KLEIN, 2; MALLMANN, 2.]. Die Forschung zu den Exzess- und Direkttätern der SS hat führende Angehörige in den Mittelpunkt gerückt – Hochschulabsolventen zumeist, die vor allem im SD Karriere gemacht und den Massenmord vorbereitet hatten [INGRAO, 4.1]. Die Täterbiografie des SS-Obersturmbannführers Alfred Filbert zeigt, wie der promovierte Jurist in der SS-Hierarchie aufstieg und als erster Führer des SS-Einsatzkommandos 9 in der Einsatzgruppe B nach dem Angriff auf die Sowjetunion 1941 die Befehle Hitlers, Himmlers und Heydrichs mit besonderer Radikalität durchführte und schließlich den Mord an über 18.000 jüdischen Kindern, Frauen und Männern zu verantworten hatte [KAY, 4.1]. Ein weiteres Beispiel ist der Führer des Einsatzkommandos 3 in Litauen, SS-Standartenführer Karl Jäger, der Anfang Dezember 1941, nach der Ermordung von mehr als 137.000 litauischen Juden, Litauen für „judenfrei" erklärte [WETTE, 4.1].

Kriminalisierung: Polizei und Justiz

Die Polizei im NS-Staat, insbesondere die Gestapo [GELLATELY, 4.1; DAMS/STOLLE, 4.1; PAUL/MALLMANN, 4.1, 1996, 2000], wurde als Akteursgruppe seit längerem untersucht [W. SCHULTE, 4.1; SPIEKER, KENKMANN, 4.1; WILDT, 4.1; WILHELM, 4.1; 1996, 1999]. Neuere Studien liegen beispielsweise für Flensburg [LINCK, 4.1] vor. Diese Forschung hat die nach 1945 bereitwillig übernommene Vorstellung von der allmächtigen, allwissenden und allgegenwärtigen Gestapo als Propagandamythos entlarvt, ohne ihre Bedeutung zu unterschätzen. Lokalgeschichtliche und biografische Arbeiten vermitteln differenziertere Kenntnisse, zeigen die Akteure und zeichnen anhand der Analysen von Lageberichten und Tagesrapporten die Herrschaftspraxis nach. Spät erst wurde die Bedeutung der Arbeitserziehungslager (AEL) der Gestapo deutlich [Lotfi, 4.1]. Auch der Strafvollzug des NS-Regimes, der lange weniger beachtet worden war als die Konzentrations- und Vernichtungslager, ist zu einem Forschungsgegenstand geworden. Die Gefängnisse, in denen zwischen 1933 und 1942 weit mehr Menschen inhaftiert waren als in den Lagern, bildeten ebenfalls einen Ort der Gewalt, an dem Justiz, Polizei und Partei reibungslos kooperierten [Wachsmann, 4.1, 2006]. Der Alltag der Häftlinge, die Ausbeutung und Terrorisierung, zeugen davon, wie Kriminalität politisiert wurde und wie die Akteure – Richter, Aufseher und Gefängnisdirektoren – ihre Handlungsspielräume nutzten, um den Strafvollzug nationalsozialistisch zu prägen. Die vorgeblich unpolitische Kriminalpolizei weitete, wie P. Wagner [4.1] in seiner Pionierstudie 1996 nachgewiesen hat, ihre Kompetenzen im Rahmen der sogenannten Vorbeugenden Verbrechensbekämpfung zwischen 1933 und 1936 aus, bevor „Hitlers Kriminalisten" [Wagner, 4.1] nach dem preußisch-berlinerischen Modell auf die gesellschaftsbiologische Linie einschwenkten, die genetische Veranlagung zum Verbrechen unterstellten und so den Radius der Gegner noch weiterzogen.

Auf besonderes Interesse ist die 1936 gebildete Ordnungspolizei gestoßen, aus der sich das Personal der Polizei-Bataillone im Osten und der mobilen Mordkommandos mehrheitlich rekrutierte. Das in Hamburg aufgestellte Reserve-Bataillon 101, dessen Angehörige an der Ermordung von mindestens 38.000 Juden beteiligt waren, wurde zunächst von C. Browning, dann von D. Goldhagen unter die Lupe genommen, um die Beteiligung „ganz normaler Deutscher" zu untersuchen. Die Untersuchung der Ordnungspolizei im ehemaligen Polen macht deutlich, dass die gemeinsame Zugehörigkeit zur Alterskohorte der Kriegsjugend oder die Indoktrination allein das Handeln der Täter nicht erklären können [Curilla, 4.1]. Unter den Polizisten befanden sich auch ältere Männer, die eine Karriere bei der Polizei hinter sich hatten. Es fällt auf, dass viele aus Regionen stammten, die 1918 dem Reich verloren gingen oder in denen die Gewalt durch die Kämpfe der Freikorps fortgedauert hatte.

Dem Repressionsapparat muss sich auch eine Justiz zurechnen lassen, die „Recht" im Unrecht schuf [Stolleis, 4.3] und dem NS-Terror bis hin zum Völkermord eine Scheinlegalität verschaffte

Recht im Unrecht?

[STEINWEIS, 4.3]. Das Forschungsinteresse gilt zum einen der Bedeutung bestimmter Gesetze und Verordnungen. Ein besonderes Rechtsinstrument des Unterdrückungsapparats lieferten die „Heimtücke"-Bestimmungen von 1933/34, die ein „totalitäres Gesinnungsstrafrecht" [DÖRNER, 4.3: 312] möglich machten: Die Justiz konnte jede Kritik strafrechtlich ahnden; die Volksgenossen waren zur Denunziation aufgerufen. Mit ihrer Rechtsprechung zogen Juristen ganz konkrete Grenzen zwischen Volksgenossen und „Gemeinschaftsfremden", wie etwa Gerichtsverfahren und Lebensläufe der Akteure in Bremen erkennen lassen [SCHOENMAKERS, 3.2]. Zum anderen werden Akteure und Institutionen in den Blick genommen. Außerhalb der ordentlichen Gerichtsbarkeit standen „Sondergerichte", die in hohem Maße für die Justizverbrechen verantwortlich waren, wie das Kölner Beispiel zeigt [BREMER, in: Justizministerium des Landes NRW, 4.1: 73–108]. Als Instrument der NS-Gewalt, das auf völkischen Vorstellung von Rasse und Reinheit beruhte, diente schließlich die „Sippenhaft". Das Regime bestrafte nicht nur politische Gegner, sondern auch deren Eltern, Kinder und Verwandte. Bekannt ist der Fall der Angehörigen der Attentäter des 20. Juli 1944; doch Sippenhaft war ein verbreitetes Mittel des Terrors, wie R. LOEFFEL [4.3] gezeigt hat. Die Androhung von Sippenhaft wirkte nicht zuletzt deshalb furchteinflößend, weil sie rechtlich nicht verankert war.

Grenzen der Biografieforschung

Ungelöst bleibt in den biografischen Studien das methodische Problem nachzuweisen, dass die Erfahrungen der Vergangenheit dem Gewalthandeln auch ursächlich zuzuordnen sind. Ego-Dokumente der Täter, die über die Motive der Tat Auskunft geben könnten, gibt es zumeist nicht, während spätere Aussagen vor Gericht sich in der Regel an dem orientierten, was im Sinne der Nachkriegsmoral als Entlastungsargument gelten mochte. So lautet die unausgesprochene Annahme, dass Gewalt jenen Menschen leichter fällt, die dazu wie auch immer motiviert sind. Biografische Ansätze reichen nicht, weil sich die Tat nicht teleologisch aus dem Lebensweg ableiten lässt. Neben die generationelle Prägung durch den Ersten Weltkrieg treten die Handlungspraxis der NS-Organisation, der jeweilige Handlungsraum sowie die konkrete Handlungssituation. Auf Kritik ist vor allem die „Brutalisierungsthese" gestoßen, nach der die Gewalterfahrung im Ersten Weltkrieg und in den Straßenkämpfen der Weimarer Republik weitere Gewalt hervorgerufen habe. Gegen diese Herleitung spricht bereits die Verschiedenartigkeit der Situationen und Opfer. Ein biografischer Ansatz führt dann weiter, wenn er nicht linear verstanden wird, sondern als eine Komponente der Erklärung, die nur in Verbindung mit anderen Faktoren die Tat erklärt.

4.2 Der situative Faktor: Orte des Terrors, Räume der Gewalt

Ein weiterer, seit den 2000er Jahren favorisierter Ansatz der neueren Täterforschung zielt deshalb darauf ab, die genauen Umstände der Situation in Rechnung zu stellen, in der die Tat begangen wurde. Dazu greifen Historiker auf sozialpsychologische Erkenntnisse der (historischen) Gewaltforschung zurück. Sie lehnen die aufgrund der relativen Friedfertigkeit der Nachkriegszeit verbreitete Prämisse ab, dass Gewalt dank des Zivilisationsprozesses eine Ausnahme darstellt, und gehen vielmehr davon aus, dass wir es mit einer „normalen", lediglich unterdrückten Neigung zu tun haben. Gewalt auszuüben fällt dort leicht, wo jemand die Lust am Töten verspürt, unter Druck gesetzt wird oder sich an die Gewaltausübung gewöhnt hat. Dann kommt es auf die Situation an, ob sich „Räume der Gewalt" [BABEROWSKI, 4.2] auftun, die es dem Täter erlauben, nach einem Abmessen von Kosten und Nutzen Grenzen zu überschreiten. Die Situation zwingt die Akteure nicht zur Gewalttat, verringert aber die Kontrollmöglichkeit und erhöht die Chance, Hemmungen zu überwinden – ohne dass jeder diese Chance auch nutzt.

„Gewalträume"

Zum einen geraten damit auch die umgrenzten Räume des Dritten Reiches, die Anstalten, Gefängnisse und nicht zuletzt die Lager, als Bedingungsfaktoren der Gewalt ins Blickfeld, die es genauer darzustellen gilt [DOERRY U.A., 4.1]. So starb, um ein bis heute zu wenig bekanntes Beispiel zu nennen, der Jurist Friedrich Weißler, ein Christ jüdischer Herkunft, am 19. Februar 1937 in seiner Einzelzelle im KZ Sachsenhausen laut gerichtsmedizinischem Befund an den Folgen schwerer innerer Verletzungen. Die Wachmänner der SS-Totenkopfverbände, die ihn in einem Gewaltexzess erschlugen, wussten nicht, dass er Angehöriger der Bekennenden Kirche war. Sie nutzten im Affekt die Situation, dass sie durch einen Zufall die absolute Gewalt über den einzigen vermeintlichen „Nicht-Arier" im Lager besaßen [GAILUS, 4.6]. Neue Einsichten in die „Dynamik des Tötens" vermittelt auch die Mikrogeschich-

Mikrogeschichte: umgrenzte Räume des Terrors

te der ukrainischen Stadt Berditschew, in der zwischen 1941 und 1944 mindestens 18.000 Juden von SS und Polizei ermordet wurden [CHRIST, 4.2]. Die Analyse des überschaubaren städtischen Raumes aus verschiedenen Perspektiven lässt die Situation erkennen, in der Massenmord möglich wurde. Die Sicht der deutschen Täter wird dabei ebenso rekonstruiert wie die der jüdischen Verfolgten und der nicht-jüdischen Zivilbevölkerung. Für die NS-Täterforschung führt dieser Ansatz zu einem Programm, das weniger nach persönlichen Gründen, Intentionen und Charaktereigenschaften als nach dem tatsächlichen Handeln fragt, nach der Dynamik der Gewalt und den räumlichen Umständen, in der sie sich entfalten konnte.

Auschwitz

Der zentrale „Ort des Terrors" war das Konzentrationslager. Einen umfassenden Überblick über das KZ-System gibt das neunbändige Werk von W. BENZ und B. DISTEL [4.1; SCHWARZ, 4.1]. Im Zentrum standen lange und aus gutem Grund die bekannten Vernichtungslager. So wurde „Auschwitz" in den Entwicklungszusammenhang von Ort und Lager gestellt [VAN PELT/DWORK, 4.1]. Hinter dem abstrakten Inbegriff des Völkermords kam eine historische Dynamik zum Vorschein: Im Rahmen der Besetzung Polens diente das Lager der Disziplinierung von Polen, dann spielte es eine Rolle für die Germanisierung, bevor schließlich Auschwitz-Birkenau (Auschwitz II) zu dem heute bekannten Vernichtungslager wurde. Die Detailanalyse zeigt auch, wie die SS den Massenmord in Auschwitz arbeitsteilig verübte: Der SS-Mann des Wachdienstes, der die mit den Deportationszügen ankommenden Menschen „selektierte", gehörte ebenso zu den Tätern wie der Lagerverwalter oder der Kassierer, der die Hinterlassenschaften der ermordeten Menschen abrechnete. Das polnische Institut für Nationales Gedenken (IPN) hat eine Datenbank online gestellt, in der die Namen von 8502 Deutschen erfasst sind, die zwischen 1940 und 1945 in Auschwitz tätig waren (http://truthaboutcamps.eu).

Im Schatten von Auschwitz

Die Tendenz, „Auschwitz" aus dem Mittelpunkt zu nehmen, spiegelt sich nicht nur in diesem Historisieren, sondern auch in Studien zu den Vernichtungslagern Bełżec, Sobibór, Treblinka, die nicht nur im historischen Bewusstsein der Deutschen im Schatten von Auschwitz liegen. Die Forschung ist in diesem Punkt deutlich fortgeschritten durch Biografien des gescheiterten NS-Funktionärs und Massenmörders Odilo Globocnik [RIEGER, 4.1; SACHSLEHNER, 4.1], den Himmler im Herbst 1941 mit der „Aktion Reinhardt" betraut hatte, und eine gruppenbiografische Arbeit über die rund

120 Täter dieses Massenmordes, die beim Bau von Gaskammern von den Erfahrungen profitierten, die sie in den „Euthanasie"-Einrichtungen und der Berliner T4-Zentrale gesammelt hatten [BERGER, 4.1]. Tatsächlich stehen die drei Vernichtungslager, in denen bis November 1943 rund zwei Millionen Juden aus den Ghettos im besetzten Polen vergast wurden, für den „Kern des Holocaust": den industrialisierten Massenmord. Der „Aktion Reinhard" wurde 75 Jahre nach dem Beginn der Deportation am 15. März 1943 zurecht eine Gesamtdarstellung gewidmet [LEHNSTAEDT, 4.2].

Der spezifische Raum des Generalgouvernements wird als Labor der NS-Rassenpolitik, der Germanisierung und des Holocausts untersucht [WINSTONE, 6.2]. Zudem werden die Entwicklungen, Strukturen und die regionale Einbettung nationalsozialistischer Konzentrationslager wie Buchenwald [STEIN, 4.1; SCHLEY, 4.1] und Mittelbau-Dora [J.-C. WAGNER, 4.1] unter die Lupe genommen. Auch die Biografien der KZ-Kommandanten wurden durchleuchtet [SEGEV, 4.1]. Ende der 1990er Jahre wurde eine erste Zwischenbilanz des Forschungsstandes gezogen [HERBERT/ORTH/DIECKMANN, 4.2]. Doch erst siebzig Jahre nach dem Erscheinen von Eugen Kogons „SS-Staat" liegt eine umfassende, die Perspektive der Täter und Opfer berücksichtigende Geschichte der nationalsozialistischen Konzentrationslager aus einem Guss vor, die jüngste Forschungsergebnisse bündelt und eine Vielzahl von Quellen auswertet [WACHSMANN, 4.2 (2016); DERS./CAPLAN, 4.2]. Die Darstellung, die von ersten Konzeptionen bis zur hektischen Auflösung reicht, verzichtet auf Verallgemeinerungen, um das Besondere des jeweiligen Untersuchungsraumes herauszustellen. Dagegen hat der Soziologe W. SOFSKY [4.1] Grundzüge der Gewaltpraxis in der Lagergesellschaft herausgearbeitet.

KZ im Kontext

4.3 Schreibtischtäter? Wissenschaft im Nationalsozialismus

Ein breit gefasster Täterbegriff hat die Historiker schließlich auch danach fragen lassen, wer genau sich den systematischen Massemord „ausgedacht" hat, wer ihn geplant hat. Damit verbindet sich die NS- und Täter-Forschung mit der Wissenschaftsgeschichte. Als „Vordenker der Vernichtung" [ALY/HEIM, 4.1] sind seit den 1990er Jahren jene jungen Akademiker ins Visier geraten, die wie auf dem Reißbrett die soziale und wirtschaftliche Neuordnung Europas

Vordenker der völkischen Flurbereinigung

nach rasseideologischen Kriterien entworfen haben und ihr Expertenwissen daransetzten, ganze Bevölkerungsgruppen hin- und herzuschieben. Überzeugt von der rationalen Planbarkeit neuer Ordnungen, entwarfen Wissenschaftler Generalpläne, um zunächst das Deutschen Reich, dann den europäischen Kontinent einer radikalen völkischen „Flurbereinigung" zu unterziehen. Dass für Millionen Menschen in der neuen europäischen Ordnung kein Platz vorgesehen war, ist auch eine Erklärung für den Genozid. Verschiedene Disziplinen, die sich als „völkische Wissenschaften" charakterisieren lassen, waren an diesem Projekt beteiligt, wie die Forschung erwiesen hat. Unterscheiden lässt sich zum einen die systemkonforme pseudowissenschaftliche „Judenforschung": eine interdisziplinäre, mit eigenen Institutionen, Publikationen und Diskussionsforen ausgestatte Erforschung der jüdischen Geschichte und Kultur mit scharfer antisemitischer Stoßrichtung [STEINWEIS, 4.3]. Historiker, Theologen und Soziologen nahmen die sogenannte Judenfrage zum Ausgangspunkt. Rassenanthropologen und -biologen arbeiteten daran, Judentum als Rasse zu kategorisieren.

Volkstumsforschung

Zum anderen hat die Forschung die akademischen Akteure der Volkstumsforschung, die beteiligten Universitäten und außeruniversitären Wissenschaftseinrichtungen [FAHLBUSCH, 4.3] ins Visier genommen. Arbeiten der „Ostforschung" und „Westforschung" waren völkisch angelegt, aber nicht auf das Judentum allein fixiert. Erkenntnisleitend waren rasseideologische Utopien zur Neuordnung des osteuropäischen bzw. des westeuropäischen Raumes [DIETZ/GABEL/TIEDAU, 4.3]. Diese „Volkstumsforschung" hatte freilich ihrerseits antisemitische Züge, insbesondere im Hinblick auf den „Lebensraum" in Osteuropa. Systemkonforme Geografen fanden hier ein Betätigungsfeld – die Universität Kiel ist ein Beispiel [BERNHARD, in: CORNELISSEN/MISH, 4.3: 341–358].

Historiker im Nationalsozialismus

Spätestens seitdem sie 1998 Thema auf dem Historikertag war, spielt die Verstrickung von Vertretern der eigenen Zunft eine Rolle in der historischen NS-Forschung. Wie sich herausstellte, hatten sich Historiker wie Theodor Schieder, Werner Conze und Hans Rothfels wissentlich und wissenschaftlich für die rassistische Bevölkerungspolitik der Nationalsozialisten instrumentalisieren lassen, wenngleich sie daran nicht unmittelbar beteiligt waren [SCHULZE/OEXLE, 4.3]. Nun ging es um Netzwerke der „Volksgeschichte", einer Richtung innerhalb der deutschen Geschichtswissenschaft, die die Nähe zur Bevölkerungspolitik im Sinne einer rassischen

Neuordnung Europas suchte [HAAR, 4.3], um die „Volksdeutsche Forschungsgemeinschaften" als Brain Trust, auch um die konzeptionelle Nähe von Volksgeschichte und Sozialgeschichte. Von 1933 bis 1945 gab es, das wurde immer deutlicher, eine Geschichtswissenschaft, die sich als „Legitimationswissenschaft" verstand [SCHÖTTLER, 4.3]. In diesem Zusammenhang steht auch die teleologische Wehrverfassungsgeschichte von Ernst Rudolf Huber, einem der Kron-Juristen des Dritten Reiches [ECHTERNKAMP, in: GROTHE, 4.3: 229–259]. Interviews mit Historikern der „zweiten Generation" sollten klären, warum sie es versäumt hatten, ihren Doktorvätern kritische Fragen zu deren NS-Vergangenheit zu stellen [HOHLS/JARAUSCH, 4.3]. Als Quintessenz der Forschung zur Rolle der Wissenschaft lässt sich das „Handbuch der völkischen Wissenschaften" [FAHLBUSCH/HAAR/PINWINKLER, 4.3] lesen, das über die Jahre 1933 bis 1945 hinausreicht. Die Erläuterungen zu den Akteuren, Institutionen und Organisationen, Zeitschriften und Forschungskonzepten verdeutlichen, wie diffus völkische Ideologeme und selbst die Schlüsselbegriffe waren (und sind).

Schließlich gab es im Dritten Reich eine „normale" Wissenschaft, die weltweit Standards setzte. Die Chemie- und Metallforschung etwa oder die Agrarwissenschaft zeugten davon, dass die Diktatur nicht so wissenschaftsfeindlich war, wie Wissenschaftler nach 1945 behaupteten. An der Schnittstelle von Wissenschaftsgeschichte und NS-Forschung werden Wissenschaftspolitik, -management und -praxis im Nationalsozialismus erkennbar. Den Chemikern beispielsweise eröffneten sich, wie H. MAIER nachweist [4.3], neue Handlungsspielräume für ihre Interessenpolitik, indem die Nationalsozialisten die chemische Industrie als eine Schlüsselbranche begriffen. Schließlich verdankten sich die militärisch notwendigen Ersatzstoffe für Kautschuk (Autoreifen), Leder (Stiefel, Gasmasken) und Treibstoff der chemischen Forschung. Die Deutsche Chemische Gesellschaft arbeitete ab 1935 mit dem Heereswaffenamt zusammen. Die Vertreibung jüdischer Mitglieder ging vergleichsweise langsam vonstatten, und die NSDAP stellte teilweise Fachkompetenz über Parteizugehörigkeit. Zahlreiche Forschungseinrichtungen konkurrierten um die staatlichen Ressourcen. Die Kaiser-Wilhelm-Gesellschaft (KWG), der Vorläufer der Max-Planck-Gesellschaft, beschäftige herausragende Forscher und konnte durch ein gezieltes Wissenschaftsmanagement ab 1937, etwa die Kooptation politischer Entscheidungsträger in ihre Führungsgre-

Moderne Wissenschaft im Nationalsozialismus

mien, die Geldquellen der Diktatur anzapfen, die für den modernen Krieg auf neueste Forschung angewiesen war [HACHTMANN, 4.3]. Die KWG kooperierte mit Industrie und Militär bei der Erforschung von Kampfstoffen [SCHMALTZ, 4.3] und auf anderen kriegsrelevanten Gebieten [MAIER, 4.1]. Die Gremien der Forschungseinrichtungen eröffneten Räume für informelle Männerrunden, in denen Honoratioren aus alten und neuen Eliten „unter sich" über Politik debattierten, Informationen austauschten und Allianzen schmiedeten [HACHTMANN, in: MAIER, 4.3: 77–152]. Auch auf dem Feld der Wissenschaft lassen sich die Muster der Verfolgung von jüdischen Kollegen nachweisen, wie K. ORTH [4.3] für die Deutsche Forschungsgemeinschaft zeigt. Eine der bedeutendsten medizinischen Einrichtungen Deutschlands, die Berliner Charité, erwies sich als ein Ort willfähriger Wissenschaft [SCHLEIERMACHER/SCHAGEN, 4.3]. Diese Beispiele einer auf das Dritte Reich bezogenen Wissenschaftsgeschichte belegen die vielseitigen Verbindungen naturwissenschaftlicher Akteure und Institutionen mit dem Regime, seiner Mobilisierung für den Krieg und seiner Rasseideologie.

Verfolgung und Verlagsgeschichte

Zu den involvierten Institutionen der Wissenschaftslandschaft zählten die Verlage. So wurde für den Berliner Wissenschaftsverlag Walter de Gruyter gezeigt, wie das Unternehmen nach dem Regimewechsel 1933 gegenüber seinen jüdischen Autoren zunächst vorsichtig taktierte, um dann, noch bevor Gesetze oder Verordnungen ihm keine andere Wahl ließen, die „Angebote" der Autoren, von Verträgen zurückzutreten, gerne annahm [KÖNIGSEDER, 3.2]. Die Verlagskonferenz beschloss bereits am 9. Mai 1933, den jüdischen Senatspräsidenten am Oberlandesgericht Köln, Alfred Ludwig Wieruszowski, auf dessen vermeintlichen Wunsch aus seinem Autorenvertrag zu entlassen – ein Stein auf dem Weg der Demütigungen und Diskriminierung. Diese Verlagsgeschichte zeigt, wie sich der Ton auch auf dem literarisch-wissenschaftlichen Feld verschärfte. 1939 wurde beispielsweise die Prospekt-Werbung für Bücher inländischer Juden eingestellt; die Neuauflage von Werken „nichtarischer" Autoren war in Anlehnung an die Nürnberger Gesetze zu prüfen. Aus „Kürschners Literatur Kalender", einem bis heute von De Gruyter herausgegebenen Verzeichnis lebender Autorinnen und Autoren deutschsprachiger Literatur, sollten jene gestrichen werden, die nicht Mitglied der Reichsschrifttumkammer, mithin nicht „arisch" waren. Das regimekonforme Verhalten zeigt die Strategie der Anpassung, für die sich die Verlagsspitze schon früh entschieden hatte. Das Regime honorierte diese Entscheidung, indem es den Verlag als einen wehrwirtschaftlich wichtigen Betrieb anerkannte und ihm Aufträge der Wehrmacht vermittelte. Das Beispiel zeigt, wie eine zentrale privatwirtschaftliche Institution des Wissenschaftsbetriebs im Dritten Reich seinen Vorteil aus der neuen nationalsozialistischen Politik zog und sich – wie die Wissenschaft selbst – bereitwillig vor den Karren des Regimes spannen ließ.

4.4 Soziologische Blickverschiebung

Ob mittelbar oder unmittelbar beteiligt: Die NS- und Holocaustforschung hat vor allem aus dem Blickwinkel der Täterforschung Akteure und Institutionen analysiert, denen sich Verantwortung für die NS-Gewalt im Allgemeinen, den Holocaust im Besonderen mehr oder weniger zuschreiben lässt, indem sie handlungstheoretisch nach Motiven, Spielräumen und Interaktionen und bestimmten situativen Bedingungen fragt. Nahezu unbeachtet blieb lange der institutionelle Rahmen, in dem der einzelne Täter handelte. Das überrascht, wenn man davon ausgeht, dass der Einzelne durch die NS-Organisation, der er angehörte, sozialisiert wurde und sein Handeln mit der üblichen „Handlungspraxis" dieser Organisation im Einklang stehen musste. Dazu gehörte die „weltanschauliche Erziehung" [MATTHÄUS/KWIET/FÖRSTER, 4.1]. Tausende von Schulungsleitern – Wissenschaftler und Lehrer – erläuterten die Aufgaben der SS, legitimierten ihren Führungsanspruch und mobilisierten für den Kampf [HARTEN, 4.1]. Doch über diese Schulung hinaus wurden in der Praxis jene Werte deutlich und bestätigt, welche die Handlungslogik der Organisation bestimmten [BLOXHAM, 4.5: 259–261]. Zur Unterschätzung des institutionellen Faktors hatte maßgeblich die Annahme beigetragen, dass die Gewaltverbrechen dem arbeitsteiligen Ablauf moderner Bürokratien folgten, welche die Handlungsfreiheit des Einzelnen begrenze und seine Verantwortung verringere. Dagegen hat die Täterforschung nachgewiesen, wie ganz im Gegenteil der Handlungsraum entgrenzt wurde und Täter allein oder in der Gruppe ohne Furcht vor Sanktionen exzessive Gewalt ausüben konnten. Ein organisationsspezifischer Gruppendruck trieb das Gewalthandeln noch an.

Institutionelle Rahmung

Ambivalenz der Kameradschaft

Statt Handeln zu parzellieren und zu kontrollieren, sorgte die sozialpsychologische Gruppendynamik der „Kameradschaft" dafür, dass einer tat, was alle taten. T. KÜHNE hat mit einem erfahrungsgeschichtlichen Ansatz gezeigt, wie das auf den Ersten Weltkrieg zurückgehende Kameradschaftsideal jene Leidensgemeinschaft schuf, die dem Soldatentod einen Sinn gab, während es das eigene Töten ausblendete. Diese Form der militärischen Sozialkultur blockierte Schuldgefühle durch Gruppendruck: „Scham stiftet Konformität" [KÜHNE, 5.2: 84], wo das Gewissen immer mehr abhandenkam. Wer wollte schon den sozialen Tod des Außenseiters sterben? Auch der Schutz vor Denunziation, den Kameradschaft versprach, setzte Konformität voraus. Insofern kann man Kameradschaft auch als die militärspezifische Ausdrucksform der „Volksgemeinschaft" verstehen [VOSSLER, 5.1]. Die universale Moral verlor ihre Geltung dort, wo die „Ehre" eine besondere Gruppenmoral signalisierte, welche die Eigenverantwortung unterlief. Das traf auf die Kameradschaft in militärischen Einheiten und militärähnlichen Organisationen ebenso zu wie auf die nationalsozialistische Volksgemeinschaft insgesamt.

Organisation als Bedingung

Der Soziologe S. KÜHL [4.4] hat nun den Fokus entsprechend verschoben, indem er danach fragt, auf welche Weise Organisationen ihre Mitglieder dazu brachten, so zu handeln, wie sie es außerhalb der Organisation nicht getan hätten. Er geht von der Beobachtung aus, dass die Akteure Gewalt (nur) ausübten, solange sie einer der zahlreichen Organisationen angehörten. Wenn auch KÜHL das Hamburger Reserve-Polizeibataillon 101 untersucht, dann nicht mit Blick auf die einzelnen Täter, sondern auf das soziale System „Organisation". Die Organisation war, lautet seine These, eine notwendige Bedingung für den Völkermord, weil sie die Gewalttat möglich gemacht, ja erzwungen hat. Die Mitglieder sahen sich mit einer bestimmten Erwartung konfrontiert, die Gewalttätigkeit einschloss und der sie sich aufgrund der Hierarchien und Befehlsstrukturen in einem bestimmten, nie klar definierten Bereich nicht entziehen konnten, wollten sie nicht ihre Mitgliedschaft riskieren. Umgekehrt vermittelten die Gewaltorganisationen ihren Mitgliedern durch formale Dienstwege und reguläre Rahmenbedingungen den Eindruck, rechtmäßig zu handeln. Dabei konnten sie, so lautet ein weiteres Argument, von dem landläufigen Konsens ausgehen, dass die Ausgrenzung von Juden und letztlich ihre Ermordung in der Gesellschaft auf Zustimmung stießen. Für diesen Erklärungsansatz zählt nicht, ob der antisemitische Konsens tatsächlich bestand, sondern die verbreitete Annahme, dass dem so sei. KÜHL interessiert weder, warum der individuelle Täter tötet, noch wie, sondern was ihm das Töten ermöglichte. Ohne die Kooperation „ganz normaler Organisationen" mit ähnlichen Funktionsmechanismen wäre der Genozid nicht möglich gewesen. Zu klären wäre, wie diese sozialen Systeme miteinander kooperierten. Der (organisations)soziologische Ansatz gibt der NS-Forschung jedenfalls neue Impulse [CHRIST/SUDERLAND, 4.4].

Die neuere Täterforschung hat Schwächen, wo es um die Quellenlage geht, die bestimmte Personen „greifbarer" macht als andere, und was die Gewichtung des ideologischen Faktors angeht. Sie besitzt gleichwohl mindestens drei Verdienste. Sie hat, erstens, gezeigt, dass die nationalsozialistischen Verbrechen keine anonymen Vorgänge waren, sondern von konkreten, namhaft zu machenden Personen begangen wurden, die ihren Opfern nicht selten Auge in Auge gegenüberstanden. Zweitens hat sie die Handlungsspielräume ausgeleuchtet, die Täter selbst in den Lagern in der Regel besaßen, und die Bedeutung der Situation betont, in der das Gewalthandeln andere Handlungsoptionen überlagerte. Drittens steht fest: Es gibt kein eindeutiges Täterprofil. Die Gruppe der NS-Täter ist bei weitem größer und vielfältiger, als es der Fokus auf der NS-Elite suggerierte. Seit den 1990er Jahren wird der Täterbegriff wesentlich weiter gefasst als in der Nachkriegszeit, wo die Justiz die Täter mit Ausnahme der NS-Prominenz als „Gehilfen" einstufte, die regelmäßig unter „Befehlsnotstand" an Massenmorden beteiligt gewesen seien. Mittlerweile geht man von 200.000 bis 250.000 deutschen und österreichischen Tätern des Holocaust aus, die in der Terrormaschinerie selbst – in den Lagern, bei der Polizei, in Gefängnissen, in der Waffen-SS –, aber auch in der Verwaltung in den besetzten Gebieten, namentlich im Generalgouvernement, aktiv waren. Die ausländischen Kollaborateure sind dabei nicht mitgerechnet. Ein weiter gefasster Täterbegriff würde die Soldaten, die Verwaltungsbeamten und die Angehörigen der Eliten einbeziehen, die im Sinne des NS-Systems gehandelt haben. Diese Ausweitung der Perspektive ist umso interessanter, als sie auf die Kernfrage nach der Konsensbereitschaft der Gesamtgesellschaft zurückverweist.

Zwischenbilanz der Täterforschung

Die Diskussion über die verschiedenen Zugänge der Täterforschung zeigt, dass Gegensatzpaare wie Intention/Funktion, Disposition/Situation, Zentrum/Peripherie, Rationalität/Ideologie nicht geeignet sind, die Komplexität des Forschungsgegenstandes – des

Täterforschung als Gesellschaftsgeschichte?

systematischen Massenmordes – einzufangen. Die Debatten über die Motive und Handlungsweisen der Täter lassen sich ertragreicher strukturieren, wenn man davon ausgeht, dass die vermeintlichen Dichotomien nur verschiedene Elemente der historischen Wirklichkeit beleuchten, die sich keineswegs ausschließen. Im Gegenteil plädieren Historiker wie P. LONGERICH [4.5: 1–21] dafür zu untersuchen, wie die Elemente miteinander zusammenhingen, sich womöglich bedingten, und sie regen an, dafür den komplexeren Kontext des NS-Regimes stärker zu berücksichtigen. Die Täter handelten unter strukturellen Rahmenbedingungen, ideologische Parolen rechtfertigten „utilitäres" Handeln (Arisierung, Zwangsarbeit), Initiativen aus der Provinz waren Teil des Herrschaftssystems, Situationen wurden je nach sozialer Rolle unterschiedlich wahrgenommen.

„Judenpolitik" als Handlungsfeld

Antisemitische Maßnahmen standen von Anfang an im Mittelpunkt einer Politik, die eine rassisch homogene Volksgemeinschaft zum Ziel hatte. Diese Politik, aus der sich der Herrschaftsanspruch der NSDAP ableitete, richtete sich zunächst auf Deutschland, dann auf das besetzte Europa. „Judenpolitik" entwickelte sich zu einem eigenen politischen Handlungsfeld, das die traditionellen Bereiche wie etwa Außen-, Sozial- oder Wohnungspolitik neu definierte und eine eigene Dynamik entwickelte, die in verschiedenen Phasen des Dritten Reiches zu unterschiedlichen Maßnahmen auf immer neuen Eskalationsstufen führte. Dazu bedurfte es der Eigeninitiative der Akteure und der Zustimmung einer Mehrheit. Die Bilanz der Täter- und Holocaustforschung verdeutlicht, dass die „Endlösung" weder auf die Durchführung eines (einmaligen) Beschlusses zurückging noch auf die willkürliche „Radikalisierung" antijüdischen Handelns, die in den Gaskammern von Auschwitz endete. Die neuere Täterforschung hat deshalb die Perspektive auf den Holocaust grundsätzlich geändert und eine Vielzahl von Massakern in einem erweiterten, Mittel- und Osteuropa umfassenden Raum ins Licht gerückt. Ungelöst bleibt indes ein analytisches Grundproblem der Täterforschung. Wenn die Akteure keine gewaltbereiten Bestien, sondern „ganz gewöhnliche Deutsche" waren, steht die Frage im Raum, ob die Trennung von Tätern und Gesellschaft noch sinnvoll ist. Kann man die Täterforschung von der Gesellschaftsgeschichte des Dritten Reiches trennen? Der Begriff „Tätergesellschaft" deutet indes auch auf den Bedeutungsverlust eines inflationär gebrauchten Täterbegriffs hin.

4.5 Lebenswelten und Wahrnehmung der Verfolgten

Die Holocaustforschung hat sich in den vergangenen Jahrzehnten auf die „großen" Fragen des Völkermords konzentriert. Im Mittelpunkt standen die Entscheidungs- und Radikalisierungsprozesse, die Tatvorgänge selbst und die Orte des Massenmords, das Leiden und der Widerstand der Opfer. Davon war bereits die Rede. Durch die Öffnung der osteuropäischen Archive hat unser Wissen über den Holocaust enorm zugenommen. Für viele osteuropäische Gebiete ist der Genozid gut erforscht. Mittlerweile fassen unterschiedlich konzise und akzentuierende Überblicksdarstellungen über „die Politik der Vernichtung" die Ergebnisse zusammen [LONGERICH; 4.5; ALY, 4.5; BROWNING, 4.5; FRIEDLANDER, 4.5; FRIEDLÄNDER, 4.5]. Den Wirkungszusammenhang von Kriegführung und Völkermord betonen dabei D. BERGEN [4.5] und C. GERLACH [4.5]. Hinzu kommen wichtige Standortbestimmungen der Holocaust-Forschung [HERBERT, 4.5; BAJOHR/LÖW, 4.5; BRENNER/STRNAD, 4.5]. Dabei gingen die Historiker/innen davon aus, dass es einen Zustand der Normalität für die Verfolgten einer Terrorherrschaft nicht geben konnte.

Synthesen

Dagegen hat sich im frühen 21. Jh. die Tendenz entwickelt, sozial- und alltagsgeschichtliche Ansätze, wie sie für die Gesellschaftsgeschichte des Dritten Reiches seit langem gang und gäbe sind, auch für die Holocaustforschung fruchtbar zu machen [LÖW/BERGEN/HÁJKOVÁ; 4.5; BERGEN/LÖW, 4.5]. Es geht ihnen um das tägliche Leben von Jüdinnen und Juden seit Beginn der systematischen Deportationen im Herbst 1941. Das hat mindestens zwei Konsequenzen. Zum einen wird der Genozid mit den längeren Kontinuitätslinien jüdischen Lebens verbunden, das sonst in den Hintergrund trat. Zum anderen verschiebt sich die Sicht auf die betroffenen Männer und Frauen einschließlich derer, die in „privilegierten" Ehen mit nicht-jüdischen Partnern lebten oder die das Regime als „Mischlinge" eingestuft hatte. Sie erscheinen nicht allein als Objekte der Verfolgung, sondern als handelnde Individuen, die einer Gemeinschaft angehörten, die Familie hatten, die Entscheidungen trafen. Dazu werden ganz unterschiedliche Lebenswelten und ihre räumliche Dimension in den Blick genommen: Großstädte wie Berlin und Wien etwa, Ghettos wie Litzmannstadt (Łódź) [LÖW; 4.5], Warschau [ROTH/LÖW, 4.5] oder das Ghetto Theresienstadt [BENZ, 4.5]. Es geht um „einfache" Menschen ebenso wie um jüdische Funktionäre und die Rolle jüdischer Frauen. Die extre-

Alltagsgeschichte der Verfolgung

me Verfolgungssituation, die von den antisemitischen Maßnahmen seit 1933 geprägt war, prägte ein Leben im Angesicht des Todes. Welche Erwartungen hatte jemand, der nichts mehr zu erwarten hatte? Wie nahm er oder sie die Welt wahr „between dignity and despair" [Kaplan, 4.5]? Ohne den Terror zu trivialisieren, beleuchtet der reflektierte alltagsgeschichtliche Zugang so auch die „Normalität" jüdischen Lebens unter unnormalen Umständen und damit eine bislang weniger betrachtete Facette des Dritten Reiches. Auch für die Holocaustforschung bedeutete dieser alltagsgeschichtliche, mikrohistorische Zugriff, so lautet das Argument, dass wir etwas besser verstehen, wenn wir ganz genau hinschauen.

Deportation und Ghettoisierung

Die Lebensumstände in den über 1000 Ghettos unterschieden sich sehr. Es gab offene und geschlossene Ghettos, die über kurze oder lange Zeit existierten. Entsprechend variierten die Handlungsmöglichkeiten der jüdischen Bewohner, über deren Ghettoleben weiter geforscht wird [Dieckmann/Quinkert, 4.2; Kundrus/Meyer, 4.5]. Hartnäckig halten sich Klischees. So war Theresienstadt kein bevorrechtigtes „jüdisches Siedlungsgebiet" für die Alten, wie die Nationalsozialisten den Juden vor ihrer Deportation und auch der Öffentlichkeit weismachen wollten. Entgegen diesem gezielt verbreiteten Trugbild der Propaganda haben Studien gezeigt, wie das Ghetto in das Programm der „Endlösung" eingebunden war. Wenn die jüdische Selbstverwaltung hier ein Kultur- und Sportleben organisieren durfte, es gar eine Fußballiga gab [Zwicker (Hrsg), 4.5], lässt sich das nur als Zeichen des Zynismus verstehen [Benz, 4.5: 205], schließlich wurden von den 141.000 nach Theresienstadt deportierten Juden – mehr als die Hälfte aus der Tschechoslowakei – insgesamt 88.000 weiter in die Vernichtungslager transportiert; 33.500 Menschen starben im Lager selbst. Um den Ablauf der Deportation und das Schicksal der Juden zu klären, die ab Oktober 1941 in die Ghettos im besetzten Osteuropa, später nach Theresienstadt und in die Vernichtungslager verschleppt wurden, stützen sich Historiker auf die Transportlisten der lokalen Gestapo-Dienststellen, die sich heute etwa im Archiv des International Tracing Service (ITS) in Bad Arolsen einsehen lassen [Jah/Kühling, 4.5].

Dokumentation

In diesem Kontext kann auch die wissenschaftliche Quellenedition „Die Verfolgung und Ermordung der europäischen Juden durch das nationalsozialistische Deutschland" (VEJ) gelesen werden [2.]. Das Editionsprojekt, eines der größten zurzeit, nimmt ausschließlich zeitgenössische Dokumente auf und präsentiert sie in 16 zeitlich wie territorial gegliederten Bänden. Das Ziel der Herausgeber dieses multiperspektivischen Werkes ist es, die unterschiedlichsten Stimmen festzuhalten, die im Zusammenhang mit der antisemitischen Politik standen, ganz gleich, ob sie von der Gutgläubigkeit, Entschlossenheit oder Verängstigung der Verfolgten, vom Mitgefühl oder von der Häme Dritter zeugen. Auch das Editionsprojekt erweitert die Perspektive deutlich, in der Verfolgung und Völkermord lange dargestellt worden sind, auch die Auswahl von Quellen wie Tagebüchern und privaten Briefen rückt die Individuen weiter ins Blickfeld, zeigt ihre Entscheidungsmöglichkeiten und Handlungsspielräume. So dokumentiert Band 9 beispielsweise für das Generalgouvernement nicht nur die Vorbereitung und Durchführung des Genozids in den Vernichtungslagern, sondern auch den Widerstand in den Ghettos und Lagern und die Reaktionen der polnischen Bevölkerung. Ob durch die historische Darstellung oder die Edition historischer Quellen: Die Holocaustforschung trägt mit diesem „Schriftdenkmal" dafür Sorge, dass angesichts des anhaltenden Interesses an der Erinnerungsgeschichte des Holocaust die Geschichte des zu erinnernden Verbrechens nicht in den Hintergrund gerät.

Am Ende steht immer wieder auch diese Frage: Was haben die Deutschen gewusst? Wie haben sie auf die Verfolgung und Ermordung reagiert? Welche Konsequenzen hat wiederum das NS-Regime gezogen? Die Forschung interessiert sich dafür nicht nur, um die nach 1945 kolportierte Mär der Ahnungslosigkeit zu entlarven. Seit den ersten Monografien von D. BANKIER [4.5] und D. GELLATELY [4.5] geht es den Historikern auch hier darum, eine wichtige Facette des Dritten Reiches, das Zusammenwirken von NS-Herrschaft und Verfolgung einerseits, Wahrnehmung und Verhalten der Mehrheitsgesellschaft, aber auch der Alliierten, andererseits näher zu betrachten und mehr über die subjektiven Voraussetzungen des Holocaust herauszubekommen [BAJOHR/POHL, 4.5; DÖRNER, 4.5; ROTH, 4.5; SCHRAFSTETTER/STEINWEIS, 4.5]. Dass die gezielte Ermordung von Millionen Menschen auf Dauer geheim bleiben könnte, schien von Anfang an schon aufgrund der Vielzahl der Beteiligten unwahrscheinlich. Für die Zeit nach 1933 kann man von einem antijüdischen Konsens sprechen, der sich zwischen dem neuen Regime und der Bevölkerung immer stärker abzeichnete. Das stärkt das Argument, das Dritte Reich als eine „Zustimmungsdiktatur" zu bezeichnen [BAJOHR/POHL, 4.5] Auf einer breiten Quellenbasis, die

Judenverfolgung – ein offenes Geheimnis

von den geheimen Lageberichten des SD über Presseanweisungen zu Tagebüchern und Briefen reicht und mittlerweile auch jüdische Quellen einschließt, lautet die Bilanz: Der Antisemitismus als Regierungsprogramm eines charismatischen „Führers" traf auf einen breit gefächerten Antisemitismus in der deutschen Gesellschaft, unter deren Augen schließlich die Juden in den 1930er Jahren ausgegrenzt und verfolgt wurden. Nicht zuletzt die häufigen Denunziationen belegen, dass die NS-Herrschaft überhaupt nur dank des Konsenses funktionieren konnte [GELLATELY, 4.5; HORNUNG, 4.5].

Radikalisierung der Judenfeindschaft

Wie insbesondere die Auswertung von Stimmungsberichten zeigt [KULKA/JÄCKEL, 2.], hat sich die judenfeindliche Stimmung in der deutschen Bevölkerung zwischen 1933 und 1941/42 deutlich verschärft. Die Dauerbeschallung mit antisemitischer Propaganda zeigte Wirkung. War der Pogrom vom November 1938 noch weitgehend auf Ablehnung gestoßen, bestand schließlich offenbar eine weitgehende Zustimmung zu dem Ziel, die Juden irgendwie „loszuwerden" und ein judenfreies Großdeutschland zu schaffen. Im Krieg, den Hitler den Juden in die Schuhe schob, wuchs die Bereitschaft, eine radikale Lösung zu akzeptieren [BÜTTNER, 4.5]. Freilich lässt sich nicht nachweisen, wie viele Menschen die Deportationen beispielsweise aus religiösen Gründen nicht guthießen, dies aber nicht offen zum Ausdruck brachten. Das zeigt beispielhaft das methodische Problem [KERSHAW, 3.3.], von der Propaganda und der Realisierung des Genozids auf einen nahezu flächendeckenden Konsens zu schließen, wie das der Forschungsbegriff der Volksgemeinschaft nahelegt.

Angst vor Vergeltung

Als im Sommer 1941 die Massenmorde begannen, sprach sich das nicht nur im Dritten Reich schnell herum. Spätestens seit 1942 war in der deutschen und internationalen Öffentlichkeit bekannt, dass die Juden im Großdeutschen Reich systematisch getötet wurden. Als ein Sieg 1942/43 erstmals fraglich schien, spiegelte sich diese Kenntnis in der wachsenden Angst vieler Deutscher vor Vergeltung wider, wie sie etwa aus Tagebüchern und Briefen erhellt. Aus der Herrschaftsperspektive zeugt der Versuch der NS-Propaganda, die öffentliche Wahrnehmung in eine andere Richtung zu steuern, indirekt davon, dass das Regime das Wissen registriert hatte [LONGERICH, 4.5; KULKA/JÄCKEL, 4.5]. Dass die massenhaften Morde in Osteuropa ein offenes Geheimnis waren, sagt freilich noch nichts darüber aus, wieweit das genaue Wissen über die Vernichtungslager reichte. Auch lässt sich der antijüdische Konsens, wie sich gezeigt hat, nicht kurzerhand mit der Zustimmung zum Völkermord gleichsetzen. Deutlich geworden ist aber ein psychosozialer Mechanismus. Die verbreitete Kenntnis von der Judenverfolgung führte weniger zu Scham als zu Schuldabwehr. Der Holocaust wurde ab 1942/43 mit den Bombardierungen der Alliierten verrechnet. Schuldgefühle, die in Erwartung der Niederlage nicht länger verdrängt werden konnten, sollten durch die Betonung des eigenen Leidens abgefedert werden [BAJOHR/POHL, 4.5].

Antisemitismus lässt sich jedoch nicht (nur) strukturell erklären, sei es durch die Zugehörigkeit zu einem bestimmten Milieu, sei es durch ideologische Beeinflussung. Historiker/innen haben wiederholt festgestellt, wie sehr die jeweilige konkrete Situation für ein spezifisches antisemitisches Handeln den Ausschlag gab. Fallstudien, die sich auf eine Stadt oder Region konzentrieren, bieten die Möglichkeit, die ganze Bandbreite der Beziehungen zwischen Juden und Nicht-Juden zu untersuchen. Das zeigt das Beispiel Köln auch für die Zeit vor 1933 [WENGE, 4.5]. Die Ergebnisse relativieren die Interpretation von Antisemitismus als einem kulturellen Code (Shulamit Volkov), der verschiedene Milieus gegeneinander abgrenzt. Diese Bedeutung des situativen Ansatzes wurde im Kontext der Gewaltforschung bereits deutlich. Die Memoiren der Überlebenden bieten bezeichnende Einblicke. So greift BABEROWSKI [4.2: 148] auf die Lebenserinnerungen von Marcel Reich-Ranicki zurück. Der Literaturkritiker schildert, wie ein deutscher Soldat ihn in Warschau – wo ihn niemand daran hinderte – nur solange sadistisch behandelt habe, bis sich herausstellte, dass beide Berliner Fans des Fußballvereins Hertha BSC waren.

Konkrete Situation und antisemitisches Handeln

Neue Einsichten in die NS-Gesellschaft bietet schließlich die systematische Auswertung der „fremden Blicke" von außen auf das Dritte Reich und deren Dokumentation in Auszügen. Länger schon nutzen Historiker die Deutschland-Berichte der Exil-SPD [BEHNKEN, 2.]. Dazu kommt die nicht-deutsche Perspektive, wie sie sich beispielsweise in Konsulatsberichten widerspiegelt. Ausländische Diplomaten haben in zehntausenden Berichten aus dem nationalsozialistischen Deutschland in ihr Heimatland berichtet, sowohl in befreundete Staaten als auch in die Staaten der Kriegsgegner USA, Großbritannien, Frankreich. Die Bilder, die sie von der deutschen Gesellschaft zeichneten, ihre Wahrnehmung von Ausgrenzungsverfolgung und Terror unterscheiden sich naturgemäß von den Lageberichten der Gestapo, die Historiker bislang herangezogen ha-

Blicke von außen

ben, wollten sie etwas über die Stimmung und Haltung der Deutschen erfahren. Die gut vernetzten Diplomaten schilderten in offenen Worten, so lautet ein Befund [Bajohr/Strupp, 4.5], auch Verhaltensweisen, die nicht im Sinne der NS-Führung waren wie beispielsweise eine gedrückte Stimmung, ja Scham in Leipzig angesichts der antijüdischen Maßnahmen im November 1938. Aufschlussreich sind auch Mitteilungen über Misshandlungen der Juden. So mancher Diplomat erkannte früh, was im Dritten Reich von statten ging und sich hinter Hitlers Friedensrhetorik verbarg.

5 Das Dritte Reich im Krieg

Geschichte des Weltkriegs und NS-Forschung

Der Krieg war für das NS-Regime von Beginn an konstitutiv. Gleichwohl wurden die militärischen Aspekte des Dritten Reiches viel zu lange ausgeblendet oder als hinreichend bekannt vorausgesetzt. Um sich die Schauplätze des Kriegsgeschehens und die Kriegs- und NS-Verbrechen vor Augen zu führen, erforschen Historiker die militärische Organisation, ihre Regeln und Akteure. Die Wehrmacht, die militärische Führung und die „einfachen" Soldaten stehen im Mittelpunkt neuerer Studien, die Licht in das Dunkel der zweiten Hälfte des Dritten Reiches bringen. Inzwischen lautet die einhellige Überzeugung, dass sich die Entgrenzung der Gewalt zwischen 1939 und 1945 nicht allein mit der technischen Entwicklung oder den jeweiligen Begleitumständen erklären lässt. Ohne die ideologischen Zusammenhänge bliebe unser Verständnis dieser „Brutalisierung" [Bartov, 5.1] unvollständig. Weil der Krieg an der äußeren Front auf den spätestens 1933 begonnenen Krieg an der inneren Front zurückweist [Echternkamp, 5.3], ist der Zweite Weltkrieg auf deutscher Seite an den Nationalsozialismus gekoppelt. Die Ausbeutung der besetzten Gebiete, der Terror gegen die Zivilbevölkerung, der „Bandenkampf" gegen wirkliche und vermeintliche Partisanen, die Deportation zum Zweck der Zwangsarbeit, nicht zuletzt der Völkermord im Rücken der Front: Der „Vernichtungskrieg", den Hitlers Wehrmacht im Osten führte, gab auch dem Krieg ein neues Gesicht und änderte das Selbstbild der Soldaten. Die Aufmerksamkeit der historischen Forschung gilt insbesondere dem deutschsowjetischen Krieg, der von 1941 bis 1944 den größten Einfluss auf das NS-Regime und seine Streitkräfte besaß. Wie umfangreich die deutsche und internationale Forschung über den Krieg gegen

die Sowjetunion längst geworden ist, verdeutlicht die Bilanz, die
R.-D. MÜLLER und G. R. UEBERSCHÄR [5.1] bis zum Jahr 2000 ziehen.

5.1 Die Wehrmacht im Weltanschauungskrieg

Die Wehrmacht war die militärische Säule des Dritten Reiches. Ihr Ort im Herrschaftssystem des Nationalsozialismus lag in erster Linie in der Kriegführung, aber auch in der Beteiligung an Verbrechen in Ost- und Südosteuropa, auf dem Balkan und in Italien. Doch weil sich die Forschung zum Zweiten Weltkrieg als weitgehend eigenständiger Zweig herausgebildet hat, während sich die NS-Forschung auf den Aufstieg Hitlers und den Ausbau seiner Macht in den 1930er Jahren konzentrierte, spielte die zweite Hälfte des Dritten Reiches hier lange keine große Rolle, erschien sie doch als der Wurmfortsatz der auf Aggression angelegten NS-Herrschaft. Das Bild, das sich die westdeutsche Öffentlichkeit seit den 1950er Jahren von den Soldaten gemacht hat, haben Kritiker als „die Legende von der sauberen Wehrmacht" bezeichnet: die irrige Annahme, dass die Wehrmacht mit der verbrecherischen Seite dieses Reiches nichts zu tun gehabt habe [WETTE, 3.2]. Während ihre Reihen einen Rückzugsraum für Männer bildeten, die keine glühenden Verehrer des Führers waren, den Nationalsozialismus gar ablehnten und im Übrigen für das Vaterland ihrem Eid getreu gekämpft hätten, seien die Kriegsverbrechen hinter der Front von den Einsatzgruppen der SS begangen worden, hieß es bis in die 1990er Jahre. Da hatte die militärgeschichtliche Forschung längst den Zusammenhang von Militär und verbrecherischer NS-Herrschaft herausgearbeitet. In der Bundesrepublik haben sich das Institut für Zeitgeschichte seit den 1950er Jahren und das Militärgeschichtliche Forschungsamt seit den 1960/70er Jahren der Erforschung des Zweiten Weltkriegs gewidmet. Bekannt waren die Nähe des Militärs zum Nationalsozialismus seit 1969 [K.-J. MÜLLER, 5.1, MESSERSCHMIDT, 5.1], der Tod von drei Millionen sowjetischen Kriegsgefangenen seit 1978 [STREIT, 5.1], die Verstrickung der Wehrmacht in den systematischen Massenmord durch die Einsatzgruppen seit 1981 [KRAUSNICK/WILHELM, 4.1; MGFA, DRZW 4, 5.1]. Doch erst die sogenannten Wehrmachtausstellungen des Hamburger Instituts für Sozialforschung 1995 bis 1999 und 2001 bis 2004 haben dieses

Mythen und Militärgeschichte

Wissen in weiten Teilen der Gesellschaft verankert [HAMBURGER INSTITUT FÜR SOZIALFORSCHUNG, 5.1].

Neuere Wehrmachtforschung

Sie haben aber auch deutlich gemacht, wie viele Forschungslücken es noch gab – ein Befund, der im Gegensatz steht zu der Bedeutung des Militärs in der Diktatur. So haben Historiker/innen in den letzten Jahren zahlreiche Forschungsfelder rund um das Thema „Wehrmacht" beackert. Rückenwind für ihre Grundlagenforschung erhielten sie von der methodischen Runderneuerung der Militärgeschichte als einer Teildisziplin der Geschichtswissenschaft, die sich auch sozial- und kulturgeschichtlichen Fragen weiter öffnete. Hinzu kam eine solide Quellenbasis, nicht zuletzt dank der Bestände im Bundesarchiv, Abteilung Militärarchiv. Dass die öffentliche Aufregung abgeklungen ist, hat die Debatte versachlicht. Quellen- und Literaturkenntnis zählen mehr als Empörung, und Kontroversen gelten methodischen, nicht moralischen Fragen, was an einem auch moralischen Impuls für die Forschung aber nichts ändert. Die historische Erforschung der Wehrmacht und ihrer Soldaten ist Teil der kritischen Auseinandersetzung mit der Diktatur geworden. So liegen mittlerweile wichtige Einführungs- und Überblicksdarstellungen vor [FÖRSTER, 5.1; R.-D. MÜLLER, 5.1]. Manche wenden sich gezielt an eine breitere Öffentlichkeit, argumentieren pointiert und beziehen die Anfänge in den rechtsextremen Freikorps ebenso ein wie die Rezeption der Wehrmacht nach 1945 [WETTE, 5.1]. Eine frühe Zwischenbilanz der Diskussion haben C. HARTMANN, J. HÜRTER und U. JUREIT 2005 gezogen [5.1]. Vor dem Hintergrund dieser Debatte – und des öffentlichen Interesses an runden Jahrestagen des Kriegsendes – liegen mittlerweile neuere Darstellungen zur Entstehung und zum Verlauf des Zweiten Weltkriegs in unterschiedlichen Formaten vor, die der deutschen Seite entsprechenden Platz einräumen [R.-D. MÜLLER 5.1 (2001, 2005, 2015); ECHTERNKAMP, 5.1; C. HARTMANN, in: MÖLLER/DAHM u. a., 1: 363–386].

Akteure

Gut erforscht ist das Verhalten der militärischen Führung [MEGARGEE, 5.1; UEBERSCHÄR, 5.1; SMELSER/SYRING, 5.1]. Auf dieser höchsten Ebene fielen Entscheidungen wie die fatale Behandlung der sowjetischen Kriegsgefangenen [GERLACH, 5.1]. Vergleichsweise spät haben Historiker die militärischen Akteure auf der darunterliegenden Hierarchieebene genauer ins Auge gefasst. Zu diesen Spitzenmilitärs gehörten die Oberbefehlshaber der Heeresgruppen und Armeen an der Ostfront, für die J. HÜRTER [5.1] eine Kollektivbiografie vorgelegt hat. Ohne Guderian, Kluge, Manstein und Rundstedt etwa hätte Hitler seinen verbrecherischen Krieg um Lebensraum nicht führen können. Die Biografie von Friedrich Paulus [DIEDRICH, 5.1], dessen Name mit der Vernichtung der 6. Armee in Stalingrad 1943 verbunden ist, lässt erkennen, wie zielstrebig der Hauptmann des Ersten Weltkriegs Karriere machte. Als Oberbefehlshaber der 6. Armee setzte er Hitlers Durchhaltebefehl um, bevor er sich in der Kriegsgefangenschaft allmählich von Hitler löste. Der Persönlichkeit Friedrich Fromms hat B. R. KROENER [5.1] nachgespürt. Der Chef der Heeresrüstung und Befehlshaber des Ersatzheeres, der die Verschwörer des 20. Juli 1944 erschießen ließ, stand als Organisationstalent im militärischen Mittelpunkt des NS-Regimes. Der biografische Ansatz führt in der Regel über die Jahre des Dritten Reiches hinaus; im Fall Paulus zeigt er dessen politische Instrumentalisierung in der DDR. Die umfängliche Biografie des Oberbefehlshabers der Kriegsmarine Karl Dönitz ist nicht zuletzt deshalb aufschlussreich, weil der in Nürnberg zu zehn Jahren Haft verurteilte Großadmiral jahrzehntelang eine traditionsstiftende Funktion für die Bundesmarine besaß [HARTWIG, 5.1]. Die Analyse der Handlungsfelder dieser militärischen Elite präzisiert immer auch unser Bild vom Kriegsgeschehen an den jeweiligen Kriegsschauplätzen. Noch wenig ist bekannt über die einzelnen Armeen und ihre Spitzen.

Die Täterforschung hat vielfach belegt, wie und wo der Krieg den Tätern neue, ungeahnte Handlungsspielräume eröffnete, indem er Bedingungen schuf, die es im zivilen Leben nicht gab. Der Einzelne handelte nun in einem von Feindbildern geprägten Wertehorizont, in dem er den an ihn gerichteten Rollenerwartungen gerecht wurde. Die Komplizenschaft der militärischen Funktionselite in den höheren Kommandobehörden und den Oberkommandos war ebenso eine Voraussetzung für die Kriegsverbrechen wie die Bereitschaft ihrer Befehlsempfänger im Feld, der Regiments- und Bataillonskommandeure. Wie Studien gezeigt haben, lässt sich unbeschadet ihrer individuellen Verschiedenheiten ein gruppenspezifisches Verhalten beobachten [T. C. RICHTER, 5.1]. Zu seinen Merkmalen zählen neben generationsspezifischen Erfahrungen, Status und Lebensalter auch politische Grundüberzeugungen und ein von Antisemitismus und Antislawismus geprägtes Weltbild. Erst die genaue Sicht auf die situativen Umstände erklärt jedoch, warum es in manchen Fällen zu einer Gewalttat kam und in anderen nicht. Die Befolgung des Kommissarbefehls 1941/42 ist ein Bei-

Intentionale und situative Motive bei Kriegsverbrechen

spiel dafür, dass die Ausführung eines Mordbefehls nicht zwingend den fanatischen Soldaten erforderte [RÖMER (2008), 5.1]. Das Erkenntnisinteresse, die individuellen Handlungsspielräume zu vermessen und dazu das Zusammenspiel von intentionalen und situativen Faktoren im Handeln der militärischen Führung in der zweiten und dritten Reihe herauszupräparieren, weist auf den größeren Lebenszusammenhang der Akteure und damit methodisch auf die Biografik hin.

Biografische Ansätze

Kollektiv- und individualbiografische Ansätze rücken die Menschen in den Vordergrund, die Soldaten und Zivilisten, Kinder, Männer und Frauen, die den Krieg erlebt haben. Damit antworten die Historiker zum einen auf ein wachsendes öffentliches Interesse an der individuellen Kriegserfahrung in einer Zeit, in der immer weniger „Zeitzeugen" von ihren Kriegsjahren berichten können. Das wissenschaftliche Interesse zielt zum anderen auf die soziale, politische und kulturelle Prägung der Akteure dieses Krieges und auf ihre mentalen Dispositionen während des Kriegsgeschehens. Wichtige Impulse für die biografische Herangehensweise gingen Mitte der 1990er Jahre von U. HERBERTS Arbeit über Werner Best [4.1] aus. Auch von dieser individuellen Warte aus betrachten sie die Frage nach Handlungsspielräumen und Einflüssen [HARTMANN, 5.1], die Menschen auf den verschiedenen Ebenen der militärischen Hierarchie, von der Spitze über den Truppenführer bis zum Landser, gehabt haben. Das betrifft ganz besonders den Nexus von Krieg und Verbrechen; auch in diesem neuralgischen Punkt erhoffen sich Historiker neue Erkenntnis durch die biografische Annäherung an das Geschehen. J. HÜRTER [5.1] und J. HASENCLEVER [6.2] beispielsweise greifen auf den gruppenbiografischen Ansatz zurück, wenn sie die Oberbefehlshaber bzw. die Befehlshaber der rückwärtigen Heeresgebiete („Berück"), die Generäle Max von Schenckendorff, Karl von Roques, Franz von Roques und Erich Friderici, unter die Lupe nehmen. In der Betrachtung der Biografien derer, die in den 1940er Jahren eine Führungsposition innehatten, scheinen die Anfänge des Nationalsozialismus in den 1920er und 1930er Jahren wieder auf. Denn eine Leitfrage lautet: Wie konnte sich die traditionelle konservative Elite des Kaiserreichs, geprägt durch die Mentalität des preußischen Offizierskorps, in das nationalsozialistische Regime so weitgehend reibungslos einfügen und eine verbrecherische Kriegführung hinnehmen, ja mittragen? So wird etwa deutlich, dass die vier Berücks, die in den frühen 1930er Jahren früh pensioniert worden waren, ihre Reaktivierung für Hitlers Krieg als eine Chance begriffen, sich und der Welt noch einmal ihr militärisches Können zu beweisen. Das mentale Rüstzeug des Antisemitismus und Antislawismus brachten sie mit. Den Aufstieg aus dem konservativen Bürgertum spiegelt auch die Doppelbiografie des intellektuellen Generals Hans Speidel und des soldatischen Intellektuellen Ernst Jünger wider, die sich 1941 in Paris zum ersten Mal trafen und in lebenslanger Freundschaft verbunden blieben [KRÜGER, 5.2].

Der biografische Ansatz hat auch dazu beigetragen, die Forschung zur Geschichte der Waffen-SS – wie die Sammelbezeichnung für die militärischen Verbände der SS ab 1939 lautete – auf eine breitere Grundlage zu stellen und sie mit der Gesellschaftsgeschichte des Dritten Reiches enger zu verweben [SCHULTE/LIEB/WEGNER, 5.1]. Rekrutierung, Strukturen, Akteure und ihre Motivation, Vergemeinschaftung und Ausgrenzung, die Beteiligung an Verbrechen sowie die zeitgenössische Präsentation und Rezeption sind Gegenstand neuerer Untersuchungen geworden, die auf B. WEGNERS [5.1] Pionierstudie von 1982 aufbauen. So liegen mittlerweile Biografien vor für SS-Führer wie Theodor Eicke [WEISE, 5.1], Joachim Peiper [WESTEMEIER, 5.1], Max Simon [MERKL, 5.1] und Karl Wolff [v. LINGEN, 5.1]. Nachdem die NS-Vergangenheit des Konstanzer Professors Hans Robert Jauß 1996 bekannt geworden war, brachte ein Historiker Licht in das Dunkel der Karriere des Romanisten. WESTEMEIER [5.1] präsentiert Jauß als hochdekoriertes Mitglied der Waffen-SS, einen typischen „Weltanschauungskrieger", dessen Kompanie im Partisanenkrieg in Kroatien an Übergriffen auf die Zivilbevölkerung beteiligt war. Eine Sozialprofilanalyse, die eine überproportional hohe Quote von Mitgliedschaften in der NSDAP und der Allgemeinen SS ausweist, legt den Schluss nahe, dass es sich bei den Männern der Waffen-SS um „einen radikalen, nationalsozialistisch orientierten Teil der deutschen Gesellschaft" [CÜPPERS, 5.3: 353; ROHRKAMP, 5.1] handelt, der nicht zuletzt wegen seiner antisemitischen Haltung besonders gewaltbereit war. Die Absolventen der SS-Junkerschulen zählten zur gleichen Generation und teilten dieselbe Ideologie.

Waffen-SS: Weitung der Forschungsperspektive

Die Vergrößerung der Waffen-SS erklärt J.-L. LELEU [5.1] mit Hitlers Absicht, angesichts der militärischen Krise ab 1941 stärker auf eine ideologisch gefestigte Truppe zu setzen, die zugleich ein Spiegelbild der militarisierten Volksgemeinschaft sein sollte. Als Angehörige des SS-Helferinnenkorps waren auch rund 2400 Frauen in der

Selbstbild und Gewalterfahrung

SS tätig, zumeist in der Verwaltung [MÜHLENBERG, 5.1]. Die Waffen-SS war mit ihren Kampfverbänden an der Front wie in den besetzten Gebieten eingesetzt und stellte außerdem Personal für KZ-Wachmannschaften; das Personal wechselte zwischen Lagersystem und kämpfender Truppe hin und her. Sie war unmittelbar an Kriegsverbrechen beteiligt, wie C. GENTILE [5.1] für die 16. SS-Panzerdivision während des Partisanenkriegs 1944 im besetzten Italien nachgewiesen hat; zahlreiche Männer seien, argumentiert er, durch die Gewalterfahrungen geprägt gewesen, die sie zuvor bei der Niederschlagung des Warschauer Ghettoaufstandes gemacht hatten. Gewalterfahrung war neben dem Selbstbild und der Indoktrination eines von mehreren Motiven für die Beteiligung an Verbrechen. Weil die NS-Propaganda, gestützt auf SS-Propagandakompanien, die Waffen-SS im Vergleich zum Heer in den Medien deutlich mehr herausstellte, gelangte diese in den Ruf einer Elitetruppe [LENHARDT, 5.1]. Die im Krieg geknüpften Netzwerke der SS-Junkerschüler und der SS-Totenkopfverbände reichten über 1945 hinaus und prägten das Bild der Waffen-SS in der Nachkriegszeit. Die vielbeschworene Kameradschaft wirkte indes nicht nur vergemeinschaftend, sondern grenzte wegen des rassischen Nenners auch aus.

Jüdische Soldaten

Rasseideologie und militärische Gesellschaft verknüpfen sich in besonderer Weise dort, wo wehrpflichtige Juden und „Mischlinge" in der Wehrmacht dienten. B.M. RIGG [5.1] schätzt die Zahl der vom NS-Regime so definierten auf bis zu 190.000. Anknüpfend an eine Ausstellung des MGFA in den späten 1990er Jahren, hat er über 400 Betroffene interviewt, vom Mannschaftssoldaten bis zum General. Aufgrund einer OKW-Weisung vom Frühjahr 1940 wurden rund 70.000 ‚Halbjuden' und mit Jüdinnen oder ‚Halbjüdinnen' verheiratete Soldaten aus der Wehrmacht entlassen. Jenseits der Opfer-Täter-Dichotomie fördert RIGG eine Fülle individueller Erfahrungen und Verhaltensweisen zu Tage, die sich gegen Verallgemeinerungen sperren. Zu unterschiedlich fiel demnach ihr Wissen vom Holocaust aus, zu verschieden waren die beobachteten Reaktionen der Kameraden, zu heterogen die Motive, in der Wehrmacht (weiter) dienen zu wollen. Die Gruppe der „jüdischen" Soldaten verdeutlicht allerdings die Widersinnigkeit und Willkür der rasseideologischen Ausgrenzungspolitik.

5.2 Soldatische Kriegserfahrungen

Für die NS-Forschung ist die Geschichte der Wehrmacht nicht nur unter dem Aspekt der Herrschaftstechnik aufschlussreich. Wenn man davon ausgeht, dass zwischen 1939 und 1945 insgesamt rund 18 Millionen Männer in bewaffneten Einheiten Dienst getan haben, die aufgrund der Rekrutierungspraxis ein Spiegelbild der Gesellschaft abgaben, dann verrät der Blick auf diesen Querschnitt vor allem der männlichen Bevölkerung viel über die Verschränkung von Nationalsozialismus und „Volksgemeinschaft" unter den Bedingungen des Krieges. Die Beteiligung des „einfachen" Soldaten an NS- und Kriegsverbrechen, die der öffentlichen Debatte so viel Brisanz gegeben hatte (War womöglich die eigene Familie betroffen?), bildet nach wie vor eines der schwierigsten Forschungsprobleme. Das hängt nicht allein mit der Quellenlage zusammen, sondern vor allem mit der Unterschiedlichkeit der militärischen Zusammenhänge, in denen sie sich befanden [C. HARTMANN, 5.1]. Mit einer Fallstudie, in deren Mittelpunkt 2300 stichprobenartig ausgewählte Mannschaften und Unteroffiziere der 253. rheinisch-westfälischen Infanteriedivision stehen, hat C. RASS [5.1] die institutionellen und sozialen Strukturen der militärischen Organisation untersucht. Das mit statistischem Material geschnitzte Sozialprofil zeigt etwa, wer die Soldaten der Wehrmacht waren, woher sie stammten und wie sie in das Herrschaftssystem eingebunden waren – und wie sehr Deportation und Selektion zum Alltagsgeschäft der Soldaten gehörten.

Sozialprofilanalyse

Die Kriegserfahrungen junger Soldaten stehen im Schnittpunkt von Militärgeschichte, NS-Forschung und Historischer Jugendforschung. Kampfeinsatz, Verwundung, Kriegsgefangenschaft: Diese Faktoren haben die Persönlichkeitsformung geprägt [HERRMANN/ MÜLLER, 5.2]. Um von gruppenspezifischen Erfahrungen zu sprechen, geht die Forschung von einem Generationsbegriff aus, der Generationskohorten aus benachbarten Geburtsjahrgängen bildet und zwischen den älteren Jungen der Jahrgänge 1914–1920 und den jüngeren, zwischen 1921 und 1929 geborenen Jungen unterscheidet. Es zeigt sich, dass das Regime die Jugendlichen ab 1944 als eine kriegswichtige Ressource in den Dienst nahm, nicht zuletzt im Rahmen des Kriegseinsatzes der HJ 1944/45. Auch hier liegt ein Schwerpunkt auf der Frage, wie die jungen Soldaten den Krieg an der Ostfront erlebt und verarbeitet haben. Was es für sie beispiels-

Historische Jugendforschung

weise bedeutete, im Kessel von Stalingrad gefangen zu sein, wurde anhand von Feldpostbriefen untersucht, die junge Soldaten auf dem Luftweg ihren Angehörigen im Reich schickten [EBERT, 5.2].

Ego-Dokumente: Feldpostbriefe

Statistische Studien informieren verlässlich über strukturelle Merkmale, soweit sie messbar sind. Für ein Bild des Kriegsalltags, wie ihn die Soldaten erlebt haben, eignen sie sich weniger. Seit den 1990er Jahren hat im Zuge des *cultural turns* das Interesse an der subjektiven Verarbeitung von Krieg, an Kriegserlebnissen und Kriegserfahrungen deutlich zugenommen, nicht zuletzt dank eines Tübinger Sonderforschungsbereichs, der bis 2008 entsprechende Forschungsvorhaben initiierte. An dieser Stelle kommt ein Quellentypus ins Spiel, der seit einigen Jahren ausgiebig genutzt wird: die sogenannten Ego-Dokumente. Insbesondere die Feldpostbriefe sollen ein plastisches Bild vom Einsatz an der Ostfront, vom Kämpfen, Töten und Sterben zeichnen [HUMBURG, 5.2; LATZEL, 5.2; KILIAN in: ECHTERNKAMP, 5.3: 251–288; FRITZ, 5.2; ECHTERNKAMP, 5.3, JARAUSCH/ ARNOLD, 5.2]. Qualitative Dokumente wie die privaten Briefwechsel oder Tagebücher müssen die quantitativen Ergebnisse der empirischen Sozialwissenschaft ergänzen. Wie wenige zeitgenössische Dokumente vermittelt die Feldpost – die Zustellung funktionierte bis kurz vor Kriegsende – die ganze Palette der individuellen Wahrnehmungen und Deutungsmuster. Sorgfältige Quellenkritik vorausgesetzt, lassen sich Rückschlüsse auf die mentalen Dispositionen der einfachen Soldaten ziehen. Im Kontext der Forschung zum „Vernichtungskrieg" im Osten interessieren sich Historiker vor allem für das Russlandbild des „kleinen Mannes" [STENZEL, 5.2], um über die Analyse der Feldpost der Bedeutung antislawischer Feindbilder auf die Spur zu kommen. Das gleiche trifft auf die Deutungskraft nationaler, völkischer Weltbildes zu. So hat S.O. MÜLLER [5.2] aus Feldpostbriefen herausgelesen, wie tief verwurzelt der Nationalismus unter den Soldaten gewesen ist. Einen anderen Schwerpunkt setzt M. KIPP [5.2], wenn er anhand der Briefe die Bedeutung von Sauberkeits- und Ordnungsdiskursen für die verbrecherische Kriegführung herausstellt – in Osteuropa mussten die Deutschen „aufräumen". In der privaten Korrespondenz spiegeln sich die Verrohung der Sprache und das Nebeneinander von Brutalität und Idylle wider [MOUTIER, 5.2].

Wo private Korrespondenz über einen längeren Zeitraum erhalten geblieben ist, lassen sich auch persönliche Entwicklungen unter dem Eindruck der gemachten Erfahrungen und der Veränderungen des Krieges entdecken, wie das bei Wilm Hosenfeld der Fall war [HOSENFELD, B. 3], einem deutschen Besatzungsoffizier, der am Ende rund dreißig polnischen Juden das Leben rettete (und durch „Der Pianist", R. Polanskis Verfilmung einer Autobiografie W. Szpilmans, bekannt wurde). Auch bei später Prominenten wie dem Schriftsteller Heinrich BÖLL [B. 3] spiegeln die Briefe aus dem Krieg den Einfluss der Propaganda und den Wandel der eigenen Einstellung wider. Aufschlussreich sind schließlich die Briefe von Männern, die weder Landser noch Offizier waren wie der Truppenarzt W. Jung, der sich aufgrund seiner Position als differenzierender Beobachter des Kampfgeschehens in Russland erweist. Wie die abgedruckten Briefe zeigen, wertete er den Krieg als eine wichtige Erfahrung. Er wusste von der Ermordung von Kriegsgefangenen, Politkommissaren und Zivilisten, ohne selbst Täter gewesen zu sein [JUNG, 5.2].

In die Rubrik Ego-Dokumente fallen ebenso private Tagebücher. Einblicke in die Vorstellungswelt eines überzeugten Nationalsozialisten und Wehrmachtoffiziers gewährt beispielsweise das Tagebuch des Kommandeurs Theodor Habicht. F. RÖMER [5.1 (2017)] sieht in dem Narzissmus, der darin zu Tage tritt, ein Charakteristikum des Nationalsozialismus insgesamt. Briefe und Tagebücher vermitteln den Eindruck des Authentischen. Deshalb erinnern Historiker, die auf diese Quellen zurückgreifen und sie nicht selten auch dokumentieren, quellenkritisch daran, dass es sich bei den in großer zeitlicher Nähe zum Geschehen verfassten Texten stets um die deutende Wahrnehmung des Erlebten handelt. In jedem Fall tragen sie wertvolle Mosaiksteine zu unserem Bild vom Mikrokosmos des Krieges an der Ostfront bei. *Tagebücher*

Mit dem Ziel, möglichst nahe an die Gedankenwelt der Soldaten heranzukommen, wurde schließlich eine weitere Quelle erschlossen: die Abhörprotokolle aus der Kriegsgefangenschaft [NEITZEL, 5.2; WELZER/NEITZEL/GUDEHUS, 5.2]. Die gut informierten deutschen Gefangenen, welche die Briten im Lager Trent Park zwischen 1942 und 1945 heimlich belauschten, sprachen offen über ihre Kriegserlebnisse, über das NS-Regime, das Attentat vom 20. Juli 1944. Die Analyse der Dokumente zeigt erneut die Bandbreite der Einstellungen unter Wehrmachtoffizieren. Die einen gingen auf Distanz zu ihrem „Führer" und machten ihn für die sich abzeichnende Niederlage verantwortlich; die anderen hofften voller Zuversicht auf den „Endsieg". Aus den Gesprächen, die sie untereinander führten, lässt *Abhörprotokolle* sich die Mitwisserschaft an den NS- und Kriegsverbrechen unschwer heraushören. Das trifft gleichfalls auf die Auswertung zehntausender Seiten Abhörprotokolle zu, die der US-Nachrichtendienst 1942 bis 1945 in Fort Hunt anfertigte [RÖMER, 5.2]. Die dokumentierten Protokolle bestätigen auch insofern die Erkenntnisse der Forschung. Ob Feldpost, Tagebücher, Abhörprotokolle: Immer geht es den Historikern darum, einen möglichst direkten, „unverfälschten" Einblick in die Psyche der Betroffenen zu erlangen, immer handelt es sich um eine mittelbare Annäherung.

Mediengeschichte: Wehrmacht-Propaganda

Der Zugang über Ego-Dokumente der Wehrmachtangehörigen ergänzt sinnvoll die Analyse der Propaganda des Militärs. Im Rahmen der „geistigen Kriegführung" sollte eine breit gefächerte Truppenbetreuung die Kampfmoral stärken [J. FÖRSTER, in: ECHTERNKAMP, 5.1 (2004): 469–640]. Ihre Organisation spiegelte, argumentiert F. VOSSLER [5.2], das polykratische Kompetenzgerangel wider, das auch in den Kriegsjahren herrschte. Die NS-Gemeinschaft KdF, das Reichsministerium für Volksaufklärung und Propaganda und die Wehrmachtführung selbst mit ihren Propagandakompanien verfolgten unterschiedliche Ideen, wenn es um die Finanzierung, die zu verpflichtenden Künstler oder die angemessene Form der Unterhaltung an der Front ging. Mit dem institutionen- und mediengeschichtlichen Ansatz, der die zunehmende nationalsozialistische Färbung der Betreuungsstrukturen belegt – hier kommt der Nationalsozialistische Führungsoffizier (NSFO) ins Spiel –, bleibt die schwierige Frage nach der Rezeption und Reaktion auf der Empfänger-Seite verknüpft. Eine pauschale Antwort ist nicht möglich, wohl aber lässt sich das Verhältnis von Absicht und Einfluss präzisieren. Dazu gehört die Einsicht, dass auch vermeintlich unpolitische Kulturveranstaltungen wie die fröhlichen Bunten Abende oder das Wunschkonzert eine ideologische Funktion besaßen, indem sie Selbstverständlichkeit vortäuschten und das System stabilisierten. Je jünger die Soldaten waren, je länger sie die nationalsozialistische Sozialisation durchlaufen hatten, desto vertrauter musste ihnen das Betreuungsangebot vorkommen. Truppenbetreuung suggerierte „Kontinuität durch die Transplantation von Friedensstrukturen in den Krieg" [VOSSLER, 5.2: 389].

Krieg als situativer Rahmen

Der erwähnte situative Ansatz hat zum anderen nicht nur die begrenzten Gewalträume der Lager und Gefängnisse, sondern auch den Kriegsschauplatz als einen spezifischen Gewaltzusammenhang herausgestellt. Hier geht es darum zu zeigen, wie die fortgesetzte

Erfahrung aktiver und passiver Gewalt im Kriegsgebiet zu einer Alltagserfahrung wurde, in der sich die Maßstäbe der Normalität peu à peu, für die meisten Akteure unbemerkt, verschoben. Töten und Sterben waren nichts Außergewöhnliches mehr; „unnormal" wurde dagegen die Welt des Friedens, die ein Soldat auf Urlaub von der Ostfront als unwirklich empfand [REESE, B.3]. Die Gewaltforschung betont, wie sich Gewalt in organisierter, institutionalisierter Form verstetigen konnte. Die Wehrmacht, verstanden als „militärisch organisierter Gewaltverband" [BABEROWSKI, 4.1: 40f.], erzwang und ermöglichte Gewalt: durch das Prinzip von Befehl und Gehorsam, den Gruppendruck sowie die Suche nach Anerkennung, wo Mitleid fehl am Platze ist.

Das gilt analog für die Einsatzgruppen und die Waffen-SS. Wo als Schwächling galt, wer seine Moral nicht über Bord warf, wurden Kriegsverbrechen zu einer Selbstverständlichkeit. Die NS-Ideologie sorgte zudem für eine „Kultur des Hasses" [LELEU, 5.1; ROHRKAMP, 5.1; SCHULTE/LIEB/WEGNER, 5.1]. Die Forschung geht daher von einem Zusammenhang zwischen totaler Kriegführung, Radikalisierung nationalsozialistischer Gewalt und Völkermord aus [KAY, 5.1]. Die Kriegsverbrechen in der Sowjetunion setzten die zuvor gemachten Erfahrungen voraus. Das Morden in Polen 1939 wird auch deshalb als „Auftakt zum Vernichtungskrieg" gedeutet [BÖHLER, 6.2], als „Genesis des Genozids" [MALLMANN/MUSIAL, 6.2]. Dieser „Brutalisierungseffekt", die Gewöhnung der Täter an hemmungslose Gewalt, trat dort besonders deutlich zutage, wo SS-Einheiten 1943/44 von der Ostfront aus nach Italien und Frankreich verlegt wurden und die eingeübte Praxis des Vernichtungskrieges im Osten auf den Kriegsschauplatz im Westen verlagerten. Für sie war das massenhafte Töten wie für das Wachpersonal der Konzentrations- und Vernichtungslager zu einer Arbeit geworden, die wie jede andere erledigt werden musste. Der Krieg wurde, so formuliert es der Kulturwissenschaftler H. WELZER [4.1], zu einem situativen Rahmen, der die Tötungsbereitschaft der „ganz normalen Männer" hervorrief. Generationszugehörigkeit, Moralvorstellungen oder soziale Unterschiede spielten dabei, folgt man diesem sozialpsychologischen Ansatz, keine große Rolle. Umgekehrt war ein kriminelles Profil, wie es die SS-Sondereinheit Dirlewanger kennzeichnete [INGRAO, 5.1], untypisch für die Täter der NS-Herrschaft. Richtig ist aber auch, dass ein Massenmörder im NS-System nicht selbst Hand anlegen und gewalttätig sein musste, sondern vom Schreibtisch aus

Brutalisierungseffekt

den Tod von Hunderttausenden Menschen verantwortete. So organisierte Himmler die „Endlösung", während er privat den friedliebenden Kleinbürger mimte [HIMMLER/WILDT, B. 3].

5.3 Im Heimatkriegsgebiet: Alltag, Mobilisierung, Zwangsarbeit

Nicht nur die Forschung zur Rolle deutscher Soldaten an der Front und in den besetzten Gebieten, zur Wehrmacht und zum „Vernichtungskrieg", hat seit den 1990er Jahren an Schwung gewonnen. Auch die Frage, wie die zivile deutsche Bevölkerung den Krieg im Heimatkriegsgebiet erfahren und ermöglicht hat, ist auf ein erneutes Interesse gestoßen. Nachdem in den 1980er und 1990er die kritische „Aufarbeitung" der NS-Vergangenheit den Schwerpunkt auf die Opfer des NS-Terrors gelegt und die ältere Perspektive abgelöst hatte, in der sich die Deutschen vor allem selbst als Opfer der NS-Herrschaft und der Kriegsgewalt gesehen hatten, richtete sich der Blick nun auch wieder nach innen.

Alltags- und Erfahrungsgeschichte des Bombenkriegs

An dem Buch des Journalisten J. FRIEDRICH [5.3] entzündete sich 2002/2003 eine heftige Debatte über den Bombenkrieg in Deutschland, die der Forschung neue Impulse gegeben hat. Schon zuvor hatte sich vor allem die Lokal- und Regionalgeschichte unter alltagsgeschichtlichen Gesichtspunkten mit dem Schicksal der Heimat „unter Bomben" befasst. Das Interesse galt weniger den technischen und strategischen Aspekten des Luftkrieges, den die Alliierten gegen Deutschland führten, sondern den Auswirkungen der Bombardierung, den Erfahrungen der Menschen [BLANK, in: ECHTERNKAMP, 5.1: 357–461]. Während die öffentliche Diskussion um die Streitfrage kreiste, ob eine neue Leidensgeschichte der Deutschen geschrieben und ein vorgebliches Tabu gebrochen werden sollte, haben Historiker/innen die Vielschichtigkeit des Gewaltgeschehens herausgearbeitet, den Bombenkrieg kontextualisiert und seine Rückwirkungen auf lokaler und regionaler Ebene unter politischen, sozial- und kulturgeschichtlichen Aspekten beleuchtet (s. Karte 2). Tagebücher werden auch als Quellen für die Stadt- und Regionalgeschichte des Krieges herangezogen. Dienstliche Aufzeichnungen wie das Kriegstagebuch der Luftschutzleitung Hagen oder die privaten Aufzeichnungen des Hagener Bürgermeisters geben Aufschluss über die Erfahrungen, die Deutungen und die Gefühle ihrer Verfasser [BLANK, 5.3].

Die individuelle Gewalterfahrung war das eine, der administrative und politische Umgang mit ihr das andere. Zur Geschichte des Bombenkrieges gehören deshalb die Vorsorge und die Bewältigung seiner Folgen. Über die ältere, im engen Sinne militärhistorische Forschung zur Luftverteidigung [Boog, in: DRZW Bd. 7, 5.1: 3–415; Overy, 5.3] hinaus wurden Luftschutz und Versorgung für die Bevölkerung vor Ort unter organisations- wie erfahrungsgeschichtlichen Aspekten Forschungsgegenstand [Brinkhus, 5.3], wie das M. Beer für Münster untersucht hat. Damit sind auch der Bau von Schutzräumen und das Leben im Bunker ins Blickfeld geraten [Wenk, 5.3; Marßolek/Buggeln, 5.3; D. Süß, 5.3]. In diesem Kontext wurde die Evakuierung der Kinder und Jugendlichen aus den bombengefährdeten Gebieten untersucht [Kock, 5.3] (s. Karte 2). So liegen Arbeiten zur „Kinderlandverschickung" (KLV) aus dem Ruhrgebiet [Sollbach, 5.3] oder dem Kölner Raum [Rüther, 5.3] vor. Der Bombenkrieg eignet sich als Thema der Geschichte des Dritten Reiches nicht zuletzt deshalb, weil er die Frage nach der NS-Herrschaft im Krieg aufwirft. Wie sich gezeigt hat, stärkte der kriegsbedingte Zusammenbruch lokaler Verwaltungen die Position der NSDAP und ihrer Gliederungen, namentlich der NSV [Nolzen, in: Süß/Süß, 1: 55–76]. Dass die Kommunalverwaltung durch eigene Koordinierungsleistungen vor allem im Krieg zu einer Stütze des NS-Regimes wurde, hat B. Gotto [3.2] für die Augsburger Stadtverwaltung herausgearbeitet – ein Beleg für das polykratische Herrschaftsmodell. Wegen der rezeptionsgeschichtlichen Problematik verbinden neuere Studien die Analyse der historischen Wirklichkeit mit der Erinnerungsgeschichte des Bombenkriegs [D. Süß, 5.3; Echternkamp, in: ebd., 13–26]. Wie das Beispiel Hamburg zeigt, wurden die Weichen für die identitätsstiftende Erinnerung noch während des Krieges gestellt [Thiessen, 5.3.].

Ein lange unberücksichtigter Aspekt des Gewaltgeschehens ist die Lynchjustiz, die Deutsche an notgelandeten Piloten der Alliierten übten [Grimm, in: Süß, 5.3: 71–84]. Fallstudien aus dem Alpen-Donau-Raum zeigen, wie heterogene Tätergruppen – vom Bürgermeister über NS-Funktionäre zu Angehörigen des Volkssturms – Rache nahmen Doch die Lynchjustiz als Massenphänomen war nicht, wie G. Hoffmann [5.3] argumentiert, in erster Linie eine affektgeladene Reaktion der von Luftangriffen überzogen Zivilbevölkerung, sondern hing eng mit der gezielten Intensivierung der „Vergeltungs"-Propaganda gegen die „Terrorflieger" zusammen.

Lynchjustiz

Die Fliegermorde sind ein brisanter Aspekt der Geschichte des Bombenkrieges, weil sie sich nicht in das zentrale Narrativ des Leidens einfügen, sondern deutsche Männer und Frauen als Täter/innen erscheinen lassen.

Probleme einer Synthese

Als Zwischenbilanz lässt sich festhalten, dass die Geschichte des Bombenkrieges zu vielschichtig ist, als dass sie sich auf die Opferperspektive verengen ließe. Eine Synthese der regional- und lokalgeschichtlichen Forschungsergebnisse steht vor dem Problem, die Bündel von Ursachen und Wirkungen zu entwirren und den zum Teil deutlichen regionalen, ja örtlichen Unterschieden gerecht zu werden [BLANK, in: ECHTERNKAMP, 5.3: 357–461; R.-D. MÜLLER, 5.3]. Einen anspruchsvollen Weg bietet die Vergleichsgeschichte zweier Kriegsgesellschaften, wie ihn D. SÜß [5.3] für Deutschland und England unternommen hat. Vorbereitungen, Kriegführung und Kriegsmoral werden ebenso verglichen wie die „Organisation der Notstandsgesellschaft" oder die Rolle der Kirchen. Gewalterfahrungen und Sinnstiftungen, Hoffnungen und Zweifel sind auch zentrale Aspekte des Alltags im „deutschen Krieg 1939–1945", wie sie der australische Historiker N. STARGARDT [5.3] in einer dichten Beschreibung vor Augen führt. Gleichwohl: Eine Sozial- und Kulturgeschichte des Luftkriegs steht noch aus.

Das Private im Krieg

Die Sozial- und Kulturgeschichte des Krieges verbindet sich mit der NS-Forschung auch dort, wo die individuelle Wirkmächtigkeit des Nationalsozialismus und die Utopie der „Volksgemeinschaft" unter den Bedingungen militärischer Gewalt in Rede stehen. Eine Leitfrage lautet, inwieweit nationalsozialistische Vorstellungen auch im Krieg das Weltbild, das eigene Handeln und die Vergemeinschaftung im Kriegsalltag geprägt haben? Historiker stützen sich hier wiederum vornehmlich auf Ego-Dokumente, weil diese – anders als im Rückblick verfasste Reflexionen – die Selbstwahrnehmung widerspiegeln, Denkweisen und Deutungsmuster erkennen lassen und Aufschluss über den konkreten Alltag bestimmter Bevölkerungsgruppen *geben*. So bietet etwa das während des Krieges geschriebene Tagebuch Wolfhilde von Königs auch entwicklungspsychologisch aufschlussreiche Einblicke in das Kriegserleben einer Jugendlichen, einer überzeugten Münchener Nationalsozialistin, die 1944 das KLV-Lager in Berchtesgaden betreute.

Volksgenossinnen im Krieg

Zur Sozial- und Kulturgeschichte des Dritten Reiches gehört die Suche nach geschlechtsspezifische Bruchlinien. Was bedeutete der Nationalsozialismus, vor allem unter den Bedingungen des Krieges, für die Frauen? Wo lag die Geschlechterdifferenz in der Volksgemeinschaft? Gibt es eine spezifisch weibliche Geschichte des Krieges? [STEINBACHER, in: BAJOHR/WILDT, 94–104; STEINBACHER, 5.3]. Wie Frauen für die militärischen Expansionsziele des NS-Regimes mobilisiert wurden, legt N. KRAMER dar, indem sie die Erfahrungsgeschichte der „Volksgenossinnen" mit der Organisationsgeschichte der NS-Wohlfahrt verbindet. Nicht um Erwerbsarbeit in der Fabrik geht es, sondern um das ehrenamtliche Engagement in Organisationen wie der Nationalsozialistischen Frauenschaft (NSF) oder die freiwillige Tätigkeit im Luftschutz. Die NSF verband noch in der kleinsten Kommune Bevölkerung und Regime und stützte die NS-Herrschaft vor allem durch soziale Kontrolle. Ihre Einsatzbereitschaft war am größten, wo sie den Männern an der Front galt, sei es durch das Nähen von Fahnen oder den Krankenbesuch in Lazaretten. Die Volksgenossinnen haben, lautet das Fazit, den Krieg nicht nur passiv hingenommen, sondern aus unterschiedlichsten Motiven versucht, eine eigene aktive Rolle zu finden. Die historische Frauenforschung der NS-Zeit verdeutlicht, wie das Regime patriarchalische Strukturen propagierte, de facto jedoch die Handlungsmöglichkeiten von Frauen erweiterte. Dem Eindruck, man habe es vor allem mit einer „Männergesellschaft" zu tun, wirkt die Forschung mit dem Nachweis entgegen, dass sich auch Frauen als Teil der „Volksgemeinschaft" und nach 1939 als „Kämpferinnen an der Heimatfront" begriffen haben [STEINBACHER, 5.3]. Festzuhalten bleibt aber auch, dass die Präsenz von Frauen jenseits des Privaten die Übereinstimmung mit dem nationalsozialistische Ideal von Weiblichkeit voraussetzte.

Während Kramer die breite Masse der Frauen in den Blick nimmt (sofern sie der Volksgemeinschaft zugerechnet wurden), sind weiterhin Forschungen zu bestimmten Frauengruppen ertragreich. Von den Täterinnen, dem weiblichen KZ-Personal [MAILÄNDER, 4.1] und dem SS-Helferinnenkorps [MÜHLENBERG, 5.1] war bereits die Rede. Die große, rund zwei Millionen Frauen umfassende Gruppe der „Wehrmachthelferinnen" hat F. MAUBACH [5.3] mit einem erfahrungsgeschichtlichen Ansatz anhand von Memoiren, Tagebüchern und lebensgeschichtlichen Interviews untersucht und als Beispiel für ein kurzfristiges Überschreiten der tradierten polaren Geschlechterverhältnisse interpretiert. W. LISNER [5.3] hat in ihrer mikrohistorischen Studie für den lippischen Raum gezeigt, wie sich die Hebammen stetig professionalisierten und vom NS-

Helferinnen

Regime, das sie seit 1933 in der Reichshebammenschaft absicherte, immer mehr für seine Geburtenpolitik vereinnahmt wurden: Nicht die Hilfe für die Schwangere, sondern die Propaganda der Volksgesundheit prägten am Ende ihre Tätigkeit. Die erwähnte „Politisierung der Medizin und Medikalisierung der Gesellschaft" [LISNER, 5.3: 36] schloss den Hebammenberuf ein.

Regionalgeschichtliche Perspektiven

Die Tendenz zur Regionalisierung der NS-Forschung hat auch für einen neuen Blick auf die Kriegsmobilisierung des Dritten Reiches gesorgt. So wurde deutlich, welche Rolle Mittel- und Unterinstanzen des NS-Regimes, regionale Verwaltungen, Gauleitungen und Unternehmen bei der Kriegsvorbereitung gespielt und wie sie die Durchhaltefähigkeit der deutschen Gesellschaft im Krieg gestärkt haben [WERNER, 5.3]. Institutionen wie die „Reichswerke ‚Hermann Göring'" und die Ernährungsämter, einzelne Gaue wie Thüringen und Westfalen-Süd oder Verwaltungseliten wie die preußischen Regierungspräsidenten werden auf ihre Funktion im Heimatkriegsgebiet untersucht. Zu den politischen Sondergewalten zählten die „Kommissare": vom Reichskanzler direkt eingesetzte Vollzugsorgane, z. B. für die Preisbildung. In den besetzten Gebieten fungierten Reichskommissare als nationalsozialistische Statthalter. Ihr Wirken in der NS-Diktatur lässt sich als „polykratische Selbststabilisierung" interpretieren [GOTTO, in: HACHTMANN/SÜß, 2.2]. Wie sehr die Kommunalverwaltungen west- und nordwestdeutscher Städte an der Mobilisierung für den Krieg und die Ausweitung der Gewalt beteiligt waren, zeigt vor allem ab 1942 der Rückgriff auf die KZ-Häftlinge: Die Bauverwaltungen, die für Sofortmaßnahmen nach Luftangriffen zuständig waren, kooperierten reibungslos mit den SS-Baubrigaden beim Bau von Lagern und bei der Ausbeutung der Aufräumkolonnen. Da Schlüsselpositionen in den Stadtverwaltungen mit Nationalsozialisten besetzt waren, kam es regelmäßig zu einer „Interessenkongruenz" [FINGS, 5.3: 311].

NS-Gaue als kriegswirtschaftliche Mobilisierungsinstanz

Weil das NS-Regime während des Krieges eine Versorgungskrise im Reich wie im „Steckrübenwinter" 1916/17 um jeden Preis vermeiden wollte, um die „Heimatfront" nicht zu destabilisieren, genossen ernährungspolitische Maßnahmen hohe Priorität. Mittelinstanzen spielten hier, wie die Forschung zeigt, eine wichtige Rolle (s. Karte 2). Die Gaue mit ihren Landesbauernführern frieben die agrar- und ernährungspolitische Mobilisierung der Gesellschaft vorab, wie J. HENDEL [5.3] für die Gaue Halle-Merseburg, Kurmark/Mark-Brandenburg, Magdeburg-Anhalt, Mecklenburg, Sachsen und Thüringen nachgewiesen hat. Hier konkretisierten die Landesernährungsämter und die lokalen Ernährungsämter die Versorgungspolitik, die auf Rationierung, Zwangsbewirtschaftung und Ausbeutung beruhte. Zuvor hatte G. KRATZSCH [5.3] am Beispiel des Gaues Westfalen-Süd die Bedeutung des Wirtschaftsapparates der NSDAP auf Gau- und Kreisebene im Gau Westfalen-Süd betont. Die regionalen Akteure bewegten sich in gesamtwirtschaftlichen Strukturen, die von der Priorisierung der Rüstung, von Rohstoffknappheit und Devisenmangel geprägt waren [A. TOOZE, 5.3].

Die Perspektive lässt sich auch umkehren: Welche Auswirkungen hatte der Kriegsverlauf auf die wirtschaftliche Entwicklung in einer Region? So hat R. PETER [5.3] für das Gau Baden herausgearbeitet, wie sich die NS-Wirtschaftspolitik unter dem Primat der Aufrüstung auf die soziale und wirtschaftliche Entwicklung von Randregionen (wie Baden) zunächst negativ auswirkte. Zum einen durften hier keine größeren Industriebetriebe gebaut werden, damit sie nicht dem Kriegsgegner in die Hände fielen. Zum anderen wurden Firmen der Konsumbranche behindert, vor allem im Krieg. Gauleiter Robert Wagner und Ministerpräsident Walter Köhler verhinderten den wirtschaftlichen Niedergang („Grenzlandnot"). Die Region galt als „Menschenreservoir" für die Wehrmacht und die innerdeutsche Rüstungsindustrie. Baden profitierte von der Rüstungswirtschaft jedoch erst ab Frühjahr 1941, als die Vorbereitung für das Unternehmen „Barbarossa" liefen und die mitteldeutschen Kapazitäten ausgelastet waren. Zudem bot der Südwesten Firmen aus den durch Luftangriffe gefährdeten Großstädten im Norden ein Ausweichquartier. Dass sich die Zuteilung von Zwangsarbeitern in der Randregion auch wegen der Fluchtmöglichkeit verzögerte, belastete das Verhältnis von „Gauparticularismus und Reichszentralismus" (PETER, 5.3: 363–365). Um die negative Stimmung der Bevölkerung aufzufangen, musste die regionale NSDAP den Eindruck vermeiden, als verlängerter Arm Berlins dazustehen. Mit anderen Worten: Der Partikularismus auf Gau-Ebene stand dem Herrschaftsanspruch des Regimes nur vordergründig entgegen; de facto trug er zu dessen Stabilisierung bei. Fest steht mittlerweile, dass der Ernährungsfaktor im Krieg zwei Seiten hatte: die Versorgungspolitik gegenüber den Volksgenossen einerseits, die erwähnte Hungerpolitik gegenüber den inneren und äußeren Feinden der Volksgemeinschaft andererseits [DIECKMANN/QUINKERT, 6.2; GERLACH, 5.1].

Krieg und Wirtschaftspolitik

Zwangsarbeit   Bereits 1985 erschien U. HERBERTS grundlegende Studie zur Geschichte der Zwangsarbeit [5.3; DERS., 5.3], die das Ausmaß der Ausbeutung von ausländischen Zivilarbeitern, Kriegsgefangenen und KZ-Häftlingen vor Augen führte. Doch erst als man Ende der 1990er Jahre über Entschädigungen für die in Deutschland eingesetzten ausländischen Arbeitskräfte und Kriegsgefangenen diskutierte, schien das Thema ins historische Bewusstsein eines Teils der Öffentlichkeit zu gelangen – was der Forschung und der Gedenkstättenarbeit einen neuen Schub gegeben hat. Der Gesamtdarstellung, die M. SPOERER [5.3] 2001 mit wirtschafts- und unternehmensgeschichtlichem Schwerpunkt vorgelegt hat, und resümierenden Überblicken [SPOERER, HORNUNG/LANGTHALER/SCHWEITZER und RATHKOLB in: ECHTERNKAMP, 5.3 (2005)] sind weitere Einzelstudien gefolgt. Sie konzentrieren sich zum einen auf konkrete Einsatzorte und Unternehmen, etwa auf Thyssen [URBAN, 5.3], Daimler-Benz [HOPMANN, 5.3], die Auto Union [BOCH/KUKOWSKI 5.3] oder auch die Elektrizitätswirtschaft in der „Ostmark" [RATHKOLB/FREUND, 5.3]. Zum anderen werden bestimmte Gruppen von Zwangsarbeiterinnen und Zwangsarbeiter unter die Lupe genommen: die „SS-Baubrigaden" zum Beispiel, die als mobile Kommandos mit KZ-Häftlingen ab dem Herbst 1942 zu Aufräumarbeiten, zum Bergen von Leichen und zum Sprengen von Blindgängern in rund fünfzig Städte und Gemeinden des Reiches geschickt wurden [FINGS, 5.3]; die bis zu 1,5 Millionen verschleppten polnischen und sowjetischen Kinder, die in der Land- und Forstwirtschaft ebenso arbeiteten wie in Reparaturwerkstätten von Wehrmacht und SS oder in privaten Haushalten [STEINERT, 5.3]; nicht zuletzt die sowjetischen Kriegsgefangenen, die zwischen kriegswirtschaftlichen Zwängen und vernichtungspolitischer Absicht zum „Arbeitseinsatz" ins Reich deportiert wurden. Die Studie dreier „Russenlager" in der Lüneburger Heide weist den Zusammenhang von Lagersystem, Arbeitseinsatz und Massensterben eindringlich nach [Keller, 5.3].

Das Forschungsinteresse an den Mechanismen der Verschleppung, der Ausbeutungspraxis und den Reaktionen der deutschen Bevölkerung verbindet sich mit dem Ziel, die Schicksale der Zwangsarbeiterinnen und Zwangsarbeiter zu dokumentieren. Für Niedersachsen, wo zwischen 1941 und 1945 bis zu 600.000 sowjetische Kriegsgefangene zur gleichen Zeit in Arbeitskommandos eingesetzt waren, belegt eine Edition die miserablen Lebens- und Arbeitsbedingungen der sowjetischen Kriegsgefangenen sowie das völkerrechtswidrige Handeln der Wehrmacht, der Zivilverwaltung und der Arbeitgeber [KELLER/PETRY, 5.3]. Einen anschaulichen Überblick über den Forschungsstand bietet der Begleitband zu einer Ausstellung der Stiftung Gedenkstätten Buchenwald und Mittelbau-Dora [KNIGGE/LÜTTGENAU/WAGNER, 5.3]. Fest steht: Während die Geschichte des Bombenkrieges sich mit individuellen Kriegserfahrungen und kollektiven Leidensnarrativen in Einklang bringen lässt und für die Opferrolle der Deutschen steht (ohne dass die deutschen Luftangriffe und Kriegsverbrechen geleugnet würden), schreiben die Zwangsarbeit wie der „Vernichtungskrieg" der Wehrmacht „den" Deutschen eine Täterrolle zu.

Die Geschichte der Deutschen im Krieg ist nicht zuletzt eine Geschichte ihrer Einstellung diesem Krieg gegenüber. Das liegt auch daran, dass die Konjunkturen der Kriegsmoral mit der Schlüsselfrage nach dem „Durchhalten" bis 1945 aufs Engste zusammenhängen. Wie die Forschung verdeutlicht hat, trieb viele Deutsche während der Sudetenkrise 1938 die Sorge um, dass es zu einem Krieg kommen könnte. Von einer Kriegsbegeisterung konnte auch 1939 nicht die Rede sein, als die Wehrmacht in Polen einmarschierte. Die Stimmungskurve ging erst 1940 steil nach oben, als der Erbfeind Frankreich binnen kurzem ohne große Verluste besiegt und teilweise besetzt wurde. Die Euphorie beruhte jedoch stets auf der Annahme, dass der Krieg nicht lange dauern und mit einem Sieg enden würde. Als die Offensive im März 1941 vor Moskau stecken blieb und die Verluste an der Ostfront immer größer wurden, verpuffte die Begeisterung rasch. Nach der beispiellosen Niederlage bei Stalingrad 1942/43 brach die Stimmung an der „Heimatfront" endgültig ein. Die massive Bombardierung der Städte durch britische und amerikanische Bomber ließ die Zustimmung zum Regime schwinden. Die NS-Propaganda versuchte dagegenzuhalten, nicht nur mit antisemitischer Hetze [HERFF, in: ECHTERNKAMP, 5.3] (2005): 159–202; HERF, 6.2], sondern auch mit einer „kulturellen Kriegführung" per Film, Rundfunk und Theater. Die Unterhaltungsindustrie sollte jedoch nicht als bloßes Ablenkungsmanöver abgetan werden, sondern kann mit B. KUNDRUS [in: ECHTERNKAMP, 5.3 (2005), 93–158] als ein Versuch betrachtet werden, die Kriegserfahrungen des Publikums, seine Nöte und Ängste, aufzugreifen und im Sinne des Systems zu deuten. Von einer homogenen „Volksgemeinschaft" ließ sich da, wie KERSHAW [3.3] bemerkt, nicht sprechen. Das zeigen Konflikte im Luftschutzbunker ebenso wie bei der Aufnahme

Grenzen der „Volksgemeinschaft"

von Menschen, die aus den gefährdeten Stadtgebieten evakuiert worden waren, zum Beispiel ins ländliche Württemberg, wo die Anziehungskraft des Nationalsozialismus in kirchlich verankerten ländlichen Traditionen ihre Grenzen fand [STEPHENSON, 3.2]. Auch dass die meisten Deutschen bis zuletzt durchhielten, hat weniger mit dem Gefühl zu tun, einer Volksgemeinschaft anzuhören, als mit dem Willen, den eigenen Besitz und die Heimat gegen die Besetzung, vor allem durch die Rote Armee, zu verteidigen. Deutsche Soldaten, die im Mai 1943 erstmals in amerikanischer Gefangenschaft geraten waren, machten gegenüber den amerikanischen *intelligence teams* aus ihrer Kriegsmüdigkeit keinen Hehl, aber auch nicht aus ihrem Glauben an die „Wunderwaffen" [ZAGOVEC, in: ECHTERNKAMP, 5.3 (2005): 289–381].

Fraglich ist deshalb, ob das Schwarz-Weiß-Bild, das die im Volksgemeinschaftsbegriff angelegten Gegenbegriffe Inklusion und Exklusion, Freund und Feind unwillkürlich erzeugen, dazu taugt, diese wechselvolle Haltung der Deutschen gegenüber dem Krieg zu verstehen. Unklar bleibt bislang zudem das Verhältnis von „Volksgemeinschaft", Krieg und Genozid. Sofern das Volksgemeinschafts-Konzept auf die Zustimmung der Bevölkerung, die Selbstmobilisierung und -ermächtigung für das Regime abhebt, lässt sich nicht übersehen, dass der Konsens mit fortschreitendem Kriegsverlauf seine Schlüsselrolle in der Praxis verlor – und auch die Sonde der „Volksgemeinschaft" dementsprechend an heuristischem Nutzen einbüßt. Spätestens ab 1941/42 nahm die NS-Gesellschaft gewissermaßen einen neuen Aggregatzustand an.

5.4 Gesellschaft und Gewalt 1944/45

Das Kriegsende als Forschungsfeld

Standen die Kriegsjahre des Dritten Reiches lange im Schatten der Forschung zum Aufstieg des Nationalsozialismus und zum Ausbau der Terrorherrschaft, wurde das Kriegsende als der bekannte letzte Akt des Dramas häufig auf wenige Aspekte wie die Flucht aus den Ostgebieten, die Verbrechen der Roten Armee oder die letzten Kämpfe der Wehrmacht und die Kapitulation verkürzt. Etwa seit den 1990er Jahren hat die Forschung das letzte Kriegshalbjahr als ein eigenes Untersuchungsfeld identifiziert. Bei allen sozial- und mentalitätsgeschichtlichen Kontinuitätslinien über den 8. Mai 1945 hinweg [BROSZAT/HENKE/WOLLER, 3.2] stellte das Ende des Zweiten

Weltkriegs, das zugleich das Ende des Dritten Reiches bedeutete [VOLKMANN, 5.4], doch einen epochalen und erfahrungsgeschichtlichen Einschnitt dar, der es erlaubt, einen Zeitraum vor dem Kriegsende und nach dem Krieg [ECHTERNKAMP, 5.4] zu unterscheiden. Was immer sich der Einzelne von der Zukunft erhoffte: Das Kriegsende war der Fluchtpunkt für seine Wahrnehmung. Auch die Kriegführung und ihre Folgen weisen die letzten Monate vor dem 8. Mai 1945 als eine besondere Zeitspanne aus. Der Bombenkrieg wurde noch intensiver geführt und traf nun auch Gebiete, die bislang nicht im Visier der britischen und amerikanischen Piloten gewesen waren. Am Boden wurde das „Altreich" selbst zum Kampfgebiet, wo die Truppen der Alliierten von Westen und Osten die Wehrmacht zurückdrängten. Dieser Zusammenbruch der staatlichen und militärischen Strukturen des Dritten Reiches und das letzte Aufbäumen der NS-Propaganda bis zur Kapitulation steckt eine mögliche Forschungsperspektive ab [MÜLLER/UEBERSCHÄR, 5.4; VOLKMANN, 5.4]. Befeuert wurde die Beschäftigung mit dem Kriegsende durch die politische Diskussion darüber, ob der 8. Mai 1945 als Moment der Niederlage in Erinnerung bleiben sollte (was der zeitgenössischen Wahrnehmung nahe kam) oder als ein Tag der „Befreiung" (was eine zumindest für die Westdeutschen zutreffende rückblickende Interpretation war). Die Vielzahl von orts- und regionalgeschichtlichen Studien, beispielsweise zum Ruhrgebiet [BLANK, 5.4] oder für Norddeutschland [BOHN/ELVERT, 5.4], zeugen von dem Stellenwert, den das Kriegsende auch im öffentlichen Bewusstsein gewonnen hat.

In den östlichen Gebieten bedeutete das Ende ab Januar 1945 in erster Linie die Flucht vor den sowjetischen Soldaten, die mit willkürlichen Tötungen, Verschleppungen und Vergewaltigungen gegen die deutsche Zivilbevölkerung vorgingen [ZEIDLER, 5.4; KNABE, 5.4]. Millionen Menschen verließen ihre Heimat unter chaotischen, lebensgefährlichen Umständen, weil Wehrmacht und zivile Behörden trotz der sich abzeichnenden Niederlage eine ordentliche Evakuierung verhindert hatten [HILLMANN/ZIMMERMANN, 5.4]. Der Gauleiter Ostpreußens, Erich Koch, einer von Hitlers willigsten Vollstreckern [FUHRER/SCHÖN, 4.1; MEINDL, 4.1], hatte die systematische Vorbereitung von Rettungsmaßnahmen verboten. Die Forschung hat sich diesen regional heterogenen Schauplätzen zugewandt und die erfahrungsgeschichtliche Dimension, etwa anhand der für diese Wochen seltenen Feldpostbriefe [ECHTERNKAMP, 5.3], stärker berück-

Flucht vor der Roten Armee

sichtigt. In der Regel wird die Flucht im Zusammenhang mit der Vertreibung nach Kriegsende und, in der jüngeren Forschung, mit dem Problem der Aufnahme von Flüchtlingen und Vertriebenen in der (west)deutschen Gesellschaft thematisiert [BENZ, 5.4]. „1945" wird hier als Scharnier zwischen Krieg und Nachkrieg betrachtet. Der integrative Ansatz geht über die Ereignisgeschichte hinaus und bezieht die Ursachen und Folgen der demographischen Verschiebungen ein. Dabei ist der fließende Übergang von NS-Umsiedlungen zu Evakuierungen und Vertreibungen deutlich geworden (s. Karte 2). Dass die traumatisierenden Erfahrungen dem Schuldbewusstsein entgegenstanden, das die Alliierten angesichts der befreiten Konzentrationslager von den Deutschen erwarteten, hat D. BARNOUW [5.4] anhand von Bildanalysen verdeutlicht. Das spätestens seit dem 60. Jahrestag des Kriegsendes 2005 anhaltende öffentliche und wissenschaftliche Interesse an Flucht und Vertreibung hat zu ersten einführenden Gesamtdarstellungen geführt [BEER, 5.4].

Wehrmacht im „Endkampf"

Der „Endkampf um das Reich" liegt auch im Fokus der Militärgeschichte [R.-D. MÜLLER, 5.4]. Die alliierten Großoffensiven im Westen und im Mittelabschnitt der Ostfront im Sommer 1944 machten im Offizierskorps jede rationale Aussicht auf einen deutschen Sieg und jede strategische Planung endgültig zunichte. Dennoch dauerte es bis zur Niederlage noch ein halbes Jahr, in dem die Verluste der Wehrmacht größer waren als während der vorangehenden Kriegszeit [OVERMANS, 5.1]. Warum kämpfte die Wehrmacht in einer so ausweglosen Situation weiter? Wie haben die Soldaten selbst den Zusammenbruch erlebt? A. KUNZ [5.4] hat zum einen nachgewiesen, dass sich die Führung wider besseren Wissens einem Wunschdenken hingab und die totale Kriegführung noch verstärkte. Der Einsatz von Frauen, die Aufstellung des „Volkssturms" und die Ausweitung der Wehrpflicht auf den Jahrgang 1929 im März 1945 spiegeln dieses irrationale Vorgehen wider. Zum anderen ist die Vorstellung einer ungebrochenen Kampfkraft nicht zu halten, viel zu groß waren die Rekrutierungsprobleme, die Versorgungslücken, die Ausbildungsmängel. Der Terror der Militärjustiz [BADE/SKOWRONSKI/VIEBIG, 5.1; WÜLLNER, 5.1] und individuelle Überlebensstrategien begrenzten die einsetzenden Auflösungserscheinungen. In der ersten umfassenden Analyse des Krieges im Westen ab Juni 1944 kommt J. ZIMMERMANN [5.3] zu einem weiteren Schluss: Die militärische Führung handelte nach der Devise: weiterkämpfen, um eine Niederlage wie 1918 zu verhindern [BARTH, 2.2] und sich für die Nachkriegszeit zu profilieren, statt professionell auf ein Ende des Krieges hinzuwirken und Menschenleben zu schonen. Beförderungen, Belobigungen und Dotationen erschwerten zusätzlich die Entscheidung, die Kämpfe einzustellen; das Karrieredenken der Offiziere traf sich mit dem Durchhalteideologie der NS-Funktionäre. Was als „Pflicht zum Untergang" legitimiert wurde, sollte den Mythos der loyalen, heldenhaften Wehrmacht begründen. Zeitgleich nahmen Vertreter der SS wie Karl Wolff in Italien Kontakt mit dem amerikanischen Geheimdienst auf [v. LINGEN, 5.3]. Für Ostpreußen liegt eine Darstellung vor, die primär operationsgeschichtliche Aspekte berücksichtigt, aber auch nach den Folgen für die Soldaten und die Zivilbevölkerung fragt [LAKOWSKI, 5.3]. Damit stellt sich auch aus militärgeschichtlicher Sicht das Bild vom Kriegsende wesentlich komplexer dar, als es die Legendenbildung nach 1945 präsentiert hatte.

Für die letzten Monate des Dritten Reiches lautet die schwierige Schlüsselfrage der NS-Forschung: Warum waren so viele Deutsche bereit, das nationalsozialistische Regime bis zum bitteren Ende zu unterstützen? Die Studien von R. BESSEL [5.3] und I. KERSHAW [5.3], die eine Vielzahl von Forschungsergebnissen in gut lesbaren Synthesen verdichten, führen das Fortwirken des Polizeiapparates ins Feld, die Kontinuität von Regierungsgewalt und Verwaltungspraxis, auch die Komplizenschaft zahlreicher Menschen mit dem verbrecherischen Regime, vor allem: die Gleichzeitigkeit von Zwang und Zustimmung. Die einen betonten die breite Zustimmung zum Projekt des Nationalsozialismus und die anhaltende Bereitschaft, sich mit dem Regime zu identifizieren. Die anderen hatten das Argument stark gemacht, dass Gesellschaft und Regime nach Stalingrad 1943 auseinandertrieben und die Nationalsozialisten die Bevölkerung nur mit einem ideologischen Furor auf Kurs halten konnten, der an die „Kampfzeit" der NSDAP vor 1933 erinnerte. Kripo und Gestapo verfolgten Kriegswirtschaftsdelikte, fahndete nach entflohenen Zwangsarbeitern und beteiligte sich an Endphasenverbrechen [P. WAGNER, 4.1]. Fortan spielten Nützlichkeitserwägungen und pragmatisches Handeln eine Rolle in dem Bemühen, bis Kriegsende „durchzukommen". Nicht die Gemeinschaft zählte für den Einzelnen, sondern das Individuum und sein engeres familiäres Umfeld. Eine Ironie der Geschichte liegt freilich darin, dass auch dieser Pragmatismus funktional im Sinne der militarisierten Volksgemeinschaft war und die Bereitschaft stärkte, weiterzumachen und durch-

Zwischen Zustimmung und Zwang

zuhalten. So gesehen lässt sich der relativ hohe Mobilisierungsgrad des Regimes auch in den letzten Kriegsjahren weniger mit der Utopie der Volksgemeinschaft als mit dem Utopieverlust weiter Teile der Kriegsgesellschaft erklären [KERSHAW, 5.4]. So oder so erschien die Kriegszeit als der Gipfelpunkt der Gewalt.

Endphasenverbrechen

Das Konzept der Volksgemeinschaft und das Interesse am „Niemandsland" extremer Gewalt [LÜDTKE/WEISBROD, 5.3] haben dazu geführt, dass diese Alternative aufgebrochen und auch das Problem des Kriegsendes neu formuliert wurde. Die Zeit vor dem Kriegsende erlebte ein beispielloses „Gewaltcrescendo" [KELLER, 5.3: 2]. Doch das Bild, das die Historiker vom Kriegsende zeichnen, hat sich seitdem verschoben. Flüchtlingstrecks, zerbombte Städte und zurückströmende Wehrmachtsoldaten stehen nicht länger allein im Vordergrund. Die komplexere Sicht auf 1944/45 hat die verbrecherische Dimension ins öffentliche Bewusstsein gerückt [HILLMANN/ZIMMERMANN, 5.3; RUSINEK, 5.3]. Denn neben die kriegerische Gewalt trat 1944/45 die genuin nationalsozialistische Gewalt. Die letzten Monate der NS-Herrschaft bildeten auch die Schlussphase der Verfolgung und Vernichtung. Hunderttausende wurden am Ende Opfer: Häftlinge in Konzentrationslagern und auf Todesmärschen, ausländische Zwangsarbeiter und Deutsche, die im Verdacht standen zu desertieren, ihre Heimat kampflos zu übergeben oder auf andere Weise gegen das NS-Regime zu opponieren. Dessen Vertreter und Anhänger nutzten ihrerseits die Gelegenheit der chaotischen Kriegsendphase, sich an politischen Gegnern zu rächen oder „alte Rechnungen" zu begleichen. Diese Verbrechen der Endphase hat erstmals S. KELLER [5.3] in einer Zusammenschau analysiert und dokumentiert. Eine zentrale Quelle bilden auch hier, wie für die Erforschung nationalsozialistischer Gewaltverbrechen generell, Strafprozessakten der Nachkriegszeit.

Volksgemeinschaft am Ende

Das Kriegsgeschehen kann nun als ein Beschleunigungsfaktor interpretiert werden. Der Kriegsverlauf hat die der nationalsozialistischen Leitkategorie von Anfang an innewohnende Gewalt nach innen und außen [ECHTERNKAMP, 5.3] durch die Verhärtung der Fronten weiter gesteigert. Der konzentrierte Blick auf die „Volksgemeinschaft am Ende" [KELLER, 5.3] zeigt, wie das Regime 1944/45 mithilfe der vertrauten nationalen Vorstellung den sozialen Zusammenhalt moralisch einforderte und physisch erzwang, um dem Gegner zu trotzen. Wer sich zurückzog, desertierte oder gar sabotierte, galt in der bekannten Semantik als ein „Verräter" dieser Volksgemeinschaft. Wer sich der „Wehrkraftzersetzung" verdächtig machte, musste deshalb mit härtesten Sanktionen rechnen. Die Disziplinierungsexzesse in der Wehrmacht sowie die Gewalt gegen „Volksfeinde" an der inneren Front erscheinen als die radikale, aber logische Konsequenz des nationalsozialistischen Projekts. Sein Gegenmodell lag, auch das wird auf breiter Quellenbasis deutlich, in der Novemberrevolution von 1918. Das Bild vom Zerfall der völkischen Wehrgemeinschaft kontrastierte 1945 mit einem imaginierten Aufstand der Massen [GEYER, in: LÜDTKE/WEISBROD, 6.3: 35–68]. Wenngleich viele Volksgenossen das Ende der Gewalt herbeisehnten, galten auch ihnen KZ-Häftlinge, Zwangsarbeiter und kapitulationswillige Deutsche als „Rassenfeinde" und „Defaitisten", die das Volk von innen heraus bedrohten. Auf die letzten Monate des Dritten Reiches bezogen, hilft das Konzept der Volksgemeinschaft insoweit, die Handlungsfähigkeit des Regimes wie auch die „Endphasenverbrechen" besser zu verstehen.

Eine weniger klare Antwort geben Historiker auf die Frage, wie sich die beispiellose Selbstmordwelle erklären lässt, die in den letzten Kriegswochen durch das Dritte Reich schwappte. Für die Nationalsozialisten war der Suizid ein Signum des „Systems" von Weimar gewesen, weshalb er, wie die Vorgeschichte des Freitods zeigt [GOESCHEL, 5.3], mit dem Ende der Arbeitslosigkeit und der Überwindung des Versailler Vertrags im Dritten Reich eigentlich keine Grundlage mehr besaß. Nicht allein viele Angehörige der politischen und militärischen Führung brachten sich 1945 gleichwohl um: An der Führungsspitze Hitler und Goebbels, über deren letzten Stunden T. JUNGE [B.3] 1947/48 in der Rückschau auf ihre Zeit als Hitlers Privatsekretärin lakonisch berichtet; dazu 8 der 41 Gauleiter, 53 der 554 Generäle. Auch unter „normalen" Deutschen stieg die Selbstmordrate explosionsartig. Ein Erklärungsmodell, das zumindest für eine Spitzengruppe taugt, deutet die Suizide als die bewusste, auf Verklärung angelegte Inszenierung des nationalen Niedergangs durch den eigenen „Heldentod", als der Glaube an den „Endsieg" einer Endzeitstimmung gewichen war [LIEBRANDT, 5.3]. B. WEGNER [5.4] spricht von einer „Choreographie des Untergangs". Die Masse der Selbstmorde – im April 1945 allein 3881 in Berlin – lässt sich wohl besser mit der Reaktion auf die Propaganda erklären, die mit antirussischen und antibolschewistischen Feindbildern [VOLKMANN, 5.1] vor den „Russen" gewarnt hatte, mit der Angst vor der Rache der Roten Armee.

Selbstmordwelle

Widerstandsforschung: Perspektiven und Kontroversen

Die wiederkehrende Frage nach Handlungsspielräumen in der Diktatur, vor allem unter den Bedingungen des Krieges, weist nicht zuletzt auf Formen widerständigen Verhaltens hin. Das Leben im Dritten Reich war nicht alternativlos. Nicht zuletzt die Kriegserfahrungen und die Zweifel am „Endsieg" ließen auch in militärischen Kreisen Umsturzpläne reifen. Hier liegt die methodische Bedeutung der Erforschung des Widerstandes im Dritten Reich: Indem sie zeigt, wie sich einzelne Männer und Frauen oder bestimmte Gruppen dem NS-Regime verweigerten, weist sie Handlungsalternativen nach [Tuchel, 5.5]. Die Bandbreite der Motive und der sozialen Kontexte ist groß: Sie reicht vom Widerstand aus der Arbeiterbewegung oder Künstler- und Intellektuellenkreisen über Widerstand aus religiösen Gründen – man denke auch an die Zeugen Jehovas [Garbe, 5.5; Hesse, 5.5] – und jugendliches Aufbegehren bis zur Rettung von Juden und zum Widerstand der Verfolgten selbst [Benz/Pehle, 5.5]. Die Widerstandsforschung beschränkt sich nicht auf spektakuläre Ereignisse, namentlich das Attentat vom 20. Juli 1944, und die biografische Erforschung bekannter Akteure. Vielmehr interessiert sie sich für die unterschiedlichen Arten nicht-konformen Verhaltens, für die Motive der Akteure und ihre Ziele für die Zeit nach der Diktatur.

Deutlich wurde inzwischen die Ambivalenz des Widerstandes. Nicht jeder stellte sich von Anfang an gegen das Regime, kaum einer plante die pluralistische Demokratie. Mancher war zunächst ein Teil des NS-Regimes, bevor er sich zum Widerstand entschloss. Für Aufregung sorgte 2008 die von C. Gerlach und J. Hürter vertretene These, dass ein Verschwörer des 20. Juli, Henning von Tresckow, 1941 den Verbrechen der SS gleichgültig zugesehen hätte, bevor sich sein Gewissen gerührt habe [Becker/Löttel/Studt, 5.5]. Das Beispiel Tresckows, der Selbstmord beging, als er vom Scheitern des Putsches erfuhr, zeigt, wie die Entscheidung zum Handeln aus der Widersprüchlichkeit der Erfahrungen erwuchs. An der Mehrdeutigkeit der Motive entzündete sich in den 1990er Jahren auch die Debatte über die Deserteure der Wehrmacht. Bislang „unbekannte Helden" wurden zum Gegenstand der Forschung: Fahnenflüchtige und Soldaten, Polizisten oder SS-Angehörige, die Juden retteten [Wette, 5.5; Lustiger, 5.5; Hey/Rickling/Stockhecke, 5.5] wie der Feldwebel Anton Schmid [Wette, 5.5], ebenso wie Menschen, die Verfolgten Unterschlupf gewährten.

„Kriegsgesellschaft"?

Lässt sich für die zweite Hälfte des Dritten Reiches statt von einer Volksgemeinschaft besser von einer „Kriegsgesellschaft" sprechen? Kritiker wenden ein, dass der Gesellschaftsbegriff zu eng mit den Konzepten der bürgerlichen Gesellschaft und ihren Freiheitsprinzipien verflochten sei, die in der Ära der NS-Diktatur gar nicht existiert habe. Dagegen plädieren Sozialwissenschaftler dafür, angesichts der militärischen Gewalt des 20. Jahrhunderts den Krieg in die soziologische Theorie der Moderne einzubinden. Die „Kriegsgesellschaft" solle als eine Vergesellschaftung sui generis konzipiert werden, die im Unterschied zur *civil society* primär hierarchisch differenziert und stärker zentral gesteuert sei [KRUSE, 5.3]. So greifen Historiker auf JAN-PHILIPP REEMTSMAS Formel vom Krieg als einem Gesellschaftszustand zurück, um die herrschafts-, kultur- und erfahrungsgeschichtlichen Dimensionen des Krieges zu berücksichtigen [D. SÜß, 5.3: 16]. Nimmt man die militärische Gewalt zwischen 1939 und 1945 ernst, muss nach den gesellschaftlichen Bedingungen der Kriegführung und den Auswirkungen des Krieges auf die Gesellschaft, vor allem der „Vergesellschaftung der Gewalt", gefragt werden, die eine Bedingung und Folge des totalen Krieges zugleich war [ECHTERNKAMP, 5.3 (2004, 2005)].

„Kriegsgesellschaft" und „Volksgemeinschaft" schließen sich freilich nicht zwingend aus. Wo „Volksgemeinschaft" nicht als soziale Wirklichkeit, sondern als analytisches Instrument eines praxeologischen Ansatzes verstanden wird, lässt sich für die Kriegsgesellschaft – für bestimmte soziale Gruppen, zu bestimmten Zeitpunkten, in bestimmten Regionen – nach der Wirkungsmacht der Volksgemeinschaftsideologie unter den Bedingungen militärischer Gewalterfahrungen fragen. War die deutsche Kriegsgesellschaft überhaupt eine „Volksgemeinschaft"? Auch kann die Funktion, die einzelnen sozialen Gruppen wie etwa den Arbeitern in der „Volksgemeinschaft" zugeschrieben wurde, untersucht werden, wie das M. SCHNEIDER [5.3] für die Arbeiter „in der Kriegsgesellschaft" unternommen hat. Schwerer wiegt indes der Einwand, dass die Rede von einer deutschen Kriegsgesellschaft ihre nationalstaatliche Begrenztheit suggeriert und damit die territoriale Ausweitung des Großdeutschen Reiches in Europa, den Einsatz seiner Soldaten jenseits der Reichsgrenzen ebenso wie die Verschleppung von Millionen Menschen ins Reich verkennt. Auf diese Verflechtungen und die europäische Dimension zielt ein Teil der neueren NS-Forschung.

6 NS-Geschichte als Vergleichs- und Verflechtungsgeschichte

Der Nationalsozialismus war eine spezifisch deutsche Angelegenheit – das zumindest behaupteten die Nationalsozialisten unisono. Die NS-Forschung ist dem insoweit gefolgt, als sie den Aufstieg des Nationalsozialismus weitestgehend im nationalgeschichtlichen Rahmen zu erklären versucht hat. Angesichts des anhaltenden Aufschwungs der transnationalen Vergleichs- und Verflechtungsgeschichte nimmt es jedoch nicht wunder, dass auch die NS-Forschung ihren Blickwinkel erweitert und die von der Wehrmacht besetzten oder mit dem NS-Regime kollaborierenden Staaten Europas einer (neuen) Prüfung unterzieht. Gegen die nationalgeschichtliche Verengung richten sich nicht nur neuere Forschungen, die nach den ausländischen Einflüssen fragen, von denen im Dritten Reich so gut wie nie die Rede war. Überhaupt lässt sich, so lautet die grundsätzliche Arbeitshypothese, die nationalsozialistische Herrschaft als Prozess in einer transnationalen Perspektive noch besser verstehen.

6.1 Transnationale Faschismusforschung

Für eine Geschichte des Dritten Reiches spannt die transnationale Faschismusforschung ein Koordinatensystem auf, in dem sich der Nationalsozialismus auch jenseits der nationalen Pfadabhängigkeit historisch einordnen lässt. Als eine Form von Faschismus verstanden, kann die NS-Herrschaft mit anderen nationalistischen und gewalttätigen Bewegungen und Regimen in Europa und weltweit verglichen werden. Der zeitliche und regionale Schwerpunkt liegt aus methodischen Gründen häufig auf Europa in der ersten Hälfte des 20. Jahrhunderts [BAUERKÄMPER, 6.1; SCHLEMMER/WOLLER, 6.1]. Faschistische Bewegungen entstanden nach dem Ende des Ersten Weltkrieges in ganz Europa. Die Weltanschauung des Faschismus, sein Herrschaftssystem und die soziale Praxis haben nicht nur Deutschland zutiefst geprägt. Doch wenn man mit W. WIPPERMANN [6.1] den Faschismus als ein epochenübergreifendes Phänomen ansieht, ist auch eine Weltgeschichte des Faschismus möglich, die vom 19. Jahrhundert bis in unsere Gegenwart reicht. Die Etablierung der Teildisziplin spiegelt sich in der Fachzeitschrift „Fascism – Journal of Comparative Fascist Studies" wider.

Beschreibt „Faschismus" politische Phänomene in bestimmten Staaten? Oder gibt es übergreifende Merkmale? Was ist überhaupt Faschismus? Diese Fragen sind nicht neu. Seit den 1920er Jahren bereits wird darüber gestritten, was den Kern des „Faschismus" ausmacht, zumal der Terminus in der Regel als politischer Kampfbegriff diente. Erinnert sei nur an die kommunistische These vom „Sozialfaschismus" und Franz Neumanns Strukturanalyse „Behemoth"; die sozialökonomischen Ansätze Ende der 1960er Jahre, als der Faschismus als Agent der kapitalistischen Bourgeoisie galt; die Thesen des Historikers Ernst Nolte [6.1 (1984, 1987)], der den „Faschismus in seiner Epoche" als eine Antwort auf den Marxismus begreift, dem er strukturell ähnlich war; schließlich Klaus Theweleits psychologisierenden Ansatz, der 1977/78 die Dispositionen von Männern mit ihrer Verführbarkeit durch den Faschismus in Verbindung brachte. Die immer neuen Annäherungen hängen auch damit zusammen, dass es eine kohärente Ideologie des Faschismus nicht gibt, sondern lediglich ein Konglomerat verschiedener Deutungs- und Sinnstiftungsmuster, darunter den Nationalismus [Breuer, 6.1]. In Deutschland hat vor allem W. Schieder [6.1 (2008); Dipper/Hudemann/Petersen, 6.1] für einen „generischen" Faschismusbegriff plädiert. Doch nicht zuletzt durch Impulse aus Großbritannien und den USA sowie den Aufstieg der Kulturgeschichte hat die Faschismusforschung seit den 1990er Jahren neue Aufmerksamkeit erfahren [Schlemmer/Woller, 6.1]. In der Forschung wird diskutiert, ob man Faschismus – ursprünglich die Selbstbezeichnung der „Faschisten" unter Benito Mussolini – als einen Gattungsbegriff verstehen könne, der nicht die Einzigartigkeit, sondern die Vergleichbarkeit und Verflechtung der verschiedenen Regime unterstreicht, die in der Zwischenkriegszeit in Europa die Demokratie bedroht haben. So begreift der italienische Historiker E. Gentile [6.1] den Faschismus zum einen als eine „Politische Religion", zum anderen als Teil des Totalitarismus. Der Glaube an die Nation, den Duce und seine Partei, den die italienischen Faschisten als erste entwickelten und der sich in sakralisierten Formen äußerte, wurde zur Grundlage der faschistischen Kultur, deren Ziel die Schaffung eines neuen Menschen war. Auch die transfergeschichtliche Forschung hat mit ihren Fragen nach dem genauen Verhältnis von Aneignung und Abgrenzung, von Dis-

Faschismus als Gattungsbegriff?

tanz und Nähe, der Faschismusforschung neues Leben eingehaucht. Kritiker warnen indes davor, durch einen idealtypischen Zugriff die Besonderheiten von Faschismus und Nationalsozialismus zu kaschieren.

Wesensverwandtschaft

Die meisten Faschismusforscher gehen von einer Wesensverwandtschaft zwischen Faschismus und Nationalsozialismus aus und räumen den Gemeinsamkeiten von faschistischem und nationalsozialistischem Regime einen weitaus größeren Stellenwert ein als den Verschiedenheiten. Typisch für alle faschistischen Bewegungen der Zwischenkriegszeit war jedoch nicht, wie transfer- und vergleichsgeschichtliche Studien gezeigt haben [REICHARDT/NOLZEN, 6.1], ein gemeinsames Programm, sondern ihr Aktionismus. Ununterbrochen appellierte die Propaganda an den kompromisslosen Willen zum Handeln, an Gefühle und Gemeinschaftssinn. Die rationale Analyse und die Auseinandersetzung mit gesellschaftlichen Widersprüchen war ihre Sache nicht. Gemeinsamkeiten ergaben sich aus den Bedingungskonstellationen. So ist der Faschismus, um wesentliche Ergebnisse zusammenzufassen, ohne den Ersten Weltkrieg nicht verständlich, auch im Hinblick auf die ökonomischen Voraussetzungen. Der Faschismus präsentierte sich stets als die Alternative zu seinem Gegenspieler, dem Kommunismus; vor Kommunisten und Bolschewisten wollte er Europa bewahren. Eugenische Vorstellungen gehörten ebenfalls zur faschistischen Ideologie (wenngleich der Umkehrschluss nicht zutraf). Alle faschistischen Bewegungen folgten der Vorstellung, Gesellschaften wie Gärten radikal umzugestalten, „ordnen" zu können. Faschistische Regime setzten auf einen radikalen Nationalismus, der die „Volksgemeinschaft" beschwor und an das Kameradschaftsgefühl der Schützengräben appellierte. Dass dieser kompromisslose Wille zur „Ordnung" mit einer ebenso unbedingten Zerstörungswut einherging, gehört zu den Paradoxien jedes Faschismus. Die neue Faschismusforschung, die ebenfalls von der Öffnung der Archive in Osteuropa profitierte, hat zugleich das Bild der Varianten des Faschismus geschärft – durch Studien zu den ungarischen Pfeilkreuzlern [SZÖLLÖSI-JANZE, 6.1], der rumänischen Legion „Erzengel Michael" [HEINEN, 6.1] oder die kroatische Ustascha [KORB, 6.1]. Dabei gingen ältere Unterscheidungsmerkmale – Rassismus, Antisemitismus und totalitäre Herrschaft – verloren, die den Nationalsozialismus von anderen faschistischen Bewegungen isoliert hatten. Die faschistischen Staaten waren samt und sonders rassistisch: Das zeigte sich im italienischen Fall durch den Einsatz von Giftgas gegen Zivilisten im Äthiopienfeldzug und die Bereitschaft, Hungerkatastrophen in den von Italien besetzten Gebieten billigend in Kauf zu nehmen. Der Rassismus manifestierte sich in faschistischen Staaten vor allem im Antisemitismus, nicht nur in Italien und Deutschland, sondern auch in Rumänien unter Zelea Codreanu, Ungarn unter Ferenc Szálasi und Kroatien unter Ante Pavelić. Auch die Organisation Ukrainischer Nationalisten war durch einen gewaltbereiten Antisemitismus und Antibolschewismus gekennzeichnet. Der nationalsozialistische Krieg schuf 1940/41 die besonderen Bedingungen, die den autochthonen faschistischen Bewegungen in Osteuropa vorübergehend die Möglichkeit bot, ethnische Minderheiten wie die Roma und die Juden zu verfolgen – lange ohne Druck aus Berlin.

Auch in einem demokratischen Staat wie Großbritannien gab es eine „radikale Rechte" [BAUERKÄMPER, 6.1], deren Anhänger die Nähe zum Nationalsozialismus suchten. In dem Porträt, das I. KERSHAW [6.1] von Churchills Cousin Lord Londonderry, dem ranghöchsten britischen Politiker mit Affinität zum Nationalsozialismus zeichnet, scheint das ambivalente Verhältnis auf, in dem die britische Aristokratie zu Hitlers Deutschland in den 1930er Jahren stand. Die Bewunderung Hitlers und der enge Kontakt zu Ribbentrop und Göring waren ein Grund für die naive Fehleinschätzung der NS-Bewegung und die Appeasement-Politik gegenüber dem NS-Regime. Ähnliches lässt sich von Lord Rothermere, dem Eigentümer der Daily Mail, sagen, der Hitler nach mehreren Treffen für friedenswillig hielt und im eigenen Land die von Oswald Mosley nach italienischem Vorbild 1932 gegründete British Union of Fascists (BUF) unterstützte. Zu den prominenten Mitgliedern zählte auch der Militärhistoriker und Stratege John Frederick Charles Fuller. Die antisemitische BUF blieb jedoch ohne Chance und wurde 1940 verboten.

Britische Faschisten

Gemeinsam war dem europäischen Faschismus auch die Selbstverständlichkeit, mit der Gewalt als ein Mittel der Politik nicht nur akzeptiert, sondern propagiert und ausgeübt wurde. Auch hier galt freilich, dass die faschistischen Bewegungen von einem Klima profitierten, in dem diese Einstellung zur Gewalt weit verbreitet und paramilitärische Organisation und Habitus nicht auf die faschistische Bewegung beschränkt waren. Ähnelten sich die Ziele und die Institutionalisierung der Gewalt, fiel die Repression in Italien weniger radikal aus, weil Mussolini aus machtpolitischem

Gewalt als Instrument der Politik

Kalkül auf die Kirche und das Königshaus Rücksicht nehmen musste. Auch waren die faschistischen Internierungslager nicht mit den nationalsozialistischen Konzentrationslagern gleichzusetzen. Insbesondere unter der jüngeren Generation herrschte *ein Kult der Gewalt*, der die heroische Erinnerung an das Kriegserlebnis mit der nationalistischen Verherrlichung des Opfertodes verknüpfte. Mit seinem kultur- und sozialgeschichtliche Vergleich der Gewalt von Squadristen und SA hat S. REICHARDT [6.1] nachgewiesen, dass Gewaltverherrlichung als alltägliches Massenphänomen typisch faschistisch ist. Faschistische Bewegungen erhoben einen Monopolanspruch auf die Jugendlichen und ersetzten politische Programme durch ritualisierte Gewalt. Auch der Soziologe S. BREUER [6.1: 59] sieht mit Blick auf Deutschland, Italien und Frankreich in der Gewalt, die sich mit Charisma und Patronage in einer Partei verbindet, jene politischen Elemente, die ein „faschistisches Minimum" ausmachen.

Mussolini: der erste Faschist

Wesensverwandt waren auch die polykratischen Herrschaftsmechanismen. Ein charismatischer Führer stand im Mittelpunkt seines Netzwerkes, das nicht zuletzt durch permanente Mobilisierung zusammengehalten wurde. Dieser Prozess, der den Monarchen als Leitfigur ablöste, ließ sich in Italien und Deutschland ebenso beobachten wie Rumänien, Kroatien und Spanien. Hier zählte der Glaube der Gefolgschaft an den „Führer". Eine Vorreiterrolle wird dem Faschistenführer Benito Mussolini zugeschrieben, der seit 1922 Italien in eine Einparteiendiktatur verwandelt, sich selbst mit unbegrenzten Machtbefugnissen ausgestattet und den politischen Gegner brutal verfolgt hatte. „Der erste Faschist", lange zu Unrecht als Hitlers harmloser Verbündeter unterschätzt, erfand die totalitäre Massendiktatur [WOLLER, 6.1]. Mussolini schien einen Mittelweg zwischen Kapitalismus und Kommunismus anzubieten, indem er die Eliten der Wirtschaft in den politischen Entscheidungsprozess einband und auch den traditionellen Eliten aus dem Militär, der Beamtenschaft und dem Königshaus Macht zugestand. Die Verbindung von Gewalt und Zustimmung bildete Mussolinis Machtbasis [SCHIEDER, 6.1 (2010)]. W. SCHIEDER spricht deshalb von einer „Vermittlungsdiktatur". Er betont die besonderen Entwicklungsbedingungen, die den unvollendeten Nationalstaat Italien mit seinem zum Kompromiss nicht fähigen Parteiensystem auf einem „Sonderweg" zum Faschismus gebracht hatten. Die Audienzen des „Duce" gehörten zur Selbstinszenierung des Diktators und waren

Orte der deutschen Begegnung mit dem italienischen Faschismus [SCHIEDER, 6.1 (2013)].

Seit den 1990er Jahren wird in der internationalen Faschismusforschung diskutiert, was italienischer Faschismus und deutscher Nationalsozialismus gemeinsam haben und wo die Trennlinien verliefen. Auch geht es um die Frage, was die beiden faschistischen Bewegungen jeweils konstituierte [SCHLEMMER/WOLLER, 6.1]. Zu den Berührungspunkten zählten insbesondere die Propaganda, die Sozialpolitik und das Militär. In manchen Bereichen, etwa bei der Werbung für das Regime, lernte man voneinander, in anderen, zum Beispiel der Sozialpolitik, griff der Nationalsozialismus Impulse aus Italien auf. So ergibt ein Vergleich visueller Inszenierungen von faschistischer Macht anhand von Pressefotografien in populären Illustrierten, dass die Nationalsozialisten von Anfang an die Illustriertenproduktion kontrollierten, während die institutionelle Kontrolle in Italien erst seit den 1930er nach deutschem Vorbild eingeführt wurde [NITZ, 6.1]. Ein Vergleich deutsch-italienischer Staatsbesuche zeigt, dass in Italien die Abbildung politischer Symbole eine geringere Bedeutung besaß. Betrachtet man die Sozial- und Freizeitpolitik des Dritten Reichs und des faschistischen Italiens in beziehungsgeschichtlicher Perspektive, fragt man nach gegenseitiger Wahrnehmung, Wissenstransfer und Kooperation, wird deutlich, dass die Freizeitorganisation KdF eine passgenaue Imitation des 1925 gegründeten italienischen Vorbilds Opera Nazionale Dopolavoro war, die in Deutschland wohl bekannt war [LIEBSCHER, 6.1]. Touristische Reisen in das jeweils andere Land zeugten von diesem Austausch ebenso wie ab 1937 der Einsatz italienischer Arbeitskräfte im Reich. Der Blick auf beide Regime hat auch deutlich gemacht, dass sich das Austauschverhältnis mit der Zeit ändern konnte: Je stärker das Dritte Reich wurde, desto mehr übernahmen die Italiener von Deutschland. Schwierig bleibt es freilich, den richtigen Maßstab zu finden, mit dem sich die Intensität bilateraler Austauschprozesse messen lässt.

Die militärhistorische Forschung zur „Achse" im Krieg [KLINKHAMMER/GUERRAZZI/SCHLEMMER, 6.1] greift die Kritik auf, dass die transnationale Faschismusforschung den Krieg vernachlässige. Die militärische Kooperation betraf nicht nur Afrika und Südosteuropa. Sie zeigte sich vor allem im Krieg gegen die Sowjetunion. Was in Deutschland im Gegensatz zum „Bündnisverrat" weithin vergessen wird und in Italien als Schattenseite der Campagna italiana di

Deutsch-Italienische Schnittmengen

Militärische Kooperation

Russia gilt: Italienische Truppenteile kämpften nicht nur Seite an Seite mit den Soldaten der Wehrmacht, sondern wirkten auch bei der Bekämpfung der Partisanen mit und lieferten gefangene Juden an Sonderkommandos des SD aus [SCHLEMMER, 6.1; KNOX, 6.1]. Allerdings war das faschistische Achsenbündnis von Beginn an brüchig. Bis zum Bruch 1943 verschlechterten sich die Beziehungen stetig. Der Winter 1940/41 bildete mit dem Desaster des italienischen Heeres in Griechenland die machtpolitische Wende, auch wenn Italien damit noch nicht, wie M. KÖNIG [6.1] gegen M. KNOX argumentiert, zu einem Satelliten des Deutschen Reiches wurde. Faschisten und Nationalsozialisten arbeiteten wohl oder übel zusammen, auch wenn sie sich zugleich misstrauten. Erst mit dem Zusammenbruch des Regimes 1943 sei der Duce zu einem Handlanger des „Führers" geworden.

Faschismus ohne Grenzen

In methodischer Hinsicht hat der vergleichs- und verflechtungsgeschichtliche Blick auf beide Regime verdeutlicht, dass parallele Entwicklungen nicht zwingend durch Transfer, durch Austausch und Lernprozesse, zu erklären sind. Der paramilitärische Apparat der Parteien, die faschistische Miliz und die nationalsozialistische SA, ist ein Beispiel [REICHARDT, 6.1]. Doch insgesamt zeigt die Geschichte des „Fascism without Borders" [BAUERKÄMPER/ROSSOLIŃSKI-LIEBE, 6.1; KÖNIG, 6.1], dass sich Faschismus als eine nationalistische politische Strömung bezeichnen lässt, die transnational verflochten war. Der Holocaust und der Zweite Weltkrieg sind ein genuiner Teil der deutschen Geschichte; beide sind jedoch „aus der Geschichte des internationalen Faschismus nicht wegzudenken" [SCHLEMMER/WOLLER, in: dies., 6.1: 124]. Deshalb und wegen der gemeinsamen Bindung an die gesellschaftlichen und wirtschaftlichen Verwerfungen infolge des Ersten Weltkriegs bildete der Faschismus einen spezifisch europäischen Handlungs- und Erfahrungsraum. Diese Erweiterung der Perspektive in den europäischen Raum betreibt für die Kriegszeit die neue Okkupationsforschung.

6.2 Eine neue Geschichte des nationalsozialistisch besetzten Europas

Europäisierung der Besatzungsgeschichte

Die Internationalisierung der Forschung zum Dritten Reich und ihre Verknüpfung mit der Holocaust-, Weltkriegs- und Faschismusforschung spiegelt sich in einer innovativen Okkupationsgeschichte besonders klar wider. Seitdem die vor Ort erhaltenen Quellen zugänglich sind und auch deutsche Historiker die in den jeweiligen Sprachen publizierten Arbeiten heranziehen können, ist die Besatzungsgeschichte einen großen Schritt vorangekommen [TÖNSMEYER, in: BAJOHR/LÖW, 4.5: 281–298]. Drei Forschungstendenzen lassen sich unterscheiden. Erstens erschließt ein interaktives Verständnis die Beziehungen zwischen den Besatzern und den unterschiedlichen autochthonen Gruppen im besetzten Gebiet. Zweitens interessieren sich Historiker für die Arbeits- und Lebensbedingungen zwischen Kooperation und wirtschaftlicher Ausbeutung, Repression und Verfolgung. Drittens geht es in transnationaler und vergleichsgeschichtlicher Perspektive darum, nach Wechselwirkungen und Transferprozessen zu fragen, um übergreifende Muster und gebietsbezogene Besonderheiten zu erkennen. Vor diesem Hintergrund hat sich das Blickfeld auf das ganze nationalsozialistisch besetzte Europa und darüber hinaus ausgeweitet. Grundlagen bieten der Vergleich von Herrschaft und Verwaltung auch in den besetzten Staaten [BENZ/HOUWING TEN CATE/OTTO, 6.2] und die Darstellung Europas als eines nationalsozialistischen Großwirtschaftsraums [OVERY/OTTO/HOUWINK TEN CATE]. Auch die Erfahrungs- und Erinnerungsgeschichte der Kriegsjahre hat ihren Rahmen ins Europäische ausgedehnt und nach den Wahrnehmungen des Krieges vor und nach 1945 in verschiedenen europäischen Ländern gefragt [ECHTERNKAMP/MARTENS, 6.2].

Deutlich wird zunächst die Vielfalt der politischen Herrschaftsformen. Seit 1938/39 hatte das NS-Regime seinen Herrschafts- und Einflussbereich immer weiter ausgeweitet, indem von der Wehrmacht (zunächst) besetzte Gebiete angeschlossen oder unter deutsche Besatzungsverwaltung gestellt wurden. Die administrative Gliederung des „Großdeutschen Reiches" umfasste im Sommer 1944 neben dem „Altreich" (einschließlich des Saarlandes) das annektierte „Sudetenland", die Freie Stadt Danzig, die in „Ostmark" umbenannte und 1942 in Reichsgaue geteilten ehemals österreichischen Teilgebiete, in Osteuropa die Reichsgaue Danzig-Westpreußen und Wartheland sowie das Protektorat Böhmen und Mähren als Glieder des Reiches, das „Generalgouvernement" unter einem zivil verwalteten Besatzungsregime sowie die besetzten sowjetischen Gebiet hinter der Front, die Reichskommissariate „Ostland" und „Ukraine". Hinzu kamen die von der Wehrmacht besetzten Gebiete, die einer zivilen deutschen Besatzungsverwaltung,

Herrschaftsformen

einem Chef der Zivilverwaltung (CdZ) unterstanden wie die CdZ-Gebiete Białystok, Kärnten und Krain, Elsass, Lothringen, Luxemburg und Untersteiermark. Sie wurden wie Reichsgebiet behandelt, gehörten aber nicht zum Reich. In Dänemark, wo die Regierung bis August 1943 im Amt geblieben war, übernahm Werner Best als „Reichsbevollmächtigter" die Verwaltung, in Norwegen hatte Hitler im April 1940 Josef Terboven als Reichskommissar ernannt. Auch in den Niederlanden amtierte eine deutsche Zivilverwaltung unter Reichskommissar Arthur Seyß-Inquart. In Belgien und in den besetzten Teilgebieten Frankreichs herrschte das NS-Regime durch Militärverwaltungen mit Militärbefehlshabern an der Spitze: in Paris Otto von Stülpnagel (ab Februar 1942 sein Cousin Karl Heinrich von Stülpnagel), in Brüssel Alexander Freiherr von Falkenhausen. In Südosteuropa führte der Vormarsch der Wehrmacht zu einer gewaltsamen territorialen „Neuordnung", an der der italienische Verbündete wesentlich beteiligt war. Das betraf vor allem das Besatzungsregime in Griechenland, den „Unabhängigen Staat Kroatien" auf ehemals jugoslawischem Gebiet und die deutsche Militärverwaltung in Serbien. Die Entwicklung in der „europäischen Provinz" wirkte, das hat die neuere Forschung gezeigt, auf das Zentrum zurück.

Deutsche Besatzung Ost- und Südosteuropas

Das besondere Augenmerk der Historiker galt und gilt den osteuropäischen Territorien. Als wichtigstes und verlustreichstes Einsatzgebiet deutscher Truppen, als Ziel einer aggressiven Außen- und Wirtschaftspolitik, als Gebiete, aus denen Männer, Frauen und Kinder zur Zwangsarbeit ins Reich verschleppt wurden, nicht zuletzt als Orte der Deportation und Ermordung der europäischen Juden waren sie Teile des nationalsozialistischen Systems und gehören deshalb zwingend zu einer integrierten Geschichte des Dritten Reiches.

„Vernichtungskrieg" im Osten

In den 1980er Jahren bildete der Band 4 der MGFA-Reihe „Das Deutsche Reich und der Zweite Weltkrieg" [5.1] den Auftakt zu einer größeren Forschungsdebatte über den Krieg im Osten als „Eroberungs- und Vernichtungskrieg" und über die Besatzungspolitik in der Sowjetunion. Seitdem konzentrierte sich die Forschung auf die rasseideologisch motivierte und legitimierte Vernichtung als das zentrale Merkmal des „Ostkrieges". Der Kommissarbefehl und die Behandlung der Kriegsgefangenen standen zunächst im Mittelpunkt; seit der Wehrmachtausstellung ging es dann insbesondere um die Mitwirkung der Wehrmacht am Völkermord der osteuropäischen Juden und ihr brutales Auftreten gegenüber der sowjetischen

Zivilbevölkerung [MANOSCHEK, 5.1; POHL, 5.1]. In den späten 1990er Jahren befeuerte C. GERLACH [5.1] die Forschungsdebatte mit einer empirisch breit fundierten Darstellung der deutschen Besatzungspolitik in Weißrussland, die neben den Besatzungsstrukturen und der Vernichtungspolitik die wirtschaftliche Ausbeutung als Movens für „kalkulierte Morde" beschrieb. Besatzung bedeutete hier vor allem Raub [UEBERSCHÄR/WETTE, 5.1]. In diesen Kontext ist auch die Erforschung der Zwangsarbeit einzuordnen, auch wenn hier der Fokus auf dem Umgang mit den Fremdarbeitern im Reich lag und nicht auf der Zwangsarbeiterpolitik in den besetzten Gebieten der UdSSR. Neuere Studien zur Organisation der Militärverwaltung haben zuletzt K.-J. ARNOLD [6.2], D. POHL [5.1] und, für die als Mustergau gedachte Halbinsel Krim, N. KUNZ [6.2] vorgelegt. Für die rückwärtigen Heeresgebiete – das heißt die militärischen Verwaltungseinheiten hinter den vorrückenden Heeresgruppen, die zu einem bis September 1943 bestehenden dauerhaften Provisorium wurden –, hat J. HASENCLEVER [6.2] eine umfängliche Untersuchung angestellt. Umfassend stellt D. POHL [6.2] die gewalttätige Herrschaftspraxis der Wehrmacht in der Sowjetunion dar, die sich von Beginn an gegen Zivilisten und Kriegsgefangene im Operationsgebiet richtete – mal mit, mal ohne den Apparat von SS und Polizei. Hungerpolitik war ein wesentliches Instrument, weshalb die Nahrungsmittelpolitik der Wehrmacht wiederholt das Interesse der Historiker gefunden hat [DIECKMANN/QUINKERT, 6.2].

Wie für die NS- und Wehrmachtforschung bietet der biografische Ansatz auch für die Besatzungsgeschichte die Möglichkeit, Ansätze der Militärgeschichte, der Holocaust-Forschung und der Geschichte des Nationalsozialismus aus dem Blickwinkel der Besatzungssituation miteinander zu verknüpfen. So lässt sich das Handeln der nachgeordneten militärischen Funktionselite auf verschiedenen besatzungspolitischen Feldern zu dem Zweck untersuchen, ihre mentalen Dispositionen, ihre Handlungsspielräume, ihre Reaktionen herauszuarbeiten und zu vergleichen. Das setzt voraus, dass der Forscher nicht nur über Personal- und Dienstakten, sondern auch über die persönlichen Hinterlassenschaften, die Nachlässe, verfügt [HASENCLEVER, 6.2]. Einblicke in den Alltag des Krieges und das subjektive Erleben bieten auch hier Feldpostbriefe und Tagebücher (s.o. 5.2). Aufschlussreich und kaum erforscht ist die Feldpost der zahlreichen weiblichen Helfer der Wehrmacht oder der im mobilen Sanitätsdienst der Wehrmacht eingesetzten Schwestern

Biografische Ansätze

des Deutschen Roten Kreuzes, deren sozialen Hintergrund und europaweite Einsatzbedingungen L. TEWES [6.2] recherchiert hat. Die Edition der Briefe und Tagebücher von Annette Schücking, die von 1941 bis 1943 als Schwesternhelferin des DRK in der Ukraine und im Kaukasus tätig war, ist ein Beispiel [PAULUS/RÖWEKAMP, 6.2].

Alltag hinter der Front

Doch wie haben die Menschen in den besetzten Gebieten die Besatzung wahrgenommen? Wie haben sie darauf reagiert? Wie gestaltete sich ihr Verhältnis zu den Deutschen? Diese Fragen blieben lange ein Desiderat. Während die sowjetische Seite das Zerrbild des heroischen Widerstandes propagierte, standen westliche Historiker vor verschlossenen Archivtüren. Seit den Pionierarbeiten von H. UMBREIT ist in der Okkupationsforschung die Tendenz immer stärker geworden, den Besatzungsalltag in seiner ganzen Komplexität zu durchleuchten. An die Stelle einer Sicht „von oben", wie durch die Brille der Besatzer, ist mittlerweile eine multiperspektivische Herangehensweise üblich, die das Verhältnis zwischen den Deutschen und der Zivilbevölkerung in den besetzten Gebieten als Interaktion analysiert. Den „Alltag hinter der Front" in Weißrußland hat Ende der 1990er Jahre erstmals B. CHIARI [6.2; DERS., in: ECHTERNKAMP, 5.1, S. 877–976] eindrücklich analysiert und im Spannungsfeld von Kollaboration und Widerstand eingeordnet. Nach der Öffnung der Archive in Russland, in der Ukraine und im Baltikum wissen wir mehr über die Binnenstrukturen zahlreicher Partisanenverbände. Aus deutscher Perspektive interessiert vor allem der Zusammenhang von Partisanenkrieg und Völkermord [RICHTER, 6.2; SHEPARD; 6.2]. Für Jugoslawien hat K. SCHMIDER [6.2] die radikalisierende Wirkung der Partisanenkämpfe betont. Der Seitenblick auf die Funktion von Musik als politischem Instrument der Besatzungspolitik weist auf die emotionsgeschichtliche Facette der Okkupationsforschung hin [MÜLLER/ZALFEN, 6.2].

Lettland als „Gewaltraum"

Kulturelle, politische und gesellschaftliche Aspekte berücksichtigen auch neuere Arbeiten zu den besetzten Gebieten. B. FELDER [6.2] hat nachgewiesen, wie die Reaktionen der Einheimischen zum einen durch die jeweilige Besatzungspolitik hervorgerufen wurden, zum anderen individuelle und kollektive Vorprägungen starken Einfluss darauf hatten, wie die Besatzer wahrgenommen wurden. Eine Strukturanalyse der Ereignisse und Motive der lettischen Bevölkerung geht über die Opfer-Täter-Dichotomie hinaus. Lettland steht beispielhaft für einen jener „Gewalträume" [BABEROWSKI, 4.2] im Baltikum und Mittelosteuropa, die nach 1939 durch mehrfachen Regimewechsel der exzessiven Gewalt zweier totalitärer Regime ausgesetzt waren. Der Machtkampf zwischen Hitler und Stalin führte für die betroffenen Länder in die nationale Katastrophe. Allein Lettland verlor von Kriegsbeginn bis zu Stalins Tod ein Drittel seiner Bevölkerung. Mit den Regimewechseln von 1940, 1941, 1944/45 verkehrten sich die ideologischen Vorgaben schlagartig in ihr Gegenteil, was zu brutalen politischen und sozialen Eingriffen führte. Beide Regime nahmen die autochthone Bevölkerung in rasseideologischen Kategorien wahr und suchten die unterschiedlichen Gruppen, nicht zuletzt die Minderheiten der Deutschen, Russen und Juden, gegeneinander auszuspielen. Weil das Verhalten der Autochthonen in die Kontinuitäten der lettischen Geschichte, die Konfrontation im Bürger- und Unabhängigkeitskrieg 1918–1920 eingeordnet wird, ist ein tieferes Verständnis möglich, als es die Begrenzung auf die Jahre des permanenten Ausnahmezustandes erlaubte [FELDER, 6.2].

Die Besatzungsgeschichte verbindet sich hier mit der Gewaltgeschichte und dem Diktaturvergleich. Osteuropa war das „Schlachtfeld der Diktatoren" [BEYRAU, 6.2]. Sowohl der Nationalsozialismus als auch der russisch-bolschewistische Neonationalismus setzten auf ethnische Säuberungen, um ihre Gebiete neu zu ordnen [BABEROWSKI/DOERING-MANTEUFFEL, 6.2]. Die gleichzeitige Betrachtung von nationalsozialistischer und sowjetischer Gewaltherrschaft ist ein Novum, stand doch eine Betrachtungsweise, die Hitler und Stalin in einen Zusammenhang auf Augenhöhe stellte, lange unter dem Verdacht, die Verbrechen des Nationalsozialismus zu relativieren. Kontrovers diskutiert wurde denn auch T. SNYDERS Studie über die Massenmorde beider totalitärer Regime in einem geografischen Raum, der von den baltischen Staaten, Weißrussland und der Ukraine bis nach Westrussland reicht [J. Zarusky, in: VfZ 60, 2012, S. 1–31]. Einerseits vermittelt die dichte Beschreibung der Mordpraxis einen intensiven Eindruck der Verbrechen und rückt auch bislang kaum berücksichtige Bevölkerungsgruppen in den Vordergrund. Andererseits kritisierten Historiker den Versuch, den *spatial turn* für die Genozidforschung zu nutzen und dem Gewaltraum, den „Bloodlands", eine spezifische Erklärungskraft zuzuschreiben. Ein solcher Ansatz vernachlässige die ideologischen Motive und könne beispielsweise nicht erklären, warum auch in westeuropäischen Ländern so viele Juden der antisemitischen Mordpolitik zum Opfer fielen. Ungeklärt bleibt vor allem, in welchem Zusammenhang denn die Verbrechen standen.

Zusammenschau von nationalsozialistischer und stalinistischer Gewalt

Besatzungs- geschichte Griechenlands

Die Besatzungsgeschichte Südosteuropas war lange ein Stiefkind der Forschung. Während die Studien zu Osteuropa um die Vernichtungsproblematik kreisten, schien die Geschichte der Besatzungsherrschaft in Südosteuropa weniger drängend. Doch die Neuorientierung der Okkupationsgeschichte hat auch für die verkannten Nebenkriegsschauplätze zu neuen Erkenntnissen geführt. Griechenland ist ein Beispiel. So hat M. Mazower [6.2] auf den Widerspruch zwischen der Planung und der Praxis der Besatzung hingewiesen, die dem deutschen Überfall auf Griechenland im April 1941 folgte. Einerseits hatte Hitler kein Gegenstück zum „Generalplan Ost" in der Schublade; die Griechen galten den Nationalsozialisten weder als Untermenschen noch als Arier. Die Fotos, die deutsche Generäle zum Beispiel auf der Akropolis zeigen, zeugen von der Begeisterung für die Antike. An Griechen und Römern hatte sich schließlich seit 1933 die nationalsozialistische Selbstinszenierung orientiert [Chapoutot, 3.1]. Ein Balkanfeldzug stand zunächst auch gar nicht auf der Agenda; erst der Einmarsch italienischer Truppen in Griechenland und Mussolinis Niederlage im Oktober 1940 lösten das „Unternehmen Marita" aus. Andererseits entwickelte sich die Besatzung, wie Mazower im Detail darstellt, mit einer größeren Brutalität als in West- und Nordeuropa. Die Wehrmacht requirierte Kleidung und Lebensmittel, die Reichsbank plünderte die griechischen Goldreserven. Hunderttausende Griechen starben im Hungerwinter 1941/42. Um in Griechenland auf Kosten der Bevölkerung präsent sein zu können, nahm das NS-Regime den Tod zehntausender Griechinnen und Griechen durch Verhungern oder Ermordung billigend in Kauf.

Partisanenkampf und Repressalien

In der Besatzungsgeschichte Griechenlands spielte der Widerstand gegen die Besatzer eine Hauptrolle. 1943/44 kontrollierten griechische Partisanen große Teile des Landes. Die Deutschen griffen zu Repressalien und richteten in zahlreichen Dörfern Massaker an. In dieser „Logik von Gewalt und Terror" sieht M. Mazower [6.2] einen wesentlichen Grund für die Radikalisierung. Ähnlich argumentiert K. Schmider [6.2] für Jugoslawien. Nicht nur in Griechenland, im ganzen besetzten Europa gibt es Orte, deren Namen bis heute wegen der besonderen Grausamkeit der dort begangenen Massaker bekannt sind: Kalavryta, Kefalonia oder Distomo in Griechenland, Oradour in Frankreich, Lidice im Protektorat. Die Repressalienpraxis lässt sich nicht nur völkerrechtlich diskutieren, sondern auch als ein struktureller Aspekt der Interaktion von Besatzern und Zivilbevölkerung begreifen und erforschen [DROULIA/ FLEICHER, 6.2]. Historiker haben diesen speziellen Nexus von Terror und Repressalien denn auch aus der Vogelschau über „Vergeltungsaktionen" zusammengestellt. Die Forschung thematisierte diese NS-Verbrechen als Ausdruck einer europaweiten Repressalienpolitik. Die Verbrechen waren, folgt man der Propaganda, Vergeltungsaktionen und damit eine Folge des Widerstandes in den betroffenen Orten oder Regionen. Der übergreifende Blick auf die Ereignisse, die Täter und Opfer verdeutlicht, dass die deutschen Verbrechen unterschiedliche Gründe hatten, teils ideologischen, teils militärischen Interessen folgten und nicht zuletzt mit der konkreten Besatzungspolitik zusammenhingen [v. WROCHEM, 6.2].

Eine europäische Reichweite hatte auch die drakonische Militärjustiz. Gegen die Wehrmachtangehörigen ergingen rund 30.000 Todesurteile (von denen etwa 20.000 vollstreckt wurden), Zehntausende Soldaten wurden zu Gefängnisstrafen verurteilt oder mussten in Bewährungsbataillonen kämpfen. Wie sich herausgestellt hat, war die Militärgerichtsbarkeit nicht nur ein Herrschaftsmittel gegenüber den eigenen Soldaten, sondern auch gegen die Zivilbevölkerung in den besetzten Ländern Europas [BADE/ SKOWRONSKI/VIEBIG, 6.2]. Die Gerichte arbeiteten dabei mit anderen Verfolgungsinstanzen wie der Geheimen Feldpolizei, der SS und dem SD aufs Engste zusammen.

Militärjustiz in Europa

Hatten sich die Historiker Frankreich lange als ein Land vorgestellt, in dem ab Juni 1940 Waffenruhe herrschte und die Militärregierung sich weitgehend völkerrechtskonform verhielt, stellte der Politikwissenschaftler A. MEYER [6.2] die These auf, dass es zwischen der Besatzungsherrschaft in Ost und West wohl quantitative, nicht jedoch qualitative Unterschiede gegeben habe. Auch in Frankreich hätten deutsche Truppen aus ideologischen Gründen gegen das Völkerrecht verstoßen, hätten Wehrmacht und SS zusammengearbeitet. Eine vermittelnde Position nimmt P. LIEB [6.2] ein, wenn er von einem harten, aber konventionellen Krieg spricht. Für die Zeit zwischen dem Erstarken der Partisanenbewegung im Sommer 1943 und den Rückzugsgefechten der Wehrmacht analysiert er den Kampf gegen die Resistance im Hinterland. Die deutsche Besatzung verstieß gegen das Völkerrecht, durch die Deportation der Juden allemal, aber auch durch Kriegsverbrechen während der Bekämpfung der (zivilen) Partisanen wie der alliierten Soldaten. Allerdings habe es sich um Ausnahmen gehandelt, die

Weltanschauungskrieg in Frankreich?

zudem eher auf militärisches Zweckmäßigkeitsdenken zurückzuführen seien. In Frankreich schwächten Kommandeure die radikalen Befehle aus Berlin eher ab. Verantwortlich für Massaker an Zivilpersonen war vor allem die Waffen-SS; auch SiPo und SD gingen aus ideologischen Gründen brutal gegen die Partisanen vor. Die Wehrmachtführung nahm diese Arbeitsteilung gerne hin, schritt selten ein und bot am Ende ihre Unterstützung an. Im Unterschied zum besetzten Osten mangelte es im Westen auch an der ideologischen Kriegführung des Gegners, die zu einer Radikalisierung hätte beitragen können – so lautet Liebs Argument. Was das zunächst nicht besetzte Vichy-Frankreich betrifft, hat sich das Bild seit den 1980er Jahren verändert. Zwar wurde die Regierung von Marschall Pétain nach der Niederlage im Juni 1940 unter deutschem Druck eingerichtet. Sie betrieb jedoch von sich aus eine nationalistische und rassistische Politik, die Frankreich in ein vom Dritten Reich beherrschtes Europa einzugliedern suchte [ROUSSO, 7.2]. Das Forschungsinteresse hat sich in der Aufbereitung einschlägiger Quellen niedergeschlagen. So steht nicht zuletzt die elektronische Edition der Lageberichte des deutschen Militärbefehlshabers in Frankreich (MBF) und der Synthesen der Berichte der französischen Präfekten (1940–1944) online zur Verfügung (http://www.ihtp.cnrs.fr/prefets).

Kollaboration der Einheimischen

Die Täterforschung, die den Genozid mit einer dynamischen Abfolge antijüdischer Maßnahmen unter wechselnden Bedingungen erklärt, schärft auch den Blick auf das besetzte Europa. Weil der Entscheidungsprozess 1942 nicht endete, war die Judenpolitik während des Krieges nicht zuletzt vom Verhalten der Bündnispartner und Kriegsgegner, der einheimischen Verwaltungen in den besetzten Gebieten und dem Verhalten der Bevölkerung dort abhängig [LONGERICH, 4.2]. Weiter als die Fokussierung auf die handelnden Personen führt ein Ansatz, der verschiedenen Teilgebiete wie die Täterforschung, die Besatzungsgeschichte, die (moderne) Militärgeschichte, die Erfahrungsgeschichte der Opfer etc. miteinander vernetzt. Wie komplex das Miteinander von Besatzern und Besetzten war, arbeitet die Okkupations- und Holocaustforschung für Osteuropa heraus. Die dortige Besatzungsherrschaft lässt sich als ein „Regime der Differenz" interpretieren [KUNDRUS, in: BAJOHR/WILDT, 3.2: 105–123]. Das rassisch definierte Volksgemeinschaftskonzept erlaubte, ja erzwang die klare Trennung der Volksgenossen von den „Gemeinschaftsfremden". Im Warthegau und im Generalgouvernement zeigte sich das früh und deutlich. Längst ist aber auch klar, dass der Genozid an den europäischen Juden ohne die Mitwirkung, mindestens die Billigung der einheimischen Bevölkerung nicht möglich gewesen wäre. Die Beiträge zu dem Sammelband von J. OSTERLOH [6.2] zeigen die unterschiedlichen Verfolgungsmaßnahmen in den besetzten Gebieten, ihre Folgen für die jüdische Bevölkerung, die Einstellungen der nicht-jüdischen Deutschen und der Einheimischen. Sie widersprechen der Annahme, dass für das besetzte Europa ein genozidaler Masterplan existiert habe.

Vielmehr wurden in verschiedenen Regionen eigene Initiativen entwickelt – unter Mitwirkung der ausländischen Institutionen. Die deutsche Besatzungsmacht bot den Männern und Frauen in den besetzten Gebieten die Chance, an der Umsetzung ihrer Ordnungsvorstellungen mitzuwirken. Nur mit Hilfe der Einheimischen war sie im Stande, hunderttausende Juden in Gettos zu pferchen und später zu deportieren. Die Menschen in den besetzten Gebieten fanden Wege zu überleben, sich zu arrangieren oder die neuen Herrschaftsbedingungen für ihr eigenes Fortkommen zu nutzen. Zudem waren auch in den besetzten Gesellschaften Ordnungsvorstellungen virulent, die auf eine homogene – das hieß nicht zuletzt: „judenfreie" – Volksgemeinschaft hinausliefen [WILDT, 3.3]. Fallstudien zur Besatzungspraxis zeigen den lokalen Mikrokosmos des Massenmordes. Riga ist ein Beispiel hierfür: Der genaue Blick auf das lettische Ghetto zeigt die Mordpraxis der SS, die zwiespältige Rolle der Judenräte, die sich an den Verbrechen beteiligten und zugleich Einzelne retteten, wie auch die Mitwirkung christlicher Polen an der Verfolgung oder Rettung von Juden [TÖNSMEYER/DIECKMANN/QUINKERT, 6.2]. Wie sehr der Massenmord von den alltäglichen Arbeits- und Lebensverhältnissen derer abhing, die direkt oder indirekt beteiligt waren, unterstreicht S. LEHNSTAEDT [6.2] für die polnischen und weißrussischen Hauptstädte Warschau bzw. Minsk.

Autochthone Initiativen

Ein westeuropäisches Beispiel für die komplexe Interaktion sind die Niederlande, wo drei Viertel der Juden zwischen 1940 und 1945 Opfer des NS-Terrors geworden sind. Neue Studien untersuchen das Vorgehen der Täter und die Ausgrenzung der Juden, die Rolle des 1941 in Amsterdam gegründeten Jüdischen Rates, die Reaktionen der niederländischen Bevölkerung auf die Verfolgung ihrer Mitbürger und die Rettungsbemühungen ausländischer Organisationen [HAPPE, 6.2]. Eine erste Synthese von C. GERLACH [6.2], die das Vorgehen nichtdeutscher Regierungen und Gesellschaften

Interaktion in den Niederlanden

gegen Juden, berücksichtigt, veranschaulicht den Prozesscharakter des Völkermordes und die Beteiligung verschiedenster Gruppen aus unterschiedlichen Motiven. I. DEÁK [6.2] verwebt das Thema Kollaboration in einer übergreifenden Synthese mit den Themen Vergeltung, Anpassung und Widerstand. Hier sind weitere Forschungen nötig und möglich.

Ausländische Soldaten

Nicht nur einheimische „Hilfswillige" und die 600.000 Mann der mit Hitler verbündeten Truppen haben den Krieg im Osten unterstützt. Auch Freiwillige aus neutralen oder besetzten Staaten in Nord- und Westeuropa kämpften in den Reihen der Wehrmacht. Die Rolle dieser Akteursgruppen wurde lange übersehen. In der sowjetischen Propaganda tauchten sie nicht auf, in anderen Herkunftsländern wurden sie als Verräter tabuisiert oder von Rechtsradikalen vereinnahmt. Die systematische Gesamtdarstellung von R.-D. MÜLLER [6.2] geht den unterschiedlichen Motiven nach und zeigt erstmals, dass der Beitrag ausländischer Soldaten und Hilfskräfte größer war als bisher vermutet. Jeder dritte Uniformträger war auf dem Höhepunkt des Ostkrieges ein Ausländer, lautet sein Fazit. Unter dem Druck der militärischen Ereignisse weitete auch die Waffen-SS ihre zunächst strenge Rekrutierungspraxis von „Reichsdeutschen" auf „Volksdeutsche", germanische Freiwillige" [MARTI, 6.2] und „Fremdvölkische" aus [LELEU, 5.1]. Die Waffen-SS bestand schließlich zu 40% aus nicht-deutschen Männern. Politische Gründe, aber auch Antisemitismus ließen sie auf deutscher Seite kämpfen [WESTEMEIER, 5.2]. Die neuere Forschung thematisiert daher auch die Vergemeinschaftung der Waffen-SS (SCHULTE/LIEB/WEGNER, 5.1.), die selbst unter „germanischen" Angehörigen nicht immer reibungslos verlief. Besonders heikel wurde die Integration dort, wo wie im Fall der muslimischen Albaner die neuen „Kameraden" nach Art einer Karl-May-Romantik wahrgenommen wurden [ZAUGG, 5.1]. Die Integrationsfrage stellte sich unter anderen Vorzeichen bereits 1938: Die Eingliederung der österreichischen Soldaten in die großdeutsche Wehrmacht, in der bis zum Schluss 1,3 Millionen Österreicher kämpften, verlief entgegen von Nachkriegsmythen erfolgreich, wie T.R. GRISCHANYS [5.1] Analyse der integrationsfördernden sozialen, generationellen und kulturellen Faktoren klarstellt.

Wehrmacht und sexuelle Gewalt

Kriegführung, Besatzungspolitik und Gewalthandeln hatten eine geschlechtsspezifische Dimension. Weil es Einblick in die Verfolgungspraxis gibt, stößt das Verhältnis von Wehrmacht und Prostitution in der Forschung auf Interesse. So hat I. MEINEN [6.2] für das besetzte Frankreich gezeigt, wie das Netz von Wehrmachtbordellen mit den Internierungslagern für Französinnen verknüpft war, die im Verdacht standen, mit Wehrmachtsoldaten Umgang gehabt zu haben. Die vom OKH reglementierten sexuellen Dienstleistungen, für die vor allem das Sanitätswesen der Wehrmacht zuständig war, hatten auch den Zweck, selbständige Kontakte zu verhindern – aus Sorge um Geheimhaltung, Gesundheit und rassische Reinheit. Im besetzten Polen waren sexuelle Begegnungen zwischen deutschen Soldaten und Polinnen mal einvernehmlich, mal von brutaler Gewalt gekennzeichnet. Nicht selten verkauften Frauen ihren Körper, um zu überleben. Wehrmacht und SS reagierten mit der Einrichtung von Bordellen, während Liebesbeziehungen drakonisch bestraft wurden. Ein systematischer Einsatz sexueller Gewalt von seiten der Wehrmacht, der über die Prostitution hinausgeht, lässt sich indes weder für den Westen wie für den Osten beobachten. Wo deutsche Soldaten sexuelle Gewalt verübten, wurde die Tat entweder geduldet, bagatellisiert oder bestraft, wie B. BECK [6.2] anhand der Akten von Militärgerichten festgestellt hat. Die historische Analyse liegt hier quer zu militärsoziologischen Annahmen von sexueller Gewalt als einer Strategie der Kriegführung. Der Zusammenhang von Intimität und Rassepolitik zeigte sich schließlich in den Einrichtungen des „Lebensborn" [LILIENTHAL, 6.2]: Im Krieg dienten die Heime dazu, die Kinder erbbiologisch „wertvoller" Frauen, Norwegerinnern etwa, aufzunehmen, die von Wehrmachtsoldaten geschwängert worden waren.

Als ein Instrument der Besatzungspolitik ist die nationalsozialistische Propaganda zu verstehen. So argumentiert B. QUINKERT [5.1] im Hinblick auf Weißrussland, dass die Propagandakompanien der Wehrmacht an der Ausplünderung, der Partisanenbekämpfung und am Genozid beteiligt waren. Die Flugblätter, Zeitungen und Vorträge, die sich an die Zivilbevölkerung richteten, gehörten mit ihrem antisemitischen und antisowjetischen Tenor zur politisch-propagandistischen Kriegführung, die ihrerseits eine Kehrseite des Terrors bildete. Namentlich die Auslandsillustrierte *Signal* sollte in hochwertiger, teils farbiger Aufmachung für das europäische Projekt im nationalsozialistischen Sinn werben und zum Kampf gegen den gemeinsamen ideologischen Feind, den Bolschewismus, trommeln [RUTZ, 6.2]. Die Propagandazeitschrift der Wehrmacht erschien von 1940 bis 1945 im Berliner „Deutschen

NS-Auslandspropaganda und Europagedanke

Verlag" zweimal pro Monat in den jeweiligen Landessprachen, 1943 in einer Auflage von 2,42 Millionen Exemplaren. Großen Einfluss übte der Pressechef des Auswärtigen Amtes, Paul Karl Schmitt, aus, der nach 1945 unter dem Alias Paul Carell bekannt war. Die Abteilung für Wehrmachtpropaganda im OKW hatte sich mit der Idee zusammen mit dem Auswärtigen Amt gegen Goebbels durchgesetzt. Kriegsberichterstattung und Heile-Welt-Idylle verbanden sich nach dem 22. Juni 1944 mit einer Europa-Propaganda, nach der die europäischen Völker gemeinsam im Kampf gegen die bolschewistische Sowjetunion standen. Erst als sich die Niederlage abzeichnete, entwickelte die deutsche Seite föderative Europavorstellungen, die zum Teil anschlussfähig waren gegenüber den Europakonzeptionen der faschistischen Bewegungen im Ausland, wie R. GRUNERT [6.2] für die Niederlande, Belgien und Frankreich argumentiert. Das Haupthindernis, die Fixierung auf die „arische Rasse", sollte durch die Inszenierung des Krieges als eines weltanschaulichen Kreuzzuges gegen den Bolschewismus überwunden werden. Ihre Wirkung entfaltete diese Vorstellung jedoch vor allem in der Nachkriegszeit.

Nationalsozialismus in Afrika? Die globale Dimension des Nationalsozialismus verdeutlichen nicht zuletzt jüngere Studien, die das historische Verhältnis zwischen dem Dritten Reich, dem Nahen Osten und Nordafrika thematisieren und den Zusammenhang von Nationalsozialismus, arabischem Nationalismus und dem Islam untersuchen, vor allem für die Zeit des Zweiten Weltkriegs [MEJCHER, 6.2]. Im Zentrum der kontroversen Diskussion stehen nicht die kolonialpolitischen Planungen der Nationalsozialisten für ein mittelafrikanisches Kolonialreich [LINNE, 6.2], sondern insbesondere die Frage: Lässt sich die Geschichte der Juden Nordafrikas in die Verfolgungsgeschichte der Juden einbinden? Eine Schlüsselrolle spielt der Großmufti von Jerusalem Amin al-Husaini, der für seine Kooperation mit dem NS-Regime bekannt ist [HERF, 6.2]. Der arabische Kampf gegen die britische Mandatsmacht und gegen die Juden, die von den Briten ins Land geholt wurden, bildete den gemeinsamen Nenner. Wie diese Zusammenarbeit aussah, welche Folgen sie für den Nahen Osten hatten und welche Rückwirkungen auf Hitlers Politik – darüber gehen die Meinungen jedoch weit auseinander.

Methodisch problematisch ist der Versuch, den Nationalsozialismus und dem arabischen Nationalismus aufgrund analoger Vorstellungen eine „radical vision" zu attestieren, die im Nahen Osten bis heute über moderateren Versionen triumphiert habe [RUBIN/ SCHWANITZ, 6.2: 254]. Die Tatsache, dass Hitler einen Tag nach dem Treffen mit al-Husani am 28. November 1941 die Einladungen zur Wannsee-Konferenz verschickt hat, stützt weder die These, dass der Mufti Hitlers Entschluss zum Genozid herbeigeführt habe, noch die Annahme eines spezifischen, vom Nahen Osten beeinflussten eliminatorischen Antisemitismus Hitlers [RUBIN/SCHWANITZ, 6.2]. Nicht dem Mufti al-Husani, sondern der türkischen Führerfigur Mustafa Kemal Pasha (Atatürk) attestiert S. IHRIG [6.2] großen ideologischen Einfluss auf Hitler. Von den frühen 1920er Jahren bis zum Ende des Dritten Reiches habe die Neue Türkei auf die Nationalkonservativen und Nationalsozialisten eine Faszination ausgeübt. Das lag vor allem daran, lautet eine nicht als Entlastungsargument gemeinte These, dass der Völkermord an den Armeniern in den Augen der Nationalsozialisten eine Vorbildfunktion für die Genese des Holocaust besaß [IHRIG, 6.2].

Im Sinne einer Verflechtungsgeschichte lässt sich auch die Religionspolitik des Dritten Reiches im Zweiten Weltkrieg anhand des Interesses untersuchen, das Wehrmacht, SS, Auswärtiges Amt und Propagandaministerium für die Muslime entwickelten. Hier ging es pragmatisch darum, auf der Grundlage eigener Vorstellungen von Islam und Orientalismus Muslime für das Regime zu gewinnen und für den Krieg zu rekrutieren [MOTADEL, 6.2; ZAUGG, 5.1]. Der transnationale Blick auf verschiedene Länder zeigt, dass die Motive der Muslime, für die Deutschen zu kämpfen, je nach Kriegsschauplatz unterschiedlich ausfielen und etwa nationalistisch religiös oder antifaschistisch motiviert waren. Angesichts der unterschiedlichen Interessen zielte die Politik des NS-Regimes im Nahen Osten und in Nordafrika nicht darauf, auf Augenhöhe mit den arabischen Partnern die arabische Unabhängigkeit zu fördern, sondern diente einzig den deutschen Kriegszielen [NICOSIA, 6.2]. Der verflechtungsgeschichtliche Ansatz lässt sich mithin auch hinsichtlich der Beziehung des Dritten Reichs zum Nahen Osten unterschiedlich konzeptionalisieren, je nach dem, ob man Analogien und Parallelitäten aufzeigt, Einstellungen und Interessen abgleicht oder den Blickwinkel der deutschen Behörden oder der arabischen Bevölkerung wählt.

Nationalsozialismus und Islam

Auch die jüdischen Bevölkerungsgruppen, die maghrebinischen Juden und Juden aus dem Nahen Osten, die Anfang der 1940er Jahre im Einflussbereich des Großdeutschen Reiches lebten,

Vergessene Opfer des Holocaust?

waren von der nationalsozialistischen Rasseideologie betroffen. Dass es zu den langfristigen Zielen des Nationalsozialismus gehörte, auch die Juden außerhalb Europas zu ermorden, ist weitgehend Konsens. Dem steht nicht entgegen, dass auf der Tagesordnung der Wannseekonferenz zunächst einmal die Optimierung der „Endlösung" in Europa stand. In Nordafrika fehlten einzig die Mittel und die Zeit, den Holocaust auch hier zu vollenden; ein Sonderkommando stand schon bereit. Die Forschung hat gezeigt, dass die Rasseideologie auch in den maghrebinischen Ländern, die direkt oder indirekt unter deutschem Einfluss standen, wirkte und es dort Ausgrenzung, Internierung und Zwangsarbeit gab. Im italienisch besetzten Lybien stieg der Verfolgungsdruck in dem Maße, wie Mussolini und Hitler sich annäherten. In Marokko, Algerien und Tunesien, die bis 1942 dem Vichy-Regime unterstanden, galten die antisemitischen Gesetze Pétains. Vor diesem Hintergrund wird betont, dass es auch im Wüstenkrieg 1940–1943, den die Legende auf einen ritterlichen Kampf zwischen Rommel und Montgomery verkürzt hat, rassistisch und antisemitisch motivierte Gewalttaten gegeben hat. Ob die orientalischen Juden, eine vergleichsweise kleine Gruppe, zu den „vergessenen" Opfern des Holocaust zählen soll oder nicht, ist eine offene Frage. Deutlich gemacht hat die Debatte dagegen, dass die Terrorherrschaft des Dritten Reiches und seiner Verbündeten wie eine Krake über Europa hinausreichte.

6.3 Historische Situierungen

Die räumlich ausgedehnte NS-Forschung liegt häufig im Schnittpunkt mit Forschungslinien, die nicht nur auf andere Disziplinen und Leitfragen, sondern auch einen anderen (nationalen) Forschungszusammenhang verweisen.

Vergleichende Genozidforschung:
Einen weiten Rahmen spannen Untersuchungen auf, die das Ordnungsdenken und die darauf basierende Gewaltpolitik des Nationalsozialismus in einen globalen zeitlichen und territorialen Zusammenhang stellen. Völkermord und Vertreibung besaßen Vorläufer im 19. Jahrhundert, auf dem Balkan und in den außereuropäischen Kolonien [SCHWARTZ, 7.3]. Diese nationalistische und rassistische Gewalt, die man als die Kehrseite von Demokratie und Nationalstaatsbildung verstehen kann, kulminierte demnach im Zweiten Weltkrieg und setzte sich mit verschiedensten „ethnischen

Säuberungen", ob in Palästina oder Ruanda, bis in die jüngste Vergangenheit fort. Bereits G.L. MOSSE [6.3] hatte den Rassismus im Kontext der europäischen Geschichte untersucht. Die für die NS-Gewalt zentrale Frage, wie es möglich war, dass Millionen wehrloser Menschen ermordet wurden, und wie friedfertige Menschen zu Mördern mutierten, wird auch komparatistisch untersucht. Rasse und Nation waren die Schlüsselkategorien, die autoritäre Regime in Krisen in einer explosiven Mischung zu einer radikalen Utopie vermengten, mit der sie die Vernichtung einer Minderheit von „Feinden" als einzig denkbare Rettung der (eigenen) Mehrheitsgesellschaft legitimierten, die deshalb ihrerseits aufgerufen war, sich an dem Massenmord aktiv zu beteiligen. Das zeigen die Genozide im 20. Jahrhundert – von Armenien über die stalinistische Sowjetunion und NS-Deutschland bis nach Kambodscha und Serbien [WEITZ, 6.3]. So vergleicht J. SÉMELIN [6.3] systematisch den Holocaust mit dem Genozid in Ruanda und den ethnischen Säuberungen in Bosnien-Herzegowina. Arbeiten wie diese lassen sich als Plädoyer verstehen, Genozidforschung als eigene sozialwissenschaftliche Disziplin zu etablieren, die sich nicht auf die juristischen Aspekte beschränkt und den Holocaust nicht relativiert [BENZ, 6.3]. Im Unterschied dazu verfolgt etwa C. GERLACH [6.3] einen breiteren Ansatz, der die Geschichte extremer Massengewalt auch unterhalb der Schwelle des Völkermords wie Mord, Vertreibung und Ausplünderung anhand länder- und epochenübergreifender Fallstudien gesamtgesellschaftlich thematisiert.

Führt eine Linie der Gewalt „von Windhuk nach Auschwitz"? Wäre der Mord an den europäischen Juden ohne das Massaker an den Hereros 1904–1908 nicht möglich gewesen? Diese Fragen wurden intensiv debattiert, nachdem J. ZIMMERER [5.1] im Anschluss an Hannah Arendt einen Zusammenhang zwischen Nationalsozialismus und deutschem Kolonialismus behauptet hatte. Der „postkoloniale Blick" ließ erstmals Ähnlichkeiten erkennen wie das Verbot der „Mischehe" zwischen Deutschen und Einheimischen, die Entscheidung, eine Bevölkerungsgruppe zu vertreiben und zu ermorden oder die entgrenzte Kriegführung. Umstritten ist jedoch, ob diese strukturellen Ähnlichkeiten ein wie immer geartetes kausales Verhältnis signalisieren. ZIMMERER argumentiert, dass die Feldzüge gegen die Herero und dann die Nama beispielhaft für den nationalsozialistischen Vernichtungskrieg gewesen seien. Aufgrund persönlicher Erfahrung, institutioneller Kontinuität und der Propagan-

Vom Kolonialismus zum Vernichtungskrieg?

da kolonialer Ideen hätten die Nationalsozialisten auf koloniale Vorbilder zurückgegriffen. Zwar deutet ZIMMERER den Völkermord in Afrika nicht als eine Ursache des Holocaust, wohl aber als einen Traditionsstrang neben anderen, was seine Praxis und Legitimation betrifft. Kritiker wie B. KUNDRUS [5.1] unterstreichen dagegen, das die massenhafte exzessive Gewalt in Namibia und in Osteuropa unterschiedlichen Logiken folgte und deshalb nicht unter dem Begriff der genozidalen Kriegführung subsumiert werden sollte. Das Konzept „Genozid" stelle die Intention der Täter zu Lasten anderer Faktoren des Gewalthandelns wie des situativen, kontingenten Faktors heraus, was jedoch dem wenig planvollen, lavierendem Gewalthandeln gegenüber den Hereros nicht gerecht werde. Ob es eine typisch deutsche Bereitschaft gab, einen genozidalen Krieg zu führen, ist empirisch kaum nachzuweisen. Der Umstand, dass andere europäische Kolonialmächte ihre Erfahrung in Afrika nicht in exzessive Gewalt in Europa übersetzten, schwächt den kolonialen Faktor in der Erklärung des Vernichtungskrieges im Osten. Dieser war anders als in den Kolonien ein gewollter und symmetrischer Konflikt, der von vornherein als Weltanschauungskrieg keine Grenzen kannte. Die Gräueltaten in Deutsch-Südwestafrika erklären nicht den Terror im Dritten Reich. Aufschlussreicher als die gewagte Konstruktion nationalgeschichtlicher Kontinuität bleibt der Blick auf konkrete Akteure, nicht zuletzt im internationale Vergleich.

Der imperialgeschichtliche Vergleich

Einen breiten Rahmen für den diachronen wie synchronen Vergleich spannt die neue Imperialgeschichte auf. Auch das Dritte Reich, von M. MAZOWER [6.2] als „Hitlers Imperium" bezeichnet, kann aus diesem weiten Blickwinkel betrachtet werden. Seit dem Zusammenbruch der Sowjetunion gibt es Bemühungen, den Begriff „Imperium" aus den älteren, um den Zusammenbruch des Kapitalismus kreisenden Imperialismustheorien zu lösen und in einem wissenschaftlichen Sinne für die Analyse weltpolitischer Konstellationen fruchtbar zu machen [MÜNKLER, 6.3; H.-H. NOLTE, 6.3]. Idealtypisch verstanden, bezeichnet „Imperien" Großreiche als Ordnungsmacht, die im Unterschied zu Staaten keine klaren Grenzen, sondern Grenzräume und Einflusszonen besitzen. Ihr asymmetrisches Machtverhältnis zu den Anrainern wird mit einer imperialen Mission gerechtfertigt, die zudem die Menschen im Zentrum und an der Peripherie in die Pflicht nimmt. Ob es um die Ausbreitung des Christentums (Spanien), die Zivilisation (Großbritannien, Frankreich) oder des Sozialismus (UdSSR) ging: Stets gründete das Sendungsbewusstsein in der Vorstellung, welthistorisch einmalig und unverzichtbar zu sein. Aus diesem imperiumstheoretischen Blickwinkel lassen sich das Dritte Reich und Japan als zwei Beispiele imperialer Erschöpfung einordnen. Beide Projekte einer Großreichsbildung durch *high intensity wars* scheiterten in Europa bzw. im ostasiatisch-pazifischen Raum, nicht zuletzt wegen der Repression in den eroberten Gebieten [MAZOWER, 6.2 (2009, 2016)]. Als Reich wird das NS-Regime in einen epochenübergreifenden und globalgeschichtlichen Vergleich einbezogen [GEHLER/ROLLINGER, 6.2]. Als ein militärischer Großkonflikt zwischen Imperien (nicht: Nationalstaaten), die um die imperiale Ordnung der Welt rangen, erscheint der Weltkrieg in seiner Globalität. Die New Imperial History trägt daher – wie die transnationale Geschichte und die historische Gewaltforschung – dazu bei, den nationalgeschichtlichen Zerrblick auf den Krieg zugunsten neuer räumlicher und chronologischer Narrative zu korrigieren und das Dritte Reich (wie auch Japan) historisch einzuordnen [HEDINGER/HOFMANN, 6.3].

Die historische Gewaltforschung spannt einen weiteren Deutungsrahmen auf, indem auch das NS-Regime als Gewaltherrschaft vor dem Hintergrund einer ambivalenten Moderne eingeordnet wird [BAUMAN, 6.3; BABEROWSKI, 4.2]. Das Dritte Reich erscheint hier gerade nicht als ein Rückfall in die Barbarei, als Ausdruck einer „Entzivilisierung" (Norbert Elias), auch nicht als das Ergebnis eines spezifisch deutschen Sonderwegs, auf dem (nur) Deutschland vom richtigen Pfad der Zivilisation abgekommen sei. Denn die Nationalgeschichte der Gewaltherrschaft erklärt das Mitmachen der Kollaborateure, die keine Deutschen waren, ebensowenig wie die vorangehenden Gewaltexzesse, etwa die Kolonialkriege, und die Grausamkeiten der Bolschewisten und Stalinisten. Nationalsozialistische und stalinistische Vernichtung werden in dieser Perspektive als Phänomene bedeutet, die sich beide aus den Möglichkeiten der Moderne ergeben hätten [BAUMAN, 6.3: 27]. Die Zivilisation wird zur Voraussetzung des Holocaust.

Ambivalenz der Moderne

Diese Umkehrung einer älteren, bis heute landläufigen Interpretation beruht auf zwei Grundgedanken. Zum einen sei erst in der Moderne die Vorstellung entstanden, dass die Umwelt keine fixe göttliche Ordnung, sondern ein zu strukturierendes Chaos sei. Im Zusammenbruch der göttlichen Ordnung waren die Einsicht in die Formbarkeit der Umwelt und der Gestaltungswille angelegt. Das

Ordnungsdenken

Durcheinander, das bis dahin als natürlich galt, erschien nun als eine Bedrohung. Zum anderen hat erst die Moderne, so lautet das Argument weiter, dem Menschen jene technischen und wissenschaftlichen Ressourcen zur Verfügung gestellt, diesem Chaos zu begegnen und sich eine Ordnung zu geben, in der klar geregelt ist, wer welchen Platz einzunehmen hat – und für wen kein Platz vorhanden ist. „Die Entdeckung der Ordnung [ist] der Ursprung der Ambivalenz, der Kampf gegen Ambivalenz der Anfang eliminatorischer Gewalt" [BABEROWSKI, 4.2: 82]. Der Bewegungscharakter der NS-Herrschaft lässt sich dann als eine Form jener Praxis verstehen, in der moderne Menschen die Aufgabe lösen, sich im steten Kampf gegen die Unordnung zu bewähren – ob im Nationalsozialismus oder im Kommunismus. Die Euthanasie wird als ein Instrument von Technokraten verständlich, mit dem jene Neuordnung begann, die im industrialisierten Massenmord endete. Der Genozid erscheint in dieser Interpretation nur konsequent; Völkermord als Ordnungsmittel war alles andere als irrational. Um Ordnung zu schaffen, um die Umwelt von hierfür nutzlosen Menschen zu „säubern", mussten Millionen Menschen getötet werden. Die Täter wussten ihre Gewalttaten als notwendigen Beitrag zu dieser „Säuberung" gerechtfertigt.

Geht man von dieser Ambivalenz der Moderne und der Wirkungsmacht eines sozialtechnologischen Machbarkeitswahns aus, lassen sich sowohl die nationalsozialistische Vernichtungspolitik als auch die stalinistischen Gewaltexzesse als Erscheinungsformen der skrupellosen Ausnutzung staatlicher Gewaltmittel interpretieren, die nachgerade ein Merkmal des 20. Jahrhunderts wurde. Nicht pathologische Einzeltäter waren für Gewaltexzesse verantwortlich; die Akteure können vielmehr als Vertreter eines Staates gelten, der sein Gewaltmonopol – das eigentlich die Staatsbürger vor wechselseitigen Übergriffen schützen soll – im Zeichen eines ideologischen Ordnungsprogramms so rücksichtslos wie systematisch einsetzte.

Ordnungskonzepte (I): „Lebensraum"

Im Nationalsozialismus bündelte der Leitbegriff „Lebensraum" die totalitären Vorstellungen von einer europäischen Neuordnung, welche die radikale Vernichtung von Menschen von vornherein einbezog. Bis dahin war der Bedeutungsgehalt dieses Ordnungskonzepts vielschichtiger, wie U. JUREIT [6.3] gezeigt hat. Nutzt man den raumgeschichtlichen Ansatz (*spatial turn*) für die Historisierung des Nationalsozialismus, zeigt sich, dass es vom 19. Jahrhundert bis in die 1930er Jahre unterschiedliche Formen politischer Territorialitätskonzepte gab. Wurde die Kolonialisierung noch mit Evolution und Migration begründet, verstärkte der Verlust deutscher Gebiete nach 1918 das Gefühl einer Bedrohung, die als gefährliche Einschränkung des völkischen Lebensraumes rasseideologisch überhöht wurde, argumentiert JUREIT. „Volk ohne Raum" lautete jetzt die Parole. Karten waren weiterhin das Medium der Wahl, um ethnische Zusammenhänge zu suggerieren – und eignen sich deshalb als historische Quelle. Innovative Arbeiten wie diese verknüpfen die NS-Forschung mit anderen Teildisziplinen, nutzen die Zeit des Dritten Reiches empirisch für die Analyse übergreifender Probleme und stellen Charakteristika des Nationalsozialismus in einen Entwicklungszusammenhang. Dabei geht es nicht zuletzt um die Frage, ob und wo die Herrschaft des NS-Regimes und die sie begründende Ideologie von historischer Kontinuität gekennzeichnet war.

Auch „Gemeinschaft" als zentrale Deutungsformel und Kern des Modells der Volksgemeinschaft lässt sich in einen Rahmen einspannen, der zeitlich und räumlich über die Grenzen des „Großdeutschen Reiches" hinausgreift. Die Idee der Gemeinschaft gehörte im 20. Jahrhundert in den meisten Staaten Europas zu den zentralen Ordnungsvorstellungen und Kategorien der Selbstbeschreibung [P. NOLTE, 6.3; ETZENMÜLLER, 6.3]. Das Projekt der NS-Volksgemeinschaft lässt sich insofern als Utopie des *Social Engineering* der Moderne untersuchen. Dazu bietet sich der Vergleich an: beispielsweise mit *Folkshemmet* (Volksheim), dem aus nationalistischen Kreisen stammenden Sprachbild, mit dem die schwedischen Sozialdemokraten in den 1930er und 1940er Jahren ihre Utopie des Wohlfahrtsstaates bezeichneten [GÖTZ, 6.2]. Der methodische Mehrwert des historischen Vergleichs läge auch hier darin, das Besondere vom Allgemeinen zu trennen und insbesondere zu erklären, warum die Mobilisierung im Namen der „Gemeinschaft" nur im Dritten Reich in den systematischen Massenmord mündete.

Ordnungskonzepte (II): „Gemeinschaft"

7 Das Dritte Reich in der Forschung – Fazit und Ausblick

Das Dritte Reich lässt sich nicht – so lautet der Befund – mit einer einzigen Kategorie erklären. So zentral etwa die Rassenlehre für die Nationalsozialisten und für den Nationalsozialismus war, so unbefriedigend bliebe eine Beschränkung auf das Reich als rassistischen Staat. Deutschland zwischen 1933 und 1945 muss auch als eine

Komplexität der Erkärungsfaktoren

Diktatur und eine fordistische Arbeits- und Leistungsgesellschaft angesehen und analysiert werden. Letztlich ist es diese Gemengelage von verschiedenen, modernen und vormodernen Komponenten, ihre wechselseitige, teils einander verstärkende, teils im Zielkonflikt stehende Beziehung untereinander, die das Studium des Nationalsozialismus und damit der Frage, warum er für so viele Menschen attraktiv gewesen ist, so komplex wie reizvoll machen. Wenn es zuweilen heißt, der Nationalsozialismus sei „ausgeforscht", steht diese Annahme nicht nur theoretisch auf wackeligen Füßen – als ob es eine bestimmte Zahl von Aspekten der Vergangenheit gebe, die hinreichend betrachtet werden könnten, so dass die Beschäftigung mit der Vergangenheit ab diesem Zeitpunkt nicht mehr lohne und neue Fragestellungen nicht mehr möglich seien.

Forschungslinien und Synthese

Eine profunde Gesellschaftsgeschichte des Nationalsozialismus im europäischen Zusammenhang bleibt ein lohnendes Ziel. Um es zu erreichen, wird es darauf ankommen, die verschiedenen internationalen Forschungsstränge, die sich unterschiedlichen wissenschaftlichen Traditionen und Erkenntnisinteressen verdanken, weiter miteinander zu verknüpfen. Ebenso liegt keine leichte Aufgabe darin, die notwendige, fruchtbare methodische Vielfalt, die aus der notwendigen Interdisziplinarität der neueren NS-Forschung resultiert, zu „lesbaren" Erzählungen zusammenzuführen, um ihre Ergebnisse auch einem größeren Publikum, nicht zuletzt der jüngeren Generationen, zu vermitteln. In einer Zeit, in der immer weniger Menschen von ihren eigenen Erfahrungen im Dritten Reich berichten können, wird es auf diese Vermittlung umso dringender ankommen. Dass die NS-Forschung nicht mehr durch geschichtspolitische Wirbelwinde so erschüttert wird, wie das in der Zeit des Kalten Krieges der Fall war, bietet eine Chance, die NS-Volksgemeinschaft, den Genozid und den Krieg zu erforschen und aufeinander zu beziehen. Kontroversen über Analyseinstrumente und Deutungsansätze bleiben ein Ausdruck der notwendigen Selbstverständigung der NS-Forschung als einer Disziplin der Zeitgeschichtsschreibung.

III Quellen und Literatur

A Allgemeine Hilfsmittel

Ämter, Abkürzungen, Aktionen des NS-Staates. Handbuch für die Benutzung von Quellen der nationalsozialistischen Zeit. Amtsbezeichnungen, Ränge und Verwaltungsgliederungen, Abkürzungen und nichtmilitärische Tarnbezeichnungen, im Auftrag des Instituts für Zeitgeschichte bearb. von H. BOBERACH, R. THOMMES u. H. WEISS, München 1997.

W. BENZ/H. GRAML/H. WEIß (Hrsg.), Enzyklopädie des Nationalsozialismus. Erweiterte und aktualisierte Neuausgabe, 5. Aufl. München 2007.

Inventar archivalischer Quellen des NS-Staates. Die Überlieferung von Behörden und Einrichtungen des Reichs, der Länder und der NSDAP, im Auftrag des Instituts für Zeitgeschichte bearb. von H. BOBERACH, 2 Bde., München u. a. 1991/95.

H. KAMMER/E. BARTSCH (Hrsg.), Lexikon Nationalsozialismus. Begriffe, Organisationen und Institutionen, Frankfurt/M. 1999.

M. RUCK, Bibliografie zum Nationalsozialismus, 2 Bde. mit CD-ROM, vollst. überarb. u. wesentl. erw. Ausg. Darmstadt 2000 (EA 1995).

H. WEIß, Biografisches Lexikon zum Dritten Reich, Frankfurt/M. 2002.

B Quellen

1 Aktenwerke

Akten zur deutschen auswärtigen Politik 1918–1945. Serie C 1933–1937, Bd. 1–6, Göttingen 1971–1981; Serie D 1937–1941, Bd. 1–13, Baden-Baden/Frankfurt/M. u. a. 1950–1970; Serie E 1941–1945, Bd. 1–8, Göttingen 1969–1979; Ergänzungsbd. zu den Serien A-E: Gesamtpersonenverzeichnis, Portraitphotos u. Daten zur Dienstverwaltung, Anhänge, Göttingen 1995.

Deutschland und die Sowjetunion 1933–1941. Dokumente, 4 Bde., hrsg. v. S. SLUTSCH/C. TISCHLER, München 2014 ff.

Documents on British Foreign Policy 1919–1939. 2. Serie 1929–1938, Bd. 1–21, London 1946–1984; 3. Serie 1938–1939, Bd. 1–10, London 1949–1961.

Documents diplomatiques français 1932–1939. 1. Serie 1932–1935, Bd. 1–13, Paris 1964–1984; 2. Serie 1936–1939, Bd. 1–19, Paris 1963–1986.

Dokumenty vnešnej politiki SSSR (amtl. russ. Dokumentenausgabe), Bd. 1–21: Nov. 1917–Dez. 1938, Moskau 1957–1977; Fortsetzung unter dem Titel: Dokumenty vnešnej politiki, bisher: Bd. 22–24: Jan. 1939–Jan. 1942, Moskau 1992–2000.

Foreign Relations of the United States, Diplomatic Papers (1933–1945), Washington 1950–1969.

2 Editionen und Dokumentationen

Akten der Parteikanzlei der NSDAP. Rekonstruktion eines verlorengegangenen Bestandes, hrsg. vom Institut für Zeitgeschichte, bearb. von H. Heiber, Teil I, 2 Bde., Regesten, Register u. Mikrofiches, Teil II, 4 Bde., Regesten, Register u. Mikrofiches (Bd. 3 u. 4 bearb. von P. Longerich), München 1983–1992.

Akten der Reichskanzlei. Regierung Hitler 1933–1945, hrsg. von K. Repgen u. a., bislang Bde. 1–2 (1933–1935), Boppard a.Rh. 1983–1999, Bde. 3–9 (1936–1942), München 2002–2018.

Deutschland-Berichte der Sozialdemokratischen Partei Deutschlands (SoPaDe) 1934–1940, 7 Bde., ND hrsg. v. K. Behnken, Salzhausen 1980.

Meldungen aus dem Reich 1938–1945. Die geheimen Lageberichte des Sicherheitsdienstes der SS, 18 Bde., Neuausg. hrsg. v. H. Boberach, Herrsching 1984/85 (EA 1965).

Regimekritik, Widerstand und Verfolgung in Deutschland und den besetzten Gebieten. Meldungen und Berichte aus dem Geheimen Staatspolizeiamt, dem SD-Hauptamt der SS und dem Reichssicherheitshauptamt 1933–1944. Erschließungsband zur Mikrofiche-Edition, hrsg. v. H. Boberach, München 2003.

H. Bohrmann (Hrsg.)/G. Toepser-Ziegert (Bearb.), NS-Presseanweisungen der Vorkriegszeit. Edition und Dokumentation, Bde. 1–7: 1933–1939, München 1984–2001.

Evangelische Arbeitsgemeinschaft für kirchliche Zeitgeschichte (Hrsg.), Dokumente zur Kirchenpolitik des Dritten Reiches, 4 Bde., München 1971–2000.

C. Faludi (Hrsg.), Die „Juni-Aktion" 1938. Eine Dokumentation zur Radikalisierung der Judenverfolgung, Frankfurt 2013.

H. Friedlander/S. Milton (Hrsg.), Archives of the Holocaust. An International Collection of Selected Documents, 26 Bde., New York 1990–1995.

H. Heiber (Hrsg.), Hitlers Lagebesprechungen. Die Protokollfragmente seiner militärischen Konferenzen 1942–1945, Stuttgart 1962.

M. Hirsch/D. Majer/J. Meinck (Hrsg.), Recht, Verwaltung und Justiz im Nationalsozialismus. Ausgewählte Schriften, Gesetze und Gerichtsentscheidungen von 1933 bis 1945. Mit ausführl. Erläut. und Komm., 2. Aufl. Baden-Baden 1997 (EA 1984).

W. Hofer (Hrsg.), Der Nationalsozialismus. Dokumente 1933–1945, überarb. Neuausg. Frankfurt/M. 1982 (TB 1994) (EA 1957).

W. Hubatsch (Hrsg.), Hitlers Weisungen für die Kriegführung 1939–1945. Dokumente des Oberkommandos der Wehrmacht, Neuausg. der 2., durchges. u. erg. Aufl. 1983 Utting 2000 (EA 1962).

F. Kießling (Hrsg.), Quellen zur deutschen Außenpolitik 1933–1939, Darmstadt 2000.

Kriegstagebuch des Oberkommandos der Wehrmacht (Wehrmachtführungsstab) 1940–1945, hrsg. von P. E. Schramm, 4 Bde., Frankfurt/M. 1961–1965 (Studienausg. in 8 *Bde.* 1982).

O. D. Kulka/E. Jäckel (Hrsg.), Die Juden in den geheimen NS-Stimmungsberichten 1933–1945, Düsseldorf 2004.
P. Longerich (Hrsg.), Die Ermordung der europäischen Juden. Eine umfassende Darstellung des Holocaust 1941–1945, 2. Aufl. München 1990.
W. Michalka (Hrsg.), Deutsche Geschichte 1933–1945. Dokumente zur Innen- und Außenpolitik, 2. Aufl. Frankfurt/M. 2002.
H. Michaelis/E. Schraepler (Hrsg.), Ursachen und Folgen. Vom deutschen Zusammenbruch 1918 und 1945 bis zur staatlichen Neuordnung Deutschlands in der Gegenwart. Eine Urkunden- und Dokumentensammlung zur Zeitgeschichte, Bde. 9–23, Berlin 1964–1975.
R. Morsey (Hrsg.), Das „Ermächtigungsgesetz" vom 24. März 1933. Quellen zur Geschichte und Interpretation des „Gesetzes zur Behebung der Not von Volk und Reich", erw. Neuausg. Düsseldorf 1992 (EA 1968).
I. von Münch/U. Brodersen (Hrsg.), Gesetze des NS-Staates. Dokumente eines Unrechtssystems, 3. Aufl. Paderborn 1994.
D. Petzina/W. Abelshauer/A. Faust, Sozialgeschichtliches Arbeitsbuch, Bd. III: Materialien zur Statistik des Deutschen Reiches 1914–1945, München 1978.
Nürnberger Prozesse. Der Prozeß gegen die Hauptkriegsverbrecher vor dem Internationalen Militärgerichtshof Nürnberg, 14.11.1945–1.10.1946, 42 Bde., Nürnberg 1947–1949 (Studienausg. d. Verhandlungsniederschriften, ND der *23bden*. Originalausg. in 13 Bden. 1984) (CD-ROM Berlin 1999).
W. Ribbe (Hrsg.), Die Lageberichte der Geheimen Staatspolizei für die preußische Provinz Brandenburg und die Reichshauptstadt Berlin 1933–1936, Teilbd. I: Der Regierungsbezirk Potsdam, Köln 1998.
H.J. Rupieper/A. Sperk (Hrsg.), Die Lageberichte der Geheimen Staatspolizei zur Provinz Sachsen 1933–1936, 3 Bde., Halle/S. 2004.
W. Steitz (Hrsg.), Quellen zur deutschen Wirtschafts- und Sozialgeschichte in der Zeit des Nationalsozialismus, 2 Bde., Darmstadt 2000.
Die Verfolgung und Ermordung der europäischen Juden durch das nationalsozialistische Deutschland, hrsg. im Auftrag des Bundesarchivs, des Instituts für Zeitgeschichte München–Berlin und des Lehrstuhls für Neuere und Neueste Geschichte der Universität Freiburg, bislang 11 Bde., München/Berlin 2008–2018.
G. Wollstein (Hrsg.), Quellen zur deutschen Innenpolitik 1933–1939, Darmstadt 2001.
J. Zarusky/H. Mehringer (Bearb.), Widerstand als „Hochverrat" 1933–1945. Die Verfahren gegen Reichsangehörige vor dem Reichsgericht, dem Volksgerichtshof und dem Reichskriegsgericht, Microfiche-Edition, München 1994–1998.

3 Selbstzeugnisse, Reden, Memoiren

Below
N. von Below, Als Hitlers Adjutant 1937–1945, Neuausg. Selent 1999 (EA 1980).

Bock
F. von Bock, Zwischen Pflicht und Verweigerung. Das Kriegstagebuch, hrsg. von
 K. Gerbet, München/Berlin 1995.

Burckhardt
C. J. Burckhardt, Meine Danziger Mission 1937–1939, 3., überarb. Aufl. 1980
 (EA 1960).

Dönitz
K. Dönitz, Zehn Jahre und zwanzig Tage. Erinnerungen 1935–1945. Mit einem
 Nachwort: Die Schlacht im Atlantik in der historischen Forschung, 11. Aufl.
 Bonn 1997 (EA 1958).

K. Dönitz, Mein wechselvolles Leben, 2. verb. Aufl. Göttingen u. a. 1975
 (EA 1968).

Eichmann
J. von Lang (Hrsg.), Das Eichmann-Protokoll. Tonbandaufzeichnungen der israelischen Verhöre, Neuausg. Wien 1991 (TB 2001) (EA 1982).

Engel
H. von Kotze (Hrsg.), Heeresadjutant bei Hitler, 1938–1943. Aufzeichnungen des
 Majors Engel, Stuttgart 1974.

Frank
H. Frank, Im Angesicht des Galgens. Deutung Hitlers und seiner Zeit auf Grund
 eigener Erlebnisse und Erkenntnisse, 2. Aufl. Neuhaus bei Schliersee 1955
 (EA 1953).

W. Präg/W. Jacobmeyer (Hrsg.), Das Diensttagebuch des deutschen Generalgouverneurs in Polen 1939–1945, Stuttgart 1975.

Gilbert
G.M. Gilbert, Nürnberger Tagebuch. Gespräche der Angeklagten mit dem Gerichtspsychologen, 12. Aufl. Frankfurt/M. 2004.

Goebbels
Die Tagebücher von Joseph Goebbels, hrsg. von E. Fröhlich, Teil 1: Aufzeichnungen 1923–1941; Teil 2: Diktate 1941–1945, München 1993–2006.

Groscurth
H. Groscurth, Die Tagebücher eines Abwehroffiziers 1938–1940. Mit weiteren
 Dokumenten zur Militäropposition gegen Hitler, hrsg. von H. Krausnick und
 H. C. Deutsch, Stuttgart 1970.

Gürtner
M. Löffler, Das Diensttagebuch des Reichsjustizministers Gürtner 1934 bis 1938.
 Eine Quelle für die Untersuchung der „Richterdisziplinierung" während der
 Anfangsjahre des Nationalsozialismus, Frankfurt/M. u. a. 1997.

Haffner
S. Haffner, Geschichte eines Deutschen. Die Erinnerungen 1914–1933, Stuttgart
 2000.

Hassel

U. von Hassell, Die Hassell-Tagebücher 1938–1944. Aufzeichnungen vom Andern Deutschland, hrsg. von F. Frhr. Hiller von Gaertringen, 2., durchges. Aufl. der nach der Handschrift rev. u. erw. Ausg. 1986, Berlin 1989 (EA 1946) (TB 1994).

Ders., Der Kreis schließt sich. Aufzeichnungen in der Haft 1944, hrsg. von M. von Hassell, Berlin 1994.

Himmler

H. Himmler, Reichsführer! Briefe an und von Himmler, hrsg. von H. Heiber, Stuttgart 1968 (TB 1970).

H. Himmler, Geheimreden 1933 bis 1945 und andere Ansprachen, hrsg. von B. F. Smith und A. F. Peterson, mit einer Einführung von J. Fest, Berlin/Frankfurt/M. 1974.

Der Dienstkalender Heinrich Himmlers 1941/42, hrsg. P. Witte u. a. im Auftrag der Forschungsstelle für Zeitgeschichte in Hamburg, Hamburg 1999.

M. Moors / M. Pfeiffer (Hrsg.), Heinrich Himmlers Taschenkalender 1940. Kommentierte Edition, Paderborn 2013.

Himmler privat. Briefe eines Massenmörders, hrsg. von K. Himmler und M. Wildt, 2. Aufl. München 2014.

Höss

R. Höss, Kommandant in Auschwitz. Autobiografische Aufzeichnungen, hrsg. von M. Broszat, 13. Aufl. München 1992.

Hitler

M. Domarus (Hrsg.), Hitler. Reden und Proklamationen 1932–1945. Kommentiert von einem deutschen Zeitgenossen, 4 Bde., 4. Aufl. Leonberg 1988 (EA 1962/63).

Institut für Zeitgeschiche, Hitler-Reden, Schriften, Anordnungen. Februar 1925 bis Januar 1933, 7 Bde., München 1991–2003.

E. Jäckel / A. Kuhn (Hrsg.), Hitler. Sämtliche Aufzeichnungen 1905–1924, Stuttgart 1980.

A. Hitler, Mein Kampf. Eine kritische Edition. Herausgegeben im Auftrag des Instituts für Zeitgeschichte München–Berlin von C. Hartmann u. a., 2 Bde., 3. Aufl. München 2016.

A. Hitler, Hitlers Tischgespräche im Führerhauptquartier 1941–1942. Aufgezeichnet von H. Picker, hrsg. von P. E. Schramm in Zusammenarbeit mit A. Hillgruber und M. Vogt, Neuausg. Frankfurt/M. 1989 (EA 1963) (TB 1997).

A. Hitler, Monologe im Führerhauptquartier 1941–1944, aufgezeichnet von H. Heims, hrsg. von W. Jochmann, Sonderausg. München 2000 (EA 1980).

A. Hitler, Hitlers politisches Testament. Die Bormann-Diktate vom Februar und April 1945. Mit einem Essay von H. R. Trevor-Roper und einem Nachwort von A. François-Poncet, Hamburg 1981.

„Führer-Erlasse" 1939–1945. Edition sämtlicher überlieferter, nicht im Reichsgesetzblatt abgedruckter, von Hitler während des Zweiten Weltkrieges schriftlich erteilter Direktiven aus den Bereichen Staat, Partei, Wirtschaft,

Besatzungspolitik und Militärverwaltung, zusammengest. u. eingel. von
M. Moll, Stuttgart 1997.

Hoess
R. Hoess, Kommandant in Auschwitz. Autobiografische Aufzeichnungen, eingel.
und komm. von M. Broszat, 16. Aufl. München 1998 (EA 1958).

Hoßbach
F. Hossbach, Zwischen Wehrmacht und Hitler 1934–1938, 2., durchges. Aufl.
Göttingen 1965 (EA 1949).

Junge
T. Junge, Bis zur letzten Stunde. Hitlers Sekretärin erzählt ihr Leben, München
2002.

Klemperer
V. Klemperer, Ich will Zeugnis ablegen bis zum letzten. Tagebücher 1933–1945,
hrsg. von W. Nowojski unter Mitarbeit von H. Klemperer, 2 Bde., 10. Aufl.
Darmstadt 1998 (EA 1995) (TB in 8 Bden. 1999), 3. Aufl. Berlin 2005
(CD-ROM Berlin 2007).

Moltke
H. J. von Moltke, Briefe an Freya 1939–1945, hrsg. von B. Ruhm von Oppen,
2., erw. u. durchges. Aufl. München 1991 (EA 1988).

Reese
W. P. Reese, „Mir selber seltsam fremd". Die Unmenschlichkeit des Krieges.
Russland 1941–1944, 2. Aufl. München 2003.

Ribbentrop
J. von Ribbentrop, Zwischen London und Moskau. Erinnerungen und letzte
Aufzeichnungen, hrsg. von A. von Ribbentrop, Neuausg. Leoni am Starnberger See 1961 (EA 1953).
A. von Ribbentrop, Die Kriegsschuld des Widerstandes. Aus britischen Geheim-
dokumenten 1938/39, aus dem Nachlaß hrsg. von R. von Ribbentrop,
2. Aufl. Leoni am Starnberger See 1975 (EA 1974).

Riefenstahl
L. Riefenstahl, Memoiren. 1902–1945, 3. Aufl. Frankfurt/M./Berlin 1996
(EA 1987) (TB 2000).

Rosenberg
A. Rosenberg, Letzte Aufzeichnungen. Nürnberg 1945/46, 2. Aufl. Uelzen 1996
(EA 1955).
H.-G. Seraphim (Hrsg.), Das politische Tagebuch Alfred Rosenbergs. Aus den
Jahren 1934/35 und 1939/40, Göttingen 1956 (TB 1964).

Schacht
H. Schacht, 76 Jahre meines Lebens, Bad Wörishofen 1953.

Speer
A. Speer, Erinnerungen, Neuausg. Frankfurt a. M. 1996 (EA 1969).

A. Speer, Spandauer Tagebücher, Neuausg. Frankfurt a. M. 1994 (EA 1975).
A. Speer, Der Sklavenstaat. Meine Auseinandersetzungen mit der SS, Stuttgart 1981 (TB 1984).
A. Speer, „Alles, was ich weiß". Aus unbekannten Geheimdienstprotokollen vom Sommer 1945. Mit einem Bericht „Frauen um Hitler" von Karl Brandt, hrsg. von U. Schlie, München 1999.

Stieff
H. Stieff, Briefe. Deutscher Widerstand 1933–1945, hrsg. u. eingel. von H. Mühleisen, Berlin 1991 (TB 1994).

Weizsäcker
E. von Weizsäcker, Erinnerungen, München/Leipzig/Freiburg i.Brsg. 1950.
L. E. Hill (Hrsg.), Die Weizsäcker-Papiere, Bd. 1: 1900–1932, Bd. 2: 1933–1950, Berlin/Frankfurt/M./Wien 1974/1982.

C Literatur

1 Gesamtdarstellungen und Grundsätzliches

R. Bavaj, Der Nationalsozialismus. Entstehung, Aufstieg und Herrschaft, Berlin 2016.
W. Benz, Geschichte des Dritten Reiches, 4. Aufl. München 2007 (EA 2000).
K. D. Bracher, Die deutsche Diktatur. Entstehung, Struktur, Folgen des Nationalsozialismus, 8. Aufl. Köln 2003 (EA 1969) (TB 1997).
A. Brakel, Der Holocaust. Judenverfolgung und Völkermord, Berlin 2008.
M. Brechtken, Die nationalsozialistische Herrschaft 1933–1939, 2. überarb. Aufl. Darmstadt 2012.
M. Broszat, Der Staat Hitlers. Grundlegung und Entwicklung seiner inneren Verfassung, 15. Aufl. München 2000 (EA 1969).
Ders./N. Frei (Hrsg.), Das Dritte Reich im Überblick. Ursprünge, Ereignisse, Zusammenhänge, 6. Aufl. München 1999 (EA 1983).
M. Burleigh, Die Zeit des Nationalsozialismus. Eine Gesamtdarstellung, Frankfurt/M. 2000 (engl. 2000).
Ders./W. Wippermann, The Racial State. Germany 1933–1945, ND Cambridge 1994 (EA 1991).
J. Caplan, Nazi Germany, Oxford 2008 (=Oxford Short History of Germany).
J.-P. Cahn/S. Martens/B. Wegner (Hrsg.), Le Troisième Reich dans l'historiografie allemande. Lieux de pouvoir, rivalités de pouvoir, Lille 2013.
V. Dahm u. a. (Hrsg.), Die tödliche Utopie. Bilder, Texte, Dokumente, Daten zum Dritten Reich, 7.durchgesehene Aufl. München 2016.
J. Dülffer, Deutsche Geschichte 1933–1945. Führerglaube und Vernichtungskrieg, Stuttgart 1992.
R. J. Evans, Das Dritte Reich, 3 Bde., München 2004–2007.
K. P. Fischer, Nazi Germany. A New History, ND New York 1999 (EA 1995).

N. Frei, Der Führerstaat. Nationalsozialistische Herrschaft 1933–1945, 8. Aufl. München 2007 (EA 1987).

M. Grüttner, Das Dritte Reich 1933–1939, Stuttgart 2014 (= Gebhardt: Handbuch der deutschen Geschichte, 19).

U. von Hehl, Nationalsozialistische Herrschaft, 2. Aufl. München 2001 (EA 1996).

U. Herbert, Das Dritte Reich. Geschichte einer Diktatur, 2. Aufl. München 2016.

Ders., Geschichte Deutschlands im 20. Jahrhundert, München 2017 (TB).

L. Herbst, Das nationalsozialistische Deutschland 1933 bis 1945. Die Entfesselung der Gewalt. Rassismus und Krieg, Neuaufl. Frankfurt/M. 1999 (EA 1996).

K. Hildebrand, Geschichte des Dritten Reiches, München 2012.

I. Kershaw, Der NS-Staat. Geschichtsinterpretationen und Kontroversen im Überblick, erw. u. bearb. Neuausg., 3. Aufl. Reinbek bei Hamburg 2002 (EA 1988) (engl. 1985).

M. Kißener, Das Dritte Reich, Darmstadt 2005.

F.-L. Kroll, Utopie als Ideologie. Geschichtsdenken und politisches Handeln im Dritten Reich. Hitler, Rosenberg, Darré, Himmler, Goebbels, 2., durchges. Aufl. Paderborn 1999 (EA 1997).

M. Mazower, Der dunkle Kontinent. Europa im 20. Jahrhundert, Berlin 2000 (engl. 1998).

Militärgeschichtliches Forshungsamt (Hrsg.), Das Deutsche Reich und der Zweite Weltkrieg, 10 Bde., Stuttgart 1979–2008 (vgl. 5.1).

H. Möller, Europa zwischen den Weltkriegen, München 1998.

E. Piper, Kurze Geschichte des Nationalsozialismus. Von 1919 bis heute, Hamburg 2007.

R. Schmidt, Der Zweite Weltkrieg. Die Zerstörung Europas, Berlin 2008.

W. Seibel/S. Reichardt (Hrsg.), Der prekäre Staat. Herrschen und Verwalten im Nationalsozialismus, Frankfurt/M. 2013.

H.W. Smith, Fluchtpunkt 1941. Kontinuitäten der deutschen Geschichte, Stuttgart 2010.

A. E. Steinweis (Mit-Hrsg.), The Impact of Nazism: New Perspectives on the Third Reich and Its Legacy, Lincoln 2003 (TB 2007).

D. Süss/W. Süss (Hrsg.), Das „Dritte Reich". Eine Einführung, 2. Aufl. München 2008.

H.-U. Thamer, Verführung und Gewalt. Deutschland 1933–1945, 5. Aufl. Berlin 2004 (EA 1986) (TB 1998).

A. Tooze, Sintflut. Die Neuordnung der Welt 1916–1931, München 2015.

H.-U. Wehler, Deutsche Gesellschaftsgeschichte Bd. 4: Vom Beginn des Ersten Weltkriegs bis zur Gründung der beiden deutschen Staaten, 1914–1949, 2. Aufl. München 2003.

Ders., Der Nationalsozialismus. Bewegung, Führerherrschaft, Verbrechen, 1919–1945, München 2009.

B. J. Wendt, Deutschland 1933–1945. Das „Dritte Reich". Handbuch zur Geschichte, Hannover 1995.

Ders., Das nationalsozialistische Deutschland, Opladen 2000.

M. Wildt, Geschichte des Nationalsozialismus, Göttingen 2008.

H.A. Winkler, Der lange Weg nach Westen. Deutsche Geschichte, Bd. 2: Vom Dritten Reich bis zur Wiedervereinigung, München 2000.

2 Hitler und die NSDAP

2.1 Hitler

A. Bullock, Hitler und Stalin. Parallele Leben, überarb. u. aktual. TB-Ausg. München 1999 (EA 1991) (engl. 1991; 2., vollst. rev. engl. Aufl. 1998).

J. Fest, Hitler. Eine Biografie, mit einem Vorwort des Autors vers. ND Berlin 1996 (EA 1973) (TB 1998).

Ders., Der Untergang. Hitler und das Ende des Dritten Reiches. Eine historische Skizze, Berlin 2002.

W. Nitz, Führer und Duce. Politische Machtinszenierungen im nationalsozialistischen Deutschland und im faschistischen Italien, Wien 2013.

S. Haffner, Anmerkungen zu Hitler, Sonderausg. München 1998 (EA 1978, TB 1997).

B. Hamann, Hitlers Wien. Lehrjahre eines Diktators, München/Zürich 1996 (TB 2001).

L. Herbst, Hitlers Charisma. Die Erfindung eines deutschen Messias, Frankfurt/M. 2010.

E. Jäckel, Hitlers Weltanschauung. Entwurf einer Herrschaft, 4. Aufl. der erw. u. überarb. Neuausg. 1981 Stuttgart 1991 (EA 1969).

Ders., Hitlers Herrschaft. Vollzug einer Weltanschauung, 3. Aufl. Stuttgart 1991 (EA 1986).

A. Joachimsthaler, Korrektur einer Biografie. Adolf Hitler 1908–1920, München 1989.

Ders., Hitlers Ende. Legenden und Dokumente, München/Berlin 1995.

I. Kershaw, Hitlers Macht. Das Profil der NS-Herrschaft, 3. Aufl. der aktual. Neuausg. u. 2., durchges. Aufl. 2000 München 2001 (EA 1992) (engl. 1991).

Ders., Hitler, 2 Bde., Darmstadt 1998–2000 (engl. 1998–2000).

P. Longerich, Hitler. Biografie, München 2015.

L. Lüdicke, Hitlers Weltanschauung. Von „Mein Kampf" bis zum Nero-Befehl, Paderborn 2016.

W. Maser, Adolf Hitler. Legende, Mythos, Wirklichkeit, 18. Aufl. München 2001 (EA 1971) (TB 1995).

K. Pätzold/M. Weissbecker, Adolf Hitler. Eine politische Biografie, Leipzig 1995 (TB 1999).

E. Piper, Alfred Rosenberg. Hitlers Chefideologe, München 2005.

O. Plöckinger, Geschichte eines Buches. Adolf Hitlers „Mein Kampf" 1922–1945, München 2006.

Ders., Quellen und Dokumente zur Geschichte von „Mein Kampf", 1924–1945, Stuttgart 2015.

Ders., Unter Soldaten und Agitatoren. Hitlers prägende Jahre im deutschen Militär 1918–1920, Paderborn 2013.

H. Pölking, Wer war Hitler? Ansichten und Berichte von Zeitgenossen, Berlin 2016.

W. Pyta, Hitler. Der Künstler als Politiker und Feldherr, München 2015.

M. Rissmann, Hitlers Gott. Vorsehungsglaube und Sendungsbewußtsein des deutschen Diktators, Zürich/München 2001.
J. P. Stern, Hitler. Der Führer und das Volk, München 1981 (engl. 1975).
E. Syring, Hitler. Seine politische Utopie, Frankfurt a. M. 1994.
H.-U. Thamer/S. Erpel (Hrsg.), Hitler und die Deutschen. Volksgemeinschaft und Verbrechen. Eine Ausstellung der Stiftung Deutsches historisches Museum, Berlin, 15.10.2010 bis 6.2.2011, Dresden 2010.
H. R. Trevor-Roper, Hitlers letzte Tage, Neuaufl. Frankfurt/M./Berlin 1995 (EA 1947) (am. 1947).
H. A. Turner, Hitlers Weg zur Macht. Der Januar 1933, München 1997 (EA 1996) (TB 1999).
V. Ullrich, Adolf Hitler. Biografie. Bd I: Die Jahre des Aufstiegs 1889–1939, Frankfurt/M. 2013.
B. Zehnpfennig, Adolf Hitler: Mein Kampf. Weltanschauung und Programm. Studienkommentar, München 2011.
Dies., Hitlers Mein Kampf. Eine Interpretation, 3. Aufl. München 2006.
K.-G. Zelle, Mit Hitler im Gespräch. Blenden, überzeugen, wüten, Paderborn 2017.

2.2 NSDAP: Aufstieg, Machtübernahme und Parteiherrschaft

C. Arbogast, Herrschaftsinstanzen der württembergischen NSDAP. Funktion, Sozialprofil und Lebenswege einer regionalen NS-Elite 1920–1960, München 1998.
B. Barth, Dolchstoßlegenden und politische Desintegration. Das Trauma der deutschen Niederlage im Ersten Weltkrieg 1914–1933, Düsseldorf 2003.
B. Barth, Europa nach dem Großen Krieg. Die Krise der Demokratie in der Zwischenkriegszeit 1918–1938, Frankfurt/M. 2016.
R. Bauer u. a. (Hrsg.), München – Hauptstadt der Bewegung. Bayerns Metropole und der Nationalsozialismus, München 1993.
W. Benz (Hrsg.), Wie wurde man Parteigenosse? Die NSDAP und ihre Mitglieder, Frankfurt/M. 2009.
M. Broszat, Die Machtergreifung. Der Aufstieg der NSDAP und die Zerstörung der Weimarer Republik, 5. Aufl. München 1994 (EA 1984).
R. Bessel, Political Violence and the Rise of Nazism. The Storm Troopers in Eastern Germany 1925–1934, New Haven/London 1984.
A. Blumberg-Ebel, Sondergerichtsbarkeit und „Politischer Katholizismus" im Dritten Reich, Mainz 1990.
M. Buchholz/C. Füllberg-Stolberg/H.-D. Schmid (Hrsg.), Nationalsozialismus und Region. Fs. H. Obenaus, Bielefeld 1996.
M. Buddrus, Totale Erziehung für den totalen Krieg. Hitlerjugend und nationalsozialistische Jugendpolitik, 2 Bde., München 2003.
B. Carter Hett, Der Reichstagsbrand. Wiederaufnahme eines Verfahrens, Reinbek b. Hamburg 2016.

G. Corni/H. Gies, Brot, Butter, Kanonen. Die Ernährungswirtschaft in Deutschland unter der Diktatur Hitlers, Berlin 1997.
B.E. Crim, Antisemitism in the German Military Community and the Jewish Response, 1914–1938, Lexington 2014, ND 2015.
P. Ciupke/F.-J. Jelich (Hrsg.), Weltanschauliche Erziehung in Ordensburgen des Nationalsozialismus. Zur Geschichte und Zukunft der Ordensburg Vogelsang, Essen 2006.
J. W. Falter, Hitlers Wähler, München 1991.
Ders./M. H. Kater, Wähler und Mitglieder der NSDAP. Neue Forschungsergebnisse zur Soziografie des Nationalsozialismus 1925 bis 1933, in: Geschichte und Gesellschaft 19 (1993), 155–177.
C. Fischer (Hrsg.), The Rise of National Socialism and the Working Classes in Weimar Germany, Providence/Oxford 1996.
J. Finger, Eigensinn im Einheitsstaat. NS-Schulpolitik in Württemberg, Baden und im Elsass 1933–1945, Baden-Baden 2016.
M. Fleischhauer, Der NS-Gau Thüringen 1939–1945. Eine Struktur- und Funktionsgeschichte, Köln 2010.
M. Föllmer/R. Graf (Hrsg.), Die „Krise" der Weimarer Republik. Zur Kritik eines Deutungsmusters, Frankfurt/M. 2005.
R. Graf, Die Zukunft der Weimarer Republik. Krisen und Zukunftsaneignung in Deutschland 1918–1933, München 2008.
R. Hachtmann/W. Süss (Hrsg.), Hitlers Kommissare. Sondergewalten in der nationalsozialistischen Diktatur, Göttingen 2006.
D. Hochstetter, Motorisierung und „Volksgemeinschaft". Das Nationalsozialistische Kraftfahrkorps (NSKK) 1931–1945, München 2005.
F. A. Heinen, NS-Ordensburgen. Vogelsang, Sonthofen, Krössinsee, Berlin 2011.
K. Heinsohn, Konservative Parteien in Deutschland 1912 bis 1933. Demokratisierung und Partizipation in geschlechterhistorischer Perspektive, Düsseldorf 2010.
Ders./U. Weckel/B. Vogel (Hrsg.), Zwischen Karriere und Verfolgung. Handlungsräume von Frauen im nationalsozialistischen Deutschland, Frankfurt/M. 1997.
J. Hendel/O. Werner, Regionale Mittelinstanzen im Nationalsozialismus. Materialien zur Erforschung der „NS-Gaue" als Mobilisierungsstrukturen, Jena 2015.
J. John/H. Möller/T. Schaarschmidt (Hrsg.), Die NS-Gaue. Regionale Mittelinstanzen im zentralisierten „Führerstaat"?, München 2007.
L. E. Jones, Hitler versus Hindenburg. The 1932 Presidential Elections and the End of the Weimar Republic, Cambridge 2016.
U. Jungcurt, Alldeutscher Extremismus in der Weimarer Republik. Denken und Handeln einer einflussreichen bürgerlichen Minderheit, Berlin 2016.
B. Jürgens, Zur Geschichte des BDM (Bund Deutscher Mädel) von 1923 bis 1939, 2. Aufl. Frankfurt/M. 1996 (EA 1994).
M. H. Kater, Das „Ahnenerbe" der SS 1935–1945. Ein Beitrag zur Kulturpolitik des Dritten Reiches, 3. Aufl. München 2001 (EA 1974).
S.F. Kellerhoff, Die NSDAP. Eine Partei und ihre Mitglieder, Stuttgart 2017.

M. Kißener/J. Scholtyseck (Hrsg.), Die Führer der Provinz. NS-Biografien aus Baden und Württemberg, Konstanz 1999 (EA 1997).

M. Klaus, Mädchen im 3. Reich. Der Bund Deutscher Mädel, 3. aktual. Aufl. Köln 1998 (EA 1983).

A. Klönne, Jugend im Dritten Reich. Die Hitler-Jugend und ihre Gegner. Dokumente und Analysen, Neuaufl. Köln 1999 (EA 1982) (TB 1990).

T. Kössler/H. Stadtland (Hrsg.), Vom Funktionieren der Funktionäre. Politische Interessenvertretung und gesellschaftliche Integration in Deutschland nach 1933, Essen 2004.

D. Kohlmann-Viand, NS-Pressepolitik im Zweiten Weltkrieg. Die „vertraulichen Informationen" als Mittel der Presselenkung, München/London/New York 1991.

G. Kratzsch, Der Gauwirtschaftsapparat der NSDAP. Menschenführung, „Arisierung", Wehrwirtschaft im Gau Westfalen-Süd. Eine Studie zur Herrschaftspraxis im totalitären Staat, Münster 1989.

T. Kupfer, Generation und Radikalisierung. Die Mitglieder der NSDAP im Kreis Bernburg 1921–1945, Berlin 2006.

D. C. Large, Hitlers München. Aufstieg und Fall der Hauptstadt der Bewegung, München 1998 (TB 2001).

S. Lehmann, Kreisleiter der NSDAP in Schleswig-Holstein. Lebensläufe und Herrschaftspraxis einer regionalen Machtelite, Bielefeld 2007.

J. Lilla, Statisten in Uniform. Die Mitglieder des Reichstages 1933–1945, Düsseldorf 2004.

N. Löffelbein, Ehrenbürger der Nation. Die Kriegsbeschädigten des Ersten Weltkriegs in Politik und Propaganda des Nationalsozialismus, Essen 2013.

P. Longerich, Hitlers Stellvertreter. Führung der Partei und Kontrolle des Staatsapparates durch den Stab Heß und die Parteikanzlei Bormanns, München u. a. 1992.

L. Lüdicke, Constantin von Neurath. Eine politische Biografie, Paderborn 2014.

Ders./M.C. Bienert (Hrsg.), Preußen zwischen Demokratie und Diktatur. Der Freistaat, das Ende der Weimarer Republik und die Errichtung der NS-Herrschaft, 1932–1934, Berlin 2017.

W. Maser, Der Sturm auf die Republik. Frühgeschichte der NSDAP, Neuaufl. der rev. Aufl. 1973 Düsseldorf 1994 (EA 1965).

T. Mergel, Parlamentarische Kultur in der Weimarer Republik. Politische Kommunikation, symbolische Politik und Öffentlichkeit im Reichstag, Düsseldorf 2005.

H. Möller/A. Wirsching/W. Ziegler (Hrsg.), Nationalsozialismus in der Region. Beiträge zur regionalen und lokalen Forschung und zum internationalen Vergleich, München 1996.

M. Moll, Steuerungsinstrument im „Ämterchaos"? Die Tagungen der Reichs- und Gauleiter der NSDAP, in: VfZ 49 (2001), 215–273.

U. Planert (Hrsg.), Nation, Politik und Geschlecht. Frauenbewegungen und Nationalismus in der Moderne, Frankfurt/M. 2000.

C.-W. Reibel, Das Fundament der Diktatur. Die NSDAP-Ortsgruppen 1932–1945, Paderborn 2002.

C. Roth, Parteikreis und Kreisleiter der NSDAP unter besonderer Berücksichtigung Bayerns, München 1997.
M. Ruck/K. H. Pohl (Hrsg.), Regionen im Nationalsozialismus, Bielefeld 2003.
R. Scheck, Mothers of the Nation: Right-Wing Women in Weimar Germany, Oxford 2004.
H. Schrulle, Verwaltung in Diktatur und Demokratie. Die Bezirksregierungen Münster und Minden von 1930 bis 1960, Paderborn 2008.
M. Stibbe, Germany, 1914–1933: Politics, Society and Culture, London 2010.
C. Streubel, Radikale Nationalistinnen. Agitation und Programmatik rechter Frauen in der Weimarer Republik, Frankfurt/M. 2006.
A. Süchting-Hänger, Das „Gewissen der Nation". Nationales Engagement und politisches Handeln konservativer Frauenorganisationen 1900 bis 1937, Düsseldorf 2002.
A. Tooze, Sintflut. Die Neuordnung der Welt 1916–1931, München 2015.
A. Weinrich (Hrsg.), Nationalsozialismus und Erster Weltkrieg, Essen 2010.
A. Wirsching, Vom Weltkrieg zum Bürgerkrieg? Politischer Extremismus in Deutschland und Frankreich 1918–1933/39. Berlin und Paris im Vergleich, München 1999.
Ders. (Hrsg.), Das Jahr 1933. Die nationalsozialistische Machteroberung und die deutsche Gesellschaft, Göttingen 2009.

3 „Volksgemeinschaft" als Forschungskonzept

3.1 Ideologie

C.-E. Bärsch, Die politische Religion des Nationalsozialismus. Die religiöse Dimension der NS-Ideologie in den Schriften von Dietrich Eckart, Joseph Goebbels, Alfred Rosenberg und Adolf Hitler, 2., vollst. überarb. Aufl. München 2001 (EA 1998).
R. Bessel (Hrsg.), Fascist Italy and Nazi Germany. Comparisons and Contrasts, ND Cambridge 1997 (EA 1996).
M. Berg, Karl Alexander von Müller. Historiker für den Nationalsozialismus, Göttingen 2014.
W. Bialas, Moralische Ordnungen des Nationalsozialismus, Göttingen 2014.
W. Bialas/L. Fritze (Hrsg.), Ideologie und Moral im Nationalsozialismus, Göttingen 2014.
G. Brockhaus (Hrsg.), Attraktion der NS-Bewegung, Essen 2014.
S. Bruendel, Volksgemeinschaft oder Volksstaat. die „Ideen von 1914" und die Neuordnung Deutschlands im Ersten Weltkrieg, Berlin 2003.
J. Chapoutot, Der Nationalsozialismus und die Antike, Darmstadt 2014.
S. Friedländer, Kitsch und Tod. Der Widerschein des Nazismus, erw. TB-Neuausg. Frankfurt a. M. 1999 (EA 1984) (franz. 1982).
J. Herf, Reactionary Modernism. Technology, Culture and Politics in Weimar and the Third Reich, ND Cambridge u. a. 1993 (EA 1984) (TB 1996).

I. Kershaw/M. Lewin (Hrsg.), Stalinism and Nazism. Dictatorships in Comparison, ND Cambridge 1999 (EA 1997).
C. Koonz, Mütter im Vaterland. Frauen im Dritten Reich, Neuaufl. Reinbek bei Hamburg 1994 (EA 1991) (am. 1987).
F.-L. Kroll (Hrsg.), Totalitäre Profile. Zur Ideologie des Nationalsozialismus und zum Widerstandspotenzial seiner Gegner, Berlin 2017.
F.-L. Kroll/B. Zehnpfennig (Hrsg.), Ideologie und Verbrechen. Kommunismus und Nationalsozialismus im Vergleich, Paderborn 2014.
M. Ley/J. H. Schoeps (Hrsg.), Der Nationalsozialismus als politische Religion, Bodenheim bei Mainz 1997.
K. Linne, Deutschland jenseits des Äquators. Die NS-Kolonialplanungen für Afrika, Berlin 2008.
H. Maier (Hrsg.), Wege in die Gewalt. Die modernen politischen Religionen, Frankfurt/M. 2000.
Ders./M. Schäfer (Hrsg.), „Totalitarismus" und „Politische Religionen". Konzepte des Diktaturvergleichs, 2 Bde., Paderborn 1996/97.
A. Söllner/R. Walkenhaus/K. Wieland (Hrsg.), Totalitarismus. Eine Ideengeschichte des 20. Jahrhunderts, Berlin 1997.
E. Voegelin, Die politischen Religionen, hrsg. u. mit einem Nachwort vers. von P. J. Opitz, 2. Aufl. München 1996 (EA 1993/38).
V. Weiß, Moderne Antimoderne. Arthur Moeller van den Bruck und der Wandel des Konservatismus, Paderborn 2012.

3.2 Mobilisierung und Selbstermächtigung (NSDAP s. 2.2)

W. Abelshauser (Hrsg.), Die BASF – Eine Unternehmensgeschichte, München 2002.
C. Adam, Lesen unter Hitler. Autoren, Bestseller, Leser im Dritten Reich, Berlin 2010.
G. Aly, Hitlers Volksstaat. Raub, Rassenkrieg und Sozialismus, Frankfurt/M. 2005.
E. Angermair/U. Haerendel (Hrsg.), Inszenierter Alltag. „Volksgemeinschaft" im nationalsozialistischen München 1933–1945, München 1993.
R. Angermund, Deutsche Richterschaft 1919–1945. Krisenerfahrung, Illusion, politische Rechtsprechung, Neuaufl. Frankfurt/M. 1991 (EA 1990).
M. Aster, Das Reichsorchester. Die Berliner Philharmoniker und der Nationalsozialismus, Berlin 2007.
P. Ayçoberry, La société allemande sous le IIIe Reich, 1933–1945, Paris 1998 (TB 2001) (am. 2000).
J. Bähr, P. Erker, Bosch. Geschichte eines Weltunternehmens, München 2013.
F. Bajohr (Hrsg.), Norddeutschland im Nationalsozialismus, Hamburg 1993.
F. Bajohr, Parvenüs und Profiteure. Korruption in der NS-Zeit. Frankfurt a. M. 2001.

Ders./J. Szodrzynski (Hrsg.), Hamburg in der NS-Zeit. Ergebnisse neuerer Forschungen, Hamburg 1995.
F. J. Bauer, Geschichte des Hochschulverbandes, München 2001.
T. Bauer, Nationalsozialistische Agrarpolitik und bäuerliches Verhalten im Zweiten Weltkrieg. Eine Regionalstudie zur ländlichen Gesellschaft in Bayern, Frankfurt/M. 1996.
F. Becker/R. Schäfer (Hrsg.), Sport und Nationalsozialismus, Göttingen 2016.
S. Behrenbeck, Der Kult um die toten Helden. Nationalsozialistische Mythen, Riten und Symbole 1923 bis 1945, Vierow 1996.
D. L. Bergen, Twisted Cross. The German Christian Movement in the Third Reich, Chapel Hill 1997.
H. Berghoff, Träume und Alpträume. Konsumpolitik im Nationalsozialistischen Deutschland, in: H.G. Haupt/C. Torp (Hrsg.), Die Konsumgesellschaft in Deutschland 1890–1990. Ein Handbuch, Frankfurt/M. 2009, S. 268–288.
H. Bernett, Sport und Schulsport in der NS-Diktatur. Hrsg. von J. Teichler u. B. Bahro, Paderborn 2017.
G. Besier, Spaltungen und Abwehrkämpfe, Berlin 2000 (= Die Kirchen und das Dritte Reich, Bd. 3).
D. Beyrau (Hrsg.), Im Dschungel der Macht. Intellektuelle Professionen unter Stalin und Hitler, Göttingen 2000.
W. Bialas/M. Gangl (Hrsg.), Intellektuelle im Nationalsozialismus, Frankfurt/M. u. a. 2000.
E. Black, IBM und der Holocaust. Die Verstrickung des Weltkonzerns in die Verbrechen der Nazis, Berlin 2001 (am. 2001).
A. Blaschke, Zwischen „Dorfgemeinschaft" und „Volksgemeinschaft". Landbevölkerung und ländliche Lebenswelten im Nationalsozialismus, Paderborn 2017.
J. Borkin, Die unheilige Allianz der I.G. Farben. Eine Interessengemeinschaft im Dritten Reich, Sonderausg. Frankfurt/M. u. a. 1990 (EA 1979) (am. 1978).
J. Bleker/N. Jachertz (Hrsg.), Medizin im Dritten Reich, 2., erw. Aufl. Köln 1993 (EA 1989).
G. Brockhaus, „Schauder und Idylle". Faschismus als Erlebnisangebot, München 1997.
M. Broszat/K. Schwabe (Hrsg.), Die deutschen Eliten und der Weg in den Zweiten Weltkrieg, München 1989.
M. Broszat u. a. (Hrsg.), Bayern in der NS-Zeit, 6 Bde., München/Wien 1977–1983.
M. Broszat/K.-D. Henke/H. Woller (Hrsg.), Von Stalingrad zur Währungsreform. Zur Sozialgeschichte des Umbruchs in Deutschland, 3. Aufl. München 1990 (EA 1988).
L. Budraß, Adler und Kranich. Die Lufthansa und ihre Geschichte 1926–1955, München 2016.
B. Diestelkamp/M. Stolleis (Hrsg.), Justizalltag im Dritten Reich, Frankfurt/M. 1988.
A. Donges, Die Vereinigte Stahlwerke AG im Nationalsozialismus. Konzernpolitik zwischen Marktwirtschaft und Staatswirtschaft, Paderborn 2014.

P. Erker, Industrieeliten in der NS-Zeit. Anpassungsbereitschaft und Eigeninteresse von Unternehmern in der Rüstungs- und Kriegswirtschaft 1936–1945, Passau 1994.
Ders./T. Pierenkemper (Hrsg.), Deutsche Unternehmer zwischen Kriegswirtschaft und Wiederaufbau. Studien zur Erfahrungsbildung von Industrie-Eliten, München 1999.
G. D. Feldman, Die Allianz und die deutsche Versicherungswirtschaft 1933–1945, München 2001 (engl. 2001).
J. Finger, S. Keller, A. Wirsching, Dr. Oetker und der Nationalsozialismus. Geschichte eines Familienunternehmens 1933–1945, München 2013.
W. Fischer (Hrsg.), Die Preußische Akademie der Wissenschaften zu Berlin 1914–1945, Berlin 2000.
R. Fleiter, Stadtverwaltung im Dritten Reich. Verfolgungspolitik auf kommunaler Ebene am Beispiel Hannovers, 2., korr. Aufl., Hannover 2007.
M. Föllmer, „Ein Leben wie im Traum". Kultur im Dritten Reich, München 2016.
W. Freitag (Hrsg.), Das Dritte Reich im Fest. Führermyhtos, Feierlaune und Verweigerung in Westfalen 1933–1945, Bielefeld 1997.
M. Frese, Betriebspolitik im „Dritten Reich". Deutsche Arbeitsfront, Unternehmer und Staatsbürokratie in der westdeutschen Großindustrie 1933–1939, Paderborn 1991.
N. Frei/T. Schanetzky (Hrsg.), Unternehmen im Nationalsozialismus. Zur Historisierung einer Forschungskonjunktur, Göttingen 2010.
N. Frei./J. Schmitz, Journalismus im Dritten Reich, 3., überarb. TB-Aufl. München 1999 (EA 1989).
S. Friedländer u. a. (Hrsg.), Bertelsmann im Dritten Reich, 2 Bde, München 2002.
P. Fritzsche, Wie aus Deutschen Nazis wurden, Zürich/München 1999 (amerik. 1998) (TB 2002).
P. Fritzsche, Life and Death in the Third Reich, Cambridge/MA 2008.
M. Gailus/Clemens Vollnhals (Hrsg.), Für ein artgemäßes Christentum der Tat. Völkische Theologen im „Dritten Reich", Göttingen 2016.
L. Gall u. a., Die Deutsche Bank 1870–1995, München 1995.
Ders./M. Pohl (Hrsg.), Unternehmen im Nationalsozialismus, München 1998.
Ders. (Hrsg.), Krupp im 20. Jahrhundert. Die Geschichte des Unternehmens vom Ersten Weltkrieg bis zur Gründung der Stiftung, Berlin 2002.
A. Gehrig, Nationalsozialistische Rüstungspolitik und unternehmerischer Entscheidungsspielraum. Vergleichende Fallstudien zur württembergischen Maschinenbauindustrie, München 1996.
B. Gelderblom, Die Reichserntedankfeste auf dem Bückeberg 1933–1937, 3. Aufl. Hameln 2012 (EA 1998).
B. Gotto, Nationalsozialistische Kommunalpolitik. Administrative Normalität und Systemstabilisierung durch die Augsburger Stadtverwaltung 1933–1945, München 2006.
B. Gotto/M. Steber (Hrsg.), Visions of Community in Nazi Germany. Social Engineering and Private Lives, Oxford 2014.
K. Gotto/K. Repgen (Hrsg.), Die Katholiken und das Dritte Reich, 3., erw. u. überarb. Aufl. Mainz 1990 (EA 1980).

N. GREGOR, Stern und Hakenkreuz. Daimler-Benz im Dritten Reich, Berlin 1997 (engl. 1997).
H. GIES, Geschichtsunterricht unter der Diktatur Hitlers, Köln/Wien/Weimar 1992.
H. GIESECKE, Hitlers Pädagogen. Theorie und Praxis nationalsozialistischer Erziehung, 2., überarb. Aufl. Weinheim/München 1999 (EA 1993).
R. HACHTMANN, Industriearbeit im Dritten Reich. Untersuchungen zu den Lohn- und Arbeitsbedingungen in Deutschland 1933–1945, Göttingen 1989.
R. HACHTMANN/T. SCHAARSCHMIDT/W. SÜSS (Hrsg.), Berlin im Nationalsozialismus. Politik und Gesellschaft 1933–1945, Göttingen 2011.
P. HAMMERSCHMIDT, Die Wohlfahrtsverbände im NS-Staat. Die NSV und die konfessionellen Verbände Caritas und Innere Mission im Gefüge der Wohlfahrtspflege des Nationalsozialismus, Opladen 1999.
E. HANSEN, Wohlfahrtspolitik im NS-Staat. Motivationen, Konflikte und Machtstrukturen im „Sozialismus der Tat" des Dritten Reiches, Augsburg 1991.
P. HAYES, Industry and Ideology. IG Farben in the Nazi Era, 2. Aufl. Cambridge 2001 (EA 1987).
DERS., Die Degussa im Dritten Reich. Von der Zusammenarbeit zur Mittäterschaft, München 2004.
L. HERBST (Hrsg.), Die Commerzbank und die Juden 1933–1945, München 2004.
S. HERING/K. SCHILDE, Das BDM-Werk „Glaube und Schönheit". Die Organisation junger Frauen im Nationalsozialismus, Berlin 2000.
B. HERLEMANN, „Der Bauer klebt am Hergebrachten." Bäuerliche Verhaltensweisen unterm Nationalsozialismus auf dem Gebiet des heutigen Landes Niedersachsen, Hannover 1993.
B. HEYL/A. NEUGEBAUER (Hrsg.), „… ohne Rücksicht auf die Verhältnisse". Opel zwischen Weltwirtschaftskrise und Wiederaufbau, Frankfurt/M. 1997.
D. HOCHSTETTER, Motorisierung und „Volksgemeinschaft". Das Nationalsozialistische Kraftfahrkorps (NSKK) 1931–1945, München 2004.
H. HÜRTEN, Deutsche Katholiken 1918–1945, Paderborn 1992.
H. JAMES, Krupp. Deutsche Legende und globales Unternehmen, München 2011.
DERS., Die Deutsche Bank und die „Arisierung", München 2001 (engl. 2001).
DERS., Die Deutsche Bank im Dritten Reich, München 2013.
Y. KAROW, Deutsches Opfer. Kultische Selbstauslöschung auf den Reichsparteitagen der NSDAP, Berlin 1997.
A. KAISER, Von Helden und Opfern. Eine Geschichte des Volkstrauertags, Frankfurt/M. 2010.
J.-C. KAISER/M. GRESCHAT (Hrsg.), Der Holocaust und die Protestanten. Analysen einer Verstrickung, Frankfurt/M. 1988.
M. H. KATER, Die mißbrauchte Muse. Musiker im Dritten Reich, München/Wien 1998 (TB 2000) (am. 1997).
S. F. KELLERHOFF, Berlin unterm Hakenkreuz, Berlin 2006.
I. KERSHAW, Popular Opinion and Political Dissent in the Third Reich. Bavaria 1933–1945, ND Oxford 1991 (EA 1983) (TB 1988).
M. KIßENER, Boehringer Ingelheim im Nationalsozialismus. Studien zur Geschichte eines mittelständischen chemisch-pharmazeutischen Unternehmens, Stuttgart 2014.

A. Klein, Köln im Dritten Reich. Stadtgeschichte der Jahre 1933–1945, Köln 1983.
A. Königseder, Walter de Gruyter. Ein Wissenschaftsverlag im Nationalsozialismus, Tübingen 2016.
H. Kreutzer, Das Reichskirchenministerium im Gefüge der nationalsozialistischen Herrschaft, Düsseldorf 2000.
B. Kundrus/S. Steinbacher (Hrsg.), Kontinuitäten und Diskontinuitäten. Der Nationalsozialismus in der Geschichte des 20. Jahrhunderts, Göttingen 2013.
D. Langewiesche/H.-E. Tenorth (Hrsg.), Handbuch der deutschen Bildungsgeschichte, Bd. V: 1918–1945. Die Weimarer Republik und die nationalsozialistische Diktatur, München 1989.
E. Langthaler, Schlachtfelder. Alltägliches Wirtschaften in der nationalsozialistischen Agrargesellschaft 1938–1945, Wien 2016.
K.-M. Mallmann/G. Paul, Herrschaft und Alltag. Ein Industrierevier im Dritten Reich, Bonn 1991.
T.W. Mason, Sozialpolitik im Dritten Reich. Arbeiterklasse und Volksgemeinschaft, 2. Aufl. 1978 (EA 1977).
S. Mecking/A. Wirsching (Hrsg.), Stadtverwaltung im Nationalsozialismus. Systemstabilisierende Dimensionen kommunaler Herrschaft, Paderborn 2005.
K. Meier, Kreuz und Hakenkreuz. Die evangelische Kirche im Dritten Reich, überarb. Neuausg. München 2001 (EA 1992).
R. Melzer, Konflikt und Anpassung. Freimaurerei in der Weimarer Republik und im „Dritten Reich", Wien 1999.
H. Möller/A. Wirsching/W. Ziegler (Hrsg.), Nationalsozialismus in der Region. Beiträge zur regionalen und lokalen Forschung und zum internationalen Vergleich, München 1996.
H. Mommsen/M. Grieger, Das Volkswagenwerk und seine Arbeiter im Dritten Reich 1933–1948, 3. Aufl. Düsseldorf 1997 (EA 1996).
G. Morsch, Arbeit und Brot. Studien zu Lage, Stimmung, Einstellung und Verhalten der deutschen Arbeiterschaft 1933–36/37, Frankfurt/M. u. a. 1993.
D. Münkel, Nationalsozialistische Agrarpolitik und Bauernalltag, Frankfurt/M. 1996.
W. Nerdinger (Hrsg.), München und der Nationalsozialismus. Katalog des NS-Dokumentationszentrums München, München 2015.
J. Oltmer (Hrsg.), Nationalsozialistisches Migrationsregime und „Volksgemeinschaft", Paderborn 2012.
G. Penzholz, Beliebt und gefürchtet. Die bayerischen Landräte im Dritten Reich, Baden-Baden 2017.
R. Peter, Rüstungspolitik in Baden. Kriegswirtschaft und Arbeitseinsatz in einer Grenzregion im Zweiten Weltkrieg, München 1995.
N. Petrick-Felber, Kriegswichtiger Genuss. Tabak und Kaffee im „Dritten Reich", Göttingen 2015.
J. Petropoulos, Kunstraub und Sammelwahn. Kunst und Politik im Dritten Reich, Berlin 1999 (am. 1996).

D. Peukert, Volksgenossen und Gemeinschaftsfremde. Anpassung, Ausmerze und Aufbegehren unter dem Nationalsozialismus, Köln 1982.
G. Plumpe, Die IG-Farbenindustrie-AG. Wirtschaft, Technik und Politik 1904–1945, Berlin 1990.
M. Prinz/R. Zitelmann (Hrsg.), Nationalsozialismus und Modernisierung, 2., durch ein Nachwort erg. Aufl. Darmstadt 1994 (EA 1991).
O. Rathkolb, Führertreu und gottbegnadet. Künstlereliten im Dritten Reich, Wien 1991.
C. Rauh-Kühne/M. Ruck (Hrsg.), Regionale Eliten zwischen Diktatur und Demokratie. Baden und Württemberg 1930–1952, München 1993.
D. von Reeken/M. Thießen (Hrsg.), »Volksgemeinschaft« als soziale Praxis. Neue Forschungen zur NS-Gesellschaft vor Ort, Paderborn 2013.
P. Reichel, Der schöne Schein des Dritten Reiches. Faszination und Gewalt des Faschismus, München 1991 (TB 1996).
F. Reichherzer, „Alles ist Front!" Wehrwissenschaften in Deutschland und die Bellifizierung der Gesellschaft vom Ersten Weltkrieg bis in den Kalten Krieg, Paderborn 2012.
D. Reinicke u. a. (Hrsg.), Gemeinschaft als Erfahrung. Kulturelle Inszenierungen und soziale Praxis 1930–1960, Paderborn 2014.
T. Rohkrämer, Die fatale Attraktion des Nationalsozialismus. Über die Popularität eines Unrechtsregimes, Paderborn 2013.
C. Sachse/F. Tennstedt, Der Wohlfahrtsstaat im Nationalsozialismus, Stuttgart u. a. 1992.
N. Sahrhage, Diktatur und Demokratie in einer protestantischen Region. Stadt und Landkreis Herford 1929 bis 1953, Bielefeld 2005.
T. Schanetzky, „Kanonen statt Butter". Wirtschaft und Konsum im Dritten Reich, München 2015.
D. Schmiechen-Ackermann/S. Kaltenborn (Hrsg.), Stadtgeschichte in der NS-Zeit. Fallstudien aus Sachsen-Anhalt und vergleichende Perspektiven, Münster 2005.
T. M. Schneider, Reichsbischof Ludwig Müller. Eine Untersuchung zu Leben, Werk und Persönlichkeit, Göttingen 1993.
M. Schneider, Unterm Hakenkreuz. Arbeiter und Arbeiterbewegung 1933–1939, Bonn 1999.
D. Schoenbaum, Die braune Revolution. Eine Sozialgeschichte des Dritten Reiches. Mit einem Nachwort von H. Mommsen, Neuaufl. Berlin 1999 (EA 1968) (am. 1966).
C. Schoenmakers, „Die Belange der Volksgemeinschaft erfordern...". Rechtspraxis und Selbstverständnis von Bremer Juristen im „Dritten Reich", Paderborn 2015.
J. Scholtyseck, Der Aufstieg der Quandts. Eine deutsche Unternehmerdynastie, München 2011.
K.-H. Schwarz-Pich, Der DFB im Dritten Reich. Einer falschen Legende auf der Spur, Kassel 2000.
M. Spoerer, C & A. Ein Familienunternehmen in Deutschland, den Niederlanden und Großbritannien 1911–1961, München 2016.

A. Stanciu, „Alte Kämpfer" der NSDAP. Eine Berliner Funktionselite 1926–1949, Wien 2017.
J. Steinberg, Die Deutsche Bank und ihre Goldtransaktionen während des Zweiten Weltkrieges, München 1999.
A. E. Steinweis, Art, Ideology and Economics in Nazi Germany. The Reich Chambers of Music, Theater, and the Visual Arts, ND Chapel Hill 1997 (EA 1993).
J. Steuwer, „Ein Drittes Reich, wie ich es auffasse". Politik, Gesellschaft und privates Leben in Tagebüchern 1933–1939, Göttingen 2017.
R. Stommer, Die inszenierte Volksgemeinschaft. Die „Thing-Bewegung" im Dritten Reich, Marburg 1985.
J. Stephenson, Women in Nazi Society, London 1975 (TB 2001).
Dies., Hitler's Home Front. Württemberg under the Nazis, London 2006.
B. Stöver, Volksgemeinschaft im Dritten Reich. Die Konsensbereitschaft der Deutschen aus der Sicht sozialistischer Exilberichte, Düsseldorf 1993.
E. Schütz, Mythos Reichsautobahn. Bau und Inszenierung der „Straßen des Führers" 1933–1941, Berlin 1996.
J. E. Schulte, Zwangsarbeit und Vernichtung. Das Wirtschaftsimperium der SS. Oswald Pohl und das SS-Wirtschafts-Verwaltungshauptamt 1933–1945, Paderborn 2001.
F. W. Seidler, Die Organisation Todt. Bauen für Staat und Wehrmacht 1938–1945, Neuausg. Bonn 1998 (EA 1987).
Stiftung Topographie des Terrors (Hrsg.), Berlin 1933–1945. Zwischen Propaganda und Terror, Berlin 2010.
W. Süß / M. Thießen (Hrsg.), Städte im Nationalsozialismus. Urbane Räume und soziale Ordnungen, Göttingen 2017.
G. Sultano, „Wie geistiges Kokain...". Mode unterm Hakenkreuz, Wien 1995.
K. Thieler, ›Volksgemeinschaft‹ unter Vorbehalt. Gesinnungskontrolle und politische Mobilisierung in der Herrschaftspraxis der NSDAP-Kreisleitung Göttingen, Göttingen 2014.
M. Urban, Die Konsensfabrik. Funktion und Wahrnehmung der NS-Reichsparteitage 1933–1941, Göttingen 2007.
K. Vondung, Deutsche Wege zur Erlösung. Formen des Religiösen im Nationalsozialismus, Paderborn 2012.
M. Wildt/C. Kreutzmüller (Hrsg.), Berlin 1933–1945. Stadt und Gesellschaft im Nationalsozialismus, München 2013.
A. Winkler-Mayerhöfer, Starkult als Propagandamittel? Studien zum Unterhaltungsfilm im Dritten Reich, München 1992.
A. Wirsching (Hrsg.), Nationalsozialismus in Bayerisch-Schwaben. Herrschaft – Verwaltung – Kultur, Tübingen 2004.

3.3 „Volksgemeinschaft" in der Kontroverse

F. Bajohr, M. Wildt (Hrsg.), Neue Forschungen zur Gesellschaft des Nationalsozialismus, Frankfurt/M. 2009.

R. Bavaj, Die Ambivalenz der Moderne im Nationalsozialismus. Eine Bilanz der Forschung, München 2003.
U. Danker, A. Schwabe (Hrsg.), Die NS-Volksgemeinschaft. Zeitgenössische Verheißung, analytisches Konzept und ein Schlüssel zum historischen Lernen? Göttingen 2017.
N. Frei, „Volksgemeinschaft". Erfahrungsgeschichte und Lebenswirklichkeit der Hitler-Zeit, in: Ders., 1945 und wir. Das Dritte Reich im Bewußtsein der Deutschen, München 2005, S. 107–128.
R. Hachtmann/S. Reichardt (Hrsg.), Detlev Peukert und die NS-Forschung, Göttingen 2015.
I. Kershaw, „Volksgemeinschaft". Potenzial und Grenzen eines neuen Forschungskonzepts, in: VfZ 59 (2011), 1, 1–17.
N. Kramer/A. Nolzen, Ungleichheiten im »Dritten Reich«. Semantiken, Praktiken, Erfahrungen, Göttingen 2012.
H. Mommsen, Nationalsozialismus und vorgetäuschte Modernisierung, in: W. H. Pehle (Hrsg.), Der historische Ort des Nationalsozialismus, Frankfurt/M. 1990, S. 31–46.
D. Schmiechen-Ackermann (Hrsg.), „Volksgemeinschaft": Mythos, wirkungsmächtige soziale Verheißung oder soziale Realität im „Dritten Reich"? Paderborn 2012.
D. Süss, „Ein Volk, ein Reich, ein Führer". Die deutsche Gesellschaft im Dritten Reich, München 2017.
B. Weisbrod, Der Schein der Modernität, in: K. Rudolph/C. Wickert (Hrsg.), Geschichte als Möglichkeit, Essen 1995, S. 224–242.
M. Wildt, „Volksgemeinschaft", in: Docupedia-Zeitgeschichte, 03.06.2014. (https://docupedia.de/zg/Volksgemeinschaft).
M. Wildt, „Volksgemeinschaft". Eine Antwort auf Ian Kershaw, in: Zeithistorische Forschungen/Studies in Contemporary History 8 (2011), S. 102–109.

4 Integrierte Geschichte der NS-Gewalt

4.1 Täterforschung: Biografik und Strukturanalyse

G. Aly, „Endlösung". Völkerverschiebung und der Mord an den europäischen Juden, durchges. TB-Ausg. Frankfurt/M 1998 (EA 1995).
Ders./S. Heim, Vordenker der Vernichtung. Auschwitz und die deutschen Pläne für eine neue europäische Ordnung, durchges. Ausg. Frankfurt/M. 1997 (EA 1991).
Ders./K. H. Roth, Die restlose Erfassung. Volkszählen, Identifizieren, Aussondern im Nationalsozialismus, überarb. Neuausg. Frankfurt/M 2000 (EA 1984).
B. Bahro, Der SS-Sport. Organisation – Funktion – Bedeutung, Paderborn 2013.
J. Banach, Heydrichs Elite. Das Führerkorps der Sicherheitspolizei und des SD 1936–1945, Paderborn 1998.

R. B. Birn, Die Höheren SS- und Polizeiführer. Himmlers Vertreter im Reich und in den besetzten Gebieten, Düsseldorf 1986.
P. Black, Ernst Kaltenbrunner: Vasall Himmlers. Eine SS-Karriere, Paderborn 1991 (am. 1984).
R. Bollmus, Das Amt Rosenberg und seine Gegner. Studien zum Machtkampf im nationalsozialistischen Herrschaftssystem, Neuausg. mit einem Nachwort München 2001 (EA 1970)
M. Brechtken, Albert Speer. Eine deutsche Karriere, München 2017.
C. R. Browning, Ganz normale Männer. Das Reserve-Polizeibataillon 101 und die „Endlösung" in Polen, Neuausg. Reinbek bei Hamburg 1999 (EA 1993) (am. 1992).
G. C. Browder, Foundations of the Nazi Police State. The Formation of Sipo and SD, Lexington 1990.
Ders., Hitler's Enforcers. The Gestapo and the SS Security Service in the Nazi Revolution, New York/Oxford 1996.
H. Buchheim u. a., Anatomie des SS-Staates, 4. Aufl. Frankfurt 1999 (EA 1965).
D. Cesarani, Adolf Eichmann. Bürokrat und Massenmörder – Biografie, Berlin 2004.
C. Clay/M. Leapman, Herrenmenschen. Das Lebensborn-Experiment der Nazis, München 1997 (engl. 1995).
W. Curilla, Der Judenmord in Polen und die deutsche Ordnungspolizei, Paderborn 2011.
C. Dams/M. Stolle, Die Gestapo, 4. Aufl. München 2017.
G. Deschner, Reinhard Heydrich. Statthalter der totalen Macht, 4. Aufl. Esslingen a.N. 1999 (EA 1977) (TB 1980).
W. Dierker, Himmlers Glaubenskrieger. Der Sicherheitsdienst der SS und seine Religionspolitik 1933–1941, Paderborn 2002.
A. Fischer, Hjalmar Schacht und Deutschlands „Judenfrage". Der „Wirtschaftsdiktator" und die Vertreibung der Juden aus der deutschen Wirtschaft, Köln u. a. 1995.
M. A. Fraschka, Franz Pfeffer von Salomon: Hitlers Oberster SA-Führer. Eine radikale Karriere, Göttingen 2016.
A. Fuhrer/H. Schön, Erich Koch. Hitlers brauner Zar. Gauleiter von Ostpreußen und Reichskommissar der Ukraine, München 2009.
M. Gafke, Heydrichs „Ostmärker". Das österreichische Führungspersonal von Sicherheitspolizei und SD, Darmstadt 2015.
R. Gellately, Die Gestapo und die deutsche Gesellschaft. Die Durchsetzung der Rassenpolitik 1933–1945, 2. Aufl. Paderborn 1994 (EA 1993) (engl. 1990).
R. Gerwarth, Reinhard Heydrich. Biografie, München 2013.
K. Goehrke, In den Fesseln der Pflicht. Der Weg des Reichsfinanzministers Lutz Graf Schwerin von Krosigk, Köln 1995.
D. Goldhagen, Hitlers willige Vollstrecker. Ganz gewöhnliche Deutsche und der Holocaust, New York 1996 (TB 2000).
A. B. Gottwaldt, Julius Dorpmüller, die Reichsbahn und die Autobahn. Verkehrspolitik und Leben des Verkehrsministers bis 1945, Berlin 1995.
L. Hachmeister, Der Gegnerforscher. Die Karriere des SS-Führers Franz Alfred Six, München 1998.

B. Hein, „Elite für Volk und Führer? Die Allgemeine SS und ihre Mitglieder 1925–1945", München 2012.
I. Heinemann, Rasse, Siedlung, deutsches Blut. Das Rasse- und Siedlungshauptamt der SS und die rassenpolitische Neuordnung Europas, Göttingen 2003.
U. Herbert, Best. Biografische Studien über Radikalismus, Weltanschauung und Vernunft 1903–1989, Neuaufl. Bonn 2001 (EA 1996).
H. Höhne, Der Orden unter dem Totenkopf. Die Geschichte der SS, Neuausg. Augsburg 2000 (EA 1967) (TB 1981).
G. Holzinger (Hrsg.), Die zweite Reihe. Täterbiografien aus dem Konzentrationslager Mauthausen, Wien 2016.
C. Ingrao, Hitlers Elite. Die Wegbereiter des nationalsozialistischen Massenmordes, Berlin 2012.
E. A. Johnson, Der nationalsozialistische Terror. Gestapo, Juden und gewöhnliche Deutsche, Berlin 2001 (am. 1999).
Justizministerium des Landes NRW (Hrsg.), „... eifrigster Diener und Schützer des Rechts, des nationalsozialistischen Rechts". Nationalsozialistische Sondergerichtsbarkeit, Düsseldorf 2007.
A. J. Kay, The Making of an SS Killer. Das Leben des Obersturmbannführers Alfred Filbert 1905–1990, Paderborn 2017.
M. Kissener/J. Scholtyseck (Hrsg.), Die Führer in der Provinz. NS-Biografien aus Baden und Württemberg, Neuausg. Konstanz 1999 (EA 1997).
H. Krausnick/H.-H. Wilhelm, Hitlers Einsatzgruppen. Die Truppe des Weltanschauungskrieges 1938–1942, durchges. Ausg. Frankfurt/M. 1998 (EA 1981).
C. Kuller, Bürokratie und Verbrechen. Antisemitische Finanzpolitik und Verwaltungspraxis im nationalsozialistischen Deutschland, München 2013.
E. Lauf, Der Volksgerichtshof und sein Beobachter. Bedingungen und Funktionen der Gerichtsberichterstattung im Nationalsozialismus, Opladen 1994.
S. Linck, Der Ordnung verpflichtet. Deutsche Polizei 1933–1949. Der Fall Flensburg, Paderborn 2000.
P. Longerich, Die braunen Bataillone. Geschichte der SA, Neuausg. Augsburg 1999 (EA 1989).
Ders., Hitlers Stellvertreter. Führung der Partei und Kontrolle des Staatsapparates durch den Stab Heß und die Parteikanzlei Bormanns, München u. a. 1992.
Ders., Heinrich Himmler. Biografie, München 2008.
Ders., Goebbels. Biografie, München 2010.
W. Lotz/G. R. Ueberschär, Die Deutsche Reichspost 1933–1945. Eine politische Verwaltungsgeschichte, 2 Bde., Berlin 1999.
K.-M. Mallmann, Einsatzgruppen in Polen. Darstellung und Dokumentation, Darmstadt 2008.
Ders., G. Paul (Hrsg.), Karrieren der Gewalt. Nationalsozialistische Täterbiografien, Darmstadt 2004.
S. Martens, Hermann Göring. „Erster Paladin des Führers" und „Zweiter Mann im Reich", Paderborn 1985.

E. Mailänder, Gewalt im Dienstalltag. Die SS-Aufseherinnen des Konzentrations- und Vernichtungslagers Majdanek 1942–1944, Hamburg 2009.

J. Matthäus/K. Kwiet/J. Förster, Ausbildungsziel Judenmord? „Weltanschauliche Erziehung" von SS, Polizei und Waffen-SS im Rahmen der „Endlösung", Frankfurt/M. 2003.

R. Meindl, Ostpreußens Gauleiter. Erich Koch – eine politische Biografie, Osnabrück 2007.

F. J. Merkl, General Simon. Lebensgeschichte eines SS-Führers: Erkundungen zu Gewalt und Karriere, Kriminalität und Justiz, Legenden und öffentlichen Auseinandersetzungen, Augsburg 2010.

A. Meyer, Hitlers Holding. Die Reichswerke „Hermann Göring", überarb. u. aktual. Aufl. München/Wien 1999 (EA 1986).

K. Mues-Baron, Heinrich Himmler – Aufstieg des Reichsführers SS, Göttingen 2011.

G. Neliba, Wilhelm Frick. Der Legalist des Unrechtsstaates. Eine politische Biografie, Paderborn 1992.

R. Ogorreck, Die Einsatzgruppen und die „Genesis der Endlösung", Berlin 1996.

H. Ortner, Der Hinrichter. Roland Freisler – Mörder im Dienste Hitlers, Wien 1993.

R. J. Overy, Hermann Göring. Machtgier und Eitelkeit, 2. Aufl. München 1990 (EA 1986) (engl. 1984).

K. Pätzold/M. Weissbecker (Hrsg.), Rudolf Heß. Der Mann an Hitlers Seite, Leipzig 1999.

G. Paul, Staatlicher Terror und gesellschaftliche Verrohung. Die Gestapo in Schleswig-Holstein, Hamburg 1996.

G. Paul (Hrsg.), Die Täter der Shoah. Fanatische Nationalsozialisten oder ganz normale Deutsche? Göttingen 2002.

Ders./K.-M. Mallmann (Hrsg.), Die Gestapo. Mythos und Realität, Neuaufl. Darmstadt 1996 (EA 1995).

Dies. (Hrsg.), Die Gestapo im Zweiten Weltkrieg. „Heimatfront" und besetztes Europa, Darmstadt 2000.

B. Rieger, Creator of Nazi Death Camps. The Life of Odilo Globocnik, London 2007.

D. Roos, Julius Streicher und „Der Stürmer" 1923–1945, Paderborn 2014.

J. Sachslehner, Zwei Millionen ham'ma erledigt. Odilo Globocnik – Hitlers Manager des Todes, Wien 2014.

H. Safrian, Eichmann und seine Gehilfen, Neuausg. Frankfurt a. M. 1997 (EA 1993).

H. Schlüter, Die Urteilspraxis des nationalsozialistischen Volksgerichtshofs, Berlin 1995.

D. Schmiechen-Ackermann, Der „Blockwart". Die unteren Parteifunktionäre im nationalsozialistischen Terror- und Überwachungsapparat, in: VfZ 48 (2000), 575–602.

C. Schudnagies, Hans Frank. Aufstieg und Fall des NS-Juristen und Generalgouverneurs, Frankfurt/M. u. a. 1989.

T. Segev, Die Soldaten des Bösen. Zur Geschichte der KZ-Kommandanten, Reinbek b. Hamburg 1992.

A. Seeger, „Gestapo-Müller". Die Karriere eines Schreibtischtäters, Berlin 1996.
F. W. Seidler, Fritz Todt. Baumeister des Dritten Reiches, Neuausg. Schnellbach 2000 (EA 1986).
R. Smelser, Robert Ley. Hitlers Mann an der „Arbeitsfront". Eine Biografie, Paderborn 1989 (engl. 1988).
Ders./E. Syring (Hrsg.), Die SS. Elite unter dem Totenkopf. 20 Lebensläufe, Paderborn 2000.
Dies./R. Zitelmann (Hrsg.), Die braune Elite, Bd. 1: 22 biografische Skizzen, 4., aktual. Aufl. Darmstadt 1999 (EA 1989).
Dies. (Hrsg.), Die braune Elite, Bd. 2: 21 weitere biografische Skizzen, 2., aktual. Aufl. Darmstadt 1999 (EA 1993).
W. Schulte (Hrsg.), Die Polizei im NS-Staat, Frankfurt/M. 2009.
C. Spieker, A. Kenkmann, „Im Auftrag. Polizei, Verwaltung und Verantwortung". Begleitband zur gleichnamigen Ausstellung – Geschichtsort Villa ten Hompel, Essen 2001.
G. R. Ueberschär/W. Vogel (Hrsg.), Dienen und Verdienen. Hitlers Geschenke an seine Eliten, Frankfurt/M. 4. Aufl. 2000.
P. Wagner, Volksgemeinschaft ohne Verbrecher. Konzeptionen und Praxis der Kriminalpolizei in der Zeit der Weimarer Republik und des Nationalsozialismus, Hamburg 1996.
Ders., Hitlers Kriminalisten. Die deutsche Kriminalpolizei und der Nationalsozialismus zwischen 1920 und 1960, München 2002.
F. Wilhelm, Die Polizei im NS-Staat. Die Geschichte ihrer Organisation im Überblick, 2., durchges. u. verb. Aufl. Paderborn 1999 (EA 1997).
N. Weise, Eicke. Eine SS-Karriere zwischen Nervenklinik, KZ-System und Waffen-SS, Paderborn 2013.
W. Wette, Karl Jäger. Mörder der litauischen Juden, Frankfurt/M. 2011.
M. Wildt (Hrsg.), Die Judenpolitik des SD 1935 bis 1938. Eine Dokumentation, München 1995.
Ders., Generation des Unbedingten. Das Führungskorps des Reichssicherheitshauptamtes, Hamburg 2002.
Ders. (Hrsg.), Nachrichtendienst, politische Elite und Mordeinheit. Der Sicherheitsdienst des Reichsführers SS (2003), Neuaus. Hamburg 2016.
H.-H. Wilhelm, Die Einsatzgruppe A der Sicherheitspolizei und des SD 1941/42, Frankfurt/M. u. a. 1996.
G. Wysocki, Die Geheime Staatspolizei im Land Braunschweig. Polizeirecht und Poilzeipraxis im Nationalsozialismus., Frankfurt 1997.

4.2 Der situative Faktor: Orte des Terrors, Räume der Gewalt

J. Baberowski, Räume der Gewalt, Frankfurt/M. 2015.
W. Benz / B. Distel (Hrsg.), Der Ort des Terrors. Geschichte der nationalsozialistischen Konzentrationslager, 9 Bde., München 2005–2009.
S. Berger, Experten der Vernichtung. Das T4-Reinhardt-Netzwerk in den Lagern Belzec, Sobibor und Treblinka, Hamburg 2013.

M. Christ, Die Dynamik des Tötens. Die Ermordung der Juden von Berditschew. Ukraine 1941–1944, Frankfurt/M. 2011.

C. Dieckmann/B. Quinkert (Hrsg.), Im Ghetto 1936 – 1945. Neue Forschung zum Alltag und Umfeld, Göttingen 2009.

W. Dlugoborski/F. Piper (Hrsg.), Auschwitz 1940–1945. Studien zur Geschichte des Konzentrations- und Vernichtungslagers Auschwitz, 5 Bde., Oswiecim 1999 (poln. 1995).

J. Doerry u. a. (Hrsg.), NS-Zwangslager in Westdeutschland, Frankreich und den Niederlanden. Geschichte und Erinnerung, Paderborn 2008.

K. Drobisch/G. Wieland, System der NS-Konzentrationslager, 1933–1939, Berlin 1993.

N. Frei/S. Steinbacher/B. C. Wagner, Ausbeutung, Vernichtung, Öffentlichkeit. Neue Studien zur nationalsozialistischen Lagerpolitik, München 2000.

Y. Gutman/M. Berenbaum (Hrsg.), Anatomy of the Auschwitz Death Camp, ND Bloomington, In 1998 (EA 1994).

U. Herbert/K. Orth/C. Dieckmann (Hrsg.), Die nationalsozialistischen Konzentrationslager. Entwicklung und Struktur, 2 Bde., Göttingen 1998.

E. Kogon, Der SS-Staat. Das System der deutschen Konzentrationslager, 38. Aufl. München 2000 (EA 1946).

E. Kolb, Bergen-Belsen. Vom „Aufenthaltslager" zum Konzentrationslager 1943–1945, 5., überarb. u. stark erw. Aufl. Göttingen 1996 (EA 1962).

E. Kosthorst/B. Walter, Konzentrations- und Strafgefangenenlager im Emsland 1933–1945. Zum Verhältnis von NS-Regime und Justiz. Darstellung und Dokumentation, gekürz. u. in der Darstellung erg. Aufl. Düsseldorf 1985 (EA 1983).

S. Lehnstaedt, Der Kern des Holocaust. Bełżec, Sobibór, Treblinka und die Aktion Reinhardt, München 2017.

G. Lotfi, KZ der Gestapo. Arbeitserziehungslager im Dritten Reich, Stuttgart/München 2000.

K. Orth, Das System der nationalsozialistischen Konzentrationslager. Eine politische Organisationsgeschichte, Hamburg 1999.

Dies., Die Konzentrationslager-SS. Soziokulturelle Analysen und biografische Studien, Göttingen 2000.

R. J. van Pelt, D. Dwork, Auschwitz. Von 1270 bis heute, Zürich 1998.

G. Schwarz, Die nationalsozialistischen Lager, überarb. TB-Ausg. Frankfurt/M. 1996 (EA 1990).

J. Schley, Nachbar Buchenwald. Die Stadt Weimar und ihr Konzentrationslager 1937–1945, Köln 1999.

W. Sofsky, Die Ordnung des Terrors. Die Konzentrationslager, 3., durchges. TB-Aufl. Frankfurt/M. 1997 (EA 1993).

H. Stein (Hrsg.), Konzentrationslager Buchenwald 1937–1945. Begleitband zur historischen Ausstellung, Göttingen 2. Aufl. 2000.

S. Steinbacher, „Musterstadt" Auschwitz. Germanisierungspolitik und Judenmord in Ostoberschlesien, München 2000.

J. Tuchel (Hrsg.), Die Inspektion der Konzentrationslager 1938–1945. Das System des Terrors, Berlin 1994.

N. Wachsmann, KL. Die Geschichte der nationalsozialistischen Konzentrationslager, München 2016.

N. Wachsmann/J. Caplan (Hrsg.), Concentration Camps in Nazi Germany. The New Histories, London 2010.

B. C. Wagner, IG Auschwitz. Zwangsarbeit und Vernichtung von Häftlingen des Lagers Manowitz 1941–1945, München 2000.

J.-C. Wagner, Produktion des Todes. Das KZ Mittelbau-Dora, Göttingen 2001.

4.3 Schreibtischtäter? Wissenschaft im Nationalsozialismus

E. Abel, Kunstraub – Ostforschung – Hochschulkarriere. Der Osteuropahistoriker Peter Scheibert, Paderborn 2016.

G. Bock, Zwangssterilisation im Nationalsozialismus. Studien zur Rassenpolitik und Frauenpolitik, Opladen 1986.

M. Burleigh, Germany Turns Eastwards. A Study of Ostforschung in the Third Reich, ND Cambridge u. a. 1989 (EA 1988).

G. Camphausen, Die wissenschaftliche historische Rußlandforschung im Dritten Reich 1933–1945, Frankfurt/M. u. a. 1990.

C. Cornelißen/C. Mish (Hrsg.), Wissenschaft an der Grenze. Die Universität Kiel im Nationalsozialismus, Essen 2009.

U. Deichmann, Biologen unter Hitler. Porträt einer Wissenschaft im NS-Staat, überarb. u. erw. TB-Ausg. Frankfurt/M. 1995 (EA 1991).

B. Dietz/H. Gabel/U. Tiedau (Hrsg.), Griff nach dem Westen. Die „Westforschung" der völkisch-nationalen Wissenschaften zum nordwesteuropäischen Raum (1919–1960), Göttingen 2003.

B. Dörner, „Heimtücke": Das Gesetz als Waffe. Kontrolle, Abschreckung und Verfolgung in Deutschland 1933–1945, Paderborn 1998.

M. Fahlbusch, Wissenschaft im Dienst der nationalsozialistischen Politik? Die „Volksdeutschen Forschungsgemeinschaften" von 1931–1945, Baden-Baden 1999.

Ders./I. Haar/A. Pinwinkler (Hrsg.), Handbuch der völkischen Wissenschaften. Personen, Institutionen, Forschungsprogramme, 2. Aufl. München 2017 (EA 2008).

N. Frei (Hrsg.), Medizin und Gesundheitspolitik in der NS-Zeit, München 1991.

U. Geuter, Die Professionalisierung der deutschen Psychologie im Nationalsozialismus, Frankfurt/M. 1984 (TB 1988).

H. Giesecke, Hitlers Pädagogen. Theorie und Praxis nationalsozialistischer Erziehung, 2., überarb. Aufl. Weinheim/München 1999 (EA 1993).

E. Grothe, Ernst Rudolf Huber. Staat, Verfassung, Geschichte, Baden-Baden 2015.

M. Grüttner, Studenten im Dritten Reich, Paderborn 1995.

R. Hachtmann, Wissenschaftsmanagement im Dritten Reich. Die Generalverwaltung der Kaiser-Wilhelm-Gesellschaft, Göttingen 2007.

I. Haar, Historiker im Nationalsozialismus. Deutsche Geschichtswissenschaft und der „Volkstumskampf" im Osten, Göttingen 1998.

N. Hammerstein, Die Deutsche Forschungsgemeinschaft in der Weimarer Republik und im Dritten Reich. Wissenschaftspolitik in Republik und Diktatur, München 1999.
F.-R. Hausmann, „Deutsche Geisteswissenschaft" im Zweiten Weltkrieg. Die „Aktion Ritterbusch" (1940–1945), Dresden/München 1998.
H. Heiber, Universität unterm Hakenkreuz, Teil I: Der Professor im Dritten Reich. Bilder aus der akademischen Provinz, München 1991; Teil II: Die Kapitulation der Hohen Schulen. Das Jahr 1933 und seine Themen, 2 Bde., München 1992–1994.
R. Hohls/K. H. Jarausch (Hrsg.), Versäumte Fragen. Deutsche Historiker im Schatten des Nationalsozialismus, Stuttgart 2000.
D. Kaufmann (Hrsg.), Geschichte der Kaiser-Wilhelm-Gesellschaft im Nationalsozialismus. Bestandsaufnahme und Perspektiven der Forschung, 2 Bde., Göttingen 2000.
E. Klee, „Euthanasie" im NS-Staat. Die „Vernichtung lebensunwerten Lebens", 9. Aufl. Frankfurt/M. 1999 (EA 1983). 2. Aufl. 2010 (TB).
Ders., Was sie taten, was sie wurden. Ärzte, Juristen und andere Beteiligte am Kranken- und Judenmord, Neuausg. Frankfurt/M. 1998 (EA 1986).
Ders., Auschwitz, die NS-Medizin und ihre Opfer, überarb. Neuausg. Frankfurt/M. 2001 (EA 1997).
R. Loeffel, Family Punishment in Nazi Germany. Sippenhaft, Terror and Myth, Basingstoke 2012.
C. Madajczyk (Hrsg.), Vom Generalplan Ost zum Generalsiedlungsplan. Dokumente, München u. a. 1994.
H. Maier, Chemiker im „Dritten Reich". Die Deutsche Chemische Gesellschaft und der Verein Deutscher Chemiker im NS-Herrschaftsapparat, Weinheim 2015.
Ders. (Hrsg.), Gemeinschaftsforschung, Bevollmächtigte und der Wissenstransfer. Die Rolle der Kaiser-Wilhelm-Gesellschaft im System kriegsrelevanter Forschung des Nationalsozialismus, Göttingen 2007.
C. Meinel/P. Voswinckel (Hrsg.), Medizin, Naturwissenschaft, Technik und Nationalsozialismus. Kontinuitäten und Diskontinuitäten, Stuttgart 1994.
G. Metzler, Internationale Wissenschaft und nationale Kultur. Deutsche Physiker in der internationalen Community 1900–1960, Göttingen 2000.
W. Oberkrome, Volksgeschichte. Methodische Innovation und völkische Ideologisierung in der deutschen Geschichtswissenschaft 1918–1945, Göttingen 1993.
K. Orth, Die NS-Vertreibung der jüdischen Gelehrten. Die Politik der Deutschen Forschungsgemeinschaft und die Reaktion der Betroffenen, Göttingen 2016.
J. Reitzenstein, Himmlers Forscher. Wehrwissenschaft und Medizinverbrechen im „Ahnenerbe" der SS, Paderborn 2014.
M. Rössler/S. Schleiermacher (Hrsg.), Der „Gerneralplan Ost". Hauptlinien der nationalsozialistischen Planungs- und Vernichtungspolitik, Berlin 1993.
F. Ruckert, Zwangssterilisationen im Dritten Reich 1933–1945. Das Schicksal der Opfer am Beispiel der Frauenklinik des Städtischen Krankenhauses und der Hebammenlehranstalt Mainz, Stuttgart 2012.

B. Rüthers, Entartetes Recht. Rechtslehren und Kronjuristen im Dritten Reich, 2., verb. Aufl. München 1989 (EA 1988) (TB 1994).
S. Schleiermacher/U. Schagen (Hrsg.), Die Charité im Dritten Reich. Zur Dienstbarkeit medizinischer Wissenschaft im Nationalsozialismus. Paderborn 2008.
F. Schmalz, Kampfstoff-Forschung im Nationalsozialismus. Zur Kooperation von Kaiser-Wilhelm-Instituten, Militär und Industrie, Göttingen 2017.
H.-W. Schmuhl, Rassenhygiene, Nationalsozialismus, Euthanasie. Von der Verhütung zur Vernichtung „lebensunwerten Lebens", 1890–1945, 2. Aufl. Göttingen 1992 (EA 1987).
P. Schöttler, Geschichtsschreibung als Legitimationswissenschaft 1918–1945, Frankfurt/M. 1997.
W. Schulze, O.G. Oexle (Hrsg.), Deutsche Historiker im Nationalsozialismus, Frankfurt/M. 1999.
A. Steinweis, The Law in Nazi Germany. Ideology, Opportunism, and the Perversion of Justice, New York 2013.
Ders., Stuying the Jew. Scholarly Antisemitism in Nazi Germany, Cambridge/Mass. 2006.
T. Stöckle, Grafeneck 1940. Die Euthanasie-Verbrechen in Südwestdeutschland, erw. Aufl. Stuttgart 2012.
M. Stolleis, Recht im Unrecht. Studien zur Rechtsgeschichte des Nationalsozialismus, Frankfurt a. M. 1994.
W. Süß, Der „Volkskörper" im Krieg: Gesundheitspolitik, Gesundheitsverhältnisse und Krankenmord im nationalsozialistischen Deutschland 1939–1945, München 2003.
N. Wachsmann, Gefangen unter Hitler. Justiz-Terror und Strafvollzug im NS-Staat, München 2006.
B. Wasser, Himmlers Raumplanung im Osten. Der Generalplan Ost in Polen 1940–1944, Basel/Berlin/Boston 1993.
G. Wieland, Das war der Volksgerichtshof. Ermittlungen, Fakten, Dokumente, Pfaffenweiler 1989.

4.4 Soziologische Blickverschiebung

M. Christ/M. Suderland (Hrsg.), Soziologie und Nationalsozialismus: Positionen, Debatten, Perspektiven, Frankfurt/M. 2014.
H.-C. Harten, Himmlers Lehrer. Die Weltanschauliche Schulung in der SS 1933–1945, Paderborn 2014.
S. Kühl, Ganz normale Organisationen. Zur Soziologie des Holocaust, Frankfurt/M. 2014.
H. Welzer, Täter: Wie aus ganz normalen Menschen Massenmörder werden, 6. Aufl. Frankfurt/M. 2006.

4.5 Verfolgung und Verfolgte: Praxis, Lebenswelten, Wahrnehmung

G. ALY, Die Belasteten. „Euthanasie" 1939–1945. Eine Gesellschaftsgeschichte, Frankfurt/M. 2013.

DERS., Europa gegen die Juden: 1880–1945, Frankfurt/M., 2017.

C. BADE, „Die Mitarbeit der gesamten Bevölkerung ist erforderlich!": Denunziation und Instanzen sozialer Kontrolle am Beispiel des Regierungsbezirks Osnabrück 1933 bis 1949, Osnabrück 2009.

F. BAJOHR, „Arisierung" in Hamburg. Die Verdrängung der jüdischen Unternehmer 1933–1945, 2. Aufl. Hamburg 1998 (EA 1997).

DERS./A. LÖW (Hrsg.), Der Holocaust. Ergebnisse und neue Fragen der Forschung, Frankfurt/M. 2015.

DERS./D. POHL (Hrsg.), Massenmord und schlechtes Gewissen. Die deutsche Bevölkerung, die NS-Führung und der Holocaust, 2. Aufl. Frankfurt/M. 2008.

DERS./C. STRUPP (Hrsg.), Fremde Blicke auf das „Dritte Reich". Berichte ausländischer Diplomaten über Herrschaft und Gesellschaft in Deutschland 1933–1945, Göttingen 2011.

D. BANKIER, Die öffentliche Meinung im Hitler-Staat. Die „Endlösung" und die Deutschen. Eine Berichtigung, Berlin 1995 (engl. 1992).

W. BENZ (Hrsg.), Dimension des Völkermords. Die Zahl der jüdischen Opfer des Nationalsozialismus, Neuausg. München 1996 (EA 1991).

DERS., Der Holocaust, 4. Aufl. München 1999 (EA 1995).

DERS., Theresienstadt. Eine Geschichte von Täuschung und Vernichtung, München 2013.

G. DIEWALD-KERKMANN, Politische Denunziation im NS-Regime oder die kleine Macht der „Volksgenossen", Bonn 1995.

D. L. BERGEN, War and Genocide. A Concise Histoy oft he Holocaust, Lanham, MD 2003.

DIES./A. LÖW (Hrsg.), Der Alltag im Holocaust. Jüdisches Leben im Großdeutschen Reich 1941–1945, München 2013.

D. BLOXHAM, The Final Solution. A Genocide, Oxford 2009.

M. BRENNER / M. STRNAD (Hrsg.) Der Holocaust in der deutschsprachigen Geschichtswissenschaft. Bilanz und Perspektiven, Göttingen 2012.

C. BROWNING, Die Entfesselung der „Endlösung". Nationalsozialistische Judenpolitik 1939–1942, Berlin 2003.

U. BÜTTNER (Hrsg.), Die Deutschen und die Judenverfolgung im Dritten Reich, Frankfurt/M. 2003.

K. DÖRDELMANN, Die Macht der Worte. Denunziationen im nationalsozialistischen Köln, Köln 1997.

B. DÖRNER, Die Deutschen und der Holocaust. Was niemand wissen wollte, aber jeder wissen konnte, Berlin 2007.

A. FEHRINGER, Arisierung und Rückstellung von Apotheken in Österreich, Göttingen 2013.

G.D. FELDMAN/W. SEIBEL (Hrsg.), Networks of Nazi Prosecution. Bureaucracy, Business and the Organization of the Holocaust, Oxford 2005.

M. Fiebrandt, Auslese für die Siedlergesellschaft. Die Einbeziehung Volksdeutscher in die NS-Erbgesundheitspolitik im Kontext der Umsiedlungen 1939–1945, Göttingen 2014.

K. Fings/U. F. Opfermann (Hrsg.), Zigeunerverfolgung im Rheinland und in Westfalen 1933–1945. Geschichte, Aufarbeitung und Erinnerung, Paderborn 2012.

H. Friedlander, Der Weg zum NS-Genozid. Von der Euthanasie zur Endlösung, Berlin 1997.

S. Friedländer, Das Dritte Reich und die Juden, Bd. 1: Die Jahre der Verfolgung 1933–1939, 2., durchges. Aufl. München 1998 (EA 1998) (TB 2000) (engl. 1997).

Ders., Das Dritte Reich und die Juden, Bd. 2: Die Jahre der Vernichtung 1939–1945, München 2006.

Ders., Das Dritte Reich und die Juden. Gesamtausgabe, München 2008.

Ders., Den Holocaust beschreiben. Auf dem Weg zu einer integrierten Geschichte, Göttingen 2007.

C. Fritsche/J. Paulmann (Hrsg.), „Arisierung" und „Wiedergutmachung" in deutschen Städten, Wien 2014.

R. Gellately, Hingeschaut und Weggesehen. Hitler und sein Volk, Stuttgart 2002 (engl. 2001).

C. Gerlach, Der Mord an den europäischen Juden. Ursachen, Ereignisse, Dimensionen, München 2017.

Ders./G. Aly, Das letzte Kapitel. Mord an den ungarischen Juden 1944–1945, Frankfurt/M. 2004.

W. Gruner, Der geschlossene Arbeitseinsatz deutscher Juden. Zur Zwangsarbeit als Element der Verfolgung 1938–1943, Berlin 1997.

Ders., Öffentliche Wohlfahrt und Judenverfolgung. Wechselwirkung lokaler und zentraler Politik im NS-Staat (1933–1942), München 2002.

Y. Gutman (Hrsg.), Enzyklopädie des Holocaust. Die Verfolgung und Ermordung der europäischen Juden, 4 Bde., 2. Aufl. München u. a. 1998 (EA 1993) (am. 1990).

U. Haerendel, Kommunale Wohnungspolitik im Dritten Reich. Siedlungsideologie, Kleinhausbau und „Wohnungsraumarisierung" am Beispiel Münchens, München 1999.

U. Herbert (Hrsg.), Nationalsozialistische Vernichtungspolitik 1939–1945. Neue Forschungen und Kontroversen, Frankfurt/M. 1998.

R. Hilberg, Täter, Opfer, Zuschauer. Die Vernichtung der Juden 1933–1945, Sonderausg. Frankfurt/M. 1999 (EA 1992) (am. 1992).

Ders., Die Vernichtung der europäischen Juden. Die Gesamtgeschichte des Holocaust, 3 Bde., erneut durchges., 9. Aufl. der durchges. u. erw. Ausg. 1994 Frankfurt/M. 1999 (EA 1982) (am. 1961).

J. S. Hohmann, Geschichte der Zigeunerverfolgung in Deutschland, überarb. Neuausg. Frankfurt/M. u. a. 1988 (EA 1981).

E. Hornung, Denunziation als soziale Praxis. Fälle aus der NS-Militärjustiz, Wien 2010.

A. Jah/G. Kühling (Hrsg.), Fundstücke. Die Deportation der Juden aus Deutschland und ihre verdrängte Geschichte nach 1945, Göttingen 2016.

H.-C. Jasch, Staatssekretär Wilhelm Stuckart und die Judenpolitik. Der Mythos von der sauberen Verwaltung, München 2012.
H.-C. Jasch/ C. Kreutzmüller (Hrsg.), Die Teilnehmer. Die Männer der Wannsee-Konferenz, Berlin 2017.
B. Jellonnek/R. Lautmann (Hrsg.), Nationalsozialistischer Terror gegen Homosexuelle. Verdrängt und ungesühnt, Paderborn 2002
M. A. Kaplan, Between Dignity and Dispair. Jewish Life in Nazi Germany, Oxford 1996.
A. Kinast, »Das Kind ist nicht abrichtfähig«. »Euthanasie« in der Kinderfachabteilung Waldniel 1941–1943, durchges. Neuaufl. Wien 2014.
V. Koop, „Wer Jude ist, bestimme ich". „Ehrenarier" im Nationalsozialismus, Wien 2014.
A. Krätzner (Hrsg.), Hinter vorgehaltener Hand. Studien zur historischen Denunziationsforschung, Göttingen 2015.
O. D. Kulka/E. Jäckel (Hrsg.), Die Juden in den geheimen NS-Stimmungsberichten 1933–1945, Düsseldorf 2005.
B. Kundrus/B. Meyer (Hrsg.), Die Deportation der Juden aus Deutschland. Pläne, Praxis, Reaktionen 1938–1945, Göttingen 2004.
P. Longerich, Politik der Vernichtung. Eine Gesamtdarstellung der nationalsozialistischen Judenverfolgung, München/Zürich 1998.
Ders., Wanseekonferenz. Der Weg zur „Endlösung", Berlin 2016.
Ders., „Davon haben wir nichts gewusst!" Die Deutschen und die Judenverfolgung 1933–1945, München 2006.
Ders. (Hrsg.), Die Ermordung der europäischen Juden. Eine umfassende Dokumentation des Holocaust 1941–1945, 2. Aufl. München/Zürich 1990 (EA 1989).
A. Löw, Juden im Getto Litzmannstadt. Lebensbedingungen, Selbstwahrnehmung, Verhalten, Göttingen 2006.
A. Löw/D.L. Bergen/A. Hájková (Hrsg.), Alltag im Holocaust. Jüdisches Leben im Großdeutschen Reich 1941–1945, München 2013.
H. Neuberger, Winkelmaß und Hakenkreuz. Die Freimaurer und das Dritte Reich, München 2001.
K. Pätzold/E. Schwarz, Tagesordnung Judenmord. Die Wannsee-Konferenz am 20. Januar 1942. Eine Dokumentation zur Organisation der „Endlösung", 4. Aufl. Berlin 1998 (EA 1992).
R. Plant, Rosa Winkel. Der Krieg der Nazis gegen die Homosexuellen, Frankfurt/M. 1991 (engl. 1986).
D. Pohl, Von der „Judenpolitik" zum Judenmord. Der Distrikt Lublin des Generalgouvernements 1939–1944, Frankfurt/M. u. a. 1993.
Ders., Nationalsozialistische Judenverfolgung in Ostgalizien 1941–1944. Organisation und Durchführung eines staatlichen Massenverbrechens, 2. Aufl. München 1997 (EA 1996).
Ders., Holocaust. Die Ursachen, das Geschehen, die Folgen, Freiburg i.Brsg./Basel/Wien 2000.
Ders., Verfolgung und Massenmord in der NS-Zeit 1933–1945, Darmstadt 2003.
D. Pohl, F. Bajohr, Der Holocaust als offenes Geheimnis. Die Deutschen, die NS-Führung und die Alliierten, München 2006.

R. Rose (Hrsg.), Der nationalsozialistische Völkermord an den Sinti und Roma, 2., überarb. u. erg. Aufl. Heidelberg 1995 (EA 1995).
Ders./W. Weiss, Sinti und Roma im „Dritten Reich". Das Programm der Vernichtung durch Arbeit, 2., veränd. u. erw. Aufl. Göttingen 1993 (EA 1991).
M. Roseman, Die Wannsee-Konferenz. Wie die NS-Bürokratie den Holocaust organisierte, Berlin 2002.
M. Roth, „Ihr wisst, wollt es aber nicht wissen". Verfolgung, Terror und Widerstand im Dritten Reich, München 2015.
Ders., A. Löw, Das Warschauer Getto. Alltag und Widerstand im Angesicht der Vernichtung, München 2013.
M. Rudnik, Aussondern, Sterilisieren, Liquidieren. Die Verfolgung Behinderter im Nationalsozialismus, Berlin 1990.
T. Sandkühler, „Endlösung" in Galizien. Der Judenmord in Ostpolen und die Rettungsinitiativen von Berthold Beitz 1941–1944, Bonn 1996.
K. Scherer, „Asozial" im Dritten Reich. Die vergessenen Verfolgten, Münster 1990.
S. Schrafstetter/A.E. Steinweis (Hrsg.), The Germans and the Holocaust. Popular Responses to the Persecution and Murder of the Jews, New York City 2015 (TB 2017).
M. Schwarz (Hrsg.), Homosexuelle im Nationalsozialismus. Neue Forschungsperspektiven zu Lebenssituationen von lesbischen, schwulen, bi-, trans- und intersexuellen Menschen 1933 bis 1945, München 2014 (auch Bonn 2015).
N. Wenge, Integration und Ausgrenzung in der städtischen Gesellschaft. Eine jüdisch-nichtjüdische Beziehungsgeschichte Kölns 1918–1933, Mainz 2005.
W. Wippermann, „Wie die Zigeuner". Antisemitismus und Antiziganismus im Vergleich, Berlin 1997.
M. Zimmermann, Rassenutopie und Genozid. Die nationalsozialistische „Lösung der Zigeunerfrage", Hamburg 1996.
St. Zwicker (Hrsg.), Frantisek Steiner. Fußball unterm gelben Stern. Die Liga im Ghetto Theresienstadt 1943–44, Paderborn 2017.

5 Kriegserfahrung, Kriegführung und die Rolle der Wehrmacht

5.1 Die Wehrmacht im Weltanschauungskrieg

R. Absolon, Die Wehrmacht im Dritten Reich, bisher 6 Bde., Boppard a.Rh. 1969–1995 (teilweise München 1998).
F. Andrae, Auch gegen Frauen und Kinder. Der Krieg der deutschen Wehrmacht gegen die Zivilbevölkerung in Italien 1943–1945, München u. a. 1995.
O. Bartov, Hitlers Wehrmacht. Soldaten, Fanatismus und die Brutalisierung des Krieges, 2. TB-Aufl. Reinbek bei Hamburg 1999 (EA 1995) (engl. 1991).

C. Bade/L. Skowronski/M. Viebig (Hrsg.), NS-Militärjustiz im Zweiten Weltkrieg. Disziplinierungs- und Repressionsinstrument in europäischer Dimension, Göttingen 2015.

W. Cüppers, Wegbereiter der Shoah. Die Waffen-SS, der Kommandostab Reichsführer-SS und die Judenvernichtung 1939–1940, Darmstadt 2005.

T. Diedrich, Paulus. Das Trauma von Stalingrad. Eine Biografie, Paderborn 2008.

J. Echternkamp, Der Zweite Weltkrieg, München 2010.

J. Förster, Die Wehrmacht im NS-Staat. Eine strukturgeschichtliche Analyse, München 2007.

K.-H. Frieser, Blitzkrieg-Legende. Der Westfeldzug 1940, 4. Aufl. München 2012 (EA 1995).

C. Gentile, Wehrmacht und Waffen-SS im Partisanenkrieg. Italien 1943–1945, Paderborn 2012.

C. Gerlach, Kalkulierte Morde. Die deutsche Wirtschafts- und Vernichtungspolitik in Weißrußland 1941 bis 1944, 2. Aufl. Hamburg 2000 (EA 1999).

Ders., Krieg, Ernährung, Völkermord. Forschungen zur deutschen Vernichtungspolitik im Zweiten Weltkrieg, Neuausg. Zürich/München 2001 (EA 1998).

T. R. Grischany, Der Ostmark treue Alpensöhne. Die Integration der Österreicher in die großdeutsche Wehrmacht, 1938–45, Göttingen 2015.

Hamburger Institut für Sozialforschung (Hrsg.), Verbrechen der Wehrmacht. Dimensionen des Vernichtungskriegs 1941–1944. Ausstellungskatalog, Hamburg 2002.

C. Hartmann, Halder. Generalstabschef Hitlers 1938–1942, 2. Aufl., Paderborn 2010 (EA 1991).

Ders., Wehrmacht im Ostkrieg. Front und militärisches Hinterland 1941/42, München 2009.

Ders. u. a., Der Der deutsche Krieg im Osten 1941 – 1944. Facetten einer Grenzüberschreitung, München 2009.

Ders., J. Hürter, U. Jureit (Hrsg.), Verbrechen der Wehrmacht. Bilanz einer Debatte, Müchen 2005.

D. Hartwig, Großadmiral Karl Dönitz. Legende und Wirklichkeit, Paderborn 2010.

A. Hillgruber, Hitlers Strategie. Politik und Kriegführung 1940–1941, 3. Aufl. Bonn 1993 (EA 1965).

J. Hürter, Hitlers Heerführer. Die deutschen Oberbefehlshaber im Krieg gegen die Sowjetunion 1941/42, München 2006.

C. Ingrao, Les chasseurs noirs. La brigade Dirlewanger, Paris 2006 (engl. 2013).

K. H. Janssen/F. Tobias, Der Sturz der Generäle. Hitler und die Blomberg-Fritsch-Krise 1938, München 1994.

A. J. Kay u. a. (Hrsg.), Nazi Policy on the Eastern Front, 1941. Total War, Genocide, and Radicalization, Rochester, NY 2012.

B. R. Kroener, Generaloberst Friedrich Fromm. Eine Biografie, Paderborn 2005.

J. Lehnhardt, Die Waffen-SS. Geburt einer Legende in der NS-Propaganda, Paderborn 2017.

J.-L. Leleu, La Waffen-SS. Soldats politiques en guerre, 2 Bde, Paris 2014 (EA 2007).

P. Lieb, Konventioneller Krieg oder NS-Weltanschauungskrieg? Kriegführung und Partisanenbekämpfung in Frankreich 1943/44, München 2007.

L. Lüdicke, Griff nach der Weltherrschaft. Die Außenpolitik des Dritten Reiches 1933–1945, Berlin 2009.

W. Manoschek (Hrsg.), Die Wehrmacht im Rassenkrieg. Der Vernichtungskrieg hinter der Front, Wien 1996.

A. J. Mayer, Die deutsche Besatzung in Frankreich 1940–1944. Widerstandsbekämpfung und Judenverfolgung, Darmstadt 2000.

J. P. Megargee, Hitler und die Generäle. Da Ringen um die Führung der Wehrmacht 1933–1945, Paderborn 2006.

M. Messerschmidt, Die Wehrmacht im NS-Staat. Zeit der Indoktrination, Hamburg 1969.

Ders./F. Wüllner, Die Wehrmachtjustiz im Dienste des Nationalsozialismus. Zerstörung einer Legende, Baden-Baden 1987.

Militärgeschichtliches Forschungsamt (Hrsg.), Das Deutsche Reich und der Zweite Weltkrieg [DRZW], 10 Bde., Stuttgart 1979–2008:

Bd. 1: W. Deist/M. Messerschmidt/H.-E. Volkmann/W. Wette, Ursachen und Voraussetzungen der deutschen Kriegspolitik, Stuttgart 1979.

Bd. 2: K. A. Maier/H. Rohde/B. Stegemann/H. Umbreit, Die Errichtung der Hegemonie auf dem europäischen Kontinent, Stuttgart 1979.

Bd. 3: G. Schreiber/B. Stegemann/D. Vogel, Der Mittelmeerraum und Südosteuropa. Von der „non belligeranza" Italiens bis zum Kriegseintritt der Vereinigten Staaten, Stuttgart 1984.

Bd. 4: H. Boog/J. Förster/J. Hoffmann/E. Klink/R.-D. Müller/G. R. Ueberschär, Der Angriff auf die Sowjetunion. Mit einem Beiheft, Stuttgart 1983.

Bd. 5: B. R. Kroener/R.-D. Müller/H. Umbreit, Organisation und Mobilisierung des deutschen Machtbereichs. Erster Halbbd.: Kriegsverwaltung, Wirtschaft und personelle Ressourcen 1939–1941, Stuttgart 1988; Zweiter Halbbd.: Kriegsverwaltung, Wirtschaft und personelle Ressourcen 1942–1944/45, Stuttgart 1999.

Bd. 6: H. Boog/W. Rahn/R. Stumpf/B. Wegner, Der globale Krieg. Die Ausweitung zum Weltkrieg und der Wechsel der Initiative 1941–1943, Stuttgart 1990.

Bd. 7: H. Boog/G. Krebs/D. Vogel, Das Deutsche Reich in der Defensive. Strategischer Luftkrieg in Europa, Krieg im Westen und in Ostasien 1943–1944/45, Stuttgart/München 2001.

Bd. 8: K. H. Frieser/K. Schmider/K. Schönherr/G. Schreiber/K. Ungváry/ B. Wegner, Die Ostfront 1943/44 – Der Krieg im Osten und an den Nebenfronten, Stuttgart 2007.

Bd. 9: J. Echternkamp (Hrsg.), Die deutsche Kriegsgesellschaft 1939 bis 1945. Erster Halbbd.: Politisierung, Vernichtung, Überleben, Stuttgart 2004; zweiter Halbbd.: Ausbeutung, Deutung, Ausgrenzung, Stuttgart 2005.

Bd. 10: R.-D. Müller (Hrsg.), Der Zusammenbruch des Deutschen Reiches 1945 und die Folgen des Zweiten Weltkrieges, Erster Halbbd.: Die militärische Niederwerfung der Wehrmacht, Stuttgart 2008; zweiter Halbbd.: Die Auflösung der Wehrmacht und die Auswirkungen des Krieges, Stuttgart 2008.

J. Mühlenberg, Das SS-Helferinnenkorps. Ausbildung, Einsatz und Entnazifizierung der weiblichen Angehörigen der Waffen-SS 1942–1949, Paderborn 2011.

K.-J. Müller, Das Heer und Hitler. Armee und nationalsozialistisches Regime 1933–1940, 2. Aufl. Stuttgart 1988 (EA 1969).
R.-D. Müller, Hitlers Ostkrieg und die deutsche Siedlungspolitik. Die Zusammenarbeit von Wehrmacht, Wirtschaft und SS, Frankfurt/M. 1991.
Ders., Der letzte deutsche Krieg 1939–1945, Stuttgart 2005.
Ders., Der Zweite Weltkrieg, Stuttgart 2011 (= Gebhardt: Handbuch der deutschen Geschichte, 21)
Ders., Hitlers Wehrmacht 1935 bis 1945, München 2012.
Ders./H.-E. Volkmann, Die Wehrmacht. Mythos und Realität, München 2012 (EA 1999).
Ders/G. R. Ueberschär, Hitlers Krieg im Osten 1941–1945. Ein Forschungsbericht, Darmstadt 2000.
B. Musial, „Konterrevolutionäre Elemente sind zu erschießen". Die Brutalisierung des deutsch-sowjetischen Kriegs im Sommer 1941, 2. Aufl. Berlin 2001 (EA 2000).
R. Otto, Wehrmacht, Gestapo und sowjetische Kriegsgefangene im deutschen Reichsgebiet 1941/42, München 1998.
R. Overmans, Deutsche militärische Verluste im Zweiten Weltkrieg, 2. Aufl. München 2000 (EA 1999).
Ders. (Hrsg.), Soldaten hinter Stacheldraht. Deutsche Kriegsgefangene des Zweiten Weltkrieges, Berlin 2000.
R. J. Overy, Die Wurzeln des Sieges. Warum die Alliierten den Zweiten Weltkrieg gewannen, 2. Aufl. Stuttgart 2001 (EA 2000) (engl. 1995).
B. Pietrow-Ennker (Hrsg.), Präventivkrieg? Der deutsche Angriff auf die Sowjetunion, Frankfurt/M. 2000.
K. H. Pohl (Hrsg.), Wehrmacht und Vernichtungspolitik. Militär im nationalsozialistischen System, Göttingen 1999.
C. Rass, „Menschenmaterial". Deutsche Soldaten an der Ostfront. Innenansichten einer Infanteriedivision 1939–1945, Paderborn 2003.
T. C. Richter (Hrsg.), Krieg und Verbrechen. Situation und Intention: Fallbeispiele, München 2006.
M. B. Rigg, Hitlers ‚jüdische Soldaten', Paderborn 2003.
Ders., Lives of Hitler's Jewish Soldiers. Untold Tales of Men of Jewish Descent Who Fought for the Third Reich, Lawrwence, KS 2016 (EA 2009).
F. Römer, Der Kommissarbefehl. Wehrmacht und NS-Verbrechen an der Ostfront 1941/42, Paderborn 2008.
Ders., Die narzisstische Volksgemeinschaft. Theodor Habichts Kampf. 1914 bis 1944, Frankfurt/M. 2017.
M. Röw, Militärseelsorge unter dem Hakenkreuz. Die katholische Feldpastoral 1939–1945, Paderborn 2014.
R. Rohrkamp, „Weltanschaulich gefestigte Kämpfer". Die Soldaten der Waffen-SS 1933–1945. Organisation, Personal, Sozialstrukturen, Paderborn 2010.
R. Ray, Annäherung an Frankreich im Dienste Hitlers? Otto Abetz und die deutsche Frankreichpolitik 1930–1942, München 2000.
R. Scheck, Hitlers afrikanische Opfer. Die Massaker der Wehrmacht an schwarzen französischen Soldaten, Bern 2009.

J. E. Schulte /P. Lieb/B. Wegner (Hrsg.), Geschichte der Waffen-SS. Neue Forschungen, Paderborn 2014.
G. Schreiber, Der Zweite Weltkrieg, 2. Aufl. München 2004.
T. Seidl, Führerpersönlichkeiten. Deutungen und Interpretationen deutscher Wehrmachtgeneräle in britischer Kriegsgefangenschaft, Paderborn 2012.
F. W. Seidler, Die Militärgerichtsbarkeit der deutschen Wehrmacht 1939–1945. Rechtsprechung und Strafvollzug, München/Berlin 1991.
R. M. Smelser/E. Syring (Hrsg.), Die Militärelite des Dritten Reiches. 27 biografische Skizzen, 2. Aufl. Berlin/Frankfurt/M. 1998 (EA 1995).
C. Streit, Keine Kameraden. Die Wehrmacht und die sowjetischen Kriegsgefangenen 1941–1945, Neuausg. Bonn 1997 (EA 1978).
R. Stumpf, Die Wehrmacht-Elite. Rang- und Herkunftsstruktur der deutschen Generale und Admirale 1933–1945, Boppard a.Rh. 1982.
R. Töppel, Kursk 1943. Die größte Schlacht des Zweiten Weltkriegs, 2. Aufl. Paderborn 2017.
G. R. Ueberschär (Hrsg.), Hitlers militärische Elite, 2 Bde., Darmstadt 1998.
G. R. Ueberschär/W. Wette (Hrsg.), „Unternehmen Barbarossa". Der deutsche Überfall auf die Sowjetunion 1941. Berichte, Analysen, Dokumente, überarb. TB-Neuausg. Frankfurt/M. 1999 (EA 1984).
H.-E. Volkmann (Hrsg.), Das Rußlandbild im Dritten Reich, Köln 1994.
B. Wegner, Hitlers politische Soldaten. Die Waffen-SS 1933–1945. Studien zu Leitbild, Struktur und Funktion einer nationalsozialistischen Elite, 9. Aufl. Paderborn 2010 (EA 1982).
B. J. Wendt, Großdeutschland. Außenpolitik und Kriegsvorbereitung des Hitler-Regimes, 2. Aufl. München 1993 (EA 1987).
N. Weise, Eicke. Eine SS-Karriere zwischen Nervenklinik, KZ-System und Waffen-SS, Paderborn 2013.
J. Westemeier, Himmlers Krieger. Joachim Peiper und die Waffen-SS in Krieg und Nachkriegszeit, Paderborn 2014.
Ders., Hans Robert Jauß. Jugend, Krieg und Internierung, Konstanz 2016.
W. Wette, Die Wehrmacht. Feindbilder, Vernichtungskrieg, Legenden, Frankfurt/M. 2002.
Ders./G. R. Ueberschär (Hrsg.), Stalingrad. Mythos und Wirklichkeit einer Schlacht, Frankfurt/M. 2012.
H.-H. Wilhelm, Rassenpolitik und Kriegführung. Sicherheitspolizei und Wehrmacht in Polen und in der Sowjetunion 1939–1942, Passau 1991.
F. Wüllner, Die NS-Militärjustiz und das Elend der Geschichtsschreibung. Ein grundlegender Forschungsbericht, 2., durchges. u. erg. Aufl. Baden-Baden 1997 (EA 1991).

5.2 Soldatische Kriegserfahrungen

J. Ebert (Hrsg.), Feldpostbriefe aus Stalingrad, Essen 2003.
S. G. Fritz, Hitlers Frontsoldaten. Der erzählte Krieg, Berlin 1998.

U. Herrmann/R.-D. Müller (Hrsg.), Junge Soldaten im Zweiten Weltkrieg. Kriegserfahrungen als Lebenserfahrungen, Weinheim 2010.
M. Humburg, Das Gesicht des Krieges. Feldpostbriefe von Wehrmachtsoldaten aus der Sowjetunion 1941–1944, Opladen 1998.
K. H. Jarausch/K. J. Arnold (Hrsg.), „Das stille Sterben …" Feldpostbriefe von Konrad Jarausch aus Polen und Russland 1939–1942, Paderborn 2008.
O. Jung, Als Truppenarzt an der Ostfront. Feldpostbriefe von Dr. Walther Jung an seinen älteren Schwager Josef Reichardt, 1941–1944, Würzburg 2017.
M. Kipp, „Großreinemachen im Osten". Feindbilder in deutschen Feldpostbriefen im zweiten Weltkrieg, Frankfurt/M. 2014.
D. Krüger, Hans Speidel und Ernst Jünger. Freundschaft und Geschichtspolitik im Zeichen der Weltkriege, Paderborn 2016.
T. Kühne, Kameradschaft. Die Soldaten des nationalsozialistischen Krieges und das 20. Jahrhundert, Göttingen 2006.
K. Latzel, Deutsche Soldaten – nationalsozialistischer Krieg? Kriegserlebnis – Kriegserfahrung, 2. Aufl. Paderborn 2000.
M. Moutier (Hrsg.), „Liebste Schwester, wir müssen hier sterben oder siegen." Briefe deutscher Wehrmachtssoldaten 1939–45, München 2015.
S. O. Müller, Deutsche Soldaten und ihre Feinde. Nationalismus an Front und Heimatfront im Zweiten Weltkrieg, Frankfurt/M. 2007.
S. Neitzel, Abgehört. Deutsche Generäle in britischer Gefangenschaft 1942/45, 6. Aufl. Berlin 2012.
Ders./H. Welzer, Soldaten. Protokolle vom Kämpfen, Töten und Sterben, Frankfurt/M. 2011.
F. Römer, Kameraden. Die Wehrmacht von innen, München 2012.
T. Stenzel, Das Rußlandbild des „kleinen Mannes". Gesellschaftliche Prägung und Fremdwahrnehmung in Feldpostbriefen aus dem Ostfeldzug (1941–1944/45), Münchden 1998.
D. Vogel /W. Wette (Hrsg.), Andere Helme – andere Menschen? Heimaterfahrung und Frontalltag im Zweiten Weltkrieg. Ein internationaler Vergleich, Essen 1995.
F. Vossler, Propaganda in die eigene Truppe. Die Truppenbetreuung in der Wehrmacht 1939–1945, Paderborn 2005.
H. Welzer/S. Neitzel/C. Gudehus (Hrsg.), „Der Führer war wieder viel zu human, viel zu gefühlvoll". Der Zweite Weltkrieg aus der Sicht deutscher und italienischer Soldaten, Frankfurt/M. 2011.

5.3 Im Heimatkriegsgebiet: Alltag, Mobilisierung, Zwangsarbeit

M. Beer, Kriegsalltag an der Heimatfront: Alliierter Luftkrieg und deutsche Gegenmassnahmen zur Abwehr und Schadensbegrenzung, dargestellt für den Raum Münster, Bremen 1990.
R. Blank, Hagen im Zweiten Weltkrieg. Bombenkrieg, Rüstung und Kriegsalltag in einer westfälischen Großstadt 1939–1945, Essen 2008.
Ders., „Ruhrschlacht". Das Ruhrgebiet im Kriegsjahr 1943, Essen 2013.

5 Kriegserfahrung, Kriegführung und die Rolle der Wehrmacht — 293

DERS. (Hrsg.), „Hilflos steht man vor dem Grauen". Tagebücher aus der Kriegs- und Nachkriegszeit 1943–1948, Essen 2015.
R. BOCH/M. KUKOWSKI, Kriegswirtschaft und Arbeitseinsatz bei der Auto Union AG Chemnitz im Zweiten Weltkrieg, Stuttgart 2014.
D. DAHLMANN/G. HIRSCHFELD (Hrsg.), Lager, Zwangsarbeit, Vertreibung und Deportation. Dimensionen der Massenverbrechen in der Sowjetunion und in Deutschland 1933–1945, Essen 1999.
J. BRINKHUS, Luftschutz und Versorgungspolitik. Regionen und Gemeinden im NS-Staat, 1942–1944/45, Bielefeld 2010.
J. ECHTERNKAMP, Im Kampf an der inneren und äußeren Front. Grundzüge der deutschen Gesellschaft im Zweiten Weltkrieg, in: ders. (Hrsg.), Die deutsche Kriegsgellschaft 1939–1945. Erster Halbbd., S. 1–92.
DERS. (Hrsg.), Die deutsche Kriegsgellschaft 1939–1945. Erster Halbbd., s. L 5.1: MGFA (Hrsg.), Das Deutsche Reich und der Zweite Weltkrieg Bd. 9/1.
DERS. (Hrsg.), Die deutsche Kriegsgellschaft 1939–1945. Zweiter Halbbd., s. L 5.1: MGFA (Hrsg.), Das Deutsche Reich und der Zweite Weltkrieg Bd. 9/2.
DERS./S. MARTENS (Hrsg.), Der Zweite Weltkrieg in Europa. Erfahrung und Erinnerung, Paderborn 2007.
D. EICHHOLTZ, Geschichte der deutschen Kriegswirtschaft 1939–1945, Bd. 1: 1939–1941, Berlin-Ost 1969; Bd. 2: 1941–1943, Berlin-Ost 1985; Bd. 3: 1943–1945, Berlin 1996, ND der 3 Bde. München 1999.
K. FINGS, Krieg, Gesellschaft und KZ. Himmlers SS-Baubrigaden, Paderborn 2005.
J. FRIEDRICH, Der Brand. Deutschland im Bombenkrieg 1940–1945, München 2002.
J. HENDEL, Den Krieg ernähren. Kriegsgerichtete Agrar- und Ernährungspolitik in sechs NS-Gauen des „Innerreiches" 1933 bis 1945, Hamburg 2015.
U. HERBERT (Hrsg.), Europa und der „Reichseinsatz". Ausländische Zivilarbeiter, Kriegsgefangene und KZ-Häftlinge in Deutschland, Essen 1991.
G. HOFFMANN, Fliegerlynchjustiz. Gewalt gegen abgeschossene alliierte Flugzeugbesatzungen 1943–1945, Paderborn 2015.
B. HOPMANN u. a., Zwangsarbeit bei Daimler-Benz, Stuttgart 1994.
R. KELLER, Sowjetische Kriegsgefangene im Deutschen Reich 1941/42. Behandlung und Arbeitseinsatz zwischen Vernichtungspolitik und kriegswirtschaftlichen Zwängen, Göttingen 2011.
DERS./S. PETRY (Hrsg.), Sowjetische Kriegsgefangene im Arbeitseinsatz 1941–1945. Dokumente zu den Lebens- und Arbeitsbedingungen in Norddeutschland, Göttingen 2013.
S. KELLER (Hrsg.), Kriegstagebuch einer jungen Nationalsozialistin. Die Aufzeichnungen Wolfhilde von Königs 1939–1946, Berlin 2015.
K. KLEE, Im „Luftschutzkeller des Reiches". Evakuierte in Bayern 1939–1953. Politik, soziale Lage, Erfahrungen, München 1999.
V. KNIGGE/R.-G. LÜTTGENAU/J.-C. WAGNER (Hrsg.), Zwangsarbeit. Die Deutschen, die Zwangsarbeiter und der Krieg, Essen 2010.
G. KOCK, „Der Führer sorgt für unsere Kinder...". Die Kinderlandverschickung im Zweiten Weltkrieg, Paderborn 1997.
N. KRAMER, Volksgenossinnen an der Heimatfront. Politik, soziale Praxis, Erfahrungen und Erinnerungen, Göttingen 2011.

V. Kruse, Mobilisierung und kriegsgesellschaftliches Dilemma. Beoachtungen zur kriegsgesellschaftlichen Moderne, in: Zeitschrift für Soziologie, 38 (2009), 3.

W. Lisner, „Hüterinnen der Nation". Hebammen im Nationalsozialismus, Frankfurt/M. 2006.

I. Marßolek/M. Buggeln (Hrsg.), Bunker. Kriegsort, Zuflucht, Erinnerungsraum, Frankfurt/M. 2008.

F. Maubach, Die Stellung halten: Helferinnen der Wehrmacht im Einsatz, Erfahrungsräume und Lebensgeschichten, Göttingen 2009.

R.-D. Müller, Der Bombenkrieg 1939–1945, Berlin 2004.

R. Overy, The Bombing War. Europe 1939–1945, London 2013.

O. Rathkolb/F. Freund (Hrsg.), NS-Zwangsarbeit in der Elektrizitätswirtschaft der „Ostmark", 1938–1945. Ennskraftwerke, Kaprun, Draukraftwerke, Ybbs-Persenbeug, Ernsthofen, 2. Aufl. Wien 2014.

M. Rüther (Hrsg.), „Zu Hause könnten sie es nicht schöner haben!" Kinderlandverschickung aus Köln und Umgebung 1941–1945, Köln 2000.

G. E. Sollbach, Flucht vor Bomben. Kinderlandverschickung aus dem östlichen Ruhrgebiet im 2. Weltkrieg, Hagen 2002.

M. Spoerer, Zwangsarbeit unter dem Hakenkreuz. Ausländische Zivilarbeiter, Kriegsgefangene und Häftlinge im Deutschen Reich und im besetzten Europa 1939–1945, Stuttgart/München 2001.

S. Steinbacher (Hrsg.), Volksgenossinnen. Frauen in der NS-Volksgemeinschaft, Göttingen 2007.

D. Süß, Tod aus der Luft. Kriegsgesellschaft und Industrie in Deutschland und England, München 2011.

D. Süß (Hrsg.), Deutschland im Luftkrieg. Geschichte und Erinnerung, München 2007.

M. Schneider, In der Kriegsgesellschaft. Arbeiter und Arbeiterbewegung 1939 bis 1945, Bonn 2014.

N. Stargardt, Der deutsche Krieg 1939–1945, Frankfurt/M. 2015.

J.-D. Steinert, Deportation und Zwangsarbeit. Polnische und sowjetische Kinder im nationalsozialistischen Deutschland und im besetzten Osteuropa 1939–1945, Essen 2013.

M. Thießen, Eingebrannt ins Gedächtnis. Hamburgs Gedenken an Luftkrieg und Kriegsende 1943 bis 2005, München 2007.

A. Tooze, Ökonomie der Zerstörung. Die Geschichte der Wirtschaft im Nationalsozialismus, München 2007.

T. Urban, Zwangsarbeit bei Thyssen: „Stahlverein" und „Baron-Konzern" im Zweiten Weltkrieg, Paderborn 2014.

S. Wenk (Hrsg.), Erinnerungsorte aus Beton. Bunker in Städten und Landschaften, Berlin 2001.

O. Werner (Hrsg.), Mobilisierung im Nationalsozialismus. Institutionen und Regionen in der Kriegswirtschaft und der Verwaltung des „Dritten Reiches" 1936 bis 1945, Paderborn 2013.

5.4 Gesellschaft und Gewalt 1944/45

D. Barnouw, Ansichten von Deutschland (1945). Krieg und Gewalt in der zeitgenössischen Photographie, Basel 1997.
M. Beer, Flucht und Vertreibung der Deutschen. Voraussetzungen, Verlauf, Folgen, München 2011.
W. Benz (Hrsg.), Die Vertreibung der Deutschen aus dem Osten. Ursachen, Ereignisse, 5. Aufl. Frankfurt/M. 2000 (EA 1995)
R. Bessel, Germany 1945, From War to Peace, New York 2010.
P. Biddiscombe, The Last Nazis. SS Wehrwolf Guerilla Resistance in Europe 1944–1947, London 2004.
R. Blank, „Bitter Ends" Die letzten Monate des Zweiten Weltkriegs im Ruhrgebiet 1944/45, Essen 2014.
R. Bohn/J. Elvert (Hrsg.), Kriegsende im Norden. Vom heißen zum kalten Krieg, Stuttgart 1995.
J. Echternkamp, Kriegsschauplatz Deutschland 1945. Leben in Angst – Hoffnung auf Frieden. Feldpost aus der Heimat und von der Front, Paderborn 2006.
M. Gebhardt, Als die Soldaten kamen. Die Vergewaltigungen deutscher Frauen am Ende des Zweiten Weltkriegs, München 2015.
C. Goeschel, Selbstmord im Dritten Reich, Berlin 2011.
K.-D. Henke, Die amerikanische Besetzung Deutschlands, München 1995.
J. Hillmann/J. Zimmermann (Hrsg.), Kriegsende 1945 in Deutschland, München 2002.
S. Keller, Volksgemeinschaft am Ende. Gesellschaft und Gewalt 1944/45, München 2013.
I. Kershaw, Das Ende. Kampf bis in den Untergang. NS-Deutschland 1944/45, München 2011.
H. Knabe, Tag der Befreiung? Das Kriegsende in Ostdeutschland, Berlin 2005.
A. Kunz, Wehrmacht und Niederlage. Die bewaffnete Macht in der Schlussphase der nationalsozialistischen Herrschaft zwischen Sommer 1944 und Frühjahr 1945, München 2005.
R. Lakowski, Ostpreußen 1944/45. Krieg im Nordosten des Deutschen Reiches, Paderborn 2016.
H. Liebrandt, „Das Recht mich zu richten, das spreche ich ihnen ab!" Der Selbstmord der nationalsozialistischen Elite 1944/45, Paderborn 2017.
R.-D. Müller (Hrsg.), Der Zusammenbruch des Deutschen Reiches 1945, 2 Halbbde., s. 5.1: MGFA (Hrsg.), Das Deutsche Reich und der Zweite Weltkrieg, Bd. 10/1–2.
R.-D. Müller/G.R. Ueberschär (Hrsg.), 1945. Das Ende des Krieges, Darmstadt 2005 (EA 1994).
B.-A. Rusinek (Hrsg.), Kriegsende 1945. Verbrechen, Katastrophen, Befreiungen in nationaler und internationaler Perspektive, Göttingen 2004.
F. W. Seidler, „Deutscher Volkssturm". Das letzte Aufgebot 1944/45, Neuausg. Augsburg 1999 (EA 1989).
F. Taylor, Dresden. Dienstag, 13. Februar 1945. Militärische Logik oder blanker Terror? München 2004.

H.-E. Volkmann (Hrsg.), Ende des Dritten Reiches – Ende des Zweiten Weltkriegs. Eine perspektivische Rückschau, München 1995.

B. Wegner, Hitler, der Zweite Weltkrieg und die Choreographie des Untergangs, in: Geschichte und Gesellschaft 26 (2000), S. 493–518.

W. Wette/R. Bremer/D. Vogel (Hrsg.), Das letzte halbe Jahr. Stimmungsberichte der Wehrmachtpropaganda 1944/45, Essen 2001.

W. Wolfrum/C. Arendes/J. Zedler (Hrsg.), Terror nach innen. Verbrechen am Ende des Zweiten Weltkrieges, Göttingen 2006.

M. Zeidler, Kriegsende im Osten. Die Rote Armee und die Besetzung Deutschlands östlich von Oder und Neisse 1944/45, München 1996.

J. Zimmermann, Pflicht zum Untergang. Die deutsche Kriegführung im Westen des Reiches 1944/45, Paderborn 2009.

5.5 Widerstandsforschung

M. Becker /H. Löttel/C. Studt (Hrsg.), Der militärische Widerstand gegen Hitler im Lichte neuer Kontroversen, Münster 2010.

W. Benz/W. H. Pehle (Hrsg.), Lexikon des deutschen Widerstandes, Neuaufl. der 2., durchges. Aufl. 1994 Frankfurt/M. 2001 (EA 1994).

E. Bethge, Dietrich Bonhoeffer. Theologe, Christ, Zeitgenosse. Eine Biografie, 7., aktualisierte Aufl. Gütersloh 2001 (EA 1967).

E. Boysen, Harro Schulze-Boysen. Das Bild eines Freiheitskämpfers, zusammengest. nach seinen Briefen, nach Berichten der Eltern und anderen Aufzeichnungen, akt. Nachwort von H. Coppi, 3. Aufl. Koblenz 1992 (EA 1947).

H. Bücheler, Carl-Heinrich von Stülpnagel. Soldat, Philosoph, Verschwörer, Berlin/Frankfurt/M. 1989.

G. Buchstab/B. Kaff/H.-O. Kleinmann, Verfolgung und Widerstand 1933–1945. Christliche Demokraten gegen Hitler, 2., erg. Aufl. Düsseldorf 1990 (EA 1986).

H. Bungert, Das Nationalkomitee und der Westen. Die Reaktion der Westalliierten auf das NKFD und die freien deutschen Bewegungen 1943–1948, Stuttgart 1997.

H. Coppi/J. Danyel/J. Tuchel (Hrsg.), Die Rote Kapelle im Widerstand gegen den Nationalsozialismus, Berlin 1994.

D. Garbe, Zwischen Widerstand und Martyrium. Die Zeugen Jehovas im „Dritten Reich", 3., überarb. u. um ein Nachwort erg. Aufl. München 1997 (EA 1993).

M. Gailus, Friedrich Weißler. Ein Jurist und bekennender Christ im Widerstand gegen Hitler, Göttingen 2017.

H. Graml (Hrsg.), Widerstand im Dritten Reich. Probleme, Ereignisse, Gestalten, Neuausg. Frankfurt/M. 1995 (EA 1984).

N. Haase/G. Paul (Hrsg.), Die anderen Soldaten. Wehrkraftzersetzung, Gehorsamsverweigerung und Fahnenflucht im Zweiten Weltkrieg, Neuausg. Frankfurt/M. 1997 (EA 1995).

T. S. Hamerow, Die Attentäter. Der 20. Juli. Von der Kollaboration zum Widerstand, München 1999 (engl. 1997).
U. Heinemann, Ein konservativer Rebell. Fritz-Dietlof Graf von der Schulenburg und der 20. Juli, Berlin 1990 (TB 1994).
H. Hesse (Hrsg.), „Am mutigsten waren immer wieder die Zeugen Jehovas". Verfolgung und Widerstand der Zeugen Jehovas im Nationalsozialismus, Bremen 1998.
B. Hey/M. Rickling/K. Stockhecke, Kurt Gerstein (1905–1945). Widerstand in SS-Uniform, Bielefeld 2000.
P. Hoffmann, Widerstand, Staatsstreich, Attentat. Der Kampf der Opposition gegen Hitler, 4., neu überarb. u. erg. Aufl. München/Zürich 1985 (EA 1969).
Ders., Stauffenbergs Freund. Die tragische Geschichte des Widerstandskämpfers Joachim Kuhn, München 2007.
U. Karpen/A. Schott (Hrsg.), Der Kreisauer Kreis. Zu den verfassungspolitischen Vorstellungen von Männern des Widerstandes um Helmuth James Graf von Moltke, Heidelberg 1996.
L.-B. Keil, Hans-Ulrich von Oertzen. Offizier und Widerstandskämpfer. Ein Lebensbild in Briefen und Erinnerung, Berlin 2005.
L.-B. Keil, A. Vollmer, Stauffenbergs Gefährten. Das Schicksal der unbekannten Verschwörer, Berlin 2013.
M. Kissener (Hrsg.), Widerstand gegen die Judenverfolgung, Konstanz 1996.
K. von Klemperer, Die verlassenen Verschwörer. Der deutsche Widerstand auf der Suche nach Verbündeten 1938–1945, Berlin 1994.
Ders., Der einsame Zeuge. Von der existentiellen Dimension des Widerstands gegen den Nationalsozialismus, hrsg. von Ekkehard Klausa, Berlin 2016.
B. Kosmala/ C. Schoppmann (Hrsg.), Überleben im Untergrund. Hilfe und Rettung für Juden in Deutschland 1941–1945, Berlin 2002.
J. Kuropka (Hrsg.), Clemens August Graf von Galen. Neue Forschungen zum Leben und Wirken des Bischofs von Münster, 2. Aufl. Münster 1993 (EA 1992).
Ders. (Hrsg.), Clemens August Graf von Galen. Menschenrechte, Widerstand, Euthanasie, Neubeginn, Münster 1998.
H. Langbein, ... nicht wie die Schafe zur Schlachtbank. Widerstand in den nationalsozialistischen Konzentrationslagern 1938–1945, Neuausg. Frankfurt/M. 1997 (EA 1980).
A. Lustiger, Rettungswiderstand. Judenretter in Europa während der NS-Zeit, Göttingen 2011.
C. Marsh, Dietrich Bonhoeffer. Der verklärte Fremde. Eine Biografie, Gütersloh 2015.
H. Mehringer, Widerstand und Emigration. Das NS-Regime und seine Gegner, 2. Aufl. München 1998 (EA 1997).
Ders., Das andere Deutschland. Widerstand und Emigration in: Die tödliche Utopie. Bilder, Texte, Dokumente, Daten zum Dritten Reich, hrsg. von V. Dahm/H. Möller/H. Mehringer, 3., erw. u. überarb. Aufl. München 2001 (EA 1999), 269–290.
S. Meinl, Nationalsozialisten gegen Hitler. Die nationalrevolutionäre Opposition um Friedrich Wilhelm Heinz, Berlin 2000.

S. Mielke/S. Heinz (Hrsg.), Funktionäre des Deutschen Metallarbeiterverbandes im NS-Staat. Widerstand und Verfolgung, Berlin 2012.

K.-J. Müller (Hrsg.), Der deutsche Widerstand 1933–1945, 2., durchges. Aufl. Paderborn 1990 (EA 1986).

Ders., Generaloberst Ludwig Beck. Eine Biografie, Paderborn 2007.

G. Paul/K.-M. Mallmann, Milieus und Widerstand. Eine Verhaltensgeschichte der Gesellschaft im Nationalsozialismus, Bonn 1995.

D. Peukert, Die Edelweißpiraten. Protestbewegungen jugendlicher Arbeiter im Dritten Reich. Eine Dokumentation, 3., erw. Aufl. Köln 1988 (EA 1980).

I. Reich, Carl Friedrich Goerdeler. Ein Oberbürgermeister gegen den NS-Staat, Köln/Weimar/Wien 1997.

B. Scheurig., Ewald von Kleist-Schmenzin. Ein Konservativer gegen Hitler, Neuausg. Beltheim-Schnellbach 2001 (EA 1968).

Ders., Henning von Tresckow. Eine Biografie, Neuausg. Beltheim-Schnellbach 2001 (EA 1973) (TB 1997).

K. Schilde, Im Schatten der „Weißen Rose". Jugendopposition gegen den Nationalsozialismus im Spiegel der Forschung (1945 bis 1989), Frankfurt/M. u. a. 1995.

J. Schmädeke/P. Steinbach (Hrsg.), Der Widerstand gegen den Nationalsozialismus. Die deutsche Gesellschaft und der Widerstand gegen Hitler, 3. Aufl. München/Zürich 1994 (EA 1985).

M. C. Schneider, Keine Volksgenossen. Studentischer Widerstand der Weißen Rose, München 1993.

G. Schöllgen, Ulrich von Hassell 1881–1944. Ein Konservativer in der Opposition, München 1990.

J. Scholtyseck, Robert Bosch und der liberale Widerstand gegen Hitler 1933 bis 1945, München 1999.

F. Graf von Schwerin, „Dann sind's die besten Köpfe, die man henkt". Die junge Generation im deutschen Widerstand, 2. Aufl. München/Zürich 1994 (EA 1991).

Ders, Helmuth James Graf von Moltke. Im Widerstand die Zukunft denken. Zielvorstellungen für ein neues Deutschland, Paderborn 1999.

E. Sifton, F. Stern, Keine gewöhnlichen Männer. Dietrich Bonhoeffer und Hans von Dohnanyi im Widerstand gegen Hitler, München 2013.

E. Silver, Sie waren stille Helden: Frauen und Männer, die Juden vor den Nazis retteten, 5. Aufl. München 1994.

N. Stoltzfus, Widerstand des Herzens. Der Aufstand der Berliner Frauen in der Rosenstraße 1943, ND Frankfurt/M./Wien 2000 (EA 1999) (am. 1996).

J. Tuchel (Hrsg.), Der vergessene Widerstand. Zu Realgeschichte und Wahrnehmung des Kampfes gegen die NS-Diktatur, Göttingen 2005.

G. R. Ueberschär (Hrsg.), Das Nationalkomitee „Freies Deutschland" und der Bund Deutscher Offiziere, Neuaufl. Frankfurt/M. 1996 (EA 1995).

W. Wette, Zivilcourage. Empörte, Helfer und Retter aus Wehrmacht, Polizei und SS, Frankfurt/M. 2004.

Ders. (Hrsg.), Retter in Uniform. Handlungsspielräume im Vernichtungskrieg der Wehrmacht, Frankfurt/M., 2. Aufl. 2005 (EA 2002).

Ders., Feldwebel Anton Schmid. Ein Held der Humanität, Frankfurt/M. 2013.

G. von Witzleben, ‚Wenn es gegen den Satan Hitler geht'. Erwin von Witzleben im Widerstand. Biografie, Hamburg 2013.

6 Vergleichs- und Verflechtungsgeschichte des NS-Regimes

6.1 Transnationale Faschismusforschung

A. Bauerkämper, Der Faschismus in Europa 1918–1945, Leipzig 2006.
Ders., Die „radikale Rechte" in Großbritannien. Nationalistische, antisemitische und faschistische Bewegungen vom späten 19. Jahrhundert bis 1945, Göttingen 1991.
Ders./G. Rossoliński-Liebe (Hrsg.), Fascism without Borders. Transnational Connections and Cooperation between Movements and Regimes in Europe from 1918 to 1945, New York/Oxford 2017.
S. Breuer, Nationalismus und Faschismus. Frankreich, Italien und Deutschland im Vergleich, Darmstadt 2005.
C. Dipper/R. Hudemann/J. Petersen (Hrsg.), Faschismus und Faschismen im Vergleich. Fs. W. Schieder, Vierow 1998.
E. Gentile, Fascism as Political Religion, in: Journal of Contemporary History 25 (1990), 229–251.
A. Heinen, Die Legion „Erzengel Michael" in Rumänien. Soziale Bewegung und politische Organisation. Ein Beitrag zum Problem des internationalen Faschismus, München 1986.
Ders., Erscheinungsformen des europäischen Faschismus, in: C. Dipper/L. Klinkhammer/A. Nützenadel (Hrsg.), Europäische Sozialgeschichte. Fs. Schieder, Berlin 2000, S. 3–20.
I. Kershaw, Hitlers Freunde in England. Lord Londonderry und der Weg in den Krieg, München 2005.
L. Klinkhammer/A. O. Guerrazzi/T. Schlemmer (Hrsg.), Die „Achse" im Krieg. Politik, Ideologie und Kriegführung 1939 bis 1945, Paderborn 2010.
M. König, Kooperation als Machtkampf. Das faschistische Achsenbündnis Berlin-Rom im Krieg 1940/41, Wien 2007.
D. Liebscher, Freude und Arbeit. Zur internationalen Freizeit- und Sozialpolitik des faschistischen Italien und des NS-Regimes, Köln 2009.
M. Knox, Common Destiny. Dictatorship, Foreign Policy, and War in Fascist Italy and Nazi Germany, Cambridge 2000.
A. Korb, Im Schatten des Weltkriegs. Massengewalt der Ustaša gegen Serben, Juden und Roma in Kroatien 1941–1945, Hamburg 2013.
W. Nitz, Führer und Duce. Politische Machtinszenierungen im nationalsozialistischen Deutschland und im faschistischen Italien, Wien 2013.
E. Nolte, Der Faschismus in seiner Epoche. Action française, italienischer Faschismus, Nationalsozialismus, München 1984.
Ders., Der europäische Bürgerkrieg 1917–1945. Nationalsozialismus und Bolschewismus. Mit einem Brief von F. Furet an E. Nolte im Anhang, 5., überarb. u. erw. Aufl. München 1997 (EA 1987).

S. G. Payne, Geschichte des Faschismus. Aufstieg und Fall einer europäischen Bewegung, München/Berlin 2001 (engl. 1995; 2. engl. Aufl. 1997).
W. Rauscher, Hitler und Mussolini. Macht, Krieg und Terror, Graz/Wien/Köln 2001.
S. Reichardt, Faschistische Kampfbünde. Gewalt und Gemeinschaft im italienischen Squadrismus und in der deutschen SA, Köln 2002.
Ders/A. Nolzen (Hrsg.), Faschismus in Italien und Deutschland. Studien zu Transfer und Vergleich, Göttingen 2005.
W. Schieder : Faschistische Diktaturen. Studien zu Italien und Deutschland, Göttingen 2008.
Ders., Der italienische Faschismus 1919–1945, München 2010.
Ders., Mythos Mussolini. Deutsche in Audienz beim Duce, München 2013.
T. Schlemmer (Hrsg.), Die Italiener an der Ostfront 1942/43. Dokumente zu Mussolinis Krieg gegen die Sowjetunion, München 2005.
Ders./H. Woller (Hrsg.), Der Faschismus in Europa. Wege der Forschung, München 2014.
W. Wippermann, Faschismustheorien. Die Entwicklung der Diskussion von den Anfängen bis heute, 7., überarb. Aufl. Darmstadt 1997 (EA 1972).
H. Woller, Mussolini. Der erste Faschist. Eine Biografie, München 2016.

6.2 Geschichte des nationalsozialistisch besetzten Europas

J. Arnold, Die Wehrmacht und die Besatzungspolitik in den besetzten Gebieten der Sowjetunion. Kriegführung und Radikalisierung im „Unternehmen Barbarossa", Berlin 2005.
J. Baberowski/A. Doering-Manteuffel, Ordnung durch Terror. Gewaltexzesse und Vernichtung im nationalsozialistischen und im stalinistischen Imperium, Bonnn 2006.
C. Bade/L. Skowronski/M. Viebig (Hrsg.), NS-Militärjustiz im Zweiten Weltkrieg. Disziplinierungs- und Repressionsinstrument in europäischer Dimension, Göttingen 2015.
Y. Bauer, Der Tod des Schtetls, Berlin 2013.
B. Beck, Wehrmacht und sexuelle Gewalt. Sexualverbrechen vor deutschen Militärgerichten 1939–1945, Paderborn 2004.
W. Benz/J. Houwink ten Cate/G. Otto (Hrsg.), Die Bürokratie der Okkupation. Strukturen der Herrschaft und Verwaltung im besetzten Europa, Berlin 1998.
D. Beyrau, Schlachtfeld der Dikatoren. Osteuropa im Schatten von Hitler und Stalin, Göttingen 2000.
J. Böhler, Auftakt zum Vernichtungskrieg. Die Wehrmacht in Polen 1939, Frankfurt/M. 2006.
R. Bohn (Hrsg.), Die deutsche Herrschaft in den „germanischen" Ländern 1940–1945, Stuttgart 1997.
Ders., Reichskommissariat Norwegen. „Nationalsozialistische Neuordnung" und Kriegswirtschaft, München 2000.

W. Borodziej, Terror und Politik. Die deutsche Polizei und die polnische Widerstandsbewegung im Generalgouvernement 1939–1944, Mainz 1999 (poln. 1985).
D. Bourgeois, Das Geschäft mit Hitlerdeutschland. Schweizer Wirtschaft und Drittes Reich, Zürich 2000 (franz. 1998).
M. Bunting, The Model Occupation. The Channel Islands under German Rule, 1940–1945, London 1995 (TB 1996).
Ph. Burrin, Living with Defeat. France under German Occupation 1940–1944, London u. a. 1996 (franz. 1995).
C. Carlier/S. Martens (Hrsg.), La France et l'Allemagne en guerre. Septembre 1939–novembre 1942, Paris 1990.
B. Chiari, Alltag hinter der Front. Besatzung, Kollaboration und Widerstand in Weißrußland 1941–1944, Düsseldorf 1998.
M. Conway, Collaboration in Belgium. Léon Degrelle and the Rexist Movement 1940–1944, New Haven/London 1993.
I. Deák, Kollaboration, Widerstand und Vergeltung im Europa des Zweiten Weltkrieges, Wien 2017.
C. Dieckmann/B. Quinkert (Hrsg.), Kriegführung und Hunger 1939–1945. Zum Verhältnis von militärischen, wirtschaftlichen und politischen Interessen, Göttingen 2015.
F. Dierl/Z. Janjetovic/K. Linne, Pflicht, Zwang und Gewalt. Arbeitsverwaltungen und Arbeitskräftepolitik im deutsch besetzten Polen und Serbien 1939–1944, Essen 2013.
L. Droulia/H. Fleicher (Hrsg.), Von Lidice bis Kalavryta. Widerstand und Besatzungsterror. Studien zur Repressalienpraxis im Zweiten Weltkrieg, Berlin 1999.
B.M. Felder, Lettland im Zweiten Weltkrieg. Zwischen sowjetischen und deutschen Besatzern 1940–1946, Paderborn 2009.
C. Gerlach, Der Mord an den europäischen Juden. Ursachen, Ereignisse, Dimensionen, München 2017.
R. Grunert, Der Europagedanke westeuropäischer faschistischer Bewegungen 1940–1945, Paderborn 2012.
J. Hasenclever, Wehrmacht und Besatzungspolitik in der Sowjetunion. Die Befehlshaber der rückwärtigen Heeresgebiete 1941–1943, Paderborn 2010.
K. Happe, Viele falsche Hoffnungen. Judenverfolgung in den Niederlanden 1940–1945, Paderborn 2017.
J. Herf, Nazi Propaganda For the Arab World, New Haven 2009.
G. Hirschfeld, Fremdherrschaft und Kollaboration. Die Niederlande unter deutscher Besatzung 1940–1945, Stuttgart 1984.
S. Ihrig, Atatürk in the Nazi Imagination, Cambridge/Mass. 2014.
M. König, Kooperation als Machtkampf. Das faschistische Achsenbündnis Berlin-Rom im Krieg 1940/41, Wien 2007.
J. Kilian, Wehrmacht und Besatzungsherrschaft im Russischen Nordwesten 1941 – 1944. Praxis und Alltag im Militärverwaltungsgebiet der Heeresgruppe Nord, Paderborn 2012.
M. Kunz, Die Krim unter deutscher Herrschaft 1941–1944. Germanisierungsutopien und Besatzungsrealität, Darmstadt 2005.

S. Lehnstaedt, Okkupation im Osten. Besatzeralltag in Warschau und Minsk 1939–1944, München 2010.

G. Lilienthal, „Der Lebensborn e.V." Ein Instrument nationalsozialistischer Rassenpolitik, Frankfurt/M. 2. Aufl. 2008 (EA 1993).

K.-M. Mallmann/B. Musial (Hrsg.), Genesis des Genozids. Polen 1939–1941, Darmstadt 2004.

W. Manoschek, „Serbien ist Judenfrei". Militärische Besatzungspolitik und Judenvernichtung in Serbien 1941/42, 2. Aufl. München 1995 (EA 1993).

S. Martens/S. Remus (Hrsg.): Frankreich und Belgien unter deutscher Besatzung 1940–1944. Die Bestände des Bundesarchiv-Militärarchivs Freiburg, Stuttgart 2007.

S. Marti, Himmlers „germanische" Soldaten. Nord- und westeuropäische Freiwillige in der Waffen-SS, Bern 2015.

M. Mazower, Hitlers Imperium. Europa unter der Herrschaft des Nationalsozialismus, München 2009.

Ders., Griechenland unter Hitler. Das Leben während der deutschen Besatzung 1941–1944, Frankfurt/M. 2016.

S. Martens/M. Vaïsse (Hrsg.), Frankreich und Deutschland im Krieg (November 1942–Herbst 1944). Okkupation, Kollaboration, Résistance, Bonn 2000.

H. Mejcher, Der Nahe Osten im Zweiten Weltkrieg, Paderborn 2017.

I. Meinen, Wehrmacht und Prostitution im besetzten Frankreich, Bremen 2002.

A. Meyer, Die deutsche Besatzung in Frankreich 1940–1944. Widerstandsbekämpfung und Judenverfolgung, Darmstadt 2000.

B. Morgenbrod/S. Merkenich, Das Deutsche Rote Kreuz unter der NS-Diktatur, Paderborn 2009.

D. Motadel, Islam and Nazi Germany's War, Cambridge/Mass 2014.

R.-D. Müller, An der Seite der Wehrmacht. Hitlers ausländische Helfer beim „Kreuzzug gegen den Bolschewismus", Frankfurt/M. 2. Aufl. 2010 (EA 2007).

S. O. Müller/S. Zalfen (Hrsg.), Besatzungsmacht Musik. Zur Musik- und Emotionsgeschichte im Zeitalter der Weltkriege (1914–1949), Bielefeld 2012.

B. Musial, Deutsche Zivilverwaltung und Judenverfolgung im Generalgouvernement. Eine Fallstudie zum Distrikt Lublin 1939–1944, Wiesbaden 2000 (EA 1999).

F.R. Nicosia, Nazi Germany and the Arab World, New York 2015.

G. Otto /J. Houwink ten Cate (Hrsg.), Das organisierte Chaos. „Ämterdarwinismus" und „Gesinnungsethik". Determinanten nationalsozialistischer Besatzungsherrschaft, Berlin 1999.

J. Osterloh (Hrsg.), The Greater German Reich and the Jews. Nazi Persecution Policies in the Annexed Territories 1935–1945, New York 2017.

R. Overy/G. Otto /J. Houwink ten Cate (Hrsg.), Die „Neuordnung" Europas. NS-Wirtschaftspolitik in den besetzten Gebieten, Berlin 1997.

D. Pohl, Die Herrschaft der Wehrmacht. Deutsche Militärbesatzung und einheimische Bevölkerung in der Sowjetunion, München 2008.

H. Rousso, Vichy. Frankreich unter deutscher Besatzung 1940–1944, München 2009.

B. Quinkert, Propaganda und Terror in Weißrußland 1941–1944. Die deutsche „geistige" Kriegführung gegen Zivilbevölkerung und Partisanen, Paderborn 2009.
Dies./J. Morré (Hrsg.), Deutsche Besatzung in der Sowjetunion 1941–1944. Vernichtungskrieg, Reaktionen, Erinnerung, Paderborn 2014.
J. Paulus / M. Röwekamp (Hrsg.), Eine Soldatenheimschwester an der Ostfront: Briefwechsel von Annette Schücking mit ihrer Familie (1941–1943), Paderborn 2015.
T. C. Richter, „Herrenmensch" und „Bandit". Deutsche Kriegsführung und Besatzungspolitik als Kontext des sowjetischen Partisanenkrieges (1941–1944), Münster 1998.
M. Röger, Kriegsbeziehungen. Intimität, Gewalt und Prostitution im besetzten Polen 1939 bis 1945, Frankfurt/M. 2015.
B. Rubin, W.G. Schwanitz, Nazis, Islamist, and the Making of the Modern Middle East, New Haven 2014.
R. Rutz, Signal. Eine deutsche Auslandsillustrierte als Propagandainstrument im Zweiten Weltkrieg. Essen 2007.
K. Schmider, Partisanenkrieg in Jugoslawien 1941–1944, Hamburg 2002.
G. Schreiber, Deutsche Kriegsverbrechen in Italien. Täter, Opfer, Strafverfolgung, München 1996.
B. Shepard, War in the Wild East. the German Army and Soviet Partisans, Cambridge, MA 2004.
W. Seibel, Macht und Moral. Die „Endlösung der Judenfrage" in Frankreich, 1940–1944, Konstanz 2011.
T. Snyder, Bloodlands. Europa zwischen Hitler und Stalin 1933–1945, 5. Aufl. München 2015 (EA 2011).
L. Tewes, Rotkreuzschwestern. Ihr Einsatz im mobilen Sanitätsdienst der Wehrmacht 1939–1945, Paderborn 2016.
T. Tönsmeyer, Das Dritte Reich und die Slowakei 1939–1945. Politischer Alltag zwischen Kooperation und Eigensinn, Paderborn 2003.
Dies./C. Dieckmann/B. Quinkert (Hrsg.), Kooperation und Verbrechen. Formen der „Kollaboration" im östlichen Europa 1939–1945, Göttingen 2003.
H. Umbreit, Deutsche Militärverwaltungen 1938/39. Die militärische Besetzung der Tschechoslowakei und Polens, Stuttgart 1977.
W. de Vries, Sonderstab Musik. Organisierte Plünderungen in Westeuropa 1940–45, Köln 1998 (engl. 1996).
W. Warmbrunn, The German Occupation of Belgium 1940–1944, New York u. a. 1993.
M. Winstone, The Dark Heart of Hitler's Europe. Nazi Rule in Poland under the General Government, London 2014.
O. v. Wrochem (Hrsg.), Repressalien und Terror. „Vergeltungsaktionen" im deutsch besetzten Europa, Paderborn 2017.
J. Zarusky/M. Zückert (Hrsg.), Das Münchener Abkommen von 1938 in europäischer Perspektive, München 2013.
F. Zaugg, Albanische Muslime in der Waffen-SS. Von „Großalbanien" zur Division „Skanderberg", Paderborn 2016.

B. Zielinski, Staatskollaboration. Vichy und der Arbeitskräfteeinsatz im Dritten Reich, Münster 1995.
V. Zimmermann, Die Sudetendeutschen im NS-Staat. Politik und Stimmung der Bevölkerung im Reichsgau Sudetenland (1938–1945), Essen 1999.

6.3 Historische Situierungen

Z. Bauman, Dialektik der Ordnung. Die Moderne und der Holocaust, 2. Aufl. Hamburg 1994 (EA 1992) (am. 1989) (TB 2002).
W. Benz, Ausgrenzung – Vertreibung – Völkermord. Genozid im 20. Jahrhundert, München 2006.
T. Etzemüller, Die Ordnung der Moderne. Social Engineering im 20. Jahrhundert, Bielefeld 2009.
M. Gehler/R. Rollinger (Hrsg.), Imperien und Reiche in der Weltgeschichte. Epochenübergreifende und globalhistorische Vergleiche, Wiesbaden 2014.
C. Gerlach, Extrem gewalttätige Gesellschaften. Massengewalt im 20. Jahrhundert, München 2011.
N. Götz, Ungleiche Geschwister. Die Konstruktion von nationalsozialistischer Volksgemeinschaft und schwedischem Volksheim, Baden-Baden 2001.
D. Hedinger/R. Hofmann (Hrsg.), Axis Empires. Toward a Global History of Fascist Imperialism, Cambridge, MA 2017.
U. Jureit, Das Ordnen von Räumen. Territorium und Lebensraum im 19. und 20. Jahrhundert, Hamburg 2012.
B. Kundrus, Kontinuitäten, Parallelen, Rezeption. Überlegungen zur „Kolonialisierung" des Nationalsozialismus, in: WerkstattGeschichte 43 (2006), 45–62.
G. L. Mosse, Die Geschichte des Rassismus in Europa, Frankfurt/M. 1997 (engl. 1978).
H. Münkler, Imperien. Die Logik der Weltherrschaft. Vom Alten Rom bis zu den Vereinigten Staaten, Berlin 2005.
H.-H. Nolte (Hrsg.), Imperien. Eine vergleichende Studie, Schwalbach/Ts. 2008.
A. Lüdtke/B. Weisbrod (Hrsg.), No Man's Land of Violence. Extreme Wars in the 20th Century, Göttingen 2006.
P. Nolte, Die Ordnung der Deutschen Gesellschaft. Selbstentwurf und Selbstbeschreibung im 20. Jahrhundert, München 2000.
M. Schwartz, Ethnische „Säuberungen" in der Moderne. Globale Wechselwirkungen nationalistischer und rassistischer Gewaltpolitik im 19. und 20. Jahrhundert, München 2013.
J. Sémelin, Säubern und Vernichten. Die politische Dimension von Massakern und Völkermorden, Hamburg 2017.
E. D. Weitz, Genocide. Utopias of Race and Nation, Princeton 2003.
J. Zimmerer, Von Windhuk nach Auschwitz ? Beiträge zum Verhältnis von Kolonialismus und Holocaust, Münster 2011.

Karten

Karte 1: Osteuropa 1942: Annektierte und besetzte Gebiete, Lage der Vernichtungslager.
(© Peter Palm, Berlin)

https://doi.org/10.1515/9783486858525-004

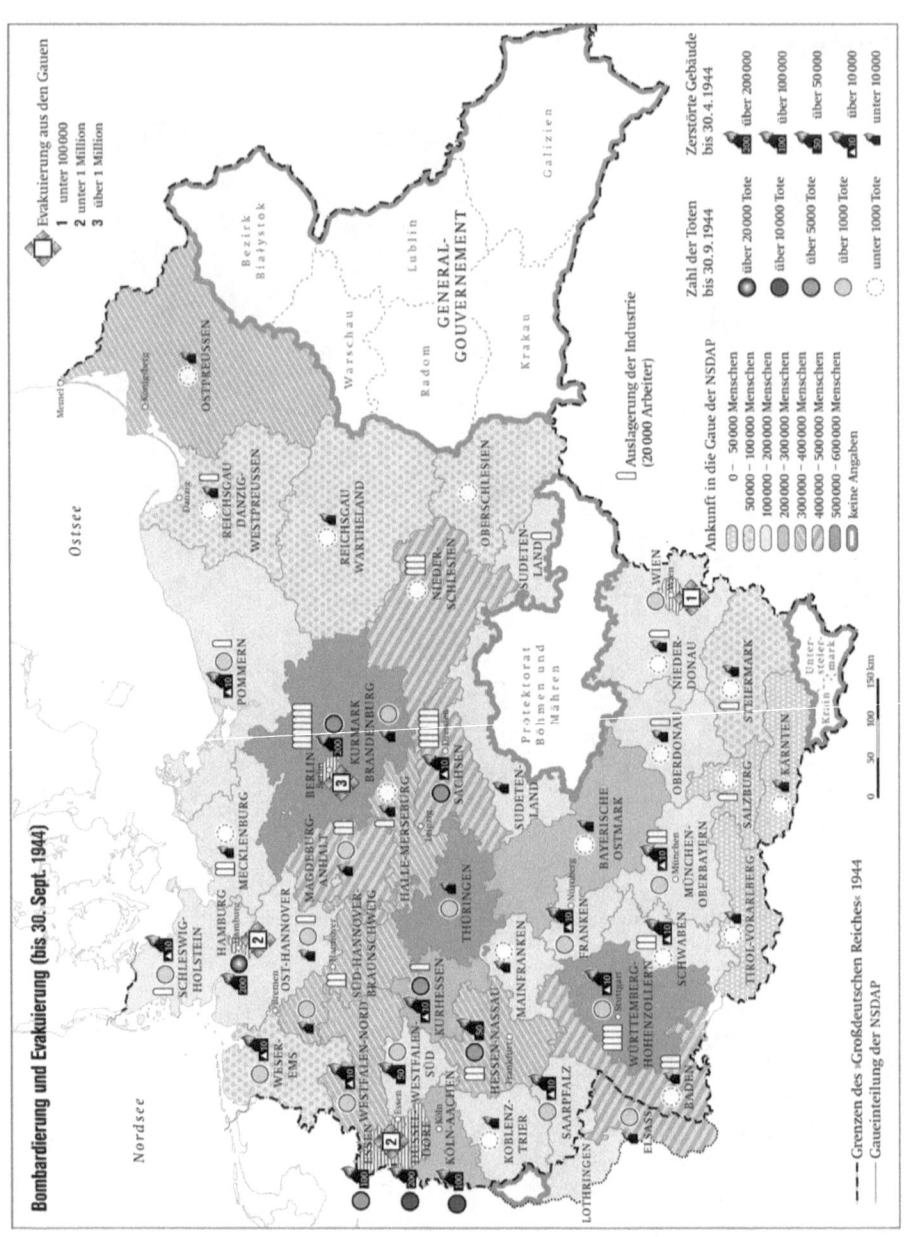

Karte 2: Deutsches Reich 1944: Gaueinteilung, Evakuierung und Verluste durch Bombardierung (© Peter Palm, Berlin).

Personenregister

(ohne: Hitler)

al-Husaini, Amin 246
Atatürk, Mustafa Kemal Pascha 247

Bach-Zalewski, Erich von dem 103
Badoglio, Pietro 85
Beck, Ludwig 40, 128, 245
Beinhorn, Elly 63
Beneš, Edvard 31
Best, Werner 180, 204, 236
Bismarck, Otto von 33, 144
Blomberg, Werner von 25, 28, 34, 39, 43, 67
Bonhoeffer, Dietrich 126
Bosch, Robert 166
Brauchitsch, Manfred von 63, 83
Braun, Eva 88
Brecht, Bertolt 19
Bredow, Ferdinand von 24
Brüning, Heinrich 41, 149
Bülow, Bernhard W. von 147

Canaris, Wilhelm 128
Caracciola, Rudolf 63
Carell, Paul *siehe* Paul Karl Schmitt
Chamberlain, Houston Stewart 51, 140
Chamberlain, Neville 31
Churchill, Winston S. 84–85
Conze, Werner 188

Daladier, Édouard 31
Darré, Walther 56–57, 61
Delp, Alfred 129
Deluege, Karl 67
Dohnanyi, Hans von 126
Dollfuß, Engelbert 29
Dönitz, Karl 88, 130, 133, 203

Eckhardt, Dietrich 7
Eichmann, Adolf 73, 107, 179–180
Eicke, Theodor 68, 205
Elser, Johann Georg 124

Falkenhausen, Alexander Freiherr von 236
Filbert, Alfred 182
Franco, Francesco 28, 78
Freud, Sigmund 19
Frick, Wilhelm 12, 20
Friderici, Friedrich 204
Friedrich II. 16
Friedrich Wilhelm I. 16
Fritsch, Werner von 28, 34, 67
Funk, Walther 47, 113
Furtwängler, Wilhelm 155

Galen, Clemens August Graf von 126
Gerstenmaier, Eugen 129
Globocnik, Otto 106, 186
Gobineau, Arthur de 50
Goebbels, Joseph 8, 12, 16, 38, 45, 47, 56, 61, 130, 133–134, 179, 225, 246
Goerdeler, Carl Friedrich 128
Gorbatschow, Michail 79
Göring, Hermann 12, 23, 28, 32, 34, 43, 47, 67, 77, 111, 113, 115, 168, 179, 216, 231
Graf, Willi 39, 41, 126, 128, 148–149
Greiser, Arthur 106
Grynszpan, Herschel 74
Guderian, Heinz 141, 202
Günther, Hans F.K. 140
Gustloff, Wilhelm 77

Habicht, Theodor 209
Halder, Franz 40
Hanfstaengel, Ernst 7
Haubach, Theodor 128
Heine, Heinrich 19
Heinkel, Ernst 44, 114
Heß, Rudolf 8
Heuss, Theodor 17
Heydrich, Reinhard 67–68, 74, 94, 101, 104, 147, 178, 180

Hilgenfeld, Erich 59
Himmler, Heinrich 17, 23-25, 34, 64,
    66–69, 74, 91, 95, 102–105, 107,
    109, 131, 133, 179–182, 186, 212
Hindenburg, Paul von 6, 10–14, 16,
    19, 24, 36, 38, 61, 64
Hoffmann, Heinrich 7, 213
Höß, Rudolf 109
Hoßbach, Friedrich 28, 31
Hosenfeld, Wilm 209
Huber, Ernst Rudolf 189
Huber, Kurt 126
Hugenberg, Alfred 22, 41
Hühnlein, Adolf 63

Jäger, Karl 182
Jauß, Hans Robert 205
Junge, Traudl 225
Jünger, Ernst 38, 144, 205

Kaas, Ludwig 21
Kaltenbrunner, Ernst 180
Kapp, Wolfgang 7
Kaselowsky, Richard 167
Kästner, Erich 19
Kehrl, Hans 114
Keitel, Wilhelm 34, 39, 88, 133
Kerr, Alfred 19
Kluge, Günther von 202
Koch, Erich 221
Köhler, Walter 217
König, Lothar 129, 234
Krosigk, Johann Ludwig Graf Schwerin von 41
Krupp von Bohlen und Halbach, Gustav 54

Langbehn, Julius 140
Leber, Julius 125, 128
Leipart, Theodor 19
Leuschner, Wilhelm 125
Ley, Robert 52, 55, 150
Lipski, Jozef 27
List, Wilhelm 30
Londonderry, Lord 231
Lubbe, Marinus van der 14
Ludendorff, Erich 8, 36, 38

Maier, Reinhold 17, 151, 189
Mann, Heinrich 19
Mann, Thomas 19
Manstein, Erich von 141, 202
Marx, Karl 19
May, Karl 244
Meiser, Hans 125
Messerschmitt, Willy 114
Meyer, Konrad 96
Mierendorf, Carlo 125
Miklas, Wihelm 29
Milch, Erhard 166
Moeller van den Bruck, Arthur 50
Molotow, Wjatscheslaw Michailowitsch 79
Montgomery, Bernard 84, 248
Mosley, Oswald 231
Müller, Karl Alexander von 7
Mussolini, Benito 31–32, 78, 82,
    147, 229, 231–232, 248

Nebe, Arthur 130
Neumann, Franz 174
Neurath, Konstantin von 26, 28, 34, 147

Oetker, Rudolf 167
Olbricht, Friedrich 128
Oppenhoff, Franz 131
Ossietzky, Carl von 19

Pétain, Philippe 81, 242
Pacelli, Eugenio siehe Pius XII.
Papen, Franz von 11–12, 16, 21–22, 41
Paulus, Friedrich 84, 203, 238
Peiper, Joachim 205
Piëch, Anton 55
Pius XI. 22
Pius XII. 21
Porsche, Ferdinand 55
Preysing, Konrad Graf von 126
Prützmann, Hans 103

Raeder, Erich 28
Reichenau, Walter von 39
Reichwein, Adolf 125

Reinecke, Hermann 91
Reinhardt, Fritz 42
Remarque, Erich Maria 19
Ribbentrop, Joachim von 34, 147, 231
Riefenstahl, Leni 62, 64
Röhm, Ernst 7–8, 21, 23–24, 67, 69
Rommel, Erich 82–84, 248
Roosevelt, Franklin D. 84–85
Roques, Franz von 204
Roques, Karl von 204
Rösch, Augustin 128
Rosenberg, Alfred 140
Rosenthal, Gerd 106
Rosenthal, Hans 106
Rothermere, Lord 231
Rothfels, Hans 188
Rothschild (Familie) 73, 76
Rühmann, Heinz 77
Rust, Bernhard 23

Schacht, Hjalmar 41, 44
Schenckendorff, Max von 204
Schieder, Theodor 188
Schleicher, Kurt von 11, 24, 41–42
Schmid, Anton 160, 226
Schmitt, Carl 24, 38
Schmitt, Kurt 168
Schmitt, Paul Karl 246
Scholl, Hans 126
Scholl, Sophie 126
Schücking, Annette 238
Schulenburg, Friedrich-Werner Graf von der 128
Schuschnigg, Kurt von 29
Seldte, Franz 41
Seyß-Inquart, Arthur 29–30, 236

Simon, Max 205
Six, Franz Alfred 180
Speer, Albert 114–115, 120, 133, 179
Speidel, Hans 205
Stalin, Josef Wissarionowitsch 46, 79, 82–83, 85, 92, 239
Stauffenberg, Claus Schenk Graf von 39, 128–130
Strasser, Georg 8, 53
Strasser, Otto 8
Stuck, Hans 62
Stülpnagel, Carl-Heinrich von 128, 236
Stülpnagel, Otto von 236

Thomas, Georg 19, 113
Todt, Fritz 41, 114, 176
Tönnies, Ferdinand 152
Tresckow, Henning von 128, 226
Troller, Georg Stefan 29
Trott zu Solz, Adam von 128
Tucholsky, Kurt 19

Wagner, Eduard 130
Wagner, Richard 62
Wagner, Robert 217
Walz, Hans 166
Weißler, Friedrich 185
Weizsäcker, Ernst von 147
Wieruszowski, Alfred Ludwig 190
Wilhelm I. 16
Wilhelm II. 3, 113, 152
Wilson, Woodrow 149
Wolff, Karl 205, 223
Wurm, Theophil 125–126, 201

Young, Owen 9

Ortsregister

(ohne: Deutsches Reich, Deutschland)

Ägypten 82, 84
Ärmelkanal 81
Aachen 27
Afrika 233, 246, 250
Albanien 82
Alexandria 84
Algerien 85, 248
Allgäu 150
Alpen 85, 213
Alpen-Donau-Raum 213
Altreich 30, 76, 221, 235
Amerika siehe USA
Amsterdam 243
Apennin 85
Ardennen 81, 87, 95
Armenien 249
Atlantik 84–85
Augsburg 162
Auschwitz 87, 106–110, 113, 118, 186, 194, 249

Babij Jar 104
Bad Arolsen 196
Bad Wiessee 24
Baden (Gau) 17, 217
Balkan 82, 132, 201, 248
Baltikum 5, 103, 238
Batschka 96
Bayern 9, 15, 125, 160
Belgien 80–81, 86, 92, 102, 108, 236, 246
Belgrad 82
Belzec 106
Benelux 80
Berchtesgaden 214
Berditschew 186
Bergen-Belsen 110
Bergheim 171
Berlin 8, 16, 19, 21, 23, 27–28, 32, 42, 45, 55, 61–62, 64, 68, 71, 73, 87–88, 104–105, 107, 109–110, 120, 124, 127, 138, 157, 163–165, 168, 195, 225, 231, 242
Berlin: Karlshorst 88
Berlin: Wilhelmshagen 120
Bernburg 98
Bessarabien 95, 105
Białystok 236
Bielefeld 167
Bitterfeld 44
Böhmen 31, 94, 96, 102, 147, 235
Bosnien-Herzegowina 249
Braband 110
Braunau 7, 147
Braunschweig (Land) 161
Brenner(pass) 195
Bromberg 95
Brüssel 236
Buchenwald 14, 68, 87, 110, 187, 219
Bückeberg 61, 155
Bulgarien 78, 81–82

Côte d'Azur 86
Casablanca 85
Charkow 97
Chełmo 106
China 78, 84
Compiègne 81

Dachau 17, 68, 110, 117, 124
Dänemark 45, 78, 80, 102, 111, 236
Danzig 27, 78–79, 95, 110, 235
Danzig-Westpreußen 95, 235
Darmstadt 42
DDR 129, 203
Dessau 44
Distomo 240
Dünkirchen 81
Düsseldorf 109, 127

Eifel 63, 87
Elsass 37, 94, 236
Emsland 68, 118

England 5, 45–46, 51, 81, 86, 214
Estland 103–104
Ettersberg 68
Europa 1, 40, 44, 75–77, 88, 99, 105, 107, 112, 116, 178, 194, 227–230, 235, 240, 242, 246, 248, 250–251

Fehrbellin 121
Finnland 78, 86
Flensburg 88, 182
Flossenbürg 68, 110, 118, 126
Fort Hunt (Virginia, USA) 210
Frankfurt am Main 42, 109, 118, 127
Frankfurt an der Oder 87
Frankreich 3, 5, 26, 29, 31, 37, 39, 45, 78–80, 92–94, 102, 108, 111–112, 116, 119–121, 128, 132, 199, 211, 219, 232, 240–241, 245–246, 251
Fürstenberg/Havel 110

Generalgouvernement 95–96, 106–107, 109, 193, 197, 235, 243
Golf von Salerno 85
Göttingen 127, 160
Grafeneck 98
Griechenland 82, 98, 108, 157, 234, 236, 240
Groß-Rosen 110
Großbritannien 27, 31, 37, 71, 76, 78, 80–81, 86, 117, 125, 147, 199, 229, 231, 251
Guernica 28

Hadamar 98
Halle-Merseburg (Gau) 216
Hamburg 68, 110, 124, 127, 163, 183, 213
Hameln 61, 163
Hameln-Pyrmont (Landkreis) 163
Hannover 110
Hartheim 98
Herzogenbusch 110
Hiroshima 88
Holland 98

Italien 31, 78, 81, 85, 87, 108, 120, 149, 201, 206, 211, 223, 231–233

Japan 78, 81, 83, 85, 251
Jerusalem 246
Jugoslawien 81, 238, 240

Kalavryta 240
Kärnten 236
Kaukasus 36, 84, 238
Kaunas 104
Kefalonia 92, 240
Kiew 90, 119
Köln 41, 109, 127, 171, 190, 199
Krain 236
Krakau 95
Krefeld 171
Kreisau 128
Kreta 82
Kroatien 78, 94, 96, 108, 205, 231–232, 236
Krössinsee 150
Kulmhof siehe Chełmo
Kurland 88
Kurmark/Mark-Brandenburg (Gau) 216
Kursk 216

Landsberg 8
Leipzig 14, 128, 200
Lettland 103–104, 238
Libyen 82
Lidice 240
Linz 68, 110
Lissabon 125
Litauen 32, 34, 103–104, 182
Litzmannstadt siehe Łódź
Łódź 195
London 27, 78, 81
Lothringen 37, 94, 236
Lübeck 86
Lublin (Distrikt) 106, 108
Lüneburger Heide 218
Luxemburg 81, 86, 236
Lybien 248

Madagaskar 101
Magdeburg 109, 216
Magdeburg-Anhalt (Gau) 216
Mähren 31, 94, 96, 102, 147, 235
Majdanek 106, 108, 110, 180
Malmedy 93
Mannheim 42
Marokko 85, 248
Mauthausen 68, 110, 180
Mazedonien 96
Mecklenburg (Gau) 217
Minden 162
Minsk 118–119, 243
Mitteldeutschland 44
Mitteleuropa 76
Moskau 32, 78, 83, 105, 219
München 8, 17, 31, 42, 66–67, 110, 120, 132, 138, 163–164
München-Allach 120
Münster 126, 162, 213
Mürwik 130

Nagasaki 88
Narvik 80
Natzweiler 110
Neuengamme 68, 110
New York City 174
Niederlande 81, 111, 243, 246
Niederösterreich 76
Niedersachsen 218
Niederschlesien 110
Nordafrika 82–84, 92, 94, 246–248
Norddeutschland 51, 221
Nordeuropa 93, 240
Nordhausen 110
Normandie 86, 92, 130
Norwegen 80, 88, 112, 121, 236
Nürnberg 62, 121, 203

Oberkrain 96
Oberschlesien 108
Oder 87, 160, 229
Odessa 105
Oradour 240
Oranienburg 68
Österreich 29–30, 34, 68, 71, 73, 74, 76, 78, 107, 181, 244

Osteuropa 36, 78, 92, 94, 96–97, 109, 116, 119, 188, 194, 196, 198, 208, 230, 235, 239–240, 242, 250
Ostland, Reichskommissariat 90, 107, 235
Ostmark *siehe* Österreich
Ostpolen 95, 108, 120
Ostpreußen 24, 27, 32, 86, 223
Ostprovinzen, preußische 37
Ostsee 27, 83

Palästina 71, 249
Paris 46, 74, 81, 86, 125, 128, 205, 236
Pearl Harbor 83
Pirna 98
Polen 5, 27, 31, 37, 39, 74, 78–79, 82, 89–91, 94–96, 98, 100–101, 103, 106–107, 116, 118–119, 122, 127, 132, 178, 182–183, 186–187, 211, 219, 243, 245
Pommern 145, 150
Potsdam 16–17
Prag 31, 125
Preußen 15–16, 67, 162, 164

Reims 88
Rhein 87, 124
Rhein-Ruhr-Gebiet 124
Rheinland 8, 27
Riga 104, 106, 243
Rom 18, 22, 85, 147, 157
Rostock 44, 86
Rostow 105
Ruanda 249
Ruhrgebiet 87, 127, 132, 213, 221
Rumänien 78, 81, 105, 231–232
Russland 5, 10, 97, 112, 209, 238

Saarbrücken 27
Saarland 235
Sachsen (Gau) 15, 124, 165, 217
Sachsen (Provinz) 15, 124, 165, 217
Sachsenhausen 64, 68, 110, 118, 185
Salzgitter 115
Schlesien 128

Schleswig-Holstein 79, 88, 161
Schweden 80, 112
Schweiz 113
Seelower Höhen 87
Sibirien 83, 96
Simferopol 104
Sizilien 85
Skandinavien 51
Slowakei 31, 78, 81, 95, 108
Smolensk 104
Sobibor 106
Sonthofen 150
Sowjetunion 27, 36, 39, 79–84, 94, 96–97, 102–103, 105, 116, 124, 128, 178, 182, 201, 211, 233, 236, 246, 249–250
Spanien 28, 78–79, 232, 251
Stalingrad 84, 96, 127, 203, 208, 219, 223, 291
Stutthof 110
Süddeutschland 126
Sudetenland 30–31, 235
Süditalien 86
Südosteuropa 82–83, 92–93, 96, 119, 201, 233, 236, 240

Theresienstadt 105, 195–196
Thüringen 68, 119–120, 162, 216–217
Thüringen (Gau) 68, 119–120, 162, 216–217
Tobruk 84
Transnistrien 105
Treblinka 106, 186
Trent Park 209

Trier 27
Tripolis 82
Tschechoslowakei 29–31, 34, 196
Tunesien 248
Tunis 85, 94
Türkei 247

UdSSR 46, 81, 86, 94, 97, 102, 107, 112, 118–119, 122, 124, 237, 251
Ukraine 83, 90, 97, 103–104, 120, 235, 238–239
Ungarn 5, 31, 78, 81, 86, 95–96, 108, 231
Untersteiermark 96, 236
Ural 96, 101
USA 45, 55, 64, 71, 81, 83, 116, 117, 125, 149, 177–178, 199, 229

Versailles 26, 145
Vichy 81, 108, 119, 242, 248

Warschau 86, 101, 106, 119, 195, 199, 243
Wartheland (Reichsgau) 95, 235
Weimar 60, 68, 87, 110, 147, 225
Weißrussland 103–104, 118, 237, 239, 245
Westeuropa 244
Westfalen 145, 216–217
Westfalen-Süd (Gau) 216–217
Westpolen 95–96
Wien 29, 73, 102, 106, 127, 195
Wolfsburg 55
Wolga 84
Württemberg 17, 125, 160, 220

Sachregister

(ohne: Drittes Reich, Nationalsozialismus, Zweiter Weltkrieg)

6. Armee 84, 203
20. Juli 1944 125, 129, 133, 164, 184, 203, 209, 226
30. Januar 1933 1, 11–12, 77, 135, 149
1848 15, 30
1871 15, 30, 49–50
1914/18 *siehe* Erster Weltkrieg
1918 3, 5, 16, 30, 36–37, 50, 66, 81, 93, 135, 144, 146, 183, 222, 225, 239, 253
1920er Jahre 3, 9, 41, 50, 72, 99, 168, 176, 229, 247
1930er Jahre 7, 20, 38, 45, 63, 65, 76, 140, 143, 145, 150, 154, 170–171, 177, 198, 201, 204, 231, 253
1933 1–2, 11–22, 25–26, 29, 31–33, 39–45, 50, 52–54, 56–57, 59–63, 65–67, 69–72, 76, 99, 110, 113, 118, 124–125, 136–137, 140–141, 145–147, 149–150, 155–156, 162, 164–168, 174, 183–184, 189–190, 196–200, 216, 223, 240, 254
1941 35, 53, 73, 78, 81–84, 90–91, 94–102, 104–107, 109–110, 112, 117–119, 122, 124, 127, 136, 147, 158, 178, 180, 182, 186, 195–196, 198, 200, 203, 205, 217–220, 226, 238–240, 243, 247
1945 1–2, 8, 18, 30, 47, 52, 55, 61, 84–85, 87–88, 103, 108, 110, 113, 117–118, 124, 126, 130–132, 134, 137, 141, 153–154, 156, 159, 164, 166–167, 175, 180, 182, 186, 189, 197, 200, 202, 206–207, 209, 218–222, 225, 227, 235, 243, 246, 254
Abgeordnete (Reichstag) 11, 15, 17
Abhörprotokolle 209
Achse Berlin-Rom, Achsenmächte 78, 85

Adel 51, 231
Adolf-Hitler-Spende 54
Agrarpolitik 163
Akademiker 181–182, 187
Aktion Reinhardt 107, 186
Aktion T4 98
Alldeutsche, Alldeutscher Verband 144
Allianz (Unternehmen) 4, 168
Alltag, Alltagsgeschichte 46, 70, 150, 158–159, 163, 175, 183, 212, 214, 237–238
Alte Kämpfer 24
Annexion 29, 31–32, 78, 94, 116, 123
Anschluss Österreichs 31
Anti-Hitler-Koalition 2, 84
Antibolschewismus 10, 103, 152, 231
Antike, Antikenrezeption 4, 157, 240
Antisemitismus 39, 46, 50, 71, 99, 103, 140, 144, 152, 166, 168, 171–172, 174, 179, 198–199, 203, 205, 230, 244, 247
Arbeiter 6–8, 14, 36, 42, 44, 52–55, 112, 116, 121, 123, 144, 170, 227
Arbeiterwohlfahrt 59
Arbeitsamt 119
Arbeitseinsatz 105, 118–119, 218
Arbeitserziehungslager 121, 183
Arbeitskräfte 45, 107, 113, 116, 118–120, 122, 167, 218, 233
Arbeitslosigkeit 40, 43–46, 225
Arbeitsprogramm 41
Arbeitsscheue 123
Ardennen-Offensive 87, 95
Ariernachweis 19, 63
Arierparagraph 39
Arisierung 75, 158, 165, 172, 194
Aristokratie *siehe* Adel
Ärzte *siehe* Mediziner
Atlantikwall 86
Atombombe 88

Sachregister

Attentat (auf Hitler) 124–125, 129, 133, 164, 209, 226
Aufmärsche 62
Aufrüstung 27, 33–34, 40, 43–44, 45, 46, 54, 78, 80, 114, 115, 147, 168, 217
Ausbeutung 116, 123, 158, 167, 183, 200, 216–218, 235, 237
Außenlager 68, 110
Außenpolitik 26, 65, 77–78, 137, 147
Auslese 163
Ausnahmezustand 13, 16, 69
Auswanderung 71, 73, 76
Auswärtiges Amt 128, 247
Autobahnen 41, 46
Automobilindustrie 116

Baedeker-Angriffe 86
Bank 168
– Deutsche Reichsbank 113
– Schweizerische Nationalbank 113
Bayer 166
Bayerische Volkspartei 11, 17
BBC 128
Behinderte 72
Bekennende Kirche 125–126
Bergbau 118, 120
Berliner Philharmoniker 155
Berufsbeamtengesetz 19
Berufsverbot 18, 75
Besatzung 77, 234, 236–238, 240–241, 242, 244
– Alltag 46, 70, 150, 158, 175, 183, 212, 214, 237–238
– Herrschaft 1, 5, 13, 17, 26, 47, 51, 65, 76, 81, 117, 124, 133, 135, 142, 145, 152–153, 159–161, 164–165, 170, 173–177, 197, 201, 211–213, 215, 224, 228, 230, 235, 252–253
– *siehe* Kollaboration
– Verbrechen 89, 97, 122–123, 131–132, 134, 161, 176, 180, 183, 193, 201, 204–206, 220, 224, 226, 239, 241, 243

– Verwaltung 23, 26, 47, 68–69, 114, 160, 164–165, 176–177, 193, 206, 235–236
Betriebsführer 53
Biografie, Biografieforschung 203
Blitzkrieg 80, 83
Blockade 98
Blockleiter 52
Blomberg-Fritsch-Krise 34
Blut-und-Boden-Ideologie 56, 161
Boehringer Ingelheim 167
Bolschewismus 39, 94, 99, 105, 112, 245
Bombenkrieg 28, 80, 86, 132, 212–213, 221
Bomber Command 86
Bosch 166
Boykott 18, 64
Bromberger Blutsonntag 95
Brutalität, Brutalisierung 1, 25, 200, 208, 240
Bücherverbrennung 18
Bund Deutscher Mädel 58
Bundesheer 29–30
Bündnispolitik 78
Bunker *siehe* Luftschutz
Bürgerkrieg 13, 20, 28, 78
Bürgertum 205

Caritas 59
Charisma, charismatische Herrschaft 9, 26, 28, 81, 132, 142, 232
Charité (Berlin) 190
Chef der Deutschen Polizei 67, 133
Commerzbank 168

D-Day 86
Daimler-Benz 118, 120, 166, 218
Degussa 108, 167
Denunziation 91, 184, 192
Deportation 77, 100, 102, 105, 107–108, 125, 128, 178, 180, 187, 196, 200, 207, 218, 227, 236, 241
Depression 40
Der Stürmer 70
Deserteure 131, 226

Deutsch-Völkische Freiheitspartei 8
Deutsche Arbeiterpartei 7, 150
Deutsche Arbeitsfront 52, 155
Deutsche Bank 76
Deutsche Forschungsgemeinschaft 190
Deutschlandsender 17
Diktatur, Diktator 1–2, 18, 22, 28–29, 39, 78, 123, 125–126, 128, 130, 133, 135, 139, 141, 143–144, 152–153, 156, 160, 165, 175–176, 189, 202, 216, 226–227, 254
– Deutschland 1, 6, 14, 19–20, 26–27, 37, 39, 45–46, 63–65, 68, 72, 74, 78, 84–86, 143, 147, 149, 152, 159, 168, 194, 196, 199, 212, 214, 218, 228–229, 231–233, 249, 251, 254
– Italien 31, 78, 81, 85, 87, 108, 120, 149, 201, 206, 211, 223, 231–233
– Sowjetunion 27, 36, 39, 79–84, 94, 96–97, 102–103, 105, 116, 124, 128, 178, 182, 201, 211, 233, 236, 246, 249–250
– Spanien 28, 78–79, 232, 251
Diplomaten 74, 128, 199
Diskriminierung 18–19, 64, 190
DNVP 8–9, 11–12, 37, 145, 148
Dokumentarfilm 2
Dokumentation 62, 199
Dolchstoßlegende 5, 36
Dorf 106, 163
Dreimächtepakt 81
Dresdner Bank 168
Duce 78, 82, 229, 232, 234
Durchgangslager 90, 120

Edelweißpiraten 127
Edition 2, 138–140, 197, 218, 238, 242
Ego-Dokumente 181, 184, 208–210, 214
Ehre 21, 39, 62, 192
Eid 25, 133, 201
Einmarsch ins Rheinland 27, 42
Einparteienstaat 21–22, 25

Einsatzgruppen 80, 94–95, 103–104, 107, 109, 118, 180, 182, 201, 211
Eintopfsonntag 60–61
Elite 3, 37, 97, 128, 147, 156, 180–181, 193, 203–204
Emigration 73, 75–76, 130
Endlösung 99, 102, 105–107, 109, 172, 178, 194, 196, 212, 248
Endphasen-Verbrechen 131
Erbfeind 3, 5, 39, 219
Erbgesundheitsgesetz 72
Erdöl 112
Erfahrung, Erfahrungsgeschichte 36, 141–142, 165, 180, 209, 211–212, 215, 242, 250
Erlebnis 46, 49, 61
Ermächtigungsgesetz 17–18, 22
Erster Weltkrieg 6, 19, 27, 37, 58, 76–77, 84, 88, 105, 111–112, 136, 149, 152, 171, 173, 184, 192, 200–201, 230, 234, 236, 247, 249, 251
Eugenik 71
Euthanasie 98, 126, 128, 172, 187, 252
Exil 31, 81, 125, 156, 199
Exklusion 47, 135, 144, 169–170, 174, 220
Expeditionskorps 28, 80, 82
Export 46

Familie 73, 76, 112, 123, 131, 167, 195, 207
Faschismus, -forschung 28, 124, 228–234
Feiertage 61
Feindbild 124
Feldpolizei 241
Feldpostbriefe 208, 221, 237, 291
Festkultur 65
Filme 62
Flucht, Flüchtlinge 60, 93, 104, 121, 149, 220–221
Flugblätter 121, 123, 245
Föderalismus 15
Forschungseinrichtungen 189

Frauen 43, 51, 59, 75, 94–95, 98, 100, 104, 109, 117, 120–122, 128, 131, 145, 178, 180, 182, 195, 204–205, 214–215, 222, 226, 236, 243, 245
Frauenarbeit 111, 117
Frauenwahlrecht 145
Freikorps 37, 66, 183, 202
Freiwillige (Waffen-SS) 28, 119, 244
Freizeit 155, 158
Fremdarbeiter *siehe* Zwangsarbeiter
Fronterlebnis 38
Führer-Mythos 7, 48
Führerglaube 47
Führerprinzip 53–54, 157, 176

Gaswagen 107
Gauleiter 30, 47, 66, 106, 119, 130, 161–162, 177, 217, 221, 225
Gefühle 49, 141, 173, 212, 230
Gelöbnis 25
Gemeinschaft (Konzept) 49, 53, 59–60, 65, 135, 143, 151, 156, 174, 195, 210, 223, 253
Gemeinschaftsfremde 59, 73, 75
Generalbevollmächtigter 130
Generalgouvernement 95–96, 106–107, 109, 193, 197, 235, 243
Generalplan Ost 96, 240
Generation 36, 137, 189, 205, 232
Genozid *siehe* Völkermord
Germanisierung 94, 181, 186–187
Gesellschaftsgeschichte 136–137, 142, 193–195, 205, 254
Gestapo *siehe* Polizei
Gewalt, Gewalterfahrungen 1, 6, 17, 26, 37, 46, 65–66, 69, 73–75, 77, 79, 84, 88–89, 93, 97, 100, 115, 119, 131, 135, 146, 148, 154, 175, 179, 183–185, 191–192, 200, 206, 211, 214, 216, 220, 224, 227, 231–232, 238–240, 245, 248–249, 252
Gewaltforschung 185, 199, 211, 251
Ghetto 101, 105–106, 166, 195–196, 243

Gleichschaltung 15–16, 18–19, 23, 52–54, 67, 155
Gleichschaltung der Länder 18
Gliederungen (NSDAP) 51–52, 60, 150, 181, 213
Großdeutsches Reich 30
Großdeutschland 82, 198
Großraumwirtschaft 115
Großstadt 164

Haager Landkriegsordnung 89
Häftlinge 107, 109–110, 116, 118, 120, 131, 183, 216, 224–225
Hakenkreuz(fahne) 17, 25
Halbjuden 71, 206
Handlungsspielraum 100, 122, 125, 176
Handwerk 54, 120
Heer 5, 28, 33, 36, 43, 80, 206
– Heeresgruppe 83–84, 87, 94, 128
– Oberkommando 34, 77, 84
Heim-ins-Reich-Politik 26
Heimatfront, Heimatkriegsgebiet 36–37, 77, 111, 130–132, 212, 215–216, 219
Helden 17, 58, 63, 133, 146, 226
Helferinnen
– SS 205, 215
– Wehrmacht 215
Herrschaft 1, 5, 13, 17, 26, 47, 51, 65, 76, 81, 117, 124, 133, 135, 142, 145, 152–153, 159–161, 164–165, 170, 173–177, 197, 201, 211–213, 215, 224, 228, 230, 235, 252–253
Herrschaftssoziologie 142
Hilfskräfte 244
Hilfswerk Mutter und Kind 59
Historiker 2, 7, 91, 97, 103, 105, 135, 137, 140–141, 150, 152–154, 156, 159, 161, 164–166, 169, 171, 176–177, 180, 185, 187–188, 194–196, 199–200, 202, 204–205, 208–209, 212, 214, 224–225, 227, 229, 235–239, 241, 282
Hitler-Bewegung 1, 7, 36, 69, 143

Hitler-Stalin-Pakt 78, 79, 103, 112, 124
Hitlergruß 54
Hitlerjugend, HJ 35, 52, 57–58, 63, 88, 109, 112, 127, 164, 207
Hoechst 166
Holocaust *siehe* Völkermord: Juden
Homosexualität 24, 34
Honoratioren 101, 160, 190
Hoßbach-Niederschrift 31

Identität 4–5, 30, 76
IG Farben 76, 108, 118
Import 56, 80, 112
Indoktrination 51, 125, 180, 183, 206
Inflation 41, 113
Inklusion 46, 135, 169–170, 174, 220
Innenminister 12, 16
Innere Mission 59
IOC 64
Islam 246–247
Italienische Militärinternierte 92

Jesuiten 128
Juden 1, 5, 7, 10, 50, 56–57, 64–65, 69–71, 73–76, 80, 88, 90–91, 95, 97–110, 116, 118, 122–123, 127, 135, 139–140, 142, 144, 147, 157, 165–166, 168, 171–172, 177–178, 180, 182–183, 186–187, 190, 192, 195–196, 198–200, 206, 209, 226, 231, 234, 236, 239, 241, 243, 246–247, 249
Judenhass *siehe* Antisemitismus
Jugend, Jugendliche 35, 57, 66, 127, 156
Juristen, Justiz 8, 10, 72, 75, 139, 161, 183, 189, 193

Kaiser-Wilhelm-Gesellschaft 165, 189
Kaiserreich 10, 34, 49–50, 78, 108, 144, 147, 151, 174
Kameradschaft 58, 133, 192, 206
Kampf um Berlin 87

Kampfflugzeuge 33
Kampffront Schwarz-Weiß-Rot 15
Kapitalismus 232, 250
Kapitulation 36, 85, 88, 92–93, 126, 130, 220
Katholizismus 22, 126
KdF-Wagen 55
Kinder 21, 57, 62, 70, 72, 76, 95, 97, 104, 106, 109, 120, 178, 184, 204, 213, 218, 236, 245
Kinderlandverschickung 60, 213
Kirche 16, 22, 125–126, 185, 231
– Evangelische 16–17, 125
– Katholische 125–126
Klasse, Klassengesellschaft 10, 145, 153, 170
Kleinstadt 75, 160, 171
Kollaboration, Kollaborateure 119, 193, 238, 242, 244, 251
Kolonialtruppen 26
Komintern 78
Kommando-Befehl 93
Kommunismus 6, 28, 230, 232, 252
Konkordat 21
Konsens, -bereitschaft 126, 130, 148, 159, 174–175, 192–193, 197–199, 220, 248
Konservativismus 6, 147
Konsum 45, 111, 155, 158, 165, 174
Konzentrationslager 14, 17, 64, 66–69, 71–72, 74, 87, 91, 95, 102, 106, 107, 108–110, 116–117, 118, 120, 122, 124–127, 131, 180–181, 185, 186–187, 206, 215–216, 218, 222, 225
– Auschwitz 87, 106–110, 113, 118, 186, 194, 249
– Bergen-Belsen 110
– Buchenwald 14, 68, 87, 110, 187, 219
– Dachau 17, 68, 110, 117, 124
– Flossenbürg 68, 110, 118, 126
– Groß-Rosen 110
– Mauthausen 68, 110, 180
– Mittelbau-Dora 110, 120, 187, 219
– Neuengamme 68, 110

Sachregister

- Ravensbrück 110, 127
- Sachsenhausen 64, 68, 110, 118, 185
Körper, Körperkult 21, 154, 157, 181, 245
KPD 9, 13–14, 124, 144
Kreisauer Kreis 128
Kreisleiter 150, 160, 165
Krieg 1–2, 5, 24, 27, 31, 35–38, 40, 65, 72, 75–80, 82, 84, 86, 88, 91, 102, 105, 110, 113, 115–116, 125, 128, 132–135, 137, 156, 164, 172, 190, 198, 200, 203–204, 206–217, 219–222, 227, 231, 233, 236, 241, 244–245, 247, 250–251, 254
Kriegsbeginn 33, 41, 43, 55, 57, 62–63, 67, 73, 78–79, 88, 94–95, 100, 109, 112, 115, 117–118, 125, 132, 150, 167, 172, 239
Kriegsbeute 119, 123
Kriegsende 3, 6, 55, 87, 92, 112, 120, 134, 178, 208, 220, 222–224
Kriegsendphase 130, 224
Kriegserfahrungen 77, 207–208, 219, 226
Kriegsfinanzierung 111–112
Kriegsfolgen 5
Kriegsgefangene 93, 110, 116, 118, 120–121, 237
- polnische 89
- sowjetische 90, 93, 107, 117, 218
Kriegsgesellschaft 135, 224, 226–227
Kriegsmarine *siehe* Marine
Kriegsmoral 77, 214, 219
Kriegsverbrechen 65, 89, 92–93, 99, 201, 203, 206–207, 210–211, 219, 241
Kriegswirtschaft 47, 77, 110, 114, 116, 119, 162, 165
Kriegswirtschaftsverbrechen 113
Kriegswirtschaftsverordnung 112
Kriminalpolizei 67, 91, 109
Krise 26, 143, 148, 205

Krupp 54, 166
Kultur, Kulturpolitik 75, 155, 161, 188, 196, 211, 229
KZ *siehe* Konzentrationslager

Lageberichte 165, 182, 242
Lager 14, 28, 64, 67–68, 89–91, 93, 107, 110, 118, 121, 180, 185–186, 196, 209–210, 214
- Arbeitserziehungslager 121, 183
- Außenlager 68, 110
- *siehe* Durchgangslager
- *siehe* Konzentrationslager
- *siehe* Stammlager
- *siehe* Vernichtungslager
- *siehe* Zigeunerlager
Land, ländlicher Raum 5, 9–10, 16, 23, 60, 63–64, 67, 71, 73, 89, 111, 131, 160–161, 218, 231, 233, 241, 246
Landwirtschaft 66, 109, 120, 162
Lebensborn 245
Lebensmittelkarten 111, 113
Lebensraum 28, 46, 77, 94, 99, 188, 203, 252
Legion Condor 28
Legitimation 13, 20, 26, 46, 129, 147, 250
Leistung 4, 122
Liberalismus 6, 46, 149
Linksparteien 9–11
Literatur 137, 146, 156, 190
Lohn 44, 46
Luftangriffe 80–81, 132, 217, 219
Luftfahrtminister 12
Luftkrieg *siehe* Bombenkrieg
Luftschutz 120, 213, 215
Luftverteidigung 87, 213
Luftwaffe 5, 28, 32–33, 35, 43, 47, 79, 81, 86, 166
Lynchjustiz 213

Machtapparat 1
Machtergreifung 15, 61, 140, 149, 164
Machteroberung 12, 14, 77
Machtsicherung 13, 25

Maginot-Linie 80
Marine 5, 28, 33, 35, 43, 203
Märtyrer der Bewegung 61
Marxismus 6, 229
März-Gefallene 15
Massaker 24, 104, 240, 242, 249
– Babij Jar 104
– Distomo 240
– Kalavryta 240
– Kefalonia 92, 240
– Lidice 240
– Oradour 240
Masse(n) 6, 35, 44, 65–66, 76, 88–89, 92, 95, 98–100, 102–103, 105, 107, 134, 137, 144, 150, 154, 172–173, 179, 182, 186–187, 201, 215, 225, 243, 249, 252–253
Massenveranstaltungen 61, 65
Medizin, Mediziner 18, 21, 70, 72, 75, 98, 216
Mein Kampf 2, 8, 138–140
Memoiren 141, 199, 215
Menschenexperiment 72
Menschenführung 51
Militär 25, 32, 34–39, 42, 48, 113, 123, 128, 190, 201, 232–233
Militärgeschichte 135, 202, 207, 222, 237, 242
Militarisierung 35, 39, 43, 51, 58, 61
Militärjustiz 131, 133, 222, 241
Militärverwaltung 104, 236–237
Minderheiten, deutsche 5, 75, 96, 171, 231, 239
Mischehe 249
Mischlinge 71, 106, 110, 195, 206
Mobilisierung 6, 38, 46, 48, 62, 63, 111, 144, 152–153, 155, 157, 161–162, 169–170, 172, 173, 175, 190, 212, 216, 220, 232, 253
Molotow-Ribbentrop-Pakt, s. Hitler-Stalin-Pakt
Monarchie 4–5, 16, 30
Münchener Abkommen 31, 128
Museum 138
Musik 62, 127, 238

Mythos 4, 48–49, 63, 132, 134, 145, 223

Nachkriegsgesellschaft 146
Nachkriegsordnung 5, 149
Nachkriegszeit 46, 60, 131, 141, 154, 185, 193, 206, 223–224, 246
Nationalismus 3–6, 10, 33, 50–51, 144–145, 208, 229–230, 246
Nationalismusforschung 145
Nationalitätenprinzip 32
Nationalstaat 30, 232
nordisch 163
Notverordnung 13–14, 41
NS-Kraftfahrkorps 63
NS-Lehrerbund 53
NS-Verbrechen 58, 60, 88–89, 99, 139, 200, 215, 241
NSDAP 6–8, 10–12, 14–15, 17, 20–24, 26, 32, 37, 39, 43, 47, 51–54, 56–60, 62–63, 66, 69, 123, 129–131, 138, 140, 143–148, 150, 156–157, 160, 162–165, 167–168, 170, 173, 176, 181, 189, 194, 205, 213, 217, 223
– Mitgliedschaft 51–52, 57, 192
NSFO 210
NSKOV 39, 146
NSV 59, 65, 112, 164, 213
Nürnberger Gesetze 70, 170, 190

Öffentlichkeit 7, 35–36, 70–71, 79, 125, 138, 141, 176, 178, 196, 198, 201–202, 218
Offiziere 35, 37, 39, 90–91, 128, 223
Offizierslager 90
OHL 36, 38
Okkupationsforschung siehe Besatzung
OKW 34, 77, 83, 88, 90–91, 113, 128, 132, 206, 246
OKW-Berichte 83
Olympische Spiele 64
Opfer 15, 69, 73, 79–81, 88–89, 91, 97–98, 103, 107–109, 119, 124,

146, 175, 185, 187, 195, 206, 212, 224, 238–239, 241–243
Opposition *siehe* Widerstand
Ordnung, Ordnungsdiskurs 4, 13, 16, 24, 44, 47, 53, 60, 62, 142–143, 149, 160, 188, 230, 251
Ordnungspolizei 67, 103, 183
Organisation Todt 118
Organisation, Gewaltorganisation 20, 46, 49, 53, 61, 64, 69, 98, 118, 145, 163, 181, 184, 191–192, 200, 207, 210, 214, 231, 237
Ostarbeiter 121–122

Panzer 39, 61, 114
Paraden 58, 61–62, 65
Parlamentarismus 60
Parteien 4, 6, 11–12, 20–22, 26, 32, 36, 49, 57, 60, 126, 152, 173, 234
Parteigenossen 12, 47, 52, 150
Parteiorganisationen 66, 176
Partisanen 85, 97, 200, 234, 240–241
Partisanenkampf, -krieg 205, 238, 240
Pazifismus 6
Pluralismus 20
Pogrom 74, 198
Polizei 14, 16, 23, 31, 47, 56, 66–67, 69, 70, 71, 74, 91, 94, 97, 100, 102–103, 105, 106, 119, 121, 124, 127, 131, 171, 173, 175–176, 181–183, 186, 193, 196, 200, 223, 237
– Gestapo 23, 31, 67, 70, 74, 91, 106, 121, 124, 127, 171, 173, 175–176, 181–182, 196, 200, 223
– Kriminalpolizei 67, 91, 109
– Sicherheitspolizei 67, 91, 94, 181–182
Polykratie, polykratische Herrschaft 175, 177, 213
Präsidialdiktatur 40
Präventivkrieg 82
Preußenschlag 16
Privatleben, Privatssphäre 140

Propaganda 7, 10, 18, 26–27, 44, 47–48, 51, 53, 56, 58, 60, 63, 66, 74, 79, 81–82, 95, 114, 119, 124–125, 130, 132, 142, 144, 146, 148, 151, 153–154, 170, 173, 196, 198, 206, 209–210, 213, 216, 219, 221, 225, 230, 233, 241, 244–245, 250
– Ausland 245
– Wehrmacht 246
Protest 9, 13, 27, 33, 90, 123–124, 126–127
Provinz 32, 71, 102, 110, 159, 171, 194, 236

Quellen, Quellenedition 99, 141, 187, 196, 198, 202, 209, 212, 234, 242

Radikalisierung 3, 73, 77, 104, 106, 109, 118, 127, 131, 143, 148, 172, 175, 180, 194, 211, 238, 240, 242
Radikalnationalismus 6
Radio 42, 45, 75
Rasse 50–51, 76, 94, 140, 163, 181, 184, 188, 246, 249
Rasseideologie 1, 59, 190, 248
Rassenhygieniker 72, 98
Rassenkunde 50, 72
Rassismus 4, 76, 94, 174, 230, 249
Raubgold 113, 167
Recht *siehe* Juristen
Rechtsstaat 2, 24, 69
Regionalgeschichte 161, 212
Reibaktionen 123
Reichsbahn 41, 107
Reichsbank 43, 113, 240
Reichserntedankfest 61
Reichsführer-SS 67, 95, 133
Reichsgericht 14, 16, 23
Reichskanzler 10–12, 16, 24, 41, 126, 216
Reichskommissar 16, 95, 236
Reichskriegsminister 25, 33–34
Reichskristallnacht *siehe* Pogrom
Reichskulturkammer 56, 60, 155

Reichsnährstand 56, 60
Reichsparteitag 62
Reichspräsident 11–13, 16, 24
Reichsprotektorat 31
Reichsrat 15, 23
Reichssicherheitshauptamt 23, 68
Reichsstatthalter 15, 30
Reichstag 9, 11–13, 16–18, 21–22, 76, 79, 148
Reichstagsbrand 13–14, 69
Reichswehr 5, 16, 23–25, 32, 36–37, 39, 66
Reichswerke Hermann Göring 115, 119
Reichszentrale für jüdische Auswanderung 73
Reinhardt-Programm 42
Rennsport 62
Reparationen 3, 5, 9
Repressalien 240
Republik 4, 10, 20, 24, 28, 31, 37, 49, 60, 143, 145–147
Resistenz *siehe* Widerstand
Revolution 4, 10, 14–15, 23, 25, 65, 143
– Novemberrevolution 36, 225
– Russische Revolution 6
Rhetorik 11, 49, 143, 149
Ritterkreuz 35
Röhm-Morde, -Putsch 23–24, 67, 69
Rohstoff 47
Roma 106, 108–109, 231
Rote Armee 79, 82, 84–87, 134, 220
RSHA 23, 68, 73, 94, 101–102, 107–108, 121–122, 161, 178, 180–181
RStDI 54
Rüstung *siehe* Aufrüstung
Rüstungskonjunktur 40, 44
Rüstungswunder 114

SA 7, 15–17, 19, 21–24, 37, 52, 57, 63, 66–67, 69–70, 74, 148, 232, 234
Säkularisierung 151
Säuberungen 239, 249
Scheinlegalität 14, 25, 183

Schriftsteller 18, 38, 50, 70, 140, 156, 209
Schule, Schulpolitik 161, 174
Schutzhaft 14, 69
Schutzpolizei 8, 16
Schutzzölle 149
Schwarzmarkt 113
Seekrieg 80, 85
Selbstermächtigung *siehe* Mobilisierung
Selbstmobilisierung *siehe* Mobilisierung
Selbstmord 88, 130–131, 225, 226
Semiten 50
Sendungsbewusstsein 251
sexuelle Gewalt (Krieg) 244
Shoa *siehe* Völkermord: Juden
Sicherheitsdienst, SD 67, 73, 94, 132, 142, 165, 181–182, 198, 234, 241–242
Sicherheitspolizei *siehe* Polizei
Sinti 64, 72–73, 108–109, 116
Sippenhaft 184
Sitzkrieg 80
Soldaten 23, 25, 27, 29–30, 33, 35–36, 39, 77, 79–82, 84–85, 87–93, 97, 103, 123, 129–131, 134, 193, 200–202, 204, 206–210, 212, 220–222, 226–227, 233, 241, 244–245
Sonderstäbe 48
SOPADE 125
Sozialdemokraten 11, 69, 124, 128, 171, 253
Sozialfürsorge 58
Sozialismus 6, 46, 50, 251
Sozialstrukturanalyse 181
Spanischer Bürgerkrieg 28
SPD 9, 11, 14, 17, 19–20, 125, 144, 148, 199
Sport, Sportvereine 156
– Turnen 157
SS 16–17, 24, 35, 47, 52, 56, 63, 66–69, 73–74, 79–80, 85–86, 88, 92, 96, 100, 102–107, 109, 118, 130–132, 147, 157, 167, 176, 178, 180–182, 185–187, 191, 201,

205, 211, 215–216, 218, 223, 226, 237, 241, 243–245, 247
- Baubrigaden 216, 218
- Sondereinheit Dirlewanger 211
- Totenkopfverbände 68, 185, 206
Staatlichkeit 152, 162, 176
Staatsbesuche 233
Staatsrecht 24
Staatsverschuldung 113
Stadtplanung 161
Stahlhelm (Wehrverband) 37
Stahlpakt 78
Stalinismus, Stalinisten 251
Stammlager 90, 110
Studenten 8, 70
Sudetenkrise 30, 40, 128, 219
Suizid *siehe* Selbstmord
Swing-Jugend 127
System, Systemzeit 5, 20, 24, 50, 103, 107, 110, 112, 146, 149, 154, 164, 192, 210–211

Tag von Potsdam 16
Tagebücher 141, 179, 208–210, 212, 237
Täter, Täterforschung 70, 107, 110, 147, 151, 161, 175, 177, 179–180, 183–187, 191–194, 203, 206, 209, 211, 214, 238, 241–243, 250, 252
Technik, Technikbegeisterung 63–64, 151, 154
Technokraten 114, 252
Terror(regime) 1, 46, 65, 69, 71, 73, 87, 93, 104, 121, 131, 135, 153–154, 158, 161, 173, 175, 177, 183, 196, 199–200, 222, 240, 250
Terrorangriffe 86
Theologen 188
Todesstrafe 113
Totaler Krieg 38
Treuhänder der Arbeit 53
Tuberkulose 98

U-Boot 33, 80, 85, 93
Umsiedlung 95, 99
Ungleichheit 21, 145

Universitäten 188
Unternehmen, Unternehmer 27, 41, 44, 53–54, 76, 80–81, 109, 111, 114–116, 118, 129, 155, 166–168, 190, 216–218, 240

Vatikan 21
Verbrechen 89, 97, 122–123, 131–132, 134, 161, 176, 180, 183, 193, 201, 204–206, 220, 224, 226, 239, 241, 243
- *siehe* Endphasen-Verbrechen
- *siehe* Kriegsverbrechen
Verflechtungsgeschichte 228, 247
Verfolgung 1, 65, 68–73, 77, 88, 102, 127, 137, 147, 153–154, 156, 161, 169–172, 177, 190, 195–197, 224, 235, 243
Vergangenheit 1, 3, 6, 30, 34, 137, 144, 158, 166–168, 181, 184, 189, 205, 212, 249, 254
Vergasung 99
Vergeltungswaffen 87
Vergleichsgeschichte 214
Verlage 136, 190
- C. Bertelsmann 166
- De Gruyter 190
- Eher 124, 140
Vernichtungskrieg 36, 51, 55, 82–83, 91, 125, 200, 208, 211–212, 219, 236, 249
Vernichtungslager 89, 106–107, 181, 183, 186–187, 196, 199, 211
Verordnung 14, 58, 69, 75
Versailler Vertrag 3, 27, 32–33, 36, 38, 143, 173, 225
Verschleppung *siehe* Deportation
Versorgung, Versorgungspolitik 85, 91, 101, 111–112, 116, 158, 213, 217
Verständigungspolitik 147
Verwaltung 23, 26, 47, 68–69, 114, 160, 164–165, 176–177, 193, 206, 235–236
Verwaltung, Kommune 23, 26, 47, 68–69, 114, 160, 164–165, 176–177, 193, 206, 215, 235–236

Verwaltungsbeamte 98
Veteranen 39, 134, 146
Vichy-Regierung 81
Vierjahresplan 33, 47, 77
Volk 4, 14, 17, 25, 43, 49–51, 55, 65, 87, 98, 122, 225, 253
Völkerbund 22, 26, 32, 71
Völkermord 1–2, 65, 77, 97, 99, 99–100, 102, 104, 107, 110, 125, 135, 142, 147, 167, 177–178, 183, 188, 192, 193, 195, 197, 199–200, 211, 220, 236, 238, 242, 245, 247–248, 249–250, 252, 254
– Juden 1, 5, 7, 10, 50, 56–57, 64–65, 69–71, 73–76, 80, 87, 88, 90–91, 95, 97–110, 113, 116, 118, 122–123, 127, 135–137, 139–140, 142, 144, 147, 153, 157, 160, 165–166, 168, 171–172, 177–180, 182–183, 186–187, 190, 191, 192, 193–196, 197, 198–200, 206, 209, 226, 231, 234, 236, 237, 239, 241, 243, 246–251
– Sinti und Roma 64, 72–73, 108–109, 116
Völkerrecht 241
völkisch 3, 11, 51, 144, 158, 181, 188–189
Volksabstimmung 22, 26, 29
Volksdeutsche 189, 244
Volksempfänger *siehe* Radio
Volksfeinde 51, 131, 225
Volksgemeinschaft 1, 3, 10, 12, 21, 30, 33, 38, 44, 46–52, 54, 56, 58, 60–62, 65, 71, 98, 111, 119, 123, 131–135, 140, 150–153, 155–159, 162, 164–165, 169–173, 192, 194, 198, 205, 207, 214–215, 217, 219–220, 223–224, 226–227, 230, 243, 253–254
Volksgenossen 27, 45, 52, 55, 58, 61, 91, 111, 141, 152–155, 157–158, 170–172, 174, 184, 217, 225, 242
Volksgeschichte 188
Volksgesundheit 21, 54, 216
Volkskörper 21, 59, 71, 163, 172

Volkstumsforschung 188
Volkstumspolitik 95, 100
Volkswagen 42, 55, 166
Volkswirtschaft 98, 110

Wachmannschaften 180, 206
Waffen-SS 35, 90, 93, 103, 193, 205, 211, 242, 244
Waffenstillstand 81, 85–86
Wahl 10, 22, 31, 190, 253
– Reichstag 8–11, 14, 22
Wähler 10–11, 142, 144, 163
Währungsreform 113
Wannsee-Konferenz 105, 178, 247
Wehrgemeinschaft 1, 225
Wehrkraftzersetzung 225
Wehrmacht 2, 25, 27–35, 39, 42–43, 56, 77–79, 81–83, 85–88, 90–92, 95–98, 100, 102–104, 106–109, 111, 114–115, 118–120, 129–131, 133–134, 166–167, 176–177, 182, 191, 200–202, 206–207, 210–212, 217–222, 225–226, 228, 233, 235–237, 240–241, 244–245, 247
Wehrmachtgerichtsbarkeit 97
Wehrpflicht 5, 32, 43, 222
Wehrwirtschaft 111
Weimarer Republik 2, 10, 14, 18, 20–21, 24–25, 49, 53, 66, 109, 128, 143, 146–149, 153–154, 173, 180, 184
Weiße Rose 126
Weltanschauung 139, 228
Weltausstellung 46, 62
Weltbild 6, 38–39, 103, 139, 151, 158, 163, 203, 214
Weltkrieg *siehe* Erster Weltkrieg
Weltwirtschaftskrise 40, 63, 149
Werwolf 131
Westmächte 27, 32–33, 40, 78
Widerstand 14, 19, 22, 29, 40, 66, 73, 80, 87, 100, 121, 123, 124–125, 126, 128–129, 133, 155, 163, 195, 197, 226, 238, 240, 244
– Ghetto 101, 105–106, 166, 195–196, 243

– Kirche 16, 22, 125–126, 185, 231
– Militär 25, 32, 34–39, 42, 48, 113, 123, 128, 190, 201, 232–233
Widerstand, Résistance 19, 22, 29, 66, 73, 80, 87, 100, 121, 123, 126, 128–129, 133, 155, 195, 197, 226, 238, 240, 244
Winterhilfswerk 60, 65
Wirtschaft 5, 33, 45, 53–54, 77, 114, 163, 169, 232
Wirtschaftskrise 143
Wirtschaftspolitik 40, 46–47, 166, 174, 217, 236
Wirtschaftsrüstungsamt 97
Wissen, Wissenstransfer 198, 202, 206, 233
Wissenschaft 23, 138, 151, 176, 187, 189, 191
Wohlfahrt *siehe* NSV

Zeitschriften 189
Zeitungen 245
Zeugen Jehovas 226
Zigeuner 73, 98, 108–109, 122
Zigeunerlager 109
Zivilarbeiter 116, 120–121
Zivilisationsbruch 2, 154
Zivilverwaltung 118, 219, 235
Zukunft 3, 5–7, 30, 38, 87, 144, 148–149, 152, 221
Zusammenbruch 4, 131–132, 149, 213, 221–222, 234, 250–251
Zwangsarbeiter 92, 98, 107, 115–117, 119–122, 131, 166–167, 178, 218, 224–225
Zwangsbewirtschaftung 217
Zwangssterilisation 72, 98, 110, 172
Zwischenkriegszeit 143, 229–230
Zyklon B 108, 167

Autorenregister

Abelshauser, W. 166
Adam, C. 128, 156
Aly, G. 158, 172, 187, 195
Arnold, K.-J. 208, 237
Aster, M. 155

Baberowski, J. 185, 199, 211, 238–239, 251–252
Bade, C. 171, 222, 241
Bähr, J. 166
Bahro, R. 157, 181
Bajohr, F. 151–152, 163, 170, 172, 195, 197, 199–200, 215, 235, 242
Bankier, D. 197
Barnouw, D. 222
Barth, B. 143, 222
Bartov, O. 200
Bauer, R. 164
Bauer, T. 163
Bauerkämper, A. 228, 231, 234
Bauman, Z. 251
Bavaj, R. 137, 154, 169
Beck, B. 40, 128, 245
Becker, F. 157
Becker, M. 226
Beer, M. 213, 222
Behnken, K. 199
Benz, W. 63, 136–137, 150, 186, 195–196, 222, 226, 235, 249
Bergen, D. 110, 132, 195, 218
Berger, S. 187
Berghoff 158
Bernett, H. 157
Bernhard, P. 23, 188
Bessel, R. 223
Beyrau, D. 239
Black, P. 180
Blank, R. 212, 214, 221
Blaschke, A. 163
Bloxham, D. 191
Boberach, H. 165, 182
Böhler, J. 211
Bohn, R. 221

Boog, H. 213
Brakel, A. 137
Brechtken, M. 137, 179
Bremer, S. 184
Brenner, M. 195
Breuer, S. 229, 232
Brinkhus, J. 213
Brockhaus, G. 154–155
Broszat, M. 154, 176, 220
Brown, T. 148
Browning, C. 103, 179, 183, 195
Bruendel, S. 144, 151
Buchholz, M. 160
Buggeln, M. 213
Burleigh, M. 137
Büttner, U. 198

Cahn, J.-P. 137
Cesarani, D. 180
Chapoutot, J. 157, 240
Chiari, B. 238
Christ, M. 185, 193
Ciupke, P. 150
Cüppers, W. 205
Curilla, W. 183

Dahm, V. 161, 202
Dams, C. 182
Danker, U. 175
Deák, I. 244
Dieckmann, C. 187, 196, 217, 237, 243
Diedrich, T. 203
Dierker, W. 182
Dietz, B. 188
Diewald-Kerkmann, G. 171
Dipper, C. 229
Distel, B. 186
Doerry, J. 185
Dördelmann, K. 161
Dörner, B. 184, 197
Droulia, L. 241
Dülffer, J. 136
Dwork, D. 186

ECHTERNKAMP, J. 137, 150, 167, 174, 189, 200, 202, 208, 210, 212–214, 218–219, 221, 224, 227, 235, 238
ELIAS, N. 251
ELVERT, J. 221
ERKER, P. 166
ETZENMÜLLER, T. 253
EVANS, R. 137

FAHLBUSCH, M. 188–189
FALTER, J. W. 144
FELDER, B. 238
FELDMANN, G. D. 168
FINGER, J. 167
FINGS, K. 216, 218
FLEICHER, H. 241
FLEISCHHAUER, M. 162
FÖLLMER, M. 148, 155
FÖRSTER, J. 191, 202, 210
FREI, N. 136, 158, 166, 170
FREITAG, W. 161
FREUND, F. 218, 220
FRIEDLÄNDER, S. 166, 195
FRIEDRICH, J. 16, 28, 84, 103, 128, 185, 203, 212
FRITSCHE, C. 172
FRITZ, S. G. 41–42, 114, 119, 176, 208
FRITZSCHE, P. 147, 170
FUHRER, A. 221
FÜLLBERG-STOLBERG, C. 160

GABEL, H. 188
GAFKE, M. 181
GAILUS, M. 185
GALL, L. 166
GARBE, D. 226
GEHLER, M. 251
GELDERBLOM, B. 155
GELLATELY, R. 171, 173, 182, 197
GENTILE, C. 206
GENTILE, E. 229
GERLACH, C. 178, 195, 202, 217, 226, 237, 243, 249
GEYER, M. 225
GOESCHEL, C. 225
GOLDHAGEN, D. 179, 183

GOTTO, B. 152, 162, 173, 213, 216
GÖTZ, N. 253
GRAF, R. 39, 41, 126, 128, 148–149
GRAML, H. 137
GREGOR, N. 8, 52, 166
GRIMM, B. 213
GROTHE, E. 189
GRUNER, W. 161
GRUNERT, R. 246
GUDEHUS, C. 209
GUERRAZZI, O. 233

HÁJKOVÁ, A. 195
HAAR, I. 189
HACHMEISTER, L. 180
HACHTMANN, R. 164, 174, 176, 190, 216
HAERENDEL, U. 161, 172
HAPPE, K. 243
HARTEN, H.-C. 191
HARTMANN, C. 202, 204, 207
HARTWIG, D. 203
HASENCLEVER, J. 204, 237
HAYES, P. 166–167
HEDINGER, D. 251
HEHL, U. VON 134, 137, 220
HEIM, S. 26, 31–32, 187
HEIN, B, 181
HEINEMANN, I. 181
HEINEN, F. A. 150, 230
HEINSOHN, K. 145
HENDEL, J. 162, 216
HENKE, K.-D. 220
HERBERT, U. 137, 180, 187, 195
HERBST, L. 33, 81, 92, 101–102, 105, 108, 116, 142, 168, 186, 195, 218
HERF, J. 219, 246
HERLEMANN 163
HERRMANN, B. 207
HESSE, H. 226
HILBERG, R. 177
HILDEBRAND, K. 136
HILLMANN, J. 221, 224
HIMMLER, K. 186, 212
HOFFMANN, G. 7, 213
HOFMANN, R. 251
HÖHNE, H. 181
HOLZINGER, G. 180

Hornung, E. 171, 198, 218
Houwing ten Cate, J. 235
Hudemann, R. 229
Humburg, M. 208
Hürter, J. 202, 204, 226

Ihrig, S. 247
Ingrao, C. 180, 182, 211

Jah, A. 196
James, H. 128, 166, 168
Jarausch, K. H. 189, 208
Jasch, H.-C. 178
Jelich, F.-J. 150
John, J. 160, 162, 176, 231
Johnson, E. A. 171, 175
Jung, O. 209
Jungcurt, U. 144
Jureit, U. 202, 252

Kaiser, A. 38, 113, 152, 155, 165, 189
Kaltenborn, S. 162
Kaplan, M. A. 196
Karow, Y. 156
Kater, M. H. 155
Kaufmann, D. 165
Kay, A. J. 182, 211
Keller, R. 218–219
Keller, S. 167, 224
Kellerhoff, S. F. 150, 164
Kenkmann, A. 182
Kershaw, I. 48, 133, 136–138, 141–143, 151–152, 169–170, 172–174, 198, 219, 223, 231
Kilian, J. 208
Kipp, M. 208
Kißener, M. 160, 167
Klein, A. 182
Klinkhammer, L. 233
Knabe, H. 221
Knigge, V. 219
Knox, M. 234
Kock, G. 213
König, M. 129, 234
Königseder, A. 190
Koselleck, R. 148–149
Kössler, T. 160

Kramer, N. 170, 215
Krätzner, A. 171
Kratzsch, G. 217
Krausnick, H. 182, 201
Kreutzmüller, C. 164, 178
Kroener, B. R. 203
Kroll, F.-L. 17, 140
Krüger, D. 205
Kruse, V. 227
Kühl, S. 192
Kühling, G. 196
Kühne, T. 192
Kundrus, B. 158, 174, 196, 219, 242, 250
Kunz, A. 222, 237
Kwiet, K. 191

Langthaler, E. 163, 218
Large, D. 164
Latzel, K. 208
Lehnstaedt, S. 187, 243
Leleu, J.-L. 205, 211, 244
Lenhardt, J. 206
Lieb, P. 205, 211, 241, 244
Liebrandt, H. 225
Liebscher, D. 157, 233
Lilienthal, G. 245
Lingen, K. von 205, 223
Linne, K. 246
Lisner, W. 215
Loeffel, R. 184
Löffelbein, N. 146
Longerich, P. 138, 142, 178–180, 194–195, 198, 242
Lotfi, G. 183
Löttel, H. 226
Löw, A. 195, 235
Lüdicke, L. 137, 139, 147
Lustiger, A. 226
Lüttgenau, R.-G. 219

Maier, H. 17, 151, 189
Mailänder, E. 180, 215
Mallmann, K.-M. 179, 182, 211
Manoschek, W. 237
Marßolek, I. 213
Martens, S. 137, 179, 235

Marti, S. 244
Mason, T. W. 153, 174
Matthäus, J. 191
Maubach, F. 215
Mazower, M. 240, 250
Mecking, S. 162
Megargee, J. P. 202
Mehringer, H. 202
Meindl, R. 221
Meinen, I. 245
Mejcher, H. 246
Mergel, T. 148
Merkl, F. J. 205
Messerschmidt, M. 201
Meyer, A. 241
Meyer, B. 196
Mish, C. 188
Möller, H. 160–162, 176, 202
Mommsen, H. 141, 166, 169, 172
Moors, M. 180
Mosse, G. L. 249
Motadel, D. 247
Moutier, M. 208
Mues-Baron, K. 180
Mühlenberg, J. 206, 215
Müller, K.-J. 201
Müller, R.-D. 137, 201–202, 207, 214, 221–222, 244
Müller, S. O. 238
Münkel, D. 163
Münkler, H. 250
Musial, B. 211

Neitzel, S. 209
Nerdinger, W. 164
Nicosia, F. R. 247
Nitz, W. 233
Nolte, E. 149, 229
Nolte, H.-H. 250
Nolte, P. 253
Nolzen, A. 52, 150, 160, 170, 174, 213, 230

Oexle, O. G. 188, 282
Oltmer, J. 153
Orth, K. 180, 187, 190
Osterloh, J. 243

Otto, G. 235
Overmans, R. 222
Overy, R. 179, 213, 235

Paul, G. 6, 161, 179, 182, 246
Paulmann, J. 172
Paulus, J. 84, 203, 238
Pehle, H. 226
Pelt, R. J. van 186
Penzholz, G. 161
Peter, R. 128, 147, 217
Petersen, J. 229
Petrick-Felber, N. 158
Petry, S. 219
Peukert, D. 171, 174
Pinwinkler, A. 189
Piper, E. 136, 140
Planert, U. 145
Plöckinger, O. 140
Pohl, D. 137, 160, 197, 199, 237
Pölking, H. 140
Puschner, U. 144
Pyta, W. 138

Quinkert, B. 196, 217, 237, 243, 245

Rass, C. 207
Rathkolb, O. 218
Reeken, D. von 153, 159
Reichardt, S. 174, 176, 230, 232, 234
Reinicke, D. 156
Ribbe, W. 165
Richter, T. C. 14, 18, 183, 203, 238
Rickling, M. 226
Rieger, B. 186
Rigg, B. M. 206
Rohkrämer, T. 154–155
Rohrkamp, R. 211
Römer, F. 204, 209–210
Roseman, M. 178
Rossoliński-Liebe, G. 234
Roth, C. 160
Roth, M. 195, 197
Rousso, H. 242
Röwekamp, M. 238
Rubin, B. 247
Ruck, M. 138, 160

Rupieper, H. J. 165
Rusinek, B.-A. 224
Rüther, M. 213
Rutz, R. 245

Sémelin, J. 249
Sachslehner, J. 186
Schaarschmidt, T. 160, 162, 164, 176
Schäfer, R. 157
Schagen, U. 190
Schanetzky, T. 158, 165–166
Scheck, R. 145
Schieder, W. 229, 232
Schleiermacher, S. 190
Schlemmer, T. 228–229, 233–234
Schley, J. 187
Schmid, H.-D. 160, 226
Schmider, K. 238, 240
Schmidt, R. 137
Schmiechen-Ackermann, D. 153, 162, 169
Schneider, M. 227
Schoenbaum, D. 153
Schoenmakers, C. 184
Scholtyseck, J. 160, 166
Schön, H. 221
Schöttler, P. 189
Schrafstetter, S. 197
Schreiber, G. 137
Schrulle, H. 162
Schulte, J. E. 205, 211, 244
Schulte, W. 182
Schulze, W. 188, 282
Schwabe, A. 175
Schwanitz, W. G. 247
Schwartz, M. 248
Schwarz, G. 129, 186, 220
Segev, T. 187
Seibel, W. 176–177
Shepard, B. 238
Skowronski, L. 222, 241
Smelser, R. 181, 202
Smith, H. W. 136
Snyder, T. 239
Sofsky, W. 187
Sollbach, G. E. 213
Sperk, A. 165

Spieker, C. 182
Spoerer, M. 166, 218
Stadtland, H. 160
Stanciu, A. 165
Stargardt, N. 214
Steber, M. 152, 173
Steinbacher, S. 158, 174, 215
Steinert, J.-D. 218
Steinweis, A. 137, 155, 184, 188, 197
Stenzel, T. 208
Stephenson, J. 220
Steuwer, J. 141
Stibbe, M. 146
Stockhecke, K. 226
Stolle, M. 182–183
Stolleis, M. 183
Streubel, C. 145
Strnad, M. 195
Strupp, C. 200
Studt, C. 226
Süchting-Hänger, A. 145
Suderland, M. 193
Süß, D. 213–214, 227
Süß, W. 137, 159–160, 164, 172, 176, 213, 216
Syring, E. 181, 202
Szodrzynski, J. 163

Thamer, H.-U. 136, 138, 158
Thieler, K. 160
Thießen, M. 159, 213
Tiedau, U. 188
Tönnies, F. 152
Tönsmeyer, T. 235, 243
Tooze, A. 149, 217
Töppel, R. 140
Tuchel, J. 226

Ueberschär, G. R. 177, 201–202, 221, 237
Ulrich, V. 6, 25, 128, 138
Urban, M. 156, 218

Viebig, M. 222, 241
Vogel, B. 145
Vogel, D. 177
Volkmann, H.-E. 221, 225

Volkov, S. 199
Vossler, F. 192, 210

Wachsmann, N. 183, 187
Wagner, J.-C. 187, 219
Wagner, P. 183, 223
Wagner-Kyora, G. 167
Weber, M. 142
Weckel, U. 145
Wegner, B. 137, 205, 211, 225, 244
Wehler, H.-U. 6, 25, 136, 142, 174
Weinrich, A. 146
Weiß, H. 78, 129, 137, 220
Weisbrod, B. 169, 224–225
Weise, N. 10, 47, 62, 192, 205–206, 224
Weitz, E. 143, 249
Welzer, H. 209, 211
Wendt, B.-J. 136
Wenk, S. 213
Werner, O. 25, 28, 34, 43, 128, 153, 180, 188, 204, 216, 236
Westemeier, J. 205, 244
Wette, W. 182, 201–202, 226, 237

Wildt, M. 49, 136, 151–152, 164, 170, 172–173, 179–180, 182, 212, 215, 242–243
Wilhelm, F. 182
Wilhelm, H.-H. 182
Winstone, M. 187
Wippermann, W. 228
Wirsching, A. 143, 160–161, 167
Woller, H. 220, 228–229, 232–234
Wrochem, O. von 241
Wüllner, F. 222
Wysocki, G. 161

Zagovec, R. 220
Zalfen, S. 238
Zaugg, F. 244, 247
Zeidler, M. 221
Zelle, K.-G. 138
Ziegler, W. 160–161
Zimmerer, J. 249
Zimmermann, J. 221–222, 224
Zitelmann, R. 181
Zwicker, S. 196

Oldenbourg Grundriss der Geschichte

Herausgegeben von Lothar Gall, Karl-Joachim Hölkeskamp und Steffen Patzold

Band 1a:
Wolfgang Schuller
Griechische Geschichte
6., akt. Aufl. 2008. 275 S., 4 Karten
ISBN 978-3-486-58715-9

Band 1b:
Hans-Joachim Gehrke
Geschichte des Hellenismus
4. durchges. Aufl. 2008. 328 S.
ISBN 978-3-486-58785-2

Band 2:
Jochen Bleicken
Geschichte der Römischen Republik
6. Aufl. 2004. 342 S.
ISBN 978-3-486-49666-6

Band 3:
Werner Dahlheim
Geschichte der Römischen Kaiserzeit
3., überarb. und erw. Aufl. 2003. 452 S.,
3 Karten
ISBN 978-3-486-49673-4

Band 4:
Jochen Martin
Spätantike und Völkerwanderung
4. Aufl. 2001. 336 S.
ISBN 978-3-486-49684-0

Band 5:
Reinhard Schneider
Das Frankenreich
4., überarb. und erw. Aufl. 2001. 224 S.,
2 Karten
ISBN 978-3-486-49694-9

Band 6:
Johannes Fried
Die Formierung Europas 840–1046
3., überarb. Aufl. 2008. 359 S.
ISBN 978-3-486-49703-8

Band 7:
Hermann Jakobs
Kirchenreform und Hochmittelalter
1046–1215
4. Aufl. 1999. 380 S.
ISBN 978-3-486-49714-4

Band 8:
Ulf Dirlmeier/Gerhard Fouquet/Bernd
    Fuhrmann
Europa im Spätmittelalter 1215–1378
2. Aufl. 2009. 390 S.
ISBN 978-3-486-58796-8

Band 9:
Erich Meuthen
Das 15. Jahrhundert
4. Aufl., überarb. v. Claudia Märtl 2006.
343 S.
ISBN 978-3-486-49734-2

Band 10:
Heinrich Lutz
Reformation und Gegenreformation
5. Aufl., durchges. und erg. v. Alfred
Kohler 2002. 283 S.
ISBN 978-3-486-48585-2

Band 11:
Heinz Duchhardt/Matthias Schnettger
Barock und Aufklärung
5., überarb. u. akt.. Aufl. des Bandes „Das
Zeitalter des Absolutismus" 2015. 302 S.
ISBN 978-3-486-76730-8

Band 12:
Elisabeth Fehrenbach
Vom Ancien Régime zum Wiener
Kongreß
5. Aufl. 2008. 323 S., 1 Karte
ISBN 978-3-486-58587-2

Band 13:
Dieter Langewiesche
Europa zwischen Restauration und
Revolution 1815–1849
5. Aufl. 2007. 261 S., 4 Karten.
ISBN 978-3-486-49734-2

Band 14:
Lothar Gall
Europa auf dem Weg in die Moderne
1850–1890
5. Aufl. 2009. 332 S., 4 Karten
ISBN 978-3-486-58718-0

Band 15:
Gregor Schöllgen/Friedrich Kießling
Das Zeitalter des Imperialismus
5., überarb. u. erw. Aufl. 2009. 326 S.
ISBN 978-3-486-58868-2

Band 16:
Eberhard Kolb/Dirk Schumann
Die Weimarer Republik
8., aktualis. u. erw. Aufl. 2012. 349 S.,
1 Karte
ISBN 978-3-486-71267-4

Band 17:
Klaus Hildebrand
Das Dritte Reich
7., durchges. Aufl. 2009. 474 S., 1 Karte
ISBN 978-3-486-59200-9

Band 18:
Jost Dülffer
Europa im Ost-West-Konflikt
1945–1991
2004. 304 S., 2 Karten
ISBN 978-3-486-49105-0

Band 19:
Rudolf Morsey
Die Bundesrepublik Deutschland
Entstehung und Entw
icklung bis 1969
5., durchges. Aufl. 2007. 343 S.
ISBN 978-3-486-58319-9

Band 19a:
Andreas Rödder
Die Bundesrepublik Deutschland
1969–1990
2003. 330 S., 2 Karten
ISBN 978-3-486-56697-0

Band 20:
Hermann Weber
Die DDR 1945–1990
5., aktual. Aufl. 2011. 384 S.
ISBN 978-3-486-70440-2

Band 21:
Horst Möller
Europa zwischen den Weltkriegen
1998. 278 S.
ISBN 978-3-486-52321-8

Band 22:
Peter Schreiner
Byzanz
4., aktual. Aufl. 2011. 340 S., 2 Karten
ISBN 978-3-486-70271-2

Band 23:
Hanns J. Prem
Geschichte Altamerikas
2., völlig überarb. Aufl. 2008. 386 S.,
5 Karten
ISBN 978-3-486-53032-2

Band 24:
Tilman Nagel
Die islamische Welt bis 1500
1998. 312 S.
ISBN 978-3-486-53011-7

Band 25:
Hans J. Nissen
Geschichte Alt-Vorderasiens
2., überarb. u. erw. Aufl. 2012. 309 S.,
4 Karten
ISBN 978-3-486-59223-8

Band 26:
Helwig Schmidt-Glintzer
Geschichte Chinas bis zur mongolischen
Eroberung 250 v. Chr.–1279 n. Chr.
1999. 235 S., 7 Karten
ISBN 978-3-486-56402-0

Band 27:
Leonhard Harding
Geschichte Afrikas im 19. und 20.
Jahrhundert
2., durchges. Aufl. 2006. 272 S., 4 Karten
ISBN 978-3-486-57746-4

Band 28:
Willi Paul Adams
Die USA vor 1900
2. Aufl. 2009. 294 S.
ISBN 978-3-486-58940-5

Band 29:
Willi Paul Adams
Die USA im 20. Jahrhundert
2. Aufl., aktual. u. erg. v. Manfred Berg
2008. 302 S.
ISBN 978-3-486-56466-0

Band 30:
Klaus Kreiser
Der Osmanische Staat 1300–1922
2., aktual. Aufl. 2008. 262 S., 4 Karten
ISBN 978-3-486-58588-9

Band 31:
Manfred Hildermeier
Die Sowjetunion 1917–1991
3. überarb. und akt. Aufl. 2016. 255 S.
ISBN 978-3-486-71848-5

Band 32:
Peter Wende
Großbritannien 1500–2000
2001. 234 S., 1 Karte
ISBN 978-3-486-56180-7

Band 33:
Christoph Schmidt
Russische Geschichte 1547–1917
2. Aufl. 2009. 261 S., 1 Karte
ISBN 978-3-486-58721-0

Band 34:
Hermann Kulke
Indische Geschichte bis 1750
2005. 275 S., 12 Karten
ISBN 978-3-486-55741-1

Band 35:
Sabine Dabringhaus
Geschichte Chinas 1279–1949
3. akt. und überarb. Aufl. 2015. 323 S.
ISBN 978-3-486-78112-0

Band 36:
Gerhard Krebs
Das moderne Japan 1868–1952
2009. 249 S.
ISBN 978-3-486-55894-4

Band 37:
Manfred Clauss
Geschichte des alten Israel
2009. 259 S., 6 Karten
ISBN 978-3-486-55927-9

Band 38:
Joachim von Puttkamer
Ostmitteleuropa im 19. und
20. Jahrhundert
2010. 353 S., 4 Karten
ISBN 978-3-486-58169-0

Band 39:
Alfred Kohler
Von der Reformation zum Westfälischen
Frieden
2011. 253 S.
ISBN 978-3-486-59803-2

Band 40:
Jürgen Lütt
Das moderne Indien 1498 bis 2004
2012. 272 S., 3 Karten
ISBN 978-3-486-58161-4

Band 41:
Andreas Fahrmeir
Europa zwischen Restauration, Reform
und Revolution 1815–1850
2012. 228 S.
ISBN 978-3-486-70939-1

Band 42:
Manfred Berg
Geschichte der USA
2013. 233 S.
ISBN 978-3-486-70482-2

Band 43:
Ian Wood
Europe in Late Antiquity
2019. ca. 288 S.
ISBN 978-3-11-035264-1

Band 44:
Klaus Mühlhahn
Die Volksrepublik China
2017. 324 S.
ISBN 978-3-11-035530-7

Band 45:
Jörg Echternkamp
Das Dritte Reich. Diktatur, Volksgemeinschaft, Krieg
2018. 344 S.
ISBN 978-3-486-75569-5

www.ingramcontent.com/pod-product-compliance
Lightning Source LLC
Chambersburg PA
CBHW031325230426
43670CB00006B/243